中国石油长城钻探工程公司年鉴

YEARBOOK OF CNPC GREATWALL DRILLING COMPANY

2011

中国石油集团长城钻探工程有限公司 编

COMPILED BY CNPC GREATWALL DRILLING COMPANY

石油工业出版社

图书在版编目（CIP）数据

中国石油长城钻探工程公司年鉴. 2011 /
中国石油集团长城钻探工程有限公司编.
北京：石油工业出版社，2013. 1
ISBN 978-7-5021-9307-2

Ⅰ. 中…
Ⅱ. 中…
Ⅲ. 油气钻井-工业企业-中国-2011-年鉴
Ⅳ. F426.22-54

中国版本图书馆 CIP 数据核字（2012）第 239878 号

中国石油长城钻探工程公司年鉴
2011/中国石油集团长城钻探工程有限公司编

出版发行：石油工业出版社
（北京安定门外安华里 2 区 1 号 100011）
网 址：www. petropub. com.cn
编辑部：（010）64523594 发行部：（010）64523620
经 销：全国新华书店
印 刷：北京中石油彩色印刷有限责任公司

2013 年 1 月第 1 版 2013 年 1 月第 1 次印刷
787×1092 毫米 开本：1/16 印张：26.5 插页：18
字数：550 千字 印数：1—1050 册

定价：228.00 元
（如出现印装质量问题，我社发行部负责调换）

《中国石油长城钻探工程公司年鉴》编委会

《中国石油长城钻探工程公司年鉴》主编、副主编

《中国石油长城钻探工程公司年鉴》
编 辑 部

编　　辑： 王　兵

责任校对： 杨　金

封面设计： 杨　金

英文目录： 杨晓峰

编辑说明

一、《中国石油长城钻探工程公司年鉴（2011）》是中国石油集团长城钻探工程有限公司（以下简称长城钻探公司）主办的专业性年鉴，是全面记录长城钻探公司主要发展情况的编年书，是广大读者系统了解长城钻探公司的重要资料性工具书。

二、本年鉴采用分类编排法，除特载、大事记等综合性篇目单列外，年鉴的主体内容均按照篇目、栏目、条目三个层次分类编排，以文字叙述为主，辅以照片、图表。

三、本年鉴设特载、大事记、概况、市场开发、生产建设、科技发展、改革管理、基础管理、党群工作、企业概览、政策制度、报刊文摘、先进集体、人物名录14个篇目。

四、为行文简洁，本年鉴中对机构名称在首次出现时用全称，随后出现时用简称。例如，"中国石油天然气集团公司"简称为"集团公司"，"中国石油天然气股份有限公司"简称为"股份公司"，"中国石油集团长城钻探工程有限公司"简称为"长城钻探公司"。

五、《中国石油长城钻探工程公司年鉴》由于信息量大，涉及面广，在编辑中难免有误，疏漏之处敬请读者批评指正。

2012年9月

序

2010年，是“十一五”规划的收关之年。长城钻探公司在复杂激烈的市场竞争中把握机遇，全面完成了长城钻探公司一届二次职工代表大会确定的各项目标和任务，加快转变发展方式取得可喜进展,企业发展更加理性、成熟。一年来,长城钻探公司突出“转变”主题，坚持“三增三减”，发展质量明显提高。强化生产能力提升和转移，注重市场升级，内涵外延并举，规模效益并进，实现了发展速度、质量、效益的有机统一。全年实现收入168亿元,同比增长11%,实现考核利润10亿元,是集团公司考核指标的2倍。突出“发展”主题，坚持整体联动，内生增长动力不断增强。市场开发带动发展、投资规模拉动发展、科技进步引领发展、改革调整促进发展、规范管理保障发展，市场、投资、科技、改革、管理“五管齐下”，推动企业实现全面协调可持续发展。突出“和谐”主题，坚持以人为本，发展基础进一步巩固。狠抓质量安全环保工作夯实和谐基础，加强党建思想政治工作构筑和谐保障，关心员工切身利益营造和谐氛围。坚持将企业内外部环境和谐稳定作为可持续发展的有力保障，全面筑牢企业发展根基。

过去的三年，是长城钻探公司持续重组、不断融合的三年。三年来，党政领导班子带领广大干部员工，以建设安全长城、效益长城、品牌长城、和谐长城为己任，全面落实集团公司工作部署，企业发展统一了思想，找准了定位，确立了积极向上的目标；健全了体制，完善了机制，梳理了流程，建立了全面覆盖的制度，踏上了可持续发展的快速通道。企业综合实力全面提升，竞争能力大幅增强，各项工作取得突出成绩，做到了员工满意、上级放心，得到了市场认同、政府支持。

纵看历史，我们深切地认识到，只有坚持走市场化、国际化道路，坚持安全、效益发展，坚持“自立为本，利油利他则久；员工至上，永葆创业激情”的经营哲学，坚持建设国际化石油工程技术总承包商，企业才能走出一条适应市场变化，符合集团公司建设综合性国际能源公司要求和员工根本利益的科学发展之路。放眼未来，展现在我们面前的是长城钻探公司“十二五”又好又快发展的美好愿景。我们肩负的责任更加重大，任务更加繁重。让我们上下一心，务实进取，以坚定的信心、饱满的热情和奋发有为的精神状态，开创各项工作的新局面，为长城钻探美好的未来而努力奋斗！

（编　者）

2010年12月27—28日，长城钻探公司召开第一届职工代表大会第三次会议。全面回顾重组三年来企业发展的光辉历程，总结2010年各项工作取得的成果，明确“十二五”发展总体目标，对2011年重点工作进行安排部署。图为大会主席台。

重要会议

2010年12月29日，长城钻探公司召开党委一届二次全委（扩大）会议。总结2010年公司党委所做的主要工作，分析面临的形势，对2011年重点工作进行安排。动员公司各级党组织、广大党员和干部群众，围绕“发展、转变、和谐”三件大事筑堡垒、当先锋。图为大会主席台。

总经理张凤山在长城钻探公司第一届职工代表大会第三次会议上作行政工作报告。

党委书记王忠仁在长城钻探公司党委一届二次党委（扩大）会议上讲话。

集团公司十分关心重视支持长城钻探公司的发展。图为2010年9月18日，集团公司副总经理周吉平到长城钻探公司调研。

2010年8月31日，集团公司副总经理廖永远到长城钻探公司调研指导工作。

领导关怀

深入基层

长城钻探公司党政领导班子坚持深入基层调查研究，解决实际问题。图为2010年9月13日，总经理张凤山到伊朗项目部调研慰问。

深入基层

2010年8月2日，党委书记王忠仁到驻辽单位调研指导工作。

2010年5月25日，总经理张凤山会见来访的古巴国家石油公司总裁佩雷斯一行，双方就进一步加强战略合作进行深入交流。

2010年5月10日，长城钻探公司与苏丹国家石油公司就苏丹业务的发展签订合作谅解备忘录。图为签字仪式现场。

市场开发

始终把市场开发作为企业发展的第一要务，注重市场升级，不断迈向高端，实现规模效益同步发展。图为2010年10月15日，长城钻探公司领导会见甲方高层。

技术推介

注重利用各种途径全方位推介公司所具备的服务能力及特色技术 。图为在国际石油天然气化工展上长城钻探公司技术人员向潜在客户介绍情况。

自主研发重大技术装备达到国际先进水平。图为2010年12月24日，LEAP800-A测井系统在集团公司主办的中国石油物探测井新产品发布会上正式发布。

坚持技术引领企业发展，科技创新工作成果显著。 图为长城钻探公司领导和中国工程院院士听取有关科技成果汇报。

实施境外区域化管理，对境外3个国家8个项目部进行整合，基本实现境外业务在大区统一协调下一个国家基本由一个综合项目部组织运行。图为境外项目部年度总结表彰会现场。

完成国内15部钻修机和海外10个国家22部等停钻修机跨项目、跨国家调整，实现生产能力向高端高效项目集中。图为境外设备转运途中。

HSE体系推进成果显著，“有感领导、直线责任、属地管理”理念和“否定、肯定、提升”措施得到落实。图为基层员工在熟悉属地责任。

制订完善应急预案和重点风险防控方案，建立应急专家库和应急平台，有效控制各种风险。图为基层员工在做防汛应急演练。

员工培训

广泛开展各类培训，持续提升员工业务素质和专业技能。图为外籍员工在参加培训考试。

展示实力

2010年10月22日，长城钻探公司主办2010年国际井筒技术展览会。来自阿曼、伊朗、苏丹等国家的石油公司的管理人员、技术专家参观展览。

集团公司ERP系统在长城钻探公司正式上线应用，实现了以量化为依据的科学管理。图为2010年8月18日，公司ERP系统上线揭牌仪式现场。

稳定基本规模，提升作业效率，2010年完成钻井进尺437万米，实现收入同比增长8.6%。图为在夜色中作业的钻机。

测井业务

开拓效益市场，提升国际品牌。2010年测井工作量同比增长11.2%，实现收入同比增长16.8%。图为测井作业现场。

录井业务

坚持技术引领，小专业作出大业绩，成为国内行业的领头羊。LEAP-PM录井仪等一批自主研发的代表行业先进水平的技术装备投入批量生产，扭转了录井设备长期依赖外购局面。2010年录井工作量同比增长3.9%。图为录井仪外观。

全油基钻井液成功进入委内瑞拉市场，长城钻探公司成为CNPC唯一在国际市场进行全油基钻井液高端技术服务的企业。图为外籍员工在现场检测钻井液性能。

充分发挥顶驱等创效装备的作用，大幅度提升高端市场开发能力。2010年新签、续签合同金额2555万美元。图为技术人员在检修顶驱。

能源开发

加快苏53、苏11区块新增产能建设，合理安排苏10区块补钻产能，确保苏里格合作开发区块22亿立方米天然气商品量。图为53-78-48H井喜获高产气流。

工程服务

坚持完善和延伸产业链，积极发展工程服务业务，服务项目多次受到甲方好评。图为工程服务公司在苏里格的管线施工现场。

长城钻探公司党委认真贯彻落实党的十七届四中、五中全会精神，围绕集团公司部署和长城钻探公司年度生产经营中心任务，统一思想，扎实工作。图为长城钻探公司党委中心组学习会现场。

把核心和重点放在激发基层党组织的活力和调动广大党员的积极性上来，深入学习实践科学发展观，为加快建设国际化石油工程技术总承包商而不懈努力。图为基层党组织党员重温入党誓词。

工会工作

深入开展“全员素质提升工程”、“员工创造工程”和“安心工程”，为企业发展提供新的动力。长城钻探公司被中华全国总工会授予“全国模范职工之家”称号。图为授牌仪式现场。

共青团工作

开展“青字号”创建活动，团结凝聚广大团员青年，有效发挥生力军作用。图为2010年4月27日，共青团长城钻探公司第一次代表大会现场。

积极履行社会责任，为国计民生献言献策。图为2010年3月1日，全国人大代表、总经理张凤山向长城钻探公司全体干部职工征求十一届全国人大三次会议提案建议。

长城钻探公司党政领导非常关心职工的生活，千方百计为他们解决实际问题。图为党委书记王忠仁慰问困难职工家属。

全面推进"力文化"建设，传承中国石油大庆精神、铁人精神，树立不同国籍、不同文化背景下员工普遍认同的价值观。图为2010年6月24日长城钻探公司机关工委组织开展企业文化建设活动。

2010年7月8日，长城钻探公司举行大型汇报演出，展现长城钻探人的风采。图为长城钻探公司领导和嘉宾共同参加大合唱《我为祖国献石油》。

中国石油长城钻探工程公司国内业务分布范围

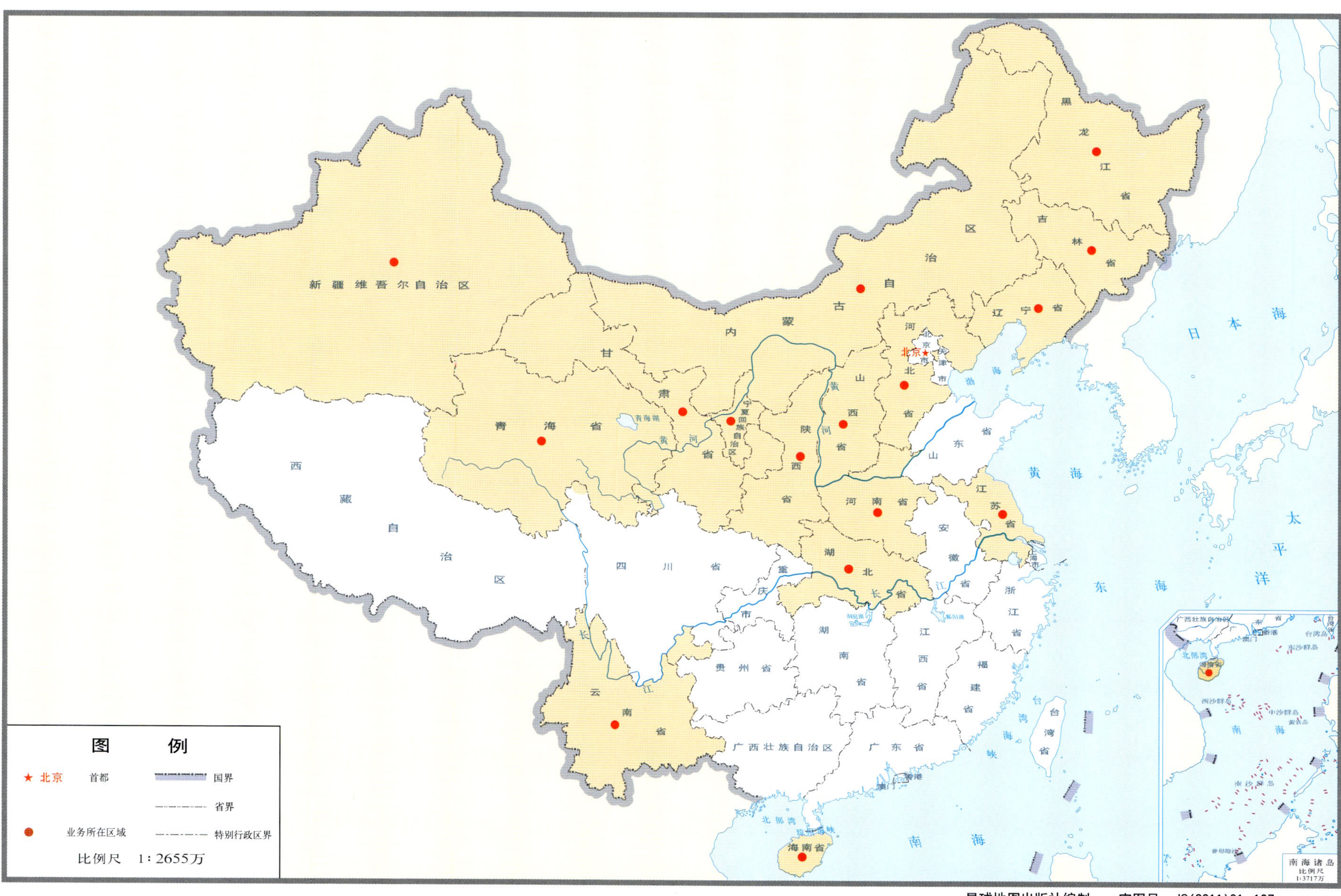

星球地图出版社编制 审图号 JS(2011)01—187

中国石油长城钻探工程公司海外业务分布范围

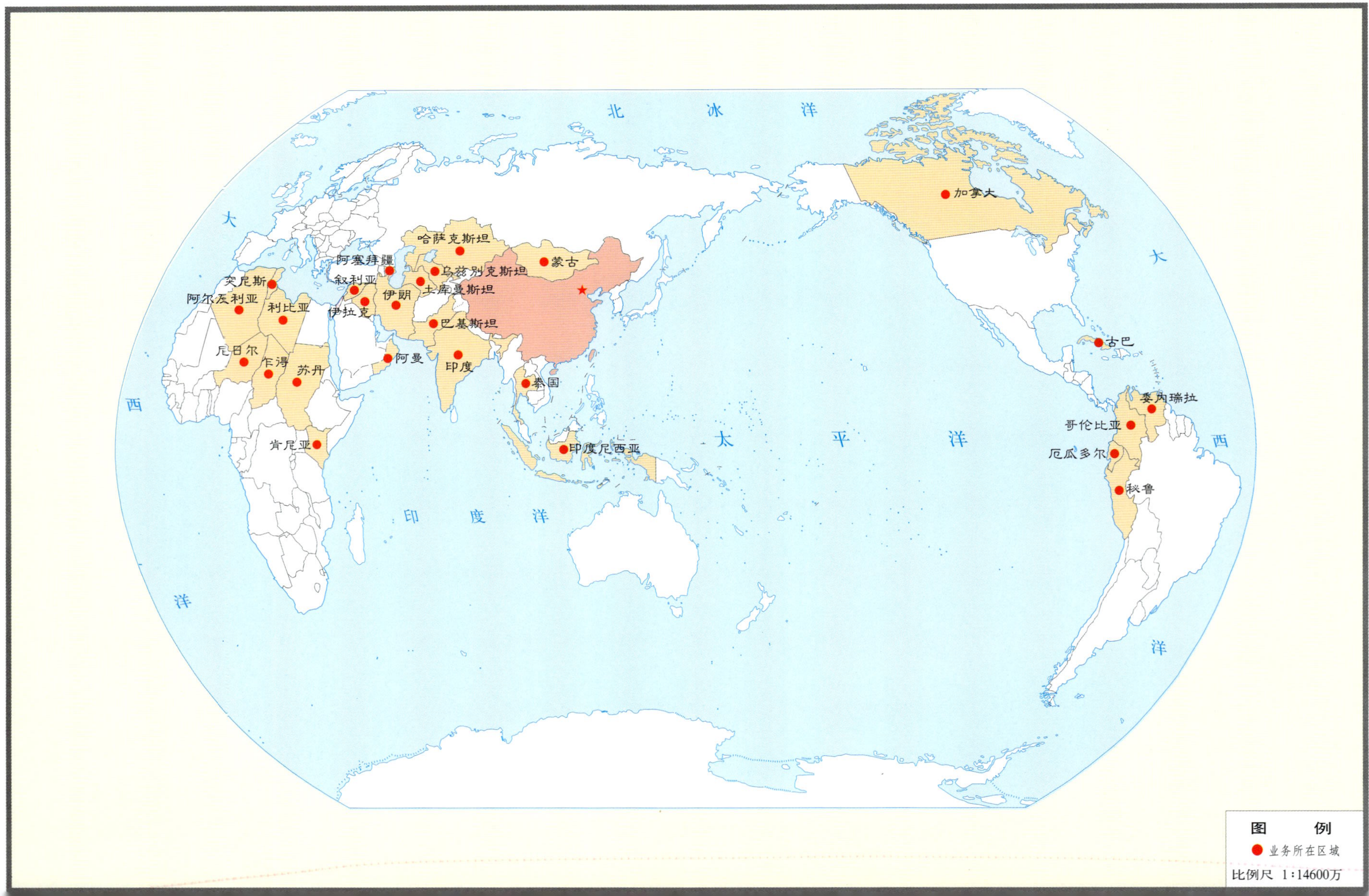

要　目

目　录

第一篇　特　载

领导讲话

第二篇　大事记

第三篇　概　况

2010 年长城钻探公司概况

第四篇　市场开发

国内市场

国际市场

第五篇　生产建设

钻井与修井作业

测井管理

能源开发

第六篇　科技发展

综合情况

2010 年长城钻探公司科技获奖项目

第七篇　改革管理

企业改革

生产管理

规划计划

财务资产

设备管理

内部控制与风险管理

员工培训管理

技能鉴定

审计工作

定额与概预算管理

物资管理

资金结算

生产远程控制

企管法规管理

第八篇　基础管理

质量管理与技术监督

安全环保

节能节水

国际事业

信息管理

计划生育

文秘工作

机要保密工作

土地管理

档案、志鉴

第九篇　党群工作

综合情况

宣传思想工作

纪检监察

工会工作

共青团工作

信访维稳工作

机关工作

第十篇　企业概览

第十一篇　政策制度

第十二篇　报刊文摘

2010 年长城钻探公司报刊文摘选录

第十三篇　先进集体

2010 年度长城钻探公司荣获省部级以上荣誉名单

2010 年度长城钻探公司荣获先进单位荣誉名单

第十四篇　人物名录

2010 年长城钻探公司荣获省部级以上荣誉人员名录

2010 年荣获长城钻探公司荣誉人员名录

2010年度长城钻探公司高级职称任职资格名单

2010年长城钻探公司副处级以上人员名单

CONTENTS

Chapter 1 Special Articles

Leaders Speech

Chapter 2 Main Events

Chapter 3 Overview

Overview of GWDC in 2010

Chapter 4 Marketing Development

Domestic Market

International Market

Chapter 5 Production and Construction

Drilling and Rework Operation

Wireline Logging Management

Energy Development

Chapter 6 Scientific and Technological Development

Roundup

Award-Wining Technology Projects of GWDC in 2010

Chapter 7 Reform Management

Enterprise Reform

Production Management

Planning

Financial Assets

Equipment Management

Internal Control and Risk Management

Employee Training

Skill Appraisal

Audit

Management of Quota and Budget

Materials Management

Fund Settlement

Operation Remote Control

Legal and Management

Chapter 8 Fundamental Management

Quality Management and Technical Supervision

Safety and Environmental Protection

Energy and Water Saving

Chapter 9 The Party's Affairs

Comprehensive Condition

Propaganda and Education Work

Disciplinary Inspection and Supervision Work

Labor Union Work

Work for the Youth League

Work of Complaint Letters and Visits and Stability Maintenance

Office Work

Chapter 10 Overview of Enterprises

Chapter 11 Policies

Chapter 12 Press Digest

Chapter 13 Advanced Collectives

Chapter 14 Prominent Figures Directory

第一篇

特　载

领导讲话

总经理张凤山在长城钻探公司第一届职工代表大会第三次全体会议上的行政工作报告

（2010年12月27日）

各位代表，同志们：

这次职代会的主要任务是，简要回顾公司重组整合3年来的发展历程，认真总结2010年各项工作，对2011年工作进行安排部署，规划“十二五”发展目标，动员广大干部员工围绕建设国际化石油工程技术总承包商战略目标，进一步解放思想，坚定信心，加快转变发展方式，谱写“发展、转变、和谐”新篇章。

现在，我向大会作工作报告，请予审议。

一、过去3年工作简要回顾

过去的3年，是长城钻探公司持续重组、不断融合的3年。3年来，公司党政领导班子带领广大干部员工，以建设安全长城、效益长城、品牌长城、和谐长城为己任，全面落实集团公司工作部署，企业发展统一了思想，找准了定位，确立了积极向上的目标；健全了体制，完善了机制，梳理了流程，建立了全面覆盖的制度，踏上了可持续发展的快速通道。企业综合实力全面提升，竞争能力大幅增强，各项工作取得突出成绩，做到了员工满意、上级放心，得到了市场认同、政府支持。主要体现在五个方面。

（一）统一思想，明确目标，全面建设国际化石油工程技术总承包商。坚持把落实科学发展观和集团公司战略部署，同企业发展实际和员工发展需求相结合，深刻理解专业化重组的重大意义，明确了长城钻探在集团公司建设综合性国际能源公司过程中的地位和作用。首先，明确提出全面发展的长城钻探必须肩负的“安全发展、服务保障、保值增值、发展技术”四个责任，找准了自己的定位。其次，确定企业收入、利润年均增长10%以上，到2015年实现收入300亿元，利润率达到10%，海外收入占总收入50%以上，非关联交易市场收入占总收入80%以上的国际化、市场化目标，以及队伍总量控制在700支左右，用工总量控制在3万人左右，基本建成国际化石油工程技术总承包商的工作目标，简称“73311”发展目标。第三，为了油气的终极任务和实现人企共同发展的企业终极目标，围绕石油工程技术提出了“为油气打井、为效益施工”的宗旨。不断实现四个转变，即：从单纯依靠关联交易向市场化转变，从靠集团公司政策保护向自我发展转变，从“先干后算”向“先算后干”转变，从“规模效益”向“效益规模”转变。努力做到 4 个千方百计，即：千方百计为甲方提高产量提供特殊工艺井和稠油注汽服务，为甲方提高采油速度提供增产技术服务，为甲方提高最终采收率提供综合技术服务，为甲方提高油井有效生产时间提供配套技术服务。提炼出了长城钻探自己的经营哲学，即：“自立为本，利油利他则久；员工至上，永葆创业激情”。3 年的实践证明，这些思想是正确的，目标是完全可以实现的。

（二）关心员工发展，解决实际问题，全面增强企业凝聚力，共建和谐幸福长城。3 年来，不断融合的长城钻探明确了目标，竖起了大旗，在这面大旗下凝聚群英为之而奋斗。公司党政领导班子着力营造客观公正，有利于人才成长的环境。同时，更加关心员工面临的实际问题，千方百计获得集团公司的帮助、政府的支持和职工的理解，逐步解决借聘员工调入、海外管理和技术骨干身份转换、部分在京和海外员工户口、住房、两地分居等 5 个主要问题，在接续保险、正常倒班、探亲、休假等方面也取得了实质性进展。3 年来，公司共调入 167 名借聘人员；为 2310 名在京和海外员工及家属办理了天津户口，为 115 名员工办理了北京户口；解决两地分居和北京住房等方案正在稳步实施；国内外员工岗位轮换、职称评聘、探亲休假、健康疗养等一系列政策得到有效落实，激励了干部员工的创业激情。

（三）加快市场化，推进国际化，全面建设适合市场要求的体制、机制。长城钻探作为服务型工程技术企业，发展必须靠市场，必须靠自己。3 年来，公司充分发挥国际化能力较强的优势，大力推行以全能项目部为市场主体和利润中心的一线强势决策体制，建立了总部机关全面管理，两个分部靠前指挥，4 个大区综合协调，16 个二级单位提供人才、装备、技术支持和队伍托管、双向考核的机制。形成了 3 个研究院支撑 3 大板块发展的业务格局。按照突出发展钻井液、定向、测录试等高效专业，补齐压裂、连续油管、注汽、高端装备制造等空白专业，适度发展油建、贸易专业，稳定发展钻修专业，努力发展油气合作开发专业的总体要求，国内进行专业化调整，国外进行区域化布局，最终实现国内外一体化的管理创新。先后组建了辽河、长庆两个分部和海拉尔指挥中心，成立了国际钻修、井下作业、钻井技术服务、钻具、固井、工程服务等 6 个二级单位和测井、地质两个研究院，合并了测井、录井、钻井液国内外业务以及海外同一国家的项目部，完成了海外市场的划分和 80 多部钻修机的交接。长城钻探公司被集团公司领导称作重组整合最快、最平稳、最彻底的单位。实践证明，公司结构单元合理，细胞有活力、有激情，可以承载长城钻探发展的重任。

（四）突出硬实力，增强软实力，

全面加强企业核心竞争力建设。人力资源、技术创新、资产装备、企业文化构成长城钻探核心竞争力的主要元素。3年来，公司抓住机遇、争取政策、整合要素、提升实力，取得了四个方面突出成果。

——人力资源形成优势。公司用工总量34695人，比重组之初减少12%。让更多优秀的潜力员工进入，快速提升现有员工素质，先后引进各类人才2165人，双向培养海外人才630人，开展各类培训近20万人次，大专以上学历人数增长21%，中级职称和高级工以上人数分别增长26%和12.5%，打造了国内外商务运作、市场开发、HSE管理、技术支持与保障的高水平团队，形成了突出的人力资源优势并逐步向人才资源优势转化。

——技术创新成效显著。坚持多种方式技术创新，水平井、分支井、带压作业等系列技术达到国际先进水平，成为创造和应用的发源地；LEAP系列测录井仪相继通过集团公司、辽宁省产品鉴定，掌握了与国际同行在高端市场同台竞技的利器；稠油热采、油藏研究、勘探开发方案编制形成技术体系，创造了一批总包和对外合作市场。3年来，公司累计获得国家能源奖1项，集团公司科技进步奖10项，国家专利授权184项，科技投入4亿多元，科技创效11亿元。公司通过国家级高新技术企业认证。

——投资、装备持续改善。千方百计争取投资规模，购置先进装备。3年累计完成固定资产投资80.2亿元，年均增长8.1%。先后更新钻机22部，新购LEAP系列测录井系统、LWD、带压作业等先进装备220台（套）。设备原值156亿元，净值75亿元，设备平均新度系数达到48%。

——企业文化建设成果丰硕。具有时代特征和长城特色的“四力”文化体系基本形成，企业发展战略对企业文化的导向作用日益突出。中国石油大庆精神、铁人精神与新时期创新发展的现实需求有机结合，打造了一支特别能吃苦、特别能战斗、敢打硬仗、战之能胜的铁人队伍。忠诚、无畏、奋斗的团队精神在海内外市场得到传承和发扬，干部员工士气高昂，成为战胜艰难险阻，推动企业发展的不竭动力。

目前，公司资产总量、利润总额、人均产值和利润、市场化程度、国际化水平等反映企业竞争力的主要指标，在集团公司同类企业中均列第一。

（五）夯实发展基础，落实增长措施，推动企业实现安全、效益、品牌、可持续发展。长城钻探的发展，安全是前提，效益是目的，品牌是根本，可持续是目标。无论市场如何变化，公司必须持续增长。遵循这一理念，公司三年的实践成果得到了同行的尊重、上级的支持和认可。

——安全发展基础进一步巩固。一是HSE体系建设全面推进。与杜邦公司合作，以落实人员、机构、责任为核心落实属地管理，构建了横向到边的安全网；围绕专业发展落实直线责任，形成了纵向到底的专业技术网；围绕发展最快、风险最大、涉及最新的业务落实有感领导，确保各项业务不失控。井控、交通、节能、环保等重点工作得到全面加强，杜邦安全综合评估系数由1.5上升到2.3，实现了由严格监管向自主管理阶段的快速迈进。二是员工人身安全得到切实保障。构筑了面向国内外市场的社会安全防范体系和应急救援体系，稳妥处置了新疆“7·5”事件、尼日尔政变、伊拉克恐怖袭击、印度尼西亚自然灾害等多起突发事件，中方员工无一伤亡。三是经营风险得到有效防控。公司对3个法人项下的境内外资产实施一体化管理，实现了制度政策、管理标准、核算平台三个统一；坚持资金收支两条线，将所有单位纳入资金计划管理，境内资金集中度100%，境外资金集中度48%；建立汇率风险预警机制，及时调整外币结构，减少汇兑损失；启动税收筹划课题研究，制定工作模板和制度，有效规避了税收风险。公司先后获得中国节能减排功勋企业，中华环境友好企业，集团公司安全生产、节能节水先进企业，集团公司海外防恐安全管理先进集体等荣誉称号。

——效益发展指标连创新高。一是主营业务快速增长，3年累计实现收入450.3亿元，年均增长12.6%。二是经济效益大幅提高，3年累计实现利润20.8亿元，年均增长18.2%。三是对国家财政贡献稳步增加，3年累计实现税费42.3亿元，年均增长8%。四是资产创效能力显著增强。资产总额达到300亿元，年均增长7%，资产保值增值率110%，净资产内部收益率5%，高于集团公司考核指标两个百分点。五是员工收入不断提高。合同化工资总额从2008年的10.75亿元增至2010年的13.04亿元，年均增长10%。在经历金融危机的情况下，2010年国内外员工工资较2008年分别增长15.2%和20.3%，员工根本利益得到有效保障。

——长城品牌形象持续提升。坚持“追求卓越、铸就品牌”的核心价值理念，以完整的业务链和配套研发能力为依托，持续提升生产、保障和质量保证能力。海外市场相继攻克了复杂工艺井钻井、超深井高温高压测试等一系列世界级难题，被壳牌评为全球进步最快的钻井承包商；国内市场苏里格气田合作开发产量、效益、开发水平均列“5+1”单位之首，被集团公司领导誉为合作开发的先锋队；在国内高端反承包市场创造了连续4年LTI的壳牌亚太纪录，获得甲方颁发的特殊贡献奖。目前，GWDC作为中国石油综合一体化工程技术服务的国际品牌，在国内外市场享有较高声誉。GWDC的CNLC成为打破西方垄断，与斯伦贝谢、哈里伯顿等公司在高端市场同台竞技的中国石油国际测井品牌。

——可持续发展能力快速提高。坚持走市场化、国际化道路，构建了相互拉动、相互补充的国内外“4+5”市场格局。3年来，公司累计走出辽河142支队伍进入非关联交易市场，220多支队伍进入国际市场。非关联交易市场收入年均增长15.9%，占总收入的比例由重组之初的60%上升到80%以上；国际市场收入年均增长28%，占总收入的比例由30%上升到45%；国际市场利润3年翻1番多，占公司利润总额的比例由50%上升到80%以上；海外市场工程技术服务收入全面超过国内市场，新增合同额大于市场变化带来的减收因素，可持续发展基础进一步巩固。

过去的3年，是公司上下、海内海外风雨同舟、昂首奋进的三年，是企业效益持续增长、核心竞争力不断提高、各项工作稳步推进的3年，也是企业发展基础不断巩固、员工根本利益得到有效保障的3年。成绩的取得，得益于集团公司党组的正确领导和集团公司部门、工程技术公司的关心与帮助；得益于集团公司海内外油气田企业，工程技术兄弟单位和地方各级党委、政府的鼎力支持；是长城钻探国内外全体将士顾全大局、创新奉献、开拓进取、辛勤付出的集中体现。同时也是各级老领导、离退休老同志，特别是广大员工家属理解和支持的结果。在此，我代表公司党政领导班子一并表示衷心的感谢！

二、2010年主要工作情况

2010年，是“十一五”计划的收关之年。长城钻探公司在复杂激烈的市场竞争中把握机遇，全面完成了一届二次职代会确定的各项目标和任务，加快转变发展方式取得可喜进展，企业发展更加理性、更加成熟。

（一）突出“转变”主题，坚持“三增三减”，发展质量明显提高。强化生产能力提升和转移，注重市场升级，内涵外延并举，规模效益并进，实现了发展速度、质量、效益的有机统一。

在市场升级方面：突出“增高端、减低端”，一届二次职代会部署的“三篇文章”全面得到落实。辽河油区复产实现预期目标。全年完成钻井进尺68万米，同比增长84%，实现收入42.5亿元，同比增长32%，钻井、固井一次合格率达100%，服务质量和效率进一步提高。国内非关联交易市场效益显著。主动调减低效、负效工作量100万米以上，全年实现收入50.5亿元，同比增长10.2%。积极开拓效益市场，中标榆林储气库水平井总包项目，带动测井、录井、固井等专业整体进入；苏里格气田合作开发收入增长52%，利润同步增长；反承包市场中标富顺、金秋项目，累计签约4亿元，实现了空白区战略进入。新疆喀什北项目实现产值1.2亿元，后续接替工作量落实，山西永和气田合作项目正式启动。国际市场增量全面超额完成。非洲大区新签合同额同比增长70%，乍得、尼日尔、阿尔及利亚等项目收入增幅达40%以上，利比亚项目利润增幅达272%。美洲大区哥伦比亚项目中标3部钻机和定向、录井、钻井液、固井等技术服务；加拿大中投项目注册公司进展顺利；委内瑞拉2台钻机续签5年合同，成功进入油基钻井液市场；古巴CUPET总包项目第一口大位移井顺利完钻，新增钻井液、定向、测录井等专业服务。中亚大区哈萨克斯坦阿克纠宾总包项目新增4部钻机，新签合同额1.27亿美元，非CNPC市场成功中标4个项目，收入的22%来自非CNPC市场；印尼项目克服自然灾害影响，收入同比增长70%；阿塞拜疆陆上钻修井市场占有90%份额，新签合同额同比增长85%。中东大区伊拉克项目有效规避社会安全风险，收入同比增长80%；鲁迈拉项目成功中标5部修井机，合同额9200万美元；伊朗陆上测试市场占有95%份额，成功进入海上测井市场，北阿总包项目先期中标1部钻机和建井技术服务。全年国际市场中标合同额 14.08 亿美元，完成工作目标的 128%，实现收入 75 亿元，同比增长 18%；非 CNPC 市场收入占海外总收入的 53%。

在效益体现方面：突出“增高效、减低效”，呈现出收入增幅高于工作量增幅，利润增幅高于收入增幅，成本增幅低于收入增幅，测井、能源开发板块增幅远超钻井板块，海外工程技术收入增幅高于国内的良好局面。全年完成钻井进尺 432 万米，同比降低 7%，实现收入 168 亿元，同比增长 11%，实现考核利润 10 亿元，是集团公司考核指标的 2 倍；钻井、测井、能源开发板块收入分别同比增长 8.6%、16.8%、62%；国内工程技术服务收入同比增长 6.6%，国外同比增长 13.8%，是国内增速的 2 倍；公司亿元以上利润项目达到 8 个，同比增加 5 个。同时，进一步向精细管理要效益。科学筹集和使用资金，全年减少资金占用成本 5762 万元，减少汇兑损失 2118 万元；加快资金回笼，全年收回资金 172 亿元，委内瑞拉项目回收多年欠款 6 亿多元；实施成本管控，在通货膨胀情况下成本增幅低于收入增幅 4 个百分点；加强税收筹划，申报出口退税 2 亿元，同比增长 25%；实施物资集中采购，全年节约采购成本 3200 万元。

在队伍调整方面：突出“增国外、减国内”，将生产能力最大限度地转化为效益。全年国际市场新增队伍 103 支，建成国际化生产能力 9.4 亿元。主动调整队伍布局，国内市场将 15 部钻机从低效区域移至吉林、大庆海塔等效益较好市场；长庆地区主动减少低效常规油井工作量，将钻机向探井、评价井、水平井和子米区块等效益较好的项目集中。国际市场完成 10 个国家 22 部等停钻修机跨项目、跨国家调整，有效盘活了生产能力。同时，根据效益、业绩、生产连续性、设备状况和 HSE 等方面指标，全年解散钻修井队 23 支，加快淘汰落后产能。

（二）突出“发展”主题，坚持整体联动，内生增长动力不断增强。市场、投资、科技、改革、管理“五管齐下”，推动企业实现全面协调可持续发展。

一是市场开发带动发展。以全产业链上某一点的突破，带动其他专业共同进入，形成了相互拉动、全面发展的良好局面。印尼项目利用钻井液服务打下的良好基础，采用外包模式成功带入钻井、顶驱和旋转防喷头业务；苏丹项目以修井业务为主线，拉动钻井液、稠油注汽、定向等业务进入，实现了市场转型；固井公司紧跟肯尼亚、斋桑、乍得等总包项目，成功进入 6 支固井队，海外收入同比增长 95%。市场的突破，带动了公司产业链的延伸，构建了新的利润源。装备制造业务实现产值 1.43 亿元，LEAP800 测井系统、随钻 LWD 系统、LEAP-PM 录井仪、PDC 钻头等产业化项目初见成效；基建业务取得国家二级资质，以苏里格总包区块为依托，当年实现产值 1.7 亿元；贸易服务借助总包和出口拉动，全年实现出口 2.7 亿美元。

二是投资规模拉动发展。当年获得固定资产投资计划 32.7 亿元，完成年初目标的 176%，全年安排投资 41.5 亿元，工程技术服务投资为集团公司同类企业之首。装备购置方面：以扩大市场份额，提高效益规模为主线，优化更新深井钻机，优先配备测录试装备，重点配套LWD、顶驱、压裂、酸化等创效装备，大幅提升了高端市场开发能力。设施建设方面：以满足公司全球化生产运行和技术发展为主线，加快尼日尔、委内瑞拉、乍得等海外运保基地建设进程，为海外市场高效运作提供了坚实保障。能源开发方面：以确保苏里格合作开发区块22亿立方米天然气商品量为重点，加快苏53、苏11区块新增产能建设，合理安排苏10区块补钻产能。全年新建产能9亿立方米，生产能力达到25亿立方米，拉动公司内部基建和工程技术工作量10亿元以上。

三是科技进步引领发展。自主研发的重大装备、软件及配套技术取得突破，为开拓市场提供强力支撑。LEAP800-A测井系统通过集团公司成果鉴定，总体性能达到国际先进水平；具有完全自主知识产权的LWD系统各项指标达到设计要求；LEAP-PM录井仪通过辽宁省新产品鉴定，目前已制造19套，扭转了录井设备长期依赖购买的被动局面；超短半径径向水平井技术现场试验获得成功，为老井挖潜和低渗油气藏增产提供了有效手段；全油基钻井液进入委内瑞拉市场，公司成为CNPC首家在国际市场进行全油基钻井液技术服务的企业；过套管电阻率测井仪完成升级改造，取得20口井合格资料。提高单井产量特色技术得到成熟应用。苏53区块富集区水平井整体开发试验获得成功；四级分支井技术实现成熟推广，六级分支井完成样机并进行了地面试验；欠平衡水平井一体化技术在沈北地区推广，单井产量提高50%。全年完成水平井171口，欠平衡井43口。全过程钻井提速见成效。通过应用技术模板，辽河、海拉尔和4000米以上深井平均机械钻速同比分别提高14.3%、18.3%、12.4%。海外哈萨克斯坦平均机械钻速同比提高15.9%。公司全年实现科技创效4.5亿元。

四是改革调整促进发展。海外区域化整合全部完成，对阿尔及利亚、利比亚、叙利亚等8个钻修井项目部与测井作业区进行合并，实现了海外同一国家由一个综合项目部管理全部业务。国内扁平化调整实现预期，撤销了公司建制，设立63个精干高效的地区市场项目部，优化了项目管理和市场开发服务能力。二级单位和项目部精减机关科室33个，减少14%；精减机关人员编制498个，减少15%；精减科级干部职数138个，减少11%；向一线项目充实207人，实现了人力资源合理流动。

五是规范管理保障发展。经营管理进一步加强。严格投资计划管理，杜绝了计划外超投资项目；配套完善预算机制，激励约束和导向作用进一步增强；内控体系持续改进，自我测试全面达标。人才队伍进一步优化。全年引进关键岗位人才45人、高校毕业生845人，新增基层技师142人，清理劳务用工447人，开展各类培训6.5万人次；为海外选配各类人才113人，调剂用工292人，一线人才短缺问题得到缓解，海外员工当地化率达到77%。物资管理水平进一步提高。完成22大类，近3万项的年度物资集中采购，集中采购率超过 95%；改变采购策略和方式，采购周期大幅缩短。装备保障能力切实增强。与设备服务商联合成立设备运行支持组，修保人员、配件最短时间内到达，在提高效率的同时平抑了当地价格；超前准备潜在项目所需设备，备份重点项目关键设备，满足了市场开发对设备的需求。信息化建设步伐加快。ERP 系统正式上线；协同办公、数据中心、生产远程控制与应急指挥等平台建设进展顺利；生产运行管理系统在国内全面应用；信息交流平台在公司管理层及生产单位覆盖率达 100%。法律工作步入正轨。法律风险有效防控，法律纠纷及时处理，经营管理合法规范，法律意识进一步增强，实现了合同管理信息化。

（三）突出“和谐”主题，坚持以人为本，发展基础进一步巩固。坚持将企业内外部环境和谐稳定作为可持续发展的有力保障，全面筑牢企业发展根基。

一是狠抓质量安全环保工作夯实和谐基础。落实责任、持续改进、规避风险、全面受控，为公司生产经营提供全方位安全保障和体系支撑。HSE 体系推进成果显著。有感领导、直线责任、属地管理的理念和“否定、肯定、提升”措施得到落实，《HSE 管理原则》和《反违章禁令》得到刚性执行。应急管理和风险防控进一步规范。制订了 15 项应急处置方案和 16 项重点风险防控方案，建立了应急专家库，完善了应急平台，填写 STOP 卡 5 万余张，有效控制了作业风险。井控管理全面加强。开展了“井控达标建设年”活动，下发了《井控十大禁令》，开展了井控专项大检查，杜绝了井喷失控事故。社会安全防范体系进一步完善。健全了较高风险项目社会安全管理机构，为 12 个项目配备当地安保 781 人，开展防恐培训 1201 人次，较高风险项目人员培训率达到 100%。质量和节能管理水平不断提升。基础管理建设工程全面启动，两级质量管理体系网络逐步形成，卓越绩效试点工作取得新进展。电代油、双燃料钻机等节能减排技术有效应用，全年综合能耗 22 万吨标准煤，新鲜水消耗量 135 万立方米；新增技措节能 4931 吨标准煤，节水 2.7 万立方米。

二是加强党建思想政治工作构筑和谐保障。推动领导班子和干部队伍建设，各级班子、党员干部党性修养、领导能力和廉洁自律意识不断增强。积极探索新时期党建管理方式方法，持续抓好基层党组织和党员队伍建设。不断完善党建工作信息化教程，跨国跨区域党建工作逐步理顺。深入开展“传承、创新、超越”形势任务主题教育，形成良好的思想舆论氛围。制订《企业文化“十二五”规划》，启动海外文化信息工程，企业文化建设取得阶段性成果。加大典型培养选树力度，榜样的示范带动作用得到充分发挥。不断加强机关作风建设，促进了机关作风进一步转变。扎实做好维护稳定工作，确保了公司大局稳定。

三是关心员工切身利益营造和谐氛围。勇于直面矛盾问题，千方百计寻求解决方法，员工关心的问题得到有效解决。全年调入借聘人员 84 名，79 名未调入员工已获得集团公司批准。海外高层管理人员身份转换问题基本解决，16名海外员工实现了向国内岗位轮换，解决员工两地生活方案正式启动，为49人落实了北京户口，为在京和海外308名员工解决了异地住房补贴。在此基础上，深入开展“全员素质提升工程”、“员工创造工程”和“安心工程”，激发员工积极性；认真开展扶贫帮困活动，解决员工后顾之忧；广泛开展各种文体活动，员工精神文化生活更加丰富。公司被中华全国总工会授予“模范职工之家”称号。

在总结2010年工作成绩的同时，我们还要冷静地看到，公司面临的外部环境不断发生新变化，内部矛盾和困难尚未得到根本解决。集中体现在核心技术不突出，对开发高端市场缺乏有效支持，整体技术水平差距明显；管理粗放问题仍然大量存在，少数单位规模不大、五脏俱全，机构多、干部多、费用高、效率低，亟待改进；受通货膨胀影响，原材料价格持续上涨，生产经营成本刚性增长，增支减利因素大量增加；关键岗位高素质人才、市场开发和海外经营管理人才依旧短缺；部分干部领导力、执行力不强，思想认识和观念存在偏颇，部分二级单位、项目部的发展仍不均衡；员工群众关注的热点、难点问题没有得到根本解决，一些潜在的不稳定因素仍然存在。这些问题需要我们在以后的工作中认真面对、尽快解决。

三、2011年工作部署

2011年是“十二五”开局之年，也是长城钻探公司巩固和发展“十一五”成果，把握有利时机，实现跨越式发展的关键一年。做好2011年承上启下的工作，对于公司长远发展具有重要意义。

2011年工作指导思想：坚持以科学发展观为统领，深入贯彻党的十七届五中全会和中央经济工作会议精神，全面落实集团公司工作部署，坚持“43210”发展思路和“73311”发展目标不动摇，加快转变发展方式，加快调整优化结构，着力加强市场开发，提升管理和自主创新水平，抓好抓实安全生产，搞好精神文明建设，努力构建和谐企业。充分发挥综合一体化和政治文化优势，增强全面协调可持续发展能力，确保“十二五”开好局、起好步，为公司各项事业全面发展，加快推进国际化石油工程技术总承包商建设打下良好基础。

主要经济指标和工作任务是：全年实现收入188.6亿元，同比增长12%，实现考核利润15亿元，同比增长50%，综合利润率达到8%。国内市场实现收入103.2亿元，同比增长11%；国际市场实现收入85.4亿元，同比增长13.7%，国际市场新增合同额13亿美元，工作目标14亿美元。员工收入同步增长。

全年安排投资34.9亿元，争取集团公司支持，努力实现42亿元投资规模。其中：固定资产投资26亿元，递延资产投资8亿元，安全生产专项投资0.9亿元。保持常规更新投资强度，优化钻机结构，配备测井、测试、定向、压裂酸化等高端装备，提升工程技术竞争力和一体化整体优势。

为确保上述目标实现，公司上下要戮力同心，推进各项工作再上新台阶。

（一）拓宽领域，市场开发再上新

台阶。国内市场：加强队伍布局调整和生产组织协调，加快向效益型转变。东部市场继续做好辽河油区保障服务，努力提高服务质量和效率；进一步扩增大庆海塔市场规模，力争获得大部分开发井和全部水平井工作量；加强吉林市场与甲方的沟通协调，继续扩大市场份额；抓好冀东侧钻井总包项目，保持陆上钻井工作量连续，测井、录井、固井等专业稳步扩大规模，力争获得全部取心工作量。西部市场以水平井为龙头，集中优势资源向效益市场进军。调整钻机布局，抓好自营区块产能建设、储气库和气探井施工，组织好永和气田总承包项目，拉动各专业工作量。国内反承包项目抓住机遇全面推进，组织好四川壳牌、新疆喀什等项目，为后续大规模开发做好超前准备；密切跟进道达尔苏南项目，确保成为该区块进入开发阶段的主力军；紧跟页岩气、煤层气等反承包项目，抢占市场先机。力争占有国内反承包市场全产业链工作量的 50% 以上。

国际市场：加大扩容增项力度，实现专业“复制”和空白区有效进入。全年新增各类队伍 100 支，其中技术服务队伍 80 支。非洲大区立足总承包项目，将成功经验移植到非 CNPC 市场，全年新增钻修井机 5 部，工程技术服务队伍 17 支，注汽炉 2 台，新签合同额 3.69 亿美元。苏丹项目大力推广侧钻井、水平井、稠油注汽、饶性油管和完井套管作业技术，将市场转型推向纵深；乍得项目全面提质提速，主动降低价格，努力建成甲乙方一体化“发挥整体优势经济模式”示范项目；阿尔及利亚、利比亚和突尼斯项目努力提升钻机利用率。中东大区进一步拓展市场空间，全年新增钻修井机 10 部，工程技术服务队伍 30 支，新签合同额 4.85 亿美元。两伊市场巩固测录试业务现有规模，与兄弟单位加强沟通，保障集团公司项目高效运行。伊朗市场力争中标北阿一期 3 台钻机综合日费项目，提前介入南阿市场，做好 NIOC 勘探部项目延续及新项目投标工作。伊拉克市场组织好已中标钻修井机进入，力争中标西古尔纳钻井项目，继续扩大测录试市场份额。叙利亚和阿曼项目重点做好合同延续和新市场开发工作。卡塔尔、科威特测试，沙特雪佛龙钻机等新项目力争有所突破。中亚大区做好市场维护工作，巩固扩大现有市场规模。全年新增钻修井机 2 部，工程技术服务队伍 20 支，新签合同额 2.91 亿美元。大力拓展哈萨克斯坦非 CNPC 市场，斋桑项目全面扩容；泰国项目持续扩大服务领域，确保合同额和收益逐步上升；印尼项目进一步扩大钻井液服务市场；土—乌项目拓展非 CNPC 市场，做好分包市场开发工作。美洲大区重点做好新项目启动工作，全年新增钻修井机 3 部，工程技术服务队伍 10 支，新签合同额 1.55 亿美元。进一步扩大委内瑞拉钻井液、固控项目服务范围，紧跟胡宁 -4 项目进展；稳步推进古巴总包一体化项目，确保现有钻机合同延续，进一步扩大服务领域；加拿大项目重点解决好运行体制和人员管理问题，力争工程技术服务队伍和热采装备全面进入；全力运作好哥伦比亚中化项目。在此基础上，进一步拓展合资合作市场，将 CNPC 海外管理体制与国际化市场操作相结合，加快苏丹、委内瑞拉等合资公司建设和相关业务并购步伐。

（二）强化执行，管控水平再上新台阶。将执行力建设作为企业管理的第一支撑，做到凡事有人负责，凡事有章可循，凡事有据可查。全面推行问责制，提高整体执行力和公信力。一是大力实施革命性措施，强化成本管控。落实先进定员，降低人工成本。二级单位、项目部以及各级机关部门制定出先进的定员，同比降低30%，建立起机关、二级单位、项目部、基层队先进定员的标杆，为在“十二五”末实现先进定员目标打好基础；推广节能技术，降低生产成本。与辽河油田公司合作，全面推广双燃料钻机，国内外其他市场大力推广钻机电代油、气代油技术，全年改造完成40台以上；推行精准工厂化管理，降低综合成本。对单井、单机、单项工程实行工厂化生产、流程化管理，制定作业文件、作业流程、作业时间、操作规程、消耗定额等5个标准，国内各单位综合成本硬性降低5%。二是强化投资计划管控。严格落实批次投资计划，坚决杜绝计划外、超投资项目。加大审计监察、后评价和过程控制力度，维护投资计划的严肃性。三是强化生产组织管控。做好新项目启动的超前准备，确保队伍、装备等资源组织到位。做好国内外市场过剩生产能力的转移和升级，提升钻机动用率。四是强化财务资产管控。畅通资金渠道，加快资金回笼，确保资金统一规范、集约高效运作；强化预算执行过程控制，超前开展税收筹划，完善内控体系建设，有效控制经营风险；加强资产核算管理，提升资产运营质量和效益。五是强化人力资源管控。有效控制用工总量，深挖人力资源潜力，确保满足公司业务发展对人才的需求。全面落实“效益与收入相挂钩、效益变化与收入变化相统一”的分配机制，探索建立新的工资晋级体系，充分发挥薪酬分配的导向与激励作用。六是强化物资管控。健全采购考核体系，杜绝计划外采购。加强仓储管理和境内外仓储设施建设，确保满足生产需求。巩固集中采购工作成果，争创集团公司年度物资管理先进单位。七是强化法律管控。进一步做好法律风险防控体系建设，增强境外项目法律风险防控能力；做好“六五”普法开局工作，提高公司整体法治意识和依法治企水平。

（三）务实创新，科技支撑再上新台阶。围绕公司3个业务板块各专业快速均衡发展，以重大现场试验、重大装备和产品开发为抓手，集中突破生产建设技术瓶颈。钻井板块：加快推进水平井技术升级，开展裸眼分段压裂、侧钻/分支水平井试验，规模推广四级多分支井和鱼骨井，全年实施水平井200口；开展全过程欠平衡钻井技术研究和气体钻井技术试验，全年实施欠平衡井50口；巩固发展钻井提速成果，建立重点区块提速模板，区域平均机械钻速提高5%；承担集团公司钻井液科研专项，实施全油基和高温、高密度、高矿化度钻井液现场试验各10口井；开展连续管钻井、压裂、酸化和井下作业等技术研究与配套，进一步完善技术服务链。测井板块：加大自主知识产权装备的优化升级和推广力度，全年生产LEAP800测井系统10套以上、随钻

LWD 系统 10 套、过套管电阻率测井仪 5 套；LEAP-PM 录井仪 15 套，国内外现场应用 50 口井以上；推广挠性油管作业 10 口井，形成套管完井技术服务能力。能源开发板块：开展苏里格地区“三低”气田稳产综合配套技术研究，提出实现年产 30 亿立方米的主导工艺措施；开展苏丹稠油综合地质研究，寻找工程技术切入点；做好乍得、斋桑等项目技术支持，新疆喀什地区开发方案编制，以及永和气田综合地质研究，为重点项目提供有力支持。同时，加快科技成果转化，把成熟技术逐步上升为规程、标准，形成具有自主知识产权的技术系列；瞄准世界前沿技术加强全球合作，加快核心技术创新步伐；建立稳定的科技投入增长机制，确保重点项目投入。全年承担国家和省部级重大科研项目 10 项以上，开展公司级科技攻关 45 项；申请专利 100 项，科技投入 1.5 亿元，其中 3000 万元用于同国际石油工程技术公司合作提升公司短板业务，科技创效 5.5 亿元以上。

（四）夯实基础，质量安全环保再上新台阶。将质量安全环保作为企业发展的生命线。一是以 HSE 体系认证为契机，全面推进国际化 HSE 体系有效运行。二是坚持“主要领导负总责、分管领导负主责、系统主管领导负系统管理责任”，以落实责任制为基础，强化《HSE 管理原则》和《反违章禁令》的执行。三是贯彻落实“33335”建设思路，强化源头管理，开展专项整治，实现生产作业全过程受控。四是严格执行《井控十大禁令》，突出钻修井、测井施工过程中的关键环节控制，杜绝井喷失控。五是加强较高风险国家和地区社会安全管理，做到安保措施、组织机构、应急演练、防恐培训四个 100% 到位。六是加强设备、交通、职业健康、危险物品等专项管理，有效控制各类风险。七是推进质量计量标准化基础管理建设工程，提升 ISO 9001 质量管理体系运行水平，实现质量管理由“质量符合”向“追求卓越”转变。八是大力实施节能减排，全年能源消耗总量控制在 22 万吨标准煤、新鲜水消耗控制在 130 万立方米以内，实现技措节能 3000 吨标准煤，节水 2.5 万立方米，各类污染物排放控制在标准和指标之内。

（五）凝心聚力，队伍建设再上新台阶。按照“国内队伍国际化、国际队伍铁人化”的思路，加强国内外一体化队伍建设。一是努力构筑国内外队伍共同的思想基础。坚持把大庆精神、铁人精神融入企业改革发展稳定各个层面。在国内，强化培养职业精神，将各项制度规范上升为文化养成；在国外，坚持用大庆精神、铁人精神育人铸魂，做到政治本色不变，优良传统不丢，奋斗精神不减。二是加强干部队伍建设。打造坚强领导班子，落实“三重一大”决策制度，发扬铁人“五讲”优良传统，切实增强党员干部政治意识、责任意识、大局意识、忧患意识和廉政意识，打造一支政治上靠得住，思想上愿作为，实践中肯作为，业务上有作为的干部团队。三是提升队伍整体素质。实施基层建设跨越工程，开展“五型”班组、“六优”团队和“金银铜牌基层队”创建活动；区分不同市场、不同专业、不同工种，搞好示范班组、示范岗位建设，带动全员素质整体提升；强化SOP标准作业流程培训与现场应用；以海外市场为平台培养适应国际化市场运作的复合型人才。四是充分发挥思想政治优势。扎实开展“传承、创新、超越”主题教育活动，全面落实企业文化“十二五”发展规划，建设跨国、跨区域企业文化阵地。注重发挥工会、共青团作用，把思想政治工作做得更加生动活泼、富有成效。全面落实维护稳定“第一责任”，努力构建科学发展、和谐发展的工作格局。

四、“十二五”发展规划与远景展望

“十二五”是我国全面建设小康社会、深化改革开放、加快经济发展方式转变的攻坚时期，是集团公司实现“资源、市场、国际化”三大战略目标，建设综合性国际能源公司的关键时期，也是长城钻探建设国际化石油工程技术总承包商，实现全面协调可持续发展的重要机遇期。在这一时期，国际金融危机的影响仍然存在，世界经济将在调整中恢复增长。未来5年，全球石油需求将持续增长，国际油价也将在反复震荡中趋向高位，全球勘探开发投资增速有所放缓，但每年仍将以5%的速度增长。我国将进入新一轮快速发展期，经济将由数量扩张型增长向质量效益型增长转变，工业化、城镇化成为经济发展的两大驱动力量，区域经济协调发展和全方位的综合配套改革也将进入关键期，能源需求特别是油气需求将保持较快增长。集团公司将资源战略放在三大战略之首，在海外明确了“突出中亚、做大中东、加强非洲、拓展南美、推进亚太”的总体思路和加快建设5大油气合作区的重要部署，海外原油产量年均增长2000万吨以上，天然气产量年均增长20%；在国内巩固发展松辽、渤海湾、鄂尔多斯、川渝、新疆5大油气区，原油产量年均增长200万吨、天然气产量年均增长10%以上。石油工程技术工作量必将迎来新一轮的快速增长期。

同时也要看到，后金融危机时期石油工程技术市场的竞争异常复杂，异常激烈。公司2010年海外市场中标率仅为24%，同比降低了10个百分点。特别是中东地区，在投标数量增加近三倍的情况下，中标数与2009年基本持平，市场复杂程度可见一斑；一些甲方为保护当地公司，不断提高技术、装备、人员以及商务门槛，致使项目资审难以通过；四大跨国石油公司以低价冲击市场，同时中小油公司大量进入，使得市场竞争不断加剧，市场环境日趋恶劣。在国内，民营企业利用机制灵活的优势，全面参与石油石化行业竞争；集团公司五大钻探在队伍、技术、装备等方面各具优势，总体水平不分伯仲，相互追赶的势头又十分强劲，市场竞争更趋白热化。

总体上看，全球的石油工程技术服务行业进入了微利时代，我们面临的形势十分复杂，不可控、不确定因素增多，全体干部员工要认真领会国家、集团公司关于加快转变发展方式的重要精神，准确把握宏观形势和发展趋势，瞄准自身在发展上存在的差距和不足，持续改进，努力在加快转变上采取革命性措施，动真格，见实效，进一步提升公司的综合竞争实力。

长城钻探公司“十二五”发展总体目标：到 2015 年，实现收入 300 亿元，利润率达到 10%。其中：国内市场实现收入 150 亿元，利润率达到 8%；国际市场实现收入 150 亿元，利润率达到 12%。资产总额达到 500 亿元，净资产 200 亿元；用工总量保持在 3 万人左右；七个发展平台建设基本完成，年均增加 8—10 个收入 2 亿元、效益 2000 万元规模的项目；基本建成国际化石油工程技术总承包商。长城钻探成为社会推崇、客户满意、员工自豪的中国石油工程技术典范企业之一。

展望长城钻探公司“十二五”的发展，要全面落实蒋洁敏总经理对工程技术服务企业提出的“更成熟、更主动、发挥优势”的要求。

更成熟：到“十二五”末，公司将全面进入企业发展的“成熟期”，具有市场份额稳定、生产技术成熟、管理模式和团队建设领先等独特优势。具体表现为：

——较强的市场开发能力。市场升级与扩容“变”在市场变化之前，形成多个稳定、成熟、支撑公司长远发展的重要“根据地”，结合形势变化自主调节生产节奏，抵御市场风险能力进一步增强；具备完善的国内外市场营销网络，全员开发市场激励机制进一步配套、健全。

——较强的技术创新和应用能力。制约生产建设的技术瓶颈基本消除。核心技术的应用与推广，主要装备的设计与制造，油田开发方案设计与编制，特色技术的创新与集成等能力经受住国际市场的检验，企业拥有多项市场开发的“利器”，科技创新体系和配套政策机制进一步完善。

——较强的石油工程技术高端施工和管理能力。保持 3 万人左右的员工规模不变，造就大批石油工程技术管理的“白领”，业务发展起点高，效益好，实现对总承包项目每个要点、每个环节的有效管控。

——建成油藏研究、识别、改造、管理高水平团队。具备较强的为甲方提供地质研究、生产组织、工程技术三方面参谋的能力；精通油藏特别是稠油油藏开发，具备较强的提高油田开发品质的能力。

更主动：就是以 320 亿元收入、42 亿元利润的高线安排确保既定目标实现。重点实施“556”产业发展计划，即建立生产测井、完井、压裂、连续油管钻井、油建 5 个专业；补齐固井、带压作业、侧钻、大修、注汽 5 个短板；延伸整合钻头、测井仪器、钻修机、钻井液材料、射孔材料等加工制造和贸易 6 项业务。力争在 2011 年开始见效，逐步深化，实现内生式增长。

——钻修井板块。到 2015 年实现收入 160 亿元，年均增长 8%；实现利润 12 亿元，利润率达到 8%。做到“减低端主动退出，增高端全力以赴”。秉承“更低成本、更快效率、更高技术、更强队伍”理念，积极进入特殊工艺井、分支井、水平井、大位移井等国际高端市场，同时加快顶驱、钻井液、固井、定向等业务发展速度；稳步扩大规模，严格控制成本，解决好提升水平、降低消耗、减少事故、保证质量等问题。

——测井板块。到2015年实现收入80亿元，年均增长20%以上；实现利润16亿元，利润率达到20%。秉承“先进、质优、价廉、高效”的理念，打好国内高端市场“反击战”和国际市场“进攻战”，测井、试油、定向专业实现三年翻一番，GWDC的CNLC成为国际一流测井品牌，进入世界测井行业前5名。充分利用LEAP系列产品“利器”，全面实现跨越式发展。

——能源开发板块。到2015年收入达到40亿元。坚持“稀井高产，少井高效”的开发模式，巩固和扩大“5+1”合作开发过程中建立的优势，以最少的投资、最优的成本、最好的开发效果，获得集团公司的认可和支持，力争增加新的天然气总包区块。进入集团公司煤层气、页岩气开发等新领域，将行之有效的合作开发、风险带资、效益分成等模式复制到国内外其他市场。

——综合业务板块。到2015年收入达到40亿元。加快发展以LEAP系列产品为主的装备制造业务；通过总承包拉动贸易增长；稳步推进稠油注汽和基建业务。

发挥优势：在“十二五”期间，要全面发挥“市场开发能力强”这一公司的最大优势，面向国内外所有油气田，提供全产业链服务。立足地质引领和技术进入，用长城钻探独特的方式解决油田开发和工程技术难题，做到市场开发“有规模、有系统、有政策、有效益”。在巩固“4+5”市场格局的基础上，打造纵向“3+3”全球立体市场。将国内市场分为中国石油内部油气田、中国石油以外油气田和反承包油气田3个层次，国际市场分为中国石油海外市场、中国石油以外国际市场和合资合作市场3个层次，通过“三个步骤”对市场进行提档升级：第一步，收集难题。面向国内外所有油气田收集油藏开发技术难题，寻找高端市场。第二步，开放式解决。广泛学习国内外各油气田企业油藏开发的技术和经验，融会贯通，集成应用，为业主提供独特的高端解决方案。第三步，技术进入。按照不同业务板块、不同专业和不同市场层次，确定目标方向，加强技术推介，实现技术有效进入。同时，制定与收入利润挂钩的绩效考核机制。形成总部机关、二级单位、海外大区及项目部三级联动的市场开发体制，走出一条高端制胜、发挥整体优势的企业发展之路。

各位代表、同志们，重组整合3年来的实践，我们从未停止过改革创新的步伐。纵看历史，我们深切地认识到，只有坚持走市场化、国际化道路，坚持安全、效益发展，坚持“自立为本，利油利他则久；员工至上，永葆创业激情”的经营哲学，坚持建设国际化石油工程技术总承包商，企业才能走出一条适应市场变化，符合集团公司建设综合性国际能源公司要求和员工根本利益的科学发展之路。放眼未来，展现在我们面前的是长城钻探“十二五”又好又快发展的美好愿景。我们肩负的责任更加重大，任务更加繁重。让我们上下一心，务实进取，以坚定的信心、饱满的热情和奋发有为的精神状态，开创各项工作的新局面，为长城钻探美好的未来而努力奋斗！

党委书记王忠仁在长城钻探公司党委一届二次全委（扩大）会议上的工作报告

（2010 年 12 月 29 日）

同志们：

这次党委全委（扩大）会议，是在公司顺利完成整合、融合、打基础、立规矩，实现安全、效益、品牌、可持续发展的阶段性任务，全面建设国际化石油工程技术总承包商的关键时刻召开的一次重要的会议。这次会议的主要任务是：深入学习贯彻党的十七届五中全会精神，总结 2010 年公司党委主要工作，分析面临的形势和问题，对 2011 年重点工作进行安排，动员公司各级党组织、广大党员和干部群众，群策群力，围绕中心，保障大局，在“发展、转变、和谐”三件大事中筑堡垒、当先锋。

第一部分　2010 年主要工作回顾

2010 年，既是公司有效应对日趋激烈的国内外市场挑战，顶住内外部各种不利因素冲击，出色完成各项工作任务的一年，也是公司完成国内外市场战略布局、开始加快发展的一年。一年来，公司党委认真贯彻落实党的十七届四中、五中全会精神，按照集团公司党组总体要求和公司第一次党代会的安排部署，围绕公司年度生产经营中心任务，扎实开展党建思想政治、企业文化和反腐倡廉工作，充分发挥了各级党组织的政治优势、组织优势和群众工作优势以及广大党员的先锋模范作用，为公司科学发展提供了坚强的思想和政治保障。

一、抓思想教育，为转变发展方式提供有力保障

公司党委始终把如何促进发展方式转变作为公司当前和今后一个时期的工作重心，针对管理体制、运行机制、思维方式、工作方法上面临的新变化，坚持思想先行。

（一）加强形势任务教育，增强干部员工开拓进取的紧迫感。在为期两年的“三树一增”主题教育的基础上，以“传承、创新、超越”为主题，进一步强化大庆精神、铁人精神再学习、再教育，通过开展《奠基者》征文比赛、举办大庆精神、铁人精神专场报告会等活动，进一步引导广大员工在艰巨的任务面前不退缩，在新的形势任务下不懈怠，齐心协力为公司发展做贡献。特别是在关闭低效市场、解散装备落后的钻井队、推行扁平化管理等变革面前，党员干部和员工群众为国尽责、为油奉献的自觉性进一步增强。钻井一公司开展“牵手奠基者，重走会战路”活动，增强了形势任务主题教育的效果。

（二）加强廉洁从业教育，锤炼领

导干部的硬作风。开展了“忠诚事业、承担责任、艰苦奋斗、清廉奉献”主题教育、以《国有企业领导人员廉洁从业若干规定》等四项重要法规文件为主的党纪条规教育，认真落实《党员领导干部廉洁从政若干准则》，以科级以上党员干部和重要岗位人员为重点，不断深化反腐倡廉教育，增强党员领导干部廉洁自律的自觉性。各单位上专题党课 118 场次，召开专题座谈会和讨论会 238 场次，观看警示教育片 60 场次，参观警示教育基地 5 场次，组织答题活动 7 次，公司领导班子全体成员、各级领导干部、人财物重要岗位共 2578 人参加了知识答题。

（三）加强爱岗敬业教育，提升员工与企业共发展的忠诚度。公司各种用工形式并存，利益诉求多样，各种社会思潮对员工的影响也越来越大。在公司人才引进力度逐年加大的情况下，各单位把爱岗敬业教育作为经常性教育活动来抓。钻井二公司开展了“情系长城、爱在钻二”系列活动，使新接收的 415 名高校毕业生缩小理想和现实的距离，提高了对企业的归属感。录井公司开展“双向感恩”教育活动，让干部感谢员工，员工感谢企业。总部机关开展一线员工“忠诚企业、爱岗敬业”宣传教育活动，把优秀基层干部请到机关做报告；组织机关干部到基层现场观摩，增进对一线生产单位的理解和认识。

（四）加强“三组”教育，增强干部员工的大局观。针对基层队伍管理中出现的一些苗头性问题，公司党委利用三个月的时间，集中开展了“组织观念、组织原则、组织纪律”教育活动，编发宣教提纲和启示性案例。基层单位采取“四强化”、“设立组织纪律监督哨”等方式深入落实，进一步强化了广大党员干部的大局意识、政治意识。井下作业公司突出转变“十种观念”，对全体员工统一思想，提增信心起到重要作用，成功实现扭亏为盈。

二、抓文化引领，搭建文化与管理的转化渠道

从实践中来，到实践中去，是做好企业文化体系构建的基本指导思想。在过去两年广泛调研和认真梳理的基础上，明晰了公司的文化底蕴和思想根基，为企业文化推进工作奠定了基础。

（一）突出传承与创新，“力文化”体系基本形成。在对公司现有文化元素的梳理基础上，制订《企业文化建设“十二五”发展规划》，编写完成《企业文化手册》、《员工手册》，并配套摄制了《企业文化宣传片》、《员工职业道德和行为规范宣传片》。召开企业文化推进会，明确了以“大庆精神、铁人精神为灵魂，以领导力、执行力、凝聚力、创造力为核心，以 HSE 文化建设为基础，以廉洁文化为保障，以团队文化为目标，加大理念灌输、案例教育和先进管理手段的推广，确立、宣贯不同国籍、不同文化背景下，员工普遍认同的长城价值观和长城发展愿景，以企业文化促进各项工作不断创新发展”的总体思路。长城钻探公司拥有了自己的经营哲学：“自立为本，利油利他则久；员工至上，永葆创业激情”。

（二）落实有感领导，全面开展推进工作。清晰界定了各级领导在企业文化建设中的角色定位，即：践行者、建设者、管理者。全面落实有感领导、属地管理和直线责任。在公司各管理层面引入文化管理的方式方法，强调员工认同在政策执行过程中的作用。各单位按照公司的总体部署，制订相应的企业文化建设工作方案。测井公司召开企业文化推进晚会，邀请海外员工家属感受企业氛围；苏里格气田项目部召开企业文化推进会，让“忠诚、无畏、奋斗”精神在毛乌素沙漠落地生根。

（三）立足基层和基础，开展企业文化实践活动。坚持把企业文化建设与思想政治工作相结合，与基层基础工作相结合，以歌曲创作、歌唱比赛、演讲比赛等形式，将企业精神、核心价值理念、员工行为规范逐渐转化为员工的自觉行动和习惯。持续开展了以“弘扬大庆精神、铁人精神，熔炼团队，共筑长城”为主题的拓展训练活动。启动海外文化信息工程，为国内外一线基层队送文化、送知识、送信息，促使员工在学习中进步、企业在学习中发展；组织创作《长城钻探之歌》，以及一系列抒发热爱石油、热爱公司之情的抒情歌曲，举办了企业文化汇报演出。

（四）办好一报一刊一网，不断提升企业形象和知名度。以《长城钻探报》、《长城钻探》杂志、公司网站为平台，展示公司企业文化建设成果；编制形成公司规范化《视觉形象手册》，并按照集团公司品牌管理委员会要求，对公司简称、专业服务品牌应用、现场应用、办公场所应用、办公用品及服装应用进行了补充规范。加大公司品牌形象宣传力度，以石油主流媒体为主要平台，广泛宣传公司的生产经营亮点、技术实力特色以及广大员工的拼搏奉献精神和典型事迹，促进了公司形象建设。

三、抓组织保障，不断夯实基层建设基础

围绕“基础管理年”的要求，公司党委实施了一系列加强基层基础工作的措施，提升组织保障能力，有效促进了“四好”班子、“六个一”党支部、“五型”班组和“六优”团队创建。

（一）“四好”班子建设得到新加强。制定《长城钻探公司推进创建“四好”班子活动指导意见》，进一步明确目标，细化措施。制定落实《中心组学习制度》，坚持两级班子中心组学习日常化、制度化，深入推进学习型党组织建设。研究制定《长城钻探公司落实“三重一大”决策制度实施细则》，并对5个基层单位进行了抽查。认真开好领导班子民主生活会，公司组织人事、纪检监察部门加大了对二级班子民主生活会的指导监督。全年新建二级党委1个、调整补充二级党委委员12人，2个二级党委进行了换届选举。

（二）“六个一”党支部建设增添新内涵。新建党总支9个、党支部92个，选拔调整党总支书记14名、党支部书记99名。基层党支部“三个最佳”创建工作全面深入，“最佳执行力”党支部70136队建设“一流团队”，在国内外部市场中取得了多项工作突破；“最佳创造力”党支部50564队建设“标杆文化”，在国内水平井施工中创造历史最好成绩；“最佳凝聚力”党支部哈萨克斯坦项目部和苏丹测井作业区整合不同国籍员工思想，构筑跨国文化融合，员工本土化率分别达到93%和82%，为海外市场的开发、创效提供了有力推动。

（三）“五型”班组建设进入新阶段。扎实推进“五型”班组创建，组织部分二级单位工会干部到抚顺“王海班”参观学习，召开了公司“五型”班组现场经验交流会。配合集团公司开展好“千万图书送基层，百万员工品书香”和“职工书屋”活动，全年为260个基层站队配送图书367种，共计49935册。80%以上的一线队伍在生产生活和文化设施条件上达到标杆队水准。经过努力，公司“五型”班组达标率为80%，达到了集团公司要求的标准。

（四）海外党建工作取得新进展。针对海外大区党群人员尚未到位，基础薄弱的实际，起草制定《海外党建工作指导手册》，出台《大区和国内二级单位党组织及党员接口管理有关问题说明》。按照“灵活高效、分类指导”的原则，制作了海外四个大区及所属项目部、作业区直到基层队的党组织、党员队伍和积极分子队伍信息库，明确了海外大区党委和国内二级单位党委的管理内容和权限，初步构建了总部统一协调、大区纽带沟通、国内服务支持的党建工作格局。在海外党组织发展党员38名，比2009年提高111%。非洲大区、中亚大区、美洲大区实现了重组以来党员发展工作“零”的突破。

（五）基层建设国内外一体化推进。围绕跨越“三个阶段”战略部署，全面启动“基层建设跨越工程”活动，提出把70%以上基层队打造成“六优”团队目标，实施国内外基层建设考核一体化管理，颁布了《公司基层建设工作境内外一体化考核暂行办法》、《基层建设工作管理评审实施细则》，以及境内外基层队219条通用考核标准和92条个性化考核指标。工程技术研究院结合实际，建立了模板式、模块化基层建设体系。针对基层资料负担过重问题，基层减负工作逐步深入。目前，基层队报表总量缩减78%，明年年初开始试点推开。

四、抓典型示范，党组织和党员的作用日益突出

抓典型，带队伍，是思想政治工作的一种有效方法。公司党委在认真组织开展创先争优活动的同时，进一步壮大典型队伍，激昂员工斗志，形成积极向上的良好氛围。

（一）深入推进创先争优活动开展。面对基层党组织和党员国内外高度分散，活动组织难度大的情况，公司党委立足现有成功做法，进一步细化要求，把核心和重点放在激发基层党组织的活力和调动广大党员的积极性上来。提出以“深入学习实践科学发展观，加快建设国际化石油工程技术总承包商”为主题，以“奉献钻探当先锋、我为党旗添光彩”为实践载体的总体活动思路。在活动中，各级党组织和广大党员在“争”、“创”中凸显作用，涌现出了一批先进基层党组织和优秀共产党员。测井公司开展“三创建”活动，建立了145个“共产党员工程”，169个“党员尽责区”，89个“党员卓越绩效岗”。固井公司机关党员干部“带精神、带任务”走进外部市场38人次，帮助基层解决难题20个。

（二）典型选树工作全面展开。公司制定《典型培养选树管理办法》，有效促进了典型宣传与培养工作常态化、层次化、制度化，做到发现一批、培养一批，总结一批，储备一批，建立了136人的典型库。各基层单位因地制宜，积极跟进。录井公司有针对性地在农民劳务工中培养和选树典型，极大激发了不同用工性质员工的积极性。共青团组织通过“青”字号创建活动，团结凝聚广大团员青年，有效发挥了团组织的生力军作用。

（三）有效发挥典型的引领示范作用。以全国劳动模范王悦田、中国石油榜样韩民久为代表，长城精英、金刚钻、科技精英、五朵金花、长城卫士5个系列共28人的典型群体影响广泛，作为公司第一批长城榜样在国内外各条战线起到了很好的激励和示范作用。GW80队先后两次在集团公司工程技术板块会议上作经验介绍，树立了公司品牌。钻具公司开展了“远学韩民久，近学聂维霞”活动，形成浓厚的比、学、赶、帮氛围，“维霞班”的业绩更加突出，典型的示范作用越来越明显。

五、抓方式转变，探索党建思想政治工作新路子

随着公司持续重组和深化改革的不断推进，跨国家、跨地域、跨文化以及高度分散、高度流动、一线强势决策成为公司作业队伍一个非常突出的特点，党建思想政治工作必须围绕这些变化推陈出新。

（一）加强学习培训，探索标准化、信息化培训方式。针对48.9%的党群干部为近两年新上岗的实际，举办党建业务、纪检监察、工会干部、新闻写作、党支部书记、维护稳定等培训班，累计培训450人次。坚持每年举办党委书记培训班，切实提高党组织负责人的能力和水平。坚持边培训、边积累，编辑完成了党委书记培训、入党积极分子培训和党支部书记培训信息化教程，编写了10项党建业务课件，为逐步推行跨国、跨区域党组织自主培训提供规范化教程。

（二）开展调查研究，挖掘党建管理与经营管理的有效结合点。全年开展党建思想政治工作专题调研6次，针对调研中发现的党建基础管理工作中存在的问题，提出公司党建工作“三步走”的思路。第一步，在2010年解决跨国、跨区域党建思想政治工作的基础建设问题，包括基层组织的建立，支部班子的组建或改选，基层党务工作者的培训和党组织党员数据库维护；第二步，利用2011年一年左右的时间，实现党建思想政治工作跨国、跨区域远程支持，整合公司现有党建工作资源，探索实现远程服务与指导的方法和途径，实行“三个区域”（辽河油区、国内外部市场、海外市场）统筹管理，积极构建党建工作一体化格局，实现国外和国内外部市场党建思想政治工作问题国内解决、国内支持的管理模式；第三步，再利用一年左右时间，实现公司跨国、跨区域党建思想政治工作与国内的无差别化管理，党员队伍尤其是流动党员和托管党员的无缝对接管理，最终使跨国、跨区域党建工作常态化，思想政治工作有形化，党内生活正规化。中东大区、长庆分部起草的调研报告为公司党委决策提供了有效支持。

（三）切实解决问题，实践“大

稳定”的新思路。针对员工队伍“走出去”越来越常态化的实际情况，推出“安心工程”。通过构建多层次、立体化的组织架构和工作格局，使活动从组织、资源和制度上得到有力保障，建立了员工诉求快速反应机制，各级工会担当了“第一知情人和第一报告人”。协调解决北京、天津等地子女入学近100人，协调解决员工及家属就医、看病等疑难问题50多人次，实施各类帮扶2300多人次，组织外部市场员工短期疗养400多人次。展开员工帮助计划（EAP）学习调研和培训，举办心理知识讲座4次，为开展员工心理疏导工作奠定基础。针对信访个案有所抬头的趋势，变上访为下访，及时组织召开辽河油区稳定工作座谈会。辽河分部实行驻辽单位稳定工作例会制度，及时通报信息。开展网络舆情跟踪，在信访稳定压力不断增大的情况下，实现了大局稳定。

2010年，经过全公司广大干部员工的共同努力，我们战胜了困难和挑战，各项业务实现了持续稳定、整体协调发展。全年实现产值168亿元，同比增长11%；实现考核利润10亿元，是集团公司考核指标的2倍。公司党委被国资委党委评为“中央企业先进基层党组织”，公司工会被中华全国总工会评为“全国模范职工之家”，公司团委被中央企业团工委评为“五四红旗团委”。公司维护稳定工作先后两次获得集团公司通报表扬。

上述成绩的取得来之不易，得益于集团公司党组的正确领导，得益于公司党政领导班子的共同努力，得益于各级党组织、广大党员干部和员工群众的智慧和汗水，得益于国内外全体干部员工家属的理解和大力支持。在此，我代表公司党委一并表示衷心的感谢！

第二部分 当前面临的形势及存在的主要问题

当前，我国经济继续保持较快增长，但潜在的各种矛盾和问题也越来越突出。中央经济工作会议提出，2011年国家宏观经济政策的基本取向是“积极稳健、审慎灵活”，重点是更加积极稳妥地处理好保持经济平稳较快发展、调整经济结构、管理通胀预期的关系，加快推进经济结构战略性调整，把稳定价格总水平放在更加突出的位置，切实增强经济发展的协调性、可持续性和内生动力。

集团公司蒋洁敏总经理曾强调指出，未来五年是集团公司持续、健康、快速发展的五年，也是建设综合性国际能源公司最为关键的五年，“十二五”期间，要坚定不移地集中精力做好“发展、转变、和谐”三件大事，到2015年或稍长一点的时间，要实现国内外油气产量当量基本翻一番的目标。从公司层面看，虽然面临比较好的外部市场机遇，但我们的核心竞争力还不够强，而地区市场发展的局限性，社会市场利润空间的不均衡性，国际市场反恐防恐压力加大、市场开发的不确定性，决定了当前和今后一个时期，公司面临的内外部环境依然十分复杂，企业的改革、发展和稳定仍然存在着诸多矛盾和问题。

我们还要清醒地认识到，我们在跨

国、跨区域市场开发方面，虽然走在了国内同行的前列，但在跨国、跨区域党建思想政治工作方面还处于起步阶段。目前，公司“走出去”施工队伍在逐年增加，点多、面广、战线长的队伍情况给党建工作带来了新的考验。海外党组织成立时间短，党员流动性大，高度分散，工作难度大。因此，必须正视我们面临的困难和问题，并认真加以解决。具体表现在以下五个方面。

在党组织建设和党员教育管理方面，行政未托管的技术、服务队伍党组织建立困难，同一基层党组织由于业务需要，施工地域战线较长，甚至跨国家施工，导致事实上的组织建设不完整；党的组织生活在个别地区市场还存在流于形式现象，海外基层党组织在探索适应本国国情的党内生活方面，方法还不多，不够主动，国内支持和国外自主管理之间还有空档；虽然年初出台了海外大区与国内二级单位党员接口管理的相应办法，但在非成建制队伍中流动党员的管理仍然不到位，出现都有责任都没有人管的现象；部分党务干部缺少党务工作经验，在做党务工作上心有余而力不足，尤其是在党内活动开展和党员教育管理方面还缺乏经验。

在员工思想教育方面，员工队伍总体上呈现出健康向上的良好态势，但受社会不良风气的影响，队伍中也存在一些需要注意的苗头性、倾向性问题。大局意识、责任意识还有待进一步加强，在思想道德观念方面还需要进一步加大教育引导力度，尤其是在青年员工队伍中存在一定程度的思想偏激、行为偏激的倾向性，在开展深入细致的思想政治工作方面还有很多工作要做；在员工合理诉求的反应渠道方面还要不断完善。

在关爱员工方面，随着公司海外和国内社会市场员工在外工作年限的不断增加，员工的工作压力、思想压力、心理压力加大，但针对员工的心理疏导和人文关怀工作还刚刚起步，针对性不强，方式方法还需要进一步探索，做更多、更细的工作。由于公司点多、面广、战线长的队伍分布实际，在信息沟通方面还存在滞后和不畅的问题，送文化、送信息到基层、到一线还受输送载体和所在国国情的限制，导致跨国、跨区域市场员工不能及时获得国内的信息，不能及时了解公司的发展情况，业余文化生活较为单调。

在企业文化建设方面，作为中国石油系统内国际化程度较高的工程技术服务专业化公司之一，队伍的高分散性、强流动性和国际市场雇员本地化所带来的跨文化管理，已成为常态，文化作为一种管理手段还没有形成广泛认同，缺少能够适应国内外要求，全面、持续推动企业文化建设的载体和平台，跨文化管理能力有待培养和提高。

在班子建设和干部队伍作风建设方面，个别领导班子执行力不强，在班子民主作风建设中还存在盲目性，在执行“三重一大”制度和程序上不够严格，在干部选拔任用等重大民主决策的问题上还有随意性；个别党员干部思想麻痹，违反廉洁从业规定为个人和“小团体”谋利益；一些机关干部工作中主动性不强，个别干部存在“天花板”现象，公司的各项要求没有得到有效落实。

跨国、跨区域党建思想政治工作方面的困难和问题，是一项系统工程，不可能一蹴而就，是今后相当长时期内的工作重点和难点，既要循序渐进，又要加快解决。国情、党情、油情、企情的发展变化，决定了我们在新的形势下，要牢固树立党的建设“抓好是本职、不抓是失职、抓不好不称职”的观念，充分发挥党组织把握方向、凝聚力量、推动发展、促进和谐的重要作用，为推进公司改革发展稳定提供坚强的思想保证和组织保证。

第三部分　2011 年重点工作安排

围绕公司“十二五”总体工作思路和发展目标，2011 年，公司党委要以“力文化”建设为载体，重点做好以下四个方面的工作。

一、突出领导力，加强班子和干部队伍建设，全面提升各级干部政治素质和引领发展的能力

领导力是引领方向、统筹协调的综合素质与能力。各级领导班子和领导干部是践行领导力的主体和关键，领导干部代表的是信心，给员工的是一种力量和责任。上级是否放心，员工是否满意，市场是否认可，是检验领导力水平的最好标准。

（一）抓好学习，强化理论武装。学习是一种实践，只有学会了如何学习，才能够真正做到具有世界眼光、善于把握规律、富有创新精神，也才能在复杂的条件和困难面前发挥出知识的能量。各级党委中心组每年集中学习时间不少于 12 天，副处级以上干部每人每年读书 3—12 本，撰写读书心得不少于 3 篇。各单位党委书记是中心组学习第一责任人，每半年进行一次总结报告。要在公司内部报纸、网站开设领导干部读书心得交流平台，在公司范围内组织学习交流，形成“以学习为荣，不学习为耻”的良好氛围。

（二）争创“四好”，发挥整体功能。“四好”班子建设首先要从“科学决策、考核任用、学习培训、沟通协调、监督约束”五个方面建立健全制度体系。要根据集团公司要求，制定领导干部问责等措施办法。年内开展一次执行“三重一大”决策制度情况检查，年中开展“四好”班子评比活动，强化考核评价结果的运用，形成注重品行、科学发展、崇尚实干、重视基层、鼓励创新、群众公认的用人导向。

（三）加大力度，推进反腐倡廉。“公生明，廉生威”，这是千年古训，更是领导力之树的根。要在党员干部中开展示范教育、警示教育和岗位廉洁教育，筑牢拒腐防变的思想道德防线。认真开展对落实《党风廉政建设责任制》情况的检查，加强对重点领域和关键岗位的监督，坚持做好干部谈话制度，做到警钟长鸣。

（四）创新管理，破解发展难题。决策水平是影响企业凝聚力的重要因素之一，重点、难点问题的解决是检验领导力的重要标准。要注重发挥领导团队的整体功能，紧紧围绕公司一届三次职代会提出的“再上五个新台阶”的工作部署，集中智慧和力量，干成一件大事情，想出一个好点子，创新一个好方法。要设立“履行职能优秀项目奖”，

奖励高绩效领导团队。

二、突出执行力，发挥政治文化优势，打造一支铁人式干部员工队伍

执行力是知行合一、忠诚企业的具体体现。要着力打造一支“国内队伍国际化，国际队伍铁人化”的员工队伍，这是建设国际化石油工程技术总承包商的迫切需要，是我们迎接日益激烈的复杂竞争环境和处理各种矛盾问题的迫切需要。

（一）夯实堡垒，固本强基。党支部的战斗堡垒作用是执行力的重要保证。坚持“三同时”原则，创新基层党组织设置形式，理顺跨国、跨区域党组织的隶属关系，本着“地域相同、业务相通、便于工作”的原则，建立健全基层党组织。按照公司党建工作“三步走”思路，在跨国、跨区域市场，按照先试点、后铺开的原则，以海外大区和综合项目部为依托，建立海外流动党员活动站，建立流动党员信息共享查询系统，实现对流动党员管理的全覆盖，积极探索网络电话、网上办公系统在跨国、跨区域党组织活动中的应用。要全面提高基层党支部书记的能力和素质，采取集中培训、送教上门等灵活形式，实行党支部书记培训上岗制度。

（二）创先争优，典型引路。深入开展创先争优活动，是加强党的建设、体现执行力的一项重要的经常性工作，公司各级党组织要以加强基层党组织和党员队伍建设为重点，以服务生产经营为核心，不断推动创先争优活动深入开展。开展争做“四优”共产党员活动，通过党员责任区、党员示范岗、党员先锋工程等发挥党员作用。做好发展党员工作，生产一线发展党员计划单列，努力实现重要岗位有党员、主要骨干是党员、关键时刻见党员。海外大区党委要在“三同时”的基础上，做到“四落实”，即，爱国爱企教育要落实，学习型组织建设要落实，跨文化融合要落实，发展目标要落实。

（三）宣传教育，形成氛围。大庆精神、铁人精神是展示石油工人执行力的生动课程。“三老四严”、“四个一样”是我们的传家宝。要以“传承、创新、超越”形势任务主题教育为载体，深入开展大庆精神、铁人精神再教育，结合爱国主义教育，职业道德教育一并进行，把公司的各项工作部署向纵深、向一线和基层展开，特别是对青年员工的思想教育要有新方法；要组织工作队深入到基层，集宣讲、培训、文化活动于一体，重点是国内外部市场和海外市场，开展好“忠诚企业、爱岗敬业”教育活动，每季度组织召开一次优秀党员干部事迹报告会，让基层一线涌现出来的先进典型不断得到学习和弘扬，使广大员工执行能力和执行意识充分展现。

（四）提升素质，确立标杆。以党支部建设为核心，以“五型”班组建设为重点，广泛开展岗位练兵、技术比武和各种形式的员工技能培训、劳动竞赛，深入开展“全员素质提升工程”，提高员工业务技能。按照“国内队伍国际化、国际队伍铁人化”的要求加强国内外一体化队伍建设。要按国际市场队伍的建设标准，全面提高队伍的管理水平和员工的业务素质；进一步传承和发扬大庆精神、铁人精神，筑牢忠诚企业、奉献企业的思想基础。把每一支队伍建设好，把每个班子建设强，从主专业队种中选出一两个基层队作试点，以点带面，全面推开。

三、突出创造力，激发干部员工创业激情，不断创造卓越业绩

创造力是勇于创新、不断超越的具体实践。创造卓越业绩是各项工作的出发点和落脚点，是实现公司总体发展战略目标的重要基础。

（一）重视对创造力的培育和提高。创造力建立在强大的知识体系上，以“建设学习型组织、培养知识型员工”为目标，在企业文化推进过程中，把学习和实践作为一项重要内容来抓，通过持续不断的引导、教育、感化、沟通、激励，使员工的行为变被动为主动、变他律为自律，最大限度地激发和调动员工的积极性和创造性。围绕“创造效益、创造效率、创造技术、创造市场”，全面开展“员工创造工程”。

（二）给创造力一个展示的平台。创造力体现在从“反应性”的工作到“创造性”的工作的转变，反应性的工作最多维持现状，而且不一定能维持现状，而企业美好的明天和事业靠的是富有创造性的工作；创造力还体现在从“工具性”的工作观向“创造性”的工作观的转变，工作不单是员工实现自己愿望的一种工具，更是美好人生的一个重要部分。要建立机制，给广大干部员工的创造力一个展示的平台，最大限度地激发员工队伍自我发现问题、自我学习、自我解决问题的能动性和主动性，打造一线强势自主决策群。

（三）赋予创造力更多的内涵。我们面临的竞争环境有很多可能性，解决问题的方法有很多。一个优秀企业的特质就是能不断挑战自我，创造出自己的管理经验。在“自立为本，利油利他则久；员工至上，永葆创业激情”的经营哲学下，确立以为客户创造价值为导向的竞争模式和盈利模式，通过为客户创造价值实现员工的自身价值，从而实现企业价值的最大化。要重视加强青年党员、青年员工的培养教育工作，把优秀年轻干部放到关键岗位、艰苦环境和情况复杂、矛盾突出、困难较多的地方去锻炼和培养，促进青年更好更快成长，成为创造力之源。

四、突出凝聚力，优化发展环境和条件，着力营造和谐向上的文化氛围

凝聚力是人企和谐、包容融合的集中体现。2011 年是公司“十二五”开局起步的关键之年，要为广大员工打造宽广的事业平台，营造一个心无旁骛，一心干事业的良好心态和风清气正、人心思稳的内外部环境，凝聚员工的力量，实现人企和谐、共同发展。

（一）强化正确的舆论引导。要做好正面引导和鼓舞士气工作，用发展成果和重大业绩鼓舞员工，用生动的实践和身边的先进典型教育引导员工，使员工队伍始终保持一种昂扬向上的精神、知难而进的动力、开拓创新的思维和脚踏实地的作风。针对公司发展方式转变、业务结构调整带来的利益格局变化，以及思想、制度、文化的融合问题，要做到超前研究部署，及时了解掌握员工的思想状况，紧紧抓住涉及员工切身利益的敏感问题，阐述政策措施，化解困惑疑虑，稳定心理预期。坚持“稳健、正面和注意保护商业秘密”的原则，继续抓住重要时段、重要活动、重要典型、重要业绩宣传的有利时机，突出宣传公司转变发展方式，提升发展质量的新成果、新进展。要重视抓好舆情信息监测工作，建立舆情研判工作机制，及时妥善处置重要舆情。

（二）强化稳控工作能力。各级领导干部要在抓住主要矛盾的同时，时刻关注主次矛盾的转化，更加注重个性化矛盾的演化和升级，既要克服麻痹大意思想，又要坚持正面做积极工作，把矛盾和问题化解在萌芽。要更加重视在职员工的队伍稳定问题，把握有关政策出台的时机和协调性，制定相应的思想政治工作保障措施，增强思想政治工作的前瞻性和实效性，畅通员工利益诉求渠道，多为群众解难事、办实事、做好事。在技术密集型单位，要在政策留人、待遇留人、机制留人的基础上，更加注重情感留人。要持之以恒地抓好重点单位、重点群体和敏感时段的稳定工作，从源头上维护稳定。

（三）强化群团组织的独特优势。各级工会、共青团等群众组织要在党组织的统一领导下，切实履行职能，把促进企业和谐稳定作为工作重点，积极做好维护员工合法权益工作，构建和谐的劳动关系。认真落实职工代表大会制度，不断深化厂务公开，畅通民主管理渠道。要关心员工文化生活，组织开展丰富多彩的业余文化体育活动。进一步完善困难员工帮扶体系，健全扶贫帮困、送温暖长效机制，逐步减少特困家庭数量。持续有效开展“海外文化信息工程”、“安心工程”和青年志愿者“春暖行动”、“女职工课堂”。研究引入员工帮助计划（EAP），舒缓员工压力，提高员工自我管理、自我调适能力，培养健康向上的心理素质，营造良好的人际关系，构建和谐的发展氛围。

同志们，集团公司“十二五”战略性大发展的大幕即将拉开，公司也正处在全面推进国际化石油工程技术总承包商建设、实现全面协调可持续发展的关键时期。加强和改进新形势下企业党的工作是一项光荣而重大的政治任务，更是企业改革发展稳定的现实而迫切的客观要求。让我们在集团公司党组的领导下，传承创新、扎实工作，进一步开创公司党委工作新局面，为企业可持续发展提供坚强的政治保障，以优异成绩向建党 90 周年献礼！

第二篇

大 事 记

2010年长城钻探公司大事记

1月11日　长城钻探公司在北京召开HSE管理体系文件发布会。总经理张凤山，党委书记王忠仁等副总师以上领导出席会议。

1月20日　长城钻探公司召开维护稳定工作视频会。党委书记王忠仁出席会议并讲话，党委副书记张希勤主持会议，作了题为《落实第一责任，维护和谐稳定，为公司跨越第二阶段发展目标提供保障》的工作报告，总经理助理张柏松宣读了2009年度维护稳定工作先进集体和个人名单。

1月22日　长城钻探公司召开2010年井控工作视频会，肯定了2009年井控工作取得的成就，并对2010年井控工作进行了部署。公司副总经理、总工程师刘乃震出席会议并讲话，相关副总师以上领导出席会议。

2月2日　长城钻探公司总经理张凤山在北京与来访的古巴部长会议副主席卡布里萨斯、古巴驻华大使佩雷拉等一行座谈，双方就进一步加强合作深入交换意见。总经理助理胡欣峰以及有关部门负责人会谈时在座。

3月2日　长城钻探公司召开2010年审计工作视频会议，贯彻落实集团公司审计工作会议精神，总结2009年审计工作，安排部署2010年审计工作重点，并表彰先进。长城钻探总会计师杜春玲出席会议并讲话，总经理助理杜君主持会议。

3月4日　长城钻探公司召开2010年“三提两井”工作视频会，总结经验，查找不足，安排部署下一步工作重点，并表彰先进。副总经理、安全总监冯艳成等有关副总师以上领导出席会议。

3月4日　长城钻探公司召开第一次女职工代表大会。会议听取了女职工工作报告，选举产生了第一届女职工委员会，并表彰了先进集体和个人。中华全国总工会能源化学工会副主席张萌萌到会祝贺，长城钻探公司党委副书记张希勤讲话，总会计师杜春玲出席会议。

3月5日　集团公司下发《关于张柏松、胡欣峰任职的通知》（中油任〔2010〕77号），任命张柏松、胡欣峰两位同志为长城钻探公司副总经理。

3月9日　长城钻探公司召开2010年纪检监察工作视频会。党委书记王忠仁出席会议并讲话，副总经理、安全总监冯艳成主持会议，总会计师杜春玲宣读《关于表彰2008—2009年度长城钻探公司纪检监察先进集体、先进个人和廉洁从业模范干部的决定》，党委副书记张希勤作纪委工作报告，长城钻探公司有关副总师以上领导出席会议。

3月12日　长城钻探公司召开2010年应急与防恐工作视频会，总结了公司2009年应急与防恐工作，安排部署 2010 年工作。副总经理、安全总监冯艳成出席会议并讲话，总经理助理张柏松、翟智勇等部分副总师以上领导出席会议。

3 月 15 日 全国人大代表、长城钻探公司总经理张凤山向长城钻探公司各级领导干部传达十一届全国人大三次会议精神。党委书记王忠仁等副总师以上领导出席会议。

3 月 19 日 长城钻探公司伊朗项目部承钻的 N111E 井提前开钻，标志着长城钻探在伊朗北阿项目钻井及 12 项工程技术服务全面顺利启动。

3 月 23 日 集团公司副总经理、党组成员王福成到辽河油区检查指导工作。股份公司副总裁兼勘探与生产分公司总经理赵政璋，集团公司副总经济师、思想政治工作部主任关晓红以及总部机关有关部门和专业公司的领导陪同前往。23 日上午，王福成一行听取辽河油区各企业工作汇报。长城钻探公司总经理张凤山出席会议，汇报了长城钻探公司 2009 年主要工作情况以及当前和今后一个时期的重点工作安排、发展思路。长城钻探公司副总经理张柏松参加会议。

4 月 21 日 经过集团公司考核评定，决定授予长城钻探工程公司、大庆油田公司等 21 家单位 2009 年度“节能节水型先进企业”荣誉称号，这是长城钻探公司连续两年获此殊荣。

4 月 27 日 长城钻探公司召开共青团长城钻探公司第一次代表大会。长城钻探公司党委书记王忠仁、集团公司直属团委副书记张俊东出席会议并讲话。会议审议通过共青团工作报告，选举产生共青团长城钻探公司第一届委员会，并表彰先进。

5 月 11 日 长城钻探公司召开物资年度集中采购工作会议。会议出台了《物资年度集中采购方案》和《物资年度集中采购操作流程及实施细则》，副总经理冯艳成出席会议并发表讲话。

5 月 20 日 长城钻探公司总经理张凤山与来访的伊朗国家石油公司勘探局局长赛义德、勘探局副局长阿里座谈，双方就进一步加强合作进行深入交流。副总经理胡欣峰会见时在座。

5 月 24—25 日 集团公司副总经理、股份公司总裁周吉平一行到长城钻探公司古巴项目部检查指导工作，对古巴项目各项工作取得的成绩给予充分肯定，并就长城钻探公司加快国际化进程提出明确要求。期间，与古巴基础工业部部长会谈。长城钻探公司党委书记王忠仁陪同检查指导。

5 月 31 日 长城钻探公司召开基础管理建设工程启动视频会。总经理张凤山出席会议并讲话，副总经理冯艳成主持会议，副总经理、总工程师刘乃震对长城钻探公司《基础管理建设工程实施方案》进行了说明，长城钻探公司有关副总师以上领导出席会议。

6 月 4 日 集团公司副总经理、党组成员王宜林到长城钻探公司钻井二公司 50023 队调研指导工作，长城钻探公司副总经理、安全总监张柏松陪同。

6 月 24 日 国家安全生产监督管理总局副局长王德学一行到长城钻探公司钻井一公司 70131 队施工现场检查指导工作。集团公司安全副总监、安全环保部主任贺荣芳，长城钻探公司副总经理、安全总监张柏松陪同调研。

7月5日 长城钻探公司召开创先争优活动动员大会。总经理张凤山、党委书记王忠仁等副总师以上领导出席会议。王忠仁作动员讲话。

7月8日 长城钻探公司召开企业文化建设推进会议。总经理张凤山、党委书记王忠仁等副总师以上领导出席会议；集团公司直属机关党委常务副书记李晓络，思想政治工作部有关领导出席会议。会议由张凤山主持，王忠仁讲话，张希勤通报重组以来企业文化建设情况及2010年企业文化建设重点工作。

7月9日 长城钻探公司召开2010年上半年工作会议，总结上半年生产经营工作，对下半年和今后一个时期的重点工作进行安排部署。总经理张凤山作工作报告，党委书记王忠仁主持会议，长城钻探公司副总师以上领导出席会议，各二级单位、直属单位、境外项目以及机关各部门主要负责人参加会议。

7月16日 长城钻探公司工会荣获"全国模范职工之家"授牌仪式在北京举行。全国总工会能源化学工会石油石化工作部部长周林出席授牌仪式并颁奖。党委副书记张希勤代表长城钻探公司领奖并讲话。

7月16日 长城钻探公司荣获由北京市经济和信息化委员会和北京市统计局共同评定的"2009年保增长突出贡献企业"。

7月29日 古巴项目VDW-1002井完钻井深6450米，水平位移5444.81米，最大井斜88.6度，创造了古巴石油钻探历史上井深最深、水平位移最长、施工周期最短等多项纪录，是南美地区最大水平位移井。

8月4日 由长城钻探公司录井公司自主研发，具有自主知识产权的LEAP-PM综合录井仪通过省级鉴定，告别了综合录井领域24年来先进设备依赖进口的历史，成为长城钻探公司组建以来首个通过省级鉴定的产品，标志着长城钻探装备研发制造领域实现了新突破。辽宁省经济和信息化委员会相关领导，长城钻探公司副总经理刘乃震、张柏松，盘锦市副市长姜冰出席新产品鉴定会。

8月9日 长城钻探公司召开基层建设工作总结表彰会。总结公司2009年度基层建设工作，表彰基层建设管理先进单位和基层队，对规范基层队报表制度做出具体安排。副总经理、安全总监张柏松出席会议并讲话。

8月18日 长城钻探公司举行ERP系统上线揭牌仪式。总经理张凤山出席揭牌仪式并讲话，副总经理、总工程师刘乃震主持，有关副总师以上领导出席会议。集团公司信息管理部副总经理古学进、工程技术分公司副总经理夏显佰出席并讲话。

8月31日 集团公司党组成员、副总经理廖永远到长城钻探公司调研指导。对长城钻探公司各项工作取得的成绩给予充分肯定，要求广大干部员工要深入贯彻落实集团公司领导干部会议精神和集团公司年中工程技术会议精神，当好"增储上产找油找气的主力军，率先转变发展方式的排头兵，科技进步自主创新的领头羊，勇闯市场攻城拔寨的先锋队，创新管理深化改革的先行者"，为集团公司建设综合性国际能源公司作出新的贡献。集团公司安全副总监、安全环保部主任贺荣芳等集团公司领导参加调研指导。长城钻探公司总经理张凤山作汇报，党委书记王忠仁主持汇报会，长城钻探公司副总师以上领导参加会议。

9 月 18 日　集团公司副总经理、党组成员周吉平一行到正在兴古 7−H406 井施工的长城钻探公司钻井一公司 70131 队和录井公司 10308 队调研指导工作，看望一线干部员工。股份公司总地质师、勘探开发研究院院长王道富等集团公司总部机关领导，长城钻探公司副总经理、总工程师刘乃震陪同调研。

10 月 14—15 日　长城钻探公司召开钻修技术研讨会暨工程技术工作会。副总经理、总工程师刘乃震出席会议并讲话。会议特邀中国工程院院士苏义脑、罗亚平及国内有关专家作技术专题讲座。斯伦贝谢等国际知名公司也应邀在会上作新技术、新产品介绍。

10 月 16 日　集团公司石油钻井工及钻井井控班组职业技能竞赛落下帷幕。长城钻探公司选手取得 1 金、3 银、7 铜，团体总分第二名的好成绩，金牌获得者——钻井二公司的刘继明被授予“集团公司技术能手”荣誉称号。

10 月 22 日　长城钻探公司在辽河举办 2010 年国际井筒技术展览会。副总经理张柏松、胡欣峰出席开幕式。来自阿曼、伊朗、苏丹等国家国际石油公司的 50 多名企业中高层管理人员、技术专家参观展览。

10 月 27 日　壳牌中国勘探有限责任公司在四川成都举行四川富顺—永川项目钻机合同签字仪式。长城钻探公司对外合作项目部代表公司与壳牌中国有限公司签订钻机合同，并互换相关文件。长城钻探公司总经理张凤山，副总经理、安全总监张柏松出席签字仪式，壳牌中国有限公司主席林浩光，壳牌亚太区钻井经理 Koole Koos 等出席了签字仪式。

11 月 2—3 日　长城钻探公司召开 2010 年能源开发专业技术研讨会暨工作会议。副总经理、总工程师刘乃震出席会议并讲话。会议还邀请中国工程院院士翟光明、长城钻探公司高级顾问刘俊荣等国内有关资深专家学者作专题讲座。

11 月 18 日　集团公司召开 LEAP800−A 测井系统科技成果鉴定会。由长城钻探测井技术研究院自主研发、具有自主知识产权的 LEAP800−A 测井系统通过鉴定。长城钻探公司总经理张凤山，副总经理、总工程师刘乃震出席鉴定会。石油学会测井专业委员会主任陆大卫，中石油科技评估中心主任傅成德，集团公司工程技术分公司党委书记李越强，中海油有限公司海外勘探部总监崔旱云等领导出席鉴定会。

11 月 23—25 日　长城钻探公司召开 2010 年度财务工作暨决算会议。总会计师杜春玲出席会议并讲话，副总会计师李晓明主持会议。

12 月 13—14 日　长城钻探公司召开 2011 年工作务虚会。总经理张凤山，党委书记王忠仁等副总师以上领导出席会议，听取国内分部、境外大区、机关部门和驻京单位共 25 家工作汇报。

12 月 22 日　长城钻探公司召开 2011 年井控工作会议，总结经验，查找不足，安排部署明年工作。副总经理、安全总监张柏松出席会议并讲话。集团公司驻辽井控巡视员于启仁、邹文忠出席会议。

12 月 24 日　长城钻探公司对 2009—2010 年度先进单位、标杆基层队、先进集体、“五型”班组、功勋员工、劳动模范、先进个人、10 年海龄先进员工进行表彰：授予钻井一公司等 16 个单位“先进单位”称号；授予钻井二公司 40639 钻井队等 17 个基层队“标杆基层队”称号；授予国际钻井公司 GW107 钻井队等 51 个集体“先进集体”称号；授予顶驱技术公司 GW80 顶驱班等 102 个班组“五型”班组称号；授予许建民等 7 名员工“功勋员工”称号；授予韩民久等 67 名员工“劳动模范”称号；授予王铁铮等 664 名员工“先进个人”称号；授予王尚国等 63 名员工为“10 年海龄先进员工”称号。

12 月 26 日　长城钻探公司召开 HSE 体系推进工作总结暨 2010 年度 HSE、质量管理工作会议。会议总结 HSE 体系推进暨 2010 年度 HSE、质量管理工作，部署 2011 年工作重点，并表彰先进。总经理张凤山讲话，党委书记王忠仁主持会议，副总经理、安全总监张柏松作工作报告，长城钻探公司副总师以上领导出席会议。集团公司安全副总监、安全环保部主任贺荣芳，安全环保部副主任吴苏江，工程技术分公司副总经理秦文贵，杜邦公司有关领导和专家出席会议。

12 月 26 日　长城钻探公司召开 2010 年市场工作会议。副总经理胡欣峰作工作报告，副总经理冯艳成讲话，党委书记王忠仁主持会议。总经理张凤山等副总师以上领导出席会议。

12 月 27—28 日　长城钻探公司第一届职工代表大会第三次会议在北京召开。按照会议议程，与会代表听取了总经理张凤山作的《行政工作报告》和总会计师杜春玲作的《财务工作报告》；长城钻探公司党政领导班子成员在会上述职，进行党政领导班子成员履职测评；与会代表表决通过关于《行政工作报告》、《财务工作报告》的决议；党委书记王忠仁讲话。

12 月 29 日　长城钻探公司召开党委一届二次全委（扩大）会议。党委书记王忠仁作党委工作报告，党委副书记张希勤作纪委工作报告，总经理张凤山主持会议并讲话，长城钻探公司副总师以上领导出席会议。

12 月 29 日　长城钻探公司召开 2010 年科技工作会议。总结重组整合以来的科技工作，明确“十二五”发展目标，安排 2011 年科技工作，表彰先进。总经理张凤山讲话，党委书记王忠仁主持会议，副总经理、总工程师刘乃震作科技工作报告，长城钻探公司副总师以上领导出席会议。集团公司科技管理部副总经理方朝亮出席会议并讲话。

第三篇

概　况

2010 年长城钻探公司概况

【基本情况】 2010 年，长城钻探公司完成钻井进尺 437 万米，同比降低 6.9 个百分点；常规测井 12906 井次，同比增长 11.2 个百分点；录井 3025 井次，同比增长 3.9 个百分点；大修侧钻 748 井次，同比增长 38.8 个百分点。

2010 年，长城钻探公司实现收入 168 亿元，同比增长 11 个百分点。其中，国外工程技术服务收入同比增长 13.8 个百分点，是国内增速的 2 倍。非关联交易市场收入占总收入的比例由重组之初的 60% 上升到 80%；国际市场收入占总收入的比例由重组之初的 20% 上升到 45%。钻井、测井、能源开发 3 个板块的收入分别同比增长 8.6%、16.8%，62%。呈现出主要经济指标持续增长，市场化、国际化步伐明显加快，收入增幅高于工作量增幅，利润增幅高于收入增幅，测井、能源板块增幅远超钻井板块，海外工程技术收入增幅高于国内的良好局面，全面超额完成集团公司下达业绩指标，长城钻探公司内涵式发展成效显著。

【主营业务】 2010 年，长城钻探公司强化生产能力提升和转移，注重市场升级，实现发展速度、质量、效益的有机统一。全年国际市场新增队伍 109 支，建成国际化生产能力 9.4 亿元。主动调整队伍布局，国内市场将 15 部钻机从低效区域移至吉林、大庆海塔等效益较好市场；长庆地区主动减少低效常规油井工作量，将钻机向探井、评价井、水平井和子米区块等效益较好的项目集中。国际市场完成 10 个国家 22 部等停钻修机跨项目、跨国家调整，有效盘活了生产能力。

一、国内市场

2010 年，长城钻探公司辽河油区完成钻井进尺 68 万米，同比增长 84 个百分点，实现收入 42.5 亿元，同比增长 32 个百分点，钻井、固井一次合格率达 100%。国内非关联交易市场积极开拓效益区，中标榆林储气库水平井总包项目，带动测井、录井、固井等专业整体进入；苏里格气田合作开发收入增长 52 个百分点；反承包市场中标富顺、金秋项目，签约 4 亿元，实现了空白区战略进入。新疆喀什北项目实现产值 1.2 亿元，后续接替工作量落实，山西永和气田合作项目正式启动。全年实现收入 50.5 亿元，同比增长 10.2 个百分点。

二、国际市场

2010 年，长城钻探公司国际市场扩容增项见到实效。非洲大区新签合同额同比增长 70 个百分点，乍得、尼日尔、阿尔及利亚等项目收入增幅达 40% 以上。美洲大区哥伦比亚项目中标 3 部钻机和定向、录井、钻井液、固井等技术服务；加拿大中投项目注册公司进展顺利；委内瑞拉 2 台钻机续签 5 年合同，成功进入全油基钻井液市场；古巴 CUPET 总包项目第一口大位移井顺利完钻，新增钻井液、定向、测录井等专业服务。中亚大区哈萨克斯坦阿克纠宾总包项目新增 4 部钻机，新签合同额 1.27 亿美元，非 CNPC 市场成功中标 4 个项目，收入的 22% 来自非 CNPC 市场；印尼项目克服地震、火山喷发等自然灾害影响，收入同比增长 70 个百分点；在阿塞拜疆占有陆上钻修井市场 90% 份额，新签合同额同比增长 85 个百分点。中东大区伊拉克项目有效规避社会安全风险，收入同比增长 80 个百分点；鲁迈拉项目成功中标 5 部修井机，合同额 9200 万美元；在伊朗占有陆上测试市场 95% 份额，成功进入海上测井市场，北阿总包项目先期中标 1 部钻机和建井技术服务。全年国际市场中标合同额 14.08 亿美元，完成工作目标的 128%，实现收入 75 亿元，同比增长 18 个百分点；非 CNPC 市场收入占海外总收入的 53%。

【企业改革】 2010 年，长城钻探公司完成海外区域化整合，对阿尔及利亚、利比亚、叙利亚等 8 个钻修井项目部与测井作业区进行合并，实现海外同一国家由一个综合项目部管理全部业务。国内扁平化调整实现预期，撤销公司建制，设立 63 个精干高效的地区市场项目部，优化项目管理和市场开发服务能力。二级单位和项目部精减机关科室 33 个；精减机关人员编制 498 个；精减科级干部职数 138 个；向一线项目充实 207 人，实现人力资源合理流动。

【企业管理】 2010 年，长城钻探公司加强经营管理，实行资金收支两条线和境内外一体化核算，加强税收筹划，严格资金预算和投资计划管理，将有限资金用于市场开发和提升核心竞争力。2010 年减少资金占用成本 5762 万元，减少汇兑损失 2118 万元，申报出口退税 2 亿元，在通货膨胀情况下，成本增幅低于收入增幅 4 个百分点。优化人才队伍，全年引进关键岗位人才 45 人、高校毕业生 845 人，新增基层技师 142 人，清理劳务用工 447 人，开展各类培训 6.5 万人次；为海外选配各类人才 113 人，调剂用工 292 人，一线人才短缺问题得到缓解，海外员工当地化率达到 77%。提高物资管理水平，完成 22 大类近 3 万项的年度物资集中采购，集中采购率超过 95%；改变采购策略和方式，采购周期大幅缩短。装备保障能力切实增强，与设备服务商联合成立设备运行支持组，修保人员、配件最短时间内到达，在提高效率的同时平抑当地价格；超前准备潜在项目所需设备，备份重点项目关键设备，满足市场开发对设备的需求。信息化建设步伐加快，ERP 系统正式上线；协同办公、数据中心、生产远程控制与应急指挥等平台建设进展顺利；生产运行管理系统在国内全面应用；信息交流平台在公司管理层及生产单位覆盖率达 100%。法律工作步入正轨，有效防控法律风险，及时处理法律纠纷，合法规范经营管理，增强法律意识，实现合同管理信息化。

【质量、安全、环保管理】

一、安全生产

2010 年，长城钻探公司 HSE 体系推进成果显著，有感领导、直线责任、属地管理的理念和“否定、肯定、提升”措施得到落实，《HSE管理原则》和《反违章禁令》得到刚性执行。应急管理和风险防控进一步规范，制订15项应急处置方案和16项重点风险防控方案，建立应急专家库，完善应急平台，填写STOP卡5万余张，有效控制作业风险。井控管理全面加强，开展“井控达标建设年”活动，下发《井控十大禁令》，开展井控专项大检查，杜绝井喷失控事故。完善社会安全防范体系，健全较高风险项目社会安全管理机构，为12个项目配备当地安保781人，开展防恐培训1201人次，较高风险项目人员培训率达到100%。

二、环境保护

2010年，长城钻探公司实施“钻井现场物料及废物污染控制研究”HSE技术措施项目，并对井场的噪声、锅炉的废气、燃料柴油的含硫率、柴油机的污染物排放速率、固井的粉尘、煤层气的采出水等开展第三方环境监测。

三、质量管理

2010年，基础管理建设工程全面启动，两级质量管理体系网络逐步形成，规范标准化计量和质量技术监督工作，卓越绩效试点工作取得新进展。

四、节能节水

2010年，长城钻探公司预计全年综合能源消耗量控制在21万吨标准煤以内，新鲜水消耗量125万立方米；通过电代油和双燃料钻机的措施的应用，预计新增技术措施节能量为2500吨标准煤，节水量为2.4万立方米。

【科技进步】 2010年，长城钻探公司自主研发的重大装备、软件及配套技术取得突破，为开拓市场提供强力支撑。LEAP800−A测井系统通过集团公司成果鉴定，总体性能达到国际先进水平；具有完全自主知识产权的LWD系统各项指标达到设计要求；LEAP−PM录井仪通过辽宁省新产品鉴定，已制造19套，扭转录井设备长期依赖购买的被动局面；超短半径径向水平井技术现场试验获得成功，为老井挖潜和低渗油气藏增产提供有效手段；全油基钻井液进入委内瑞拉市场，长城钻探公司成为CNPC首家在国际市场上进行全油基钻井液技术服务的企业；过套管电阻率测井仪完成升级改造，取得20口井合格资料。提高单井产量特色技术得到成熟应用。苏53区块富集区水平井整体开发试验获得成功；四级分支井技术实现成熟推广，六级分支井完成样机并进行了地面试验；欠平衡水平井一体化技术在沈北地区得到推广，单井产量提高50个百分点。全年完成水平井171口，欠平衡井43口。全过程钻井提速见成效。通过应用技术模板，国内市场辽河、海拉尔和4000米以上深井平均机械钻速同比分别提高14.3%、18.3%、12.4%。海外市场哈萨克斯坦平均机械钻速同比提高15.9个百分点。

【党建思想政治工作】 2010年，长城钻探公司推动领导班子和干部队伍建设，各级班子、党员干部党性修养、领导能力和廉洁自律意识不断增强。探索新时期党建管理方式方法，持续抓好基层党组织和党员队伍建设。完善党建工作信息化教程，跨国跨区域党建工作逐步理顺。深入开展“传承、创新、超越”形势任务主题教育，形成良好的思想舆论氛围。制订《企业文化“十二五”规划》，启动海外文化信息工程，企业文化建设取得阶段性成果。加大典型培养选树力度，榜样的示范带动作用得到充分发挥。加强机关作风建设，转变机关作风。扎实做好维护稳定工作，确保长城钻探公司大局稳定。

（冯　光）

第四篇

市场开发

国内市场

【基本情况】 长城钻探公司国内市场管理部门下设5个科室，职工总数12人。其中，部室领导4人，钻探技术管理科2人，油田化学技术管理科1人，市场监督管理科1人，井控管理中心3人，综合管理科1人。

【辽河油区】 2010年，长城钻探公司辽河地区市场工程技术服务实现产值38.9亿元，同比提高20.9个百分点。其中，辽河地区市场完井328口，同比增加149口；完成进尺70.7万米，同比增加33.8万米，增长91.4个百分点；平均井深2097米，同比降低10.6个百分点；钻机月速1656米/（台月），同比增长21.1个百分点。水平井动用44支队伍，完井112口，同比增加53口；完成进尺24.8万米，同比增长71.2个百分点；水平段进尺5.1万米，同比增长54个百分点，平均段长448米，同比减少104米，降低18.9个百分点；完成产值30.5亿元，同比增加4.4亿元，增长17个百分点。测井市场动用22支队伍，完成各类测井4211井次，同比增加1246井次；实现产值5.2亿元，同比增加2.1亿元，增长65.8个百分点。录井市场动用111支队伍，完成各类录井1796井次，同比增加579井次；实现产值2亿元，同比增加0.4亿元，增长27.3个百分点。修井侧钻动用14支队伍，完井91口，同比增加27口；完成产值0.9亿元，同比增加423万元，增长5.9个百分点。

【重点工作】 2010年，长城钻探公司建立“四级五个例会”制度以及与油田公司的每周和月度“两个例会”联席会议制度保障油区复产工作顺利开展；树立“品牌、技术、质量、服务”理念，建立地区市场内部周钻井生产例会制度，合理核定2个钻井公司当年钻井工作量配置比率，确保辽河油区钻井生产的平稳运行，提高生产运行质量和服务水平；确立5000米以上钻机“打破施工界限，‘谁安全、谁质量高、谁速度快、谁先上钻机’，所钻进尺不纳入55%：45%比例范畴”的原则，制定《辽河油区优选钻井施工队伍管理规定》，维护辽河油区钻井市场秩序。

【国内外部市场】 2010年，长城钻探公司国内外部市场工程技术服务队伍主要分布在新疆、青海、甘肃、宁夏、陕西、云南、内蒙古、山西、江苏、海南、河北、辽宁、吉林、黑龙江、河南、湖北16个省、自治区及蒙古国塔木察格地区；服务的甲方单位有塔里木油田、香港年代投资公司喀什北项目部、中国石化西北局油田、BP公司吐哈盆地煤层气项目部、青海油田、长庆油田、延长油矿、石楼西煤层气项目部、联合石油、西气东输项目部、山西煤层气公司、浙江油田、海南福山油田、冀东油田、内蒙古明宇公司、吉林油田、大庆油田、江油市油海矿业有限公司等 20 个。

【东部市场】

一、海拉尔市场开发

2010 年，长城钻探公司在海拉尔市场承揽海拉尔地区水平井钻井、水平井固井和水平井轨迹控制等业务，优质完成贝 301－平 1 等 6 口水平井施工任务，并引进长城钻探公司 1 支固井队伍进入海拉尔地区市场，大庆海拉尔石油勘探开发指挥部对长城钻探公司水平井施工工艺及特色技术和固井水平给予高度评价。

二、开拓富拉尔基市场

2010 年，长城钻探公司开拓富拉尔基市场，在国内市场管理部门、大庆海拉尔指挥中心和井下作业公司的共同运作下，富拉尔基钻井项目的成功实施，项目开钻 11 口（其中，浅井水平井 7 口、定向井 4 口），进尺 8941 米，产值 3745 万元。

三、水平井特色技术

2010 年，长城钻探公司钻井二公司 40003 队在吉林长岭气田施工的长深平 2 井是吉林油田公司长岭深层高含 CO_2 气田第一口小井眼侧钻、双层套管开窗的深层气井水平井，施工难度大，风险高，井下复杂，实际井深 4402 米，水平段 567 米，实际工期 94 天，提前完井周期 44 天，优质高效地完成施工任务，受到吉林油田公司的表扬，投产后日产气量达到 35 万立方米。

四、强化过程控制

2010 年，长城钻探公司加强施工过程监督和管理，抓好生产各工序的衔接，确保各项技术措施得到落实，海拉尔地区取得良好的提速效果。与 2009 年相比，海拉尔地区水平井机械钻速平均提高 1.83 米 / 小时，钻井周期与建井周期分别减少 9.52 天和 7.03 天。

五、加大市场开发力度

2010 年，长城钻探公司指挥中心管理前移，提高市场开发和保障能力。根据吉林地区的发展需要，及时引进钻井队伍，新增 7 部钻机，钻机总数达到 13 部（钻井二公司 8 部，钻井一公司 5 部）。指挥中心成立吉林项目部长驻施工现场一线，与吉林各项目部人员深入现场、靠前指挥、严格考核、协调服务，帮助基层解决实际困难，指导各施工井队健全 HSE 管理。30563 队 69 天完成 6 口平均井深 1750 米的定向井，其中，让 4−5−8 井设计井深 1745 米，最大井斜 13.94 度，水平位移 265.71 米，钻井周期 5.08 天，建井周期 8.29 天，创乾安地区钻井最好纪录。

【西部市场】

一、优化钻机布局

2010 年，长城钻探公司陆续将优势资源集中到效益相对较好的长庆油田公司苏里格气开井、气探井、子米地区、水平井等市场；7 月，按照长城钻探公司“淘汰落后生产能力、有序退出无效和低效市场”的原则，陆续封停油井钻机 8 部；钻机油改气，转移出 4 部钻机到永和气田，6 部到油田公司气探井等效益较好的区域施工。

2010 年，在长庆油田（不含自营区块）动用气井钻机 27 部，同比增加 14 部，气井进尺同比增加 14.9 万米；动用油井钻机 15 部，同比减少 27 部，油井进尺同比减少 43.74 万米；2010 年，钻井产值同比增加 0.84 亿元，钻机优化布局取得良好效果。

二、转变发展方式

2010 年，长城钻探公司进入新疆喀什北天然气钻井市场，在复杂地质条件下实现安全钻进，钻井提速效果明显，比最快的 AK1 井缩短建井周期 8.32 天和 41.32 天，工程质量优质，赢得年代公司的赞誉，稳定喀什北钻井市场；全面进入油田公司水平井服务市场，先后动用 5 部钻机为油田公司水平井施工，其中，承担三开井深结构 1500 米长水平段水平井 1 口，四开井深结构 2000 米水平段水平井 1 口。

三、拓展合作领域

2010 年 10 月，长城钻探公司完成与年代公司《永和气田战略合作框架协议》和《工程价格合同》的签订，就位 4 部钻机，年底完成评价井 4 口。实施永和钻井总包项目，解决长庆地区部分 32 钻机的市场问题，也成为西部市场的新的增长点。

四、年终结算工作

2010 年 10 月，长城钻探公司部署 2010 年年终结算工作。长城钻探公司分部领导和各结算二级单位上下联动，通过运作和艰苦谈判，争取到合同价外补偿 9136 万元。

【冀东市场】

一、落实 4 号岛总承包井工作

项目在严格执行冀东油田 4 号岛总承包井工作总体部署和要求基础上，认真贯彻落实长城钻探公司领导对 4 号岛总承包工作要求。在施工过程中，项目领导和工作人员每周至少上岛一次进行生产组织协调，解决实际问题。在 4 号岛总包初期，为确保长城钻探公司各服务队伍的协调一致，局项目经理坚持每月驻岛 10 天以上。按时组织召开周生产协调会，掌握生产动态，协调工作关系，使各施工队伍实行“单井单策”，确保 4 号岛总承包工作顺利运行。2010 年，实现“岛上减亏，陆上盈利”的工作目标。

二、拓展新业务服务领域

2010 年初，长城钻探公司只有钻井二公司 2 部 50 钻机在 4 号岛上施工。通过与冀东油田公司领导反复沟通协调，4—5 月，长城钻探公司井下作业公司 3 部钻机进入冀东油田陆上侧钻井施工市场，基本包揽冀东的全部侧钻井工作量；6 月，争得钻井二公司 3 部大庆 130—3200 米钻机进入冀东油田陆上浅钻井施工市场，钻机数量由年初的 2 部增加至 8 部。

录井公司年初在冀东市场有 9 支录井队伍，通过攻关协调，2010 年又增加 3 支综合录井队和 3 支地气合一录井队，施工队伍数量达到 15 支，使录井队伍数量居所有在冀东服务的同行业之首。2010 年初，长城钻探公司将地质分析化验项目引入冀东录井市场，完成 7 口井取样、现场服务、分析化验工作。通过与冀东油田公司上层领导沟通协调，长城测井承担了 4 号岛上全部的测井任务。

三、侧钻水平井工艺

由井下作业公司施工的 G104-5P15CP1 井，是到冀东市场的第一口 $5^1/_2$ 英寸[1]侧钻水平井，填补了长城钻

[1] 1 英寸 =25.4 毫米。

探公司 $5^1/_2$ 英寸侧钻水平井的空白。G110-7CP1 井，创造 $5^1/_2$ 英寸侧钻水平井裸眼段最长 810 米、完井最深 2380 米、水平段最长 400 米的纪录。在冀东市场所钻的侧钻井均取得良好效果，甲乙双方实现双赢，受到甲方好评。

四、推介新技术、新业务

2010 年，长城钻探公司推介的岩心化验分析技术在冀东油田得到实施，为冀东油田提供油藏孔隙度、渗透率、含水饱和度、含油饱和度等参数，为冀东油田的开发提供科学可靠数据资料，创产值 350 余万元。“IED 水平井综合导向技术”已向甲方推介，并得到甲方的认可。2010 年，长城钻探公司工程院的密闭取心、二氧化碳驱动采油技术在冀东市场已得到应用。

【工作成果】

一、“双百双增”工作目标超额完成

2010 年，国内外部市场主要专业 442 支队伍（代管民营钻井队 30 支队伍），其中，钻（修）井队 132 支队伍（主体 102 支队伍、代管民营 30 支队伍），新增 20 支队伍，主要分布在长庆 73 支、新疆 5 支、海拉尔及塔木察格 23 支、吉林 12 支、冀东 8 支，浙江、联合石油等其他 11 支；录井队 159 支队伍，新增 8 支队伍；测井队 34 支队伍，减少 9 支队伍；固井 9 支队伍，新增 4 支队伍；钻井液 82 支队伍；钻具 5 支队伍；钻井技术服务 21 支队伍。

截至 2010 年 12 月 31 日，钻（修）井开 996 口，交井 975 口，进尺 246.9 万米；录井 609 口 /176.08（台月）；测井 3441 井次，天然气销售 22.05 亿立方米；煤层气销售 1545.37 万立方米。全年实现产值 600124 万元（内部互供 74959 万元）。同比增加 101133 万元，增幅 20 个百分点。

二、市场规模稳步扩大

（一）东部市场。

海拉尔钻井项目全面启动，长城钻探公司探索总承包模式，逐步发挥技术引领作用。凭借长城钻探公司水平井良好业绩，大庆甲方将水平井工作量全部交给长城钻探公司施工。固井公司成功进入 1 支固井队，进行水平井完井施工。吉林油田市场增加钻机数量，调整钻机结构，扩大规模效益。新进入 5 支钻井队，伊通地区打井的原 40、50 钻机，被新进入 32 钻机置换，成功进入效益更好的深气井和探井市场。冀东市场作为长城钻探公司可持续发展的战略市场，扩项增容逐步推进。通过沟通、协调，井下 3 支侧钻队成功进入效益较好的冀东侧钻井总包市场，带动录井、测井、固井和定向井技术服务等工作量增长；录井队伍在 2009 年 8 支队伍的基础上，增加 3 支队伍；3 部大庆Ⅱ型钻机寻机进入冀东高尚堡陆上 2000 米以上浅井市场。

（二）西部市场。

长城钻探公司突出效益原则，优化钻机布局。在保证自营区块工程技术保障能力的前提下，将优势资源集中到效益相对较好的长庆油田公司苏里格气开井、气探井、子米地区、水平井等市场；进入新疆喀什北天然气钻井市场；全面进入油田公司水平井服务市场；拓展合作领域，推进永和气田总包服务。

（鞠广起）

国际市场

【基本情况】 长城钻探公司国际市场开发工作涉及5大区（非洲、美洲、中东和中亚）26个国家。主要职责是负责制订长城钻探公司的市场开发战略、市场管理规章和办法的制定并组织实施、国内外石油工程技术服务市场开发以及招投标管理、市场准入和关联交易、项目立项、备案、投标、合同签订等工作。市场管理部门设立13个科室，编制定员51人，在册员工34名，其中，部门主任1人，副主任9人，正科级职数17人，副科级职数7人。

【两伊市场】

一、伊朗市场

2010年，长城钻探公司参与32个项目投标，中标11个，签约7331万美元。扩大一体化服务市场，通过甲乙方通力合作，签订北阿一期1口评价井总包项目，包括钻机、钻井液、固井、下套管、取心、定向井、打捞、硫化氢、废物处理、测井、录井及测试等12项服务。突破非CNPC中资市场，签订中国石化雅达测井、测试合同。顺利延签3区块测录试、钻井液、NIOC勘探测试服务合同。

二、伊拉克市场

长城钻探公司参与54个项目投标，签约3901万美元。2010年，北库尔德市场发生很大变化，竞争对手增多，市场竞争更加激烈。6月，库尔德地区已有50余家油田服务公司从事不同的油田服务，与长城钻探公司竞争最大的有9家。新签Reliance测井射孔合同，成功实现将OMV录井合同向HKN公司的平稳过渡，顺利完成已有WesternZagros、GulfKeystone测井合同延签。鲁迈拉项目作为大庆钻探的分包商获得21口井的测井大包及40口井套管检测合同，成功中标5台650修井机服务。哈尔法亚项目中标并签订测井、测试合同。跟踪并推进KAR GROUP公司在库尔马拉油田的综合一体化开发项目，组织地质院、国际钻修和工程技术部相关人员赴伊商谈项目前期钻井设计和综合开发方案。

【总承包市场】 2010年，长城钻探公司总承包合同签约额达到2.79亿美元，占总合同额的21%。伊朗北阿总承包项目提供1台钻机及全部建井专业技术服务，合同额1133万美元，包括12个专业的服务项目。古巴CUPET总承包项目在原有专业服务的基础上，新带入钻井液、定向井和测、录井等专业服务。乍得大包项目通过多轮谈判，与甲方签订26口开发井的大包协议，最终钻井周期约有10%—15%的提速空间，保证总包模式不亏且有额外利润，补偿或减少长城钻探公司整体降价造成的损失。同时，长城钻探公司获得台湾中华石油的综合服务总承包合同。尼日尔生产井大包项目经过 2 个月的谈判，获得 9 口大包井服务合同，内容包括钻井、固井、钻井液、测井、录井服务。

【扩容增项】 2010 年，长城钻探公司签订特色技术合同额达 8125 万美元，占总合同额的 6%。签订苏丹 6 区侧钻、气举、稠油热采、1/2/4 区数据远传等新技术服务合同额 375 万美元。经过半年多的跟踪、技术推介、投标、澄清等环节的工作，获得尼日尔 3+1 年地面维护项目，合同额 1700 万美元。新增乍得中华石油录井化验分析和综合地质研究项目，合同额 7.65 万美元。签订哈萨克斯坦阿克纠宾双分支井合同，合同额 146 万美元。中标委内瑞拉油基钻井液项目，合同额达 4000 万美元。泰国项目 GW80 队原合同于 2010 年 12 月 31 日到期，为实现合同续签，稳住并扩大市场份额，项目经过与 PTTEP 甲方艰苦谈判成功续签“3+2”年工作量。

【海外服务市场】

一、与跨国石油公司开展全面合作

长城钻探公司与跨国石油公司采取多种形式的联盟，获取更加广泛的支持。与壳牌建立长期战略合作伙伴关系，在国内和国外为其提供服务。通过道达尔管理体系资审，进入其工程技术服务承包商短名单，成为其全球合作伙伴。

二、与全球前四大服务公司开展战略合作

长城钻探公司与全球前四大服务公司开展战略合作，打破垄断，在局部市场形成联盟，实现资源互补、渠道共享，创造“1+1 > 2”的协同效应，实现共同发展。与哈里伯顿在全球市场展开合作，借助其在石油工程技术服务领域高端市场的优势和经验，在非洲、中东占领了新的市场份额；与威德福的子公司 GIS 签订战略合作协议，在哈萨克斯坦水平井市场竞争中战胜斯伦贝谢，占据阿克纠宾测井市场 95% 以上的份额。

【宣传工作】

一、广告宣传

长城钻探公司在全球石油勘探开发主流杂志《World Oil》、《E&P》和《Petrophysics》上刊登全年广告。与阿塞拜疆 TOTAL 公司、伊拉克 BP 及其他油公司通过广告进行业务联系。

二、外籍客户培训

长城钻探公司举办 3 期外籍客户培训，有 35 名甲方人员参加，客户可通过培训了解长城钻探公司的技术和服务能力，增强客户对长城钻探公司的信任度，起到扩大市场份额的作用，建立良好的客户推动市场营销模式。

三、展览

2010 年，长城钻探公司组织参加海外展览 6 次，持续加大品牌推介，使 GWDC 在当地获得新的潜在客户。

【CNPC 井筒技术研讨会】 2010 年，长城钻探公司受工程技术公司委托，组织承办“2010 CNPC 井筒技术研讨会”，参会单位包括集团公司所有工程技术服务企业，有来自 25 个国家 51 个项目及 6 个政府部门的 77 名外宾参加，其中，长城钻探公司邀请外宾 48 名，为扩大集团公司工程技术服务企业及长城钻探公司的国际市场份额起到重要的推动作用。

【国内对外合作市场】 2010 年，国内反承包市场新增合同额 4.012 亿元，其中，钻井合同 3.48 亿元、录井合同 2100 万元、取心合同 700 万元、控压钻井合同 2520 万元。壳牌四川项目中标 4 个专业领域，签约合同额 4.012 亿元；壳牌长北项目陆续签订钻具补偿、评价井等合同；正在跟踪开发煤层气项目；预计全年增加收入 2000 万元；香港年代喀什北总包项目 2 部 70 钻机后续接替工作量已全部落实；永和气田项目预计完成产值 1878 万元；密切跟踪苏里格南道达尔项目。

【工作成果】

一、新签合同额超额完成工作指标

2010 年，长城钻探公司新签合同额 13.6 亿美元，完成工作指标的 124%。其中，钻井板块新签合同额 10 亿美元、测井板块新签合同额 3 亿美元、国内反承包市场新签合同额 6000 万美元；与 CNPC 投资项目签订的合同额比例为 52%，与跨国石油公司和国家石油公司签订合同额比例为 39%；较高风险国家合同额比例为 79%。

二、审慎分析、筛选投标项目

2010 年，长城钻探公司投标 272 个，中标 66 个，中标率为 24%；平均每周投标 5.2 个。其中，非洲大区投标 81 个，中东大区投标 117 个，中亚大区投标 63 个，美洲大区投标 11 个。投标数量与 2009 年相当，中标率降低了 8 个百分点，市场开发难度加大。2010 年，由于技术门槛、社会风险等原因放弃投标的项目有 51 个，金额达 5.3 亿美元。

三、优化调整国际市场资源配置

2010 年，长城钻探公司对停等钻修机进行跨项目、跨国家的调整建议，盘活分布于苏丹、阿曼、哈萨克斯坦、墨西哥等 10 个国家的 22 台钻修机，调整优化资源配置和市场布局，增加合同收益。

四、完成“双百双增”目标

长城钻探公司海外市场落实新增队伍 109 支，其中，钻井板块 43 支，测井板块 33 支，综合技术服务 15 支，国内反承包 18 支；钻修机服务队伍 11 支，技术服务队伍 98 支，技术服务队伍的比例为 90%；为非 CNPC 市场提供服务的队伍有 62 支。

五、收入指标持续提升

2010 年，全球经济缓慢复苏，油气勘探开发投资从 3995 亿美元增长至 4234 亿美元，油田工程技术服务市场规模从 2467 亿美元增长至 2581 亿美元，增幅达 6%。长期处于市场垄断地位的斯伦贝谢、贝克休斯、哈里伯顿和威德福全球前四大服务公司，及 Nabors、H&P、Ensign 等陆上钻井承包商 2010 年的业务指标均持续提升。长城钻探公司 2010 年收入达 167 亿元，同比增长 11.3 个百分点。见表 4-1。

表 4-1 2010 年营业收入情况

公司名称	2010 年收入（亿美元）	2009 年收入（亿美元）	增幅（%）
斯伦贝谢	334	311	7.4
哈里伯顿	174	147	18.4
贝克休斯	158	133	18.8

续表

公司名称	2010 年收入（亿美元）	2009 年收入（亿美元）	增幅（%）
威德福	102	91	12
Nabors	41.3	38	8.7
长城钻探	25.1	22.2	11.3
H&P	19.1	16.7	14.4
Ensign	12.4	9.9	25.3

（鞠广起）

第五篇

生 产 建 设

钻井与修井作业

【钻井作业基本情况】 2010年，长城钻探公司完钻井1855口,同比减少141口，减少7.2个百分点。其中，辽河油区完钻328口，占17.7%，国内其他市场完钻905口，占48.8%，国外市场完钻622口，占33.5%；完成钻井进尺437.5万米，同比减少32.5万米，减少6.9个百分点，其中，辽河油区完成进尺70.7万米，占16.2%，国内其他市场完成进尺249万米，占56.9%，国外市场完成进尺117.8万米，占26.9%。

2010年完钻井中，平均井深2500米，同比增加5.5个百分点；平均钻机月速2791米/（台月），同比增长23.4百分点；探井107口，探井进尺33.6万米，占总进尺的7.7%；生产井1748口，进尺403.9万米，占总进尺的92.3%。年进尺超过4万米的钻井队7个，超过5万米的钻井队6个，32806队和GW80队年进尺分别高达105289米和114908米。

【修井作业基本情况】 2010年，长城钻探公司有井下作业施工队伍143支。其中，大修队26支，侧钻队29支，测试队80支，试油队1支，酸化队1支，带压作业队6支。井下作业1550井次，其中，国内187井次，国外1363井次。国内修井作业187井次中，大修作业67井次、侧钻作业104井次、试油作业16井次。国外井下作业1363井次中，大修254作业井次、小修作业244井次、酸化作业79井次，试油作业66井次/66层、测试作业720井次/1101层。有修井设备169台，其中，80吨以上车载修井机42台，60吨车载修井机3台。有测试设备DST测试工具42套，MFE测试工具14套，试井设备23套，多相流量计6套。千型以下酸化车组1套，带压作业设备6套。

【水平井施工】 2010年，长城钻探公司国内完成水平井155口,同比增加73口，其中，辽河油区完成111口，长庆苏里格油区完成34口，海拉尔油区完成6口，吉林油区完成4口。辽河油区完成水平井平均井深2310米，平均钻机月速度1351米/（台月），平均机械钻速6.45米/小时，井身质量合格率100%，固井质量合格率100%，平均取心收获率81.66%，平均钻井周期52.48天，平均建井周期65.51天。

【井控】 2010，长城钻探公司未发生井喷失控上报事故。长城钻探公司开展以“标准化配置，标准化安装与检测，标准化操作”为主要内容的“钻修井队井控建设达标年”活动。通过开展活动，使井控工作达到系统无缺陷、设备无故障、管理无漏洞、岗位无违章，努力实现井控本质安全。

一、落实井控安全责任

2010年，长城钻探公司16个二级

单位与公司签订井控安全生产责任状，并与直属下级第一责任人签订井控安全责任书，做到井控安全责任的有效传递和落实。

二、完善井控管理制度

2010年，长城钻探公司制修订《长城钻探工程公司井控十大禁令》、《长城钻探工程公司测井井控管理规定》、《长城钻探工程公司录井井控管理规定》、《长城钻探工程公司测试井控管理规定》、《长城钻探工程公司关于加强浅井褐浅气层井井控管理的有关规定》、《长城钻探工程公司裸眼分段压裂完井作业井控管理规定》、《长城钻探公司防测试、H_2S中毒安全重点风险防控方案》以及《长城钻探公司井控安全重点风险防控方案》等专业井控管理规定，规范井控安全作业行为。

三、加强重点井井控管理

长城钻探公司强化井控风险控制，严格执行"设计复核—实地勘察—风险评估—制定风险削减措施—验收开工"程序，确保风险受控。对所有城区高危井进行开工前的风险评估与审核。落实领导干部盯井制度，做到三个"必须"。所有重点井、三高两浅井必须落实处级井控安全责任人；井控装置安装与试压、揭开油气层、复杂井段钻进、固井等重点环节施工必须有科级以上干部驻井监督指导，加强施工过程监管，立足"做好一次井控，快速准确实施二次井控"，提高现场风险防范和应急处置能力；节假日、两会、国家重大活动等重点时段和敏感时期必须安排处级干部驻井，并在长城钻探公司井控管理办公室备案，机关总部随时抽查，做到关键环节的重点监控，确保井控安全万无一失。派驻现场HSE安全监督，全井段全时段对施工进行监管，确保施工过程的风险受控。加强现场施工抽查、夜查工作，确保长城钻探公司规章制度的落实。

四、加强井控培训

长城钻探公司对井控培训采取分层次、分课程的培训模式。基层队岗位员工、基层队干部、HSE现场监督以及机关管理干部的培训课程都有所侧重，聘请专职井控管理人员和专业教师进行授课。二级单位利用冬休时间组织员工进行井控专业技能培训；组织集团公司井控"明星班组"对员工进行一对一手把手培训，提高基层队员工的井控知识技能。

五、加强井控监督检查

长城钻探公司井控管理办公室和各井控监督管理中心组织半年度、年度、敏感时期以及节日井控专项检查，检查基层作业队400余队次，发现并整改隐患1000余个。组织2次国外井控检查，检查13个项目部的50个基层作业队，发现并整改隐患200余个。

【技术管理】 2010年，长城钻探公司按照既定发展思路、"全力建设国际化石油工程技术总承包商"工作目标，以"三提、两井"工作为载体，以技术引领市场，强化技术管理创新，完善工程技术管理体制和运行机制，技术管理水平得到明显提升。

一、完善工程技术管理制度

结合长城钻探公司专业化发展的实际，先后制定《工程技术管理规定》、《苏里格水平井精准工厂化管理考核办法》、《钻具技术规范》、《工程技术专业市场准入管理细则》、《测试作业技术管理办法》、《防井喷失控和井喷着火安全重点风险防控方案》、《防 H_2S 中毒安全重点风险防控方案》、《测井、录井、测试井控管理规定》和《井控安全十大禁令》等技术管理文件，明确各级管理机构、各技术服务单位的技术管理职责和管理范围，规范工程技术管理行为。

二、强化施工方案的制订和完善

长城钻探公司围绕伊朗北阿、古巴大位移井、新疆喀什北、哈萨克等大包项目，在分析井下地质特征、井下事故复杂情况和邻井实钻资料的基础上，反复论证，组织工程技术研究院、钻井公司等单位，制订和完善工程设计和施工方案，为项目顺利施工创造有利条件。

三、加强钻井关键工序和重点井的管理

长城钻探公司对于重点地区、重点井，要求施工单位指派专人驻井，全过程给予指导帮助，确保施工质量和安全。加强“三高井”、城区井及Ⅰ、Ⅱ类重点井的施工风险评估，特别是井控风险评估，详细制订口井施工方案及施工预案，严格执行开工许可、揭开油层验收制度。落实坐岗观察制度，实行泥浆工、场地工“双坐岗”，落实带班队长制度和科级干部驻井制度。对于固井、水平钻进、控压钻井等关键工序派驻科级干部盯井，重点井关键工序由二级单位总工程师或主管技术副经理驻井指挥。针对苏里格水平井项目上半年井下事故和复杂情况频繁发生的情况，先后2次组织召开苏里格水平井工作推进会，针对施工难点制定详细的技术管理措施，并下达《苏里格水平井精准工厂化管理考核办法》。通过狠抓技术管理和技术方案落实，提高苏里格水平井技术管理水平。针对新疆喀什北项目井下复杂多发、严重影响施工进度的情况，推进采用垂直钻井新技术，并多次组织技术专家赴新疆喀什北项目驻井指导，成功解决阿克101井、阿克5井的膏泥岩缩径和克孜勒苏群K1k喷漏同层窄密度安全窗口难题，平均钻井周期较同区块其他钻井公司缩短46.5天。

四、组织基层队伍参加集团公司“金、银、铜”牌队伍创建活动

2010年，长城钻探公司组织各二级单位以新一轮“金、银、铜”牌队伍创建活动和“五型”班组建设为平台，树立标杆队伍，营造“比、学、赶、超”氛围，调动基层队伍“三提、两井”工作的主动性、积极性和创造性，夯实基础工作，提高队伍的综合素质和管理水平。有97支基层队伍获得集团公司“金、银、铜”队称号，其中，金牌钻井队6支、银牌钻井队10支、铜牌钻井队15支、金牌修井队2支、银牌修井队3支、铜牌修井队5支。

【资质管理】

一、提前计划

长城钻探公司坚持“提前计划，有序实施”的资质管理方式，年初资质管理办公室制订《2010年资质管理年度计划》，组织召开“2010年长城钻探资质管理工作会议”，对全年的资质管理工作进行周密的部署。组织完成到期换证的35支钻井队、4支侧钻队、14支录井队和6支升级钻井队、1支回国申报资质钻井队、1支临时资质转正式资质试油队，总计 61 支技术服务队伍的设备检查、资质初审和申报工作。下半年完成新列入资质管理的 6 个技术服务企业和 31 支服务队伍的资质初审和报批。

二、加强自查自检

2010 年 5 月和 7 月，长城钻探公司 2 次开展现场资质检查工作。一次由工程技术部、人事处、装备处、井控办等相关单位参加的井控和工程技术队伍资质管理检查；一次是与辽河油田公司联合组织的市场准入及队伍资质情况检查。2 次检查的范围涵盖长城钻探公司的主要施工区域，包括辽河、吉林、海拉尔、冀东等地区，检查内容包括施工队伍的人员素质、设备维护、井控及作业管理等各个方面。检查队伍总数占全部队伍数的 30% 以上。检查中未发现无资质施工、超资质施工等严重违规现象，人员、设备、井控等方面的管理基本符合集团公司资质管理的要求，能够很好地满足甲方的需要，工程质量良好。

三、加强资质管理人员培训

2010 年 9 月 26—27 日，长城钻探公司组织“长城钻探 2010 年度资质管理培训班”，聘请集团公司相关领导、专家，对集团公司的资质管理规定进行全面深入的宣传贯彻，并对企业和技术服务队伍资质的审核标准进行详尽解读，规范申报材料的制作，明确资质申报和审核的程序。通过有针对性的培训，培养一批懂规范、会管理的资质管理骨干，使基层的资质管理水平有很大提高。

四、严格控制钻井队伍规模

2010 年，长城钻探公司强调“严格控制队伍规模”、“对低效益、低水平的钻井队坚决进行压缩”，高度重视队伍资质管理工作的指示，资质检查中发现的不合格项，要求各单位要认真整改，加强人员培训，考核合格后再上岗。教育广大干部和基层员工，加强员工培训和队伍管理，提升管理水平和施工业绩。

（刘百红）

测 井 管 理

【基本情况】 2010 年，长城钻探公司测井管理部门科室编制 3 个，包括测井技术科、录井技术科、随钻技术科，编制定员 8 人。测井处主要职责包括负责长城钻探公司测井、随钻、录井专业技术管理体系的建设维护，专业技术管理与支持；负责长城钻探公司测井、随钻、录井技术的外部技术支持，技术服务、技术咨询合同的审核；负责测井、随钻、录井专业新技术，新工艺的推广、应用和技术交流；参与测井、随钻、录井专业设备管理；负责组织制修订测井、随钻、录井专业发展规划计划；负责协调测井、随钻、录井专业重大工程技术项目的实施，跟踪重点工程项目实施进展。

【技术管理】 2010年，长城钻探公司成立测井、录井、随钻专业技术标准化委员会，并建立健全组织机构。梳理704个技术标准，其中，测井480个，录井179个，随钻测量专业45个，形成长城钻探公司的在用标准体系表。编制《LEAP800测井系统》技术标准。新增40项SOP，其中测井16个，录井20个，随钻4个。组织解决苏丹3/7区水平井施工中遇到的仪器信号弱、位移大托压等技术难题。组织录井综合导向技术升级，并在3/7区水平井上完成先导性试验；组织审核古巴大位移井测井方案和苏丹37区Y-TOOL（电潜泵生产测井专业工具）与PLT（生产测井）、固井质量、过套管电阻率及PNN（脉冲中子中子测井）施工方案，完成了项目的推广工作。解决苏里格地区随钻测量MWD在无磁钻杆中的抗震问题，保障钻进速度。

【科技创新】 2010年，长城钻探公司组织开展水平井服务技术梳理，形成集“地质建模、地质工程设计、随钻解释评价、随钻模型修正、轨迹分析控制、远程专家指导”于一体的长城特色技术，并在国际井筒技术研讨会上成功发布；组织开展“水平井工程地质一体化平台”研制开发，为规模化推广水平井IGD技术做好准备。

【重点工作】 2010年，长城钻探公司制定并发布《放射性物品管理暂行办法》、《民用爆炸物品管理暂行办法》、《测井井控管理办法》、《录井井控管理办法》等4个管理办法和放射性物品、民爆物品2个重点风险防控方案。组织完成北京市环保局对长城钻探公司重点项目伊朗、阿塞拜疆测井项目放射性物品管理的检查；组织3个检查组对哈萨克斯坦、尼日尔、乍得、叙利亚、阿尔及利亚、利比亚6个项目进行民爆物品、放射性物品、井控检查。组织长城钻探公司测井、随钻技术研讨会和长城钻探公司录井技术研讨会，明确长城钻探公司“十二五”测井、录井和随钻技术发展方向和目标；组织编写《测录试平台建设方案》；组织召开测井、录井、随钻专业季度质量分析会，针对生产中存在的问题，制订具有针对性的解决方案，确保年度质量管理目标的实现。

（胡　敏）

能源开发

【基本情况】 长城钻探公司能源开发业务形成以能源事业部为公司管理层，地质研究院为技术支持和市场开发层，苏里格气田合作开发项目部、煤层气开发公司、国际钻修公司（稠油注汽和永和气田开发等业务）和海外相关项目部为组织实施层，录井公司（分析化验室）等单位为保障服务层的业务发展格局，为能源勘探开发业务的健康发展提供了组织机构保证。截至2010年底，专业从事长城钻探公司能源开发业务的能源事业部、地质研究院、苏里格气田合作开发项目部、煤层气开发公司等单位有职工 369 人。其中，专业技术和管理人员 279 人，占 75.6%；本科以上学历的占 66%，其中，博士生 10 人、研究生 43 人；中高级职称人员占 45.3%，其中，教授 2 人；40 岁以下人员占 59.3%。国际钻修公司、海外相关项目部等单位直接从事能源开发业务的有 100 人以上。

【苏里格地区天然气合作开发】 截至 2010 年底，长城钻探公司有天然气井 605 口，完成压裂井 582 井次，生产天然气 52.65 亿立方米，完成天然气商品量 49.85 亿立方米。建成集气站 9 座。

2010 年，苏里格气田合作开发项目生产天然气 23.3 亿立方米，外输商品气量 22.13 亿立方米，其中，苏 10 区块完成天然气商品量 8.7 亿立方米，苏 11 区块完成天然气商品量 10.77 亿立方米，苏 53 区块完成天然气商品量 2.66 亿立方米。完成全年 22 亿立方米天然气生产指标，日产水平、年外输气量居苏里格地区各生产单位之首，实现高水平、高效益开发气田。

2010 年，长城钻探公司弥补递减及新建产能 9 亿立方米，全年完钻井 70 口，进尺 26.73 万米，新建集气站 1 座，完成 2010 年产能建设任务。其中，苏 10 区块弥补递减建产能 1 亿立方米，苏 11 区块新建产能 2 亿立方米，苏 53 区块新建产能 6 亿立方米。

长城钻探公司钻井工程完钻井 90 口，进尺 36.76 万米，其中，水平井完钻 22 口，进尺 9.53 万米；苏 10 区块完钻水平井 3 口，进尺 1.28 万米；苏 11 区块完钻开发井 46 口，进尺 16.5 万米；苏 53 区块完钻开发井 21 口（水平井 19 口），进尺 8.95 万米。长城钻探公司完成作业压裂压裂 65 口井，其中，苏 10 区块水平井压裂 3 口，苏 11 区块压裂 44 口井，苏 53 区块压裂 18 口井。长城钻探公司地面建设完成采气管线施工 83.1 千米。苏 53-2 号集气站全部建设完成，并于 11 月 11 日顺利投产。

一、苏 53 区块实现水平井规模开发

2010 年，长城钻探公司按照“直井评价、水平井整体开发、丛式井完善井网”的开发指导思想，在前期水平井试验基础上，开辟苏 53-4 井区利用水平井技术整体开发。全年计划钻井 20 口，已完钻 18 口井，投产 14 口井，平均单井日产气 10.5 万立方米，平均井口压力 16.2 兆帕。水平段长度全部大于 800 米，最长 1256 米，平均砂岩钻遇率 80% 以上，压裂成功率达到 100%，水平井投产率达到 100%，Ⅰ + Ⅱ类井比例达到 100%。苏 53 区块水平井整体开发取得显著效果，实现“少井高产”的苏里格气田水平井开发模式，水平井裸眼完井及分段压裂技术通过规模化实施也日趋成熟。

二、加大科技攻关力度

2010 年，是苏里格气田合作开发以来新建产能最多的一年，也是天然气产量增幅最大的一年。长城钻探公司科学编排运行，加强产建施工组织，保证新井及时投产，根据年度工作目标及产建计划，提前开展产建准备工作，科学编排运行计划，提前完成苏 11-3 号、苏 11-4 号、苏 53-1 号、苏 53-2 号集气站建设，为新井及时投产创造条件；加强协调沟通，确保苏10区块产量踏线运行，针对苏10区块作业权已移交的实际，与长庆采气四厂协调解决生产中出现的问题，使区块产量一直在计划线上运行，是目前作业权已移交区块中唯一能完成配产的区块；加强气井管理，提高苏11区块开井时率，针对出水井、低压井管理难度大等问题，成立技术小组，及时跟踪分析，针对单井特点制定相应对策，开井时率达到96%以上，在所有合作区块中开井时率最高；加强地质研究，优化井位部署，提高新井钻探效果，结合生产动态深化地质研究，加深对储层分布、产能、富水规律等的认识，提前开展井位部署研究，分层次、分批次、超前进行开发井位部署、论证和审查，全年分4批部署并审批通过开发井123口，其中，丛式井66口、水平井50口、直井7口；加强随钻跟踪分析，及时调整实施井位，提高钻探效果，苏11区块完钻的44口井Ⅰ+Ⅱ类井比例达到90%以上，平均单井日产达到1.5万立方米以上。

三、苏里格水平井裸眼分段压裂工艺技术

2010年，苏里格气田合作开发区块计划实施水平井23口，其中，苏53区块20口井，苏10区块3口井。开钻水平井23口，完钻水平井22口。水平段长801—1256米，平均853米；压裂16口，投产16口，日产气为6.68万—14.66万立方米，平均10.32万立方米；井口压力为11.52—20.36兆帕，平均16.02兆帕；产气181万—2225.9万立方米。水平井开发使得苏53区块产量呈现持续跳跃式增长，实现“少井高产”的苏里格气田水平井开发模式，水平井裸眼完井及分段压裂技术通过规模化实施也日趋成熟。

2010年，苏里格气田合作开发区块水平段长度增加，有10口井分5段压裂。完钻的苏53−82−56井，水平段长度1256米，分8段压裂。随着分段压裂段数的增加，压裂施工难度加大，对水平井分段压裂工艺要求更高；砂比增加，由15.1%增到21.5%；平均单井加砂量增大，由116立方米增加到196立方米，最大加砂量280立方米；2010年将井口停泵投球改为地面不停泵连续投球。方便了操作，保证施工安全和连续性，减少砂堵的风险，减少压裂液的滤失，提高压裂液返排效果。开发应用反循环阀，保证压裂后油套连通，针对2009年施工的井油套不连通、无法取得气井生产套压数据的问题，井下安装反循环阀，保证压裂后油套连通，为生产分析提供依据；在苏53区块3口井上开展微地震压裂裂缝监测工作，对苏53区块压裂产生的裂缝形态有初步认识，对后续的布井和压裂设计有指导意义；大部分水平井安装了改进后的不锈钢井下节流器，实现水平井地面低压集气，减少节流器井下腐蚀；投产的16口水平井平均单井产量与2009年相比，初期平均单井产量提高了2.9万米^3/天。

【煤层气开发】 2010年，阜新煤层气合作区全年产气1626万立方米（其中，纯气1365万立方米、混合气折纯261万立方米），销售1530万立方米（其中，纯气1352万立方米、混合气折纯178万立方米）。

一、阜新煤层气合作区恢复稳产

2010年，长城钻探公司加强气井的日常管理和优选措施方案，采取径向水力喷射等措施提高产量。加强单井日常动态监测，摸索排采生产规律，使生产井减缓产量递减的速度；针对老井产气量递减、关停井数量较多的情况，组织小井眼径向水力喷射增产措施1井次；优化作业方案，改进作业工艺措施，全年进行捞砂、检泵及主动作业34井次，合格率100%。注重技术集成工作，归纳总结出4项特色技术（煤层深度大于800米的深层煤层气排采技术、低煤阶煤层气开发技术、混合煤层气抽排技术、煤层气商业化综合利用技术），全年申报专利2项。

二、新市场开发

长城钻探公司强化市场开发，拓宽创效空间。依托长城钻探公司整体优势，加快拓展国内煤层气工程技术服务市场，各项目相继进入实质性操作阶段。

（一）BP公司吐哈煤层气评价总包项目

吐哈煤层气项目第三阶段为微先导试验阶段，主要工作量包括1口微先导试验井和1口监测井的钻完井和煤层测试，目的是验证煤层的渗透率和传导性。项目于2010年6月9日正式开钻，2口井已钻探完井，进行注氮排采试验，微先导试验井于10月28日关井，监测井于10月29日起进行抽排，11月下旬结束。

（二）黑龙江省瓦斯综合治理技术服务项目

长城钻探公司与大庆油田公司签订10口井的技术服务协议，服务期限2年，费用280万元。已编制完成井位部署方案、钻井地质和工程设计，鹤煤1井和鹤煤2井顺利完钻。

（三）哈萨克斯坦煤层气技术支持项目

长城钻探公司与新疆三宝实业集团就哈萨克斯坦卡拉甘达地区煤层气开发签订技术服务总承包框架协议，初步确定合作期限10年，主要负责地质勘探分析研究、煤层气钻探工程管理，并组织队伍开展单井日常排采管理等工作。选派专人前往哈萨克斯坦进行地质勘探分析研究及钻探工程监督工作。

【能源勘探开发技术服务】 2010年，长城钻探公司能源开发部门以苏丹6区、3/7区为重点，扩大稠油热采先导实验和油藏地质综合技术服务范围和规模，精心组织好斋桑稠油项目，坚持贯彻“以油藏地质为引领，突出稠油开发特色技术”的市场开发战略，在国内外市场开发中，开展技术推介与交流，以技术方案、设计、咨询拉动工程技术服务市场，工作范围分布苏丹、乍得、加拿大、哈萨克斯坦、叙利亚、伊拉克、阿曼、古巴、哥伦比亚、喀什、永和气田等多个国家和地区，取得明显成效，为能源开发市场的发展和工程技术服务市场的增项扩容发挥积极作用。

长城钻探公司根据海外项目的技术需求和施工需要，派出10个技术支持团队，24人次，先后赴苏丹、乍得、加拿大、哈萨克斯坦、古巴、阿曼、伊拉克等国家，为海外项目提供技术支持和技术推介；在辽河接待苏丹、加拿大、乍得、阿曼、哈萨克斯坦、香港等技术交流团队9个，60余人次；常驻境外技术服务人员19人，实施境内外服务项目6项（苏丹稠油热采技术服务、苏丹水平井IGD地质导向技术服务、卡拉赞巴斯油田技术服务、乍得技术服务、苏丹1/2/4区技术咨询、喀什项目）。

2010年，长城钻探公司把握时机，深化开发已有市场。抓住已有项目合作的时机，派专人驻守一线与甲方直接沟通，配合持续的技术推介，扩大已有市场。借助Gasab油田开发调整方案编制项目，向苏丹甲方展示长城钻探公司的勘探、地质、油藏研究服务能力，成功中标Gumry油田开发调整方案编制项目；借助稠油热采先导试验技术支持和测试服务项目，进入苏丹6区稠油热采市场，获得FNE区块整体热采开发方案设计、技术支持、测试、注汽服务工作量；借助乍得3个区块开发方案编制项目，打开乍得油田勘探开发研究市场，获得大Baobab地区开发方案编制项目；在苏丹6区，签订并执行稠油热采技术培训项目，填补稠油热采技术培训和公司有偿培训业务的空白；在3/7区，针对苏丹稠油热物性分析化验能力的空白，结合Gasab项目研究和热物性分析化验一体化的优势，从甲方为长城钻探公司争取到分析化验项目；开展苏丹稠油热采200万吨产量规模前期技术研究工作，为扩大工程技术服务市场奠定基础，推动与苏丹国家石油公司EOR全面合作；在苏丹1/2/4区开展老区综合调整技术支持，提交侧钻、测试、油井举升优化建议和设计，拉动后续工作量；开展阿曼PDO稠油热采综合服务现场推介，推动长城钻探公司工程技术服务扩项，开辟新的服务空间；对古巴稠油开展现场技术交流、调研，达成了6项继续深化合作交流的服务点；开展伊拉克库尔德稠油服务技术交流、增产措施现场技术支持，开拓市场潜力增长点；与易高服务管理有限公司就四川江油二郎庙油砂项目达成合作协议，承担2口井常规及热力试油试采工程技术服务；与在伊朗的一家澳大利亚石油开发公司、香港环球公司、中投公司、新疆中新资源公司、中化集团石油公司就油田的总承包事宜进行洽谈，并对伊朗的MKB油田3个区块、环球公司哈萨克斯坦项目12个区块、中化哥伦比亚Ombu区块、中新公司东莫尔图克油田与兰开斯特油气项目进行评价，依据油田开发的潜力和商务运作的可行性，初选加拿大Seal油田和环球公司丘比尼克油田、腾格油田和印古什油田、中化哥伦比亚项目作为总承包目标合作区。

一、苏里格合作区块开发部署及实施跟踪技术支持

长城钻探公司完成《苏里格气田苏10区块水平井加密部署方案》编制，顺利通过长庆油田公司及股份公司审查；完成《苏里格气田苏10区块苏10−34−40井区水平井加密实施方案》，部署水平井30口；开展苏11区块北部丛式井先导试验区井位优化部署研究，优化部署丛式井平台14个，井位43口；开展苏53水平井整体开发部署地质研究，完成《苏里格气田苏53区块苏53−4井区水平井10亿米³/年开发部署方案》编制，通过股份公司审查，研究成果位居“5+1”合作单位前列，多争取投资6.8亿元。

二、喀什北气藏优化部署及地质跟踪技术支持

长城钻探公司开展区块综合地质研究，完成2010年勘探开发部署方案，完成3口井的现场地质跟踪服务，5口新井的地质优化设计已通过甲方验收，完成阿克莫木构造地质特征再认识研究。

三、年代公司石楼西区块总承包项目

2010年，长城钻探公司开展区块综合地质研究，编制完成探井部署方案和区块10亿立方米初步开发方案设计；完成400千米二维地震采集、处理和解释工作，完成5口探井部署及地质设计。完成3口老井试气试采、5口新井钻井工作。

四、苏丹6区稠油蒸汽吞吐热采扩大试验

2009年在苏丹6区成功开展4口井稠油蒸汽吞吐热采先导试验。2010年，长城钻探公司在整个FNE区块实施扩大试验，试验8口井，单井平均油气比4.0以上，平均日产油51吨，是常规冷采产量的3倍，目前最高单井日产油仍然保持在101吨。2010年取得的成果主要包括在地层划分与对比、构造特征、沉积特征、油藏底水特征及隔夹层特征研究的基础上优化射孔层位；结合单井数值模拟，优化注汽参数；首次进行油层及井筒温降规律的理论计算，并优选出适合当地特点的举升工艺，成功推广使用抽油机+扩孔重球防砂泵+打孔筛管的配套举升工艺，为甲方解决注汽后顺利投产和原油地面集输的难题；采用高温吸汽剖面测试、焖井压力降测试、温度剖面测试的综合测试工艺，创新使用带有扶正器的伞式高温监测仪器，确保对注汽质量、注汽后油井油藏参数以及油层的动用程度进行跟踪和评价。稠油蒸汽吞吐试验是苏丹石油开发史上首个EOR项目，也是长城钻探在国际稠油市场的创新性突破，成功探索出一条适合苏丹稠油热采的技术路线，在苏丹石油界引起巨大反响。苏丹1/2/4区Bamboo热采先导试验技术建议已通过甲方审核，进入商务阶段，推动了稠油热采与苏丹国家石油公司EOR合作。

五、苏丹3/7区定向水平井IGD技术服务

长城钻探公司利用自主研发的定向水平井IGD技术，在苏丹3/7区开展8口井技术服务，平均油层钻遇率89%，与同区施工的斯伦贝谢公司相比，达到甲方要求。

六、苏丹3/7区Gasab和Gumry油田开发调整方案编制

长城钻探公司通过技术推介，成功中标3/7区Gasab油田开发调整方案和Gumry油田开发调整方案编制项目，主要研究内容包括油藏地质再认识研究、剩余油分布规律研究、不同开发方式优化研究、井网井距合理部署研究，为油田开发调整提供技术支持。

七、乍得Bongor盆地勘探开发部署研究及实施跟踪技术支持

长城钻探公司按合同要求完成Prosopis、Mimaosa、Baobab 3个区块的开发方案编制工作，得到甲方认可。新获得的Great Baobab油田开发方案编制项目已启动。

八、中投公司加拿大 Seal 油田稠油开发技术可行性评价工作

2010 年，长城钻探公司根据中投公司要求，开展 Seal 油田地质特征研究、储量评价、稠油热采可行性研究。9 月，长城钻探公司与中投公司及加拿大和平河公司进行技术交流，达成后续工程技术服务的初步意向，成为长城钻探公司潜力增长点。

九、四川江油油砂矿热采先导试验

长城钻探公司通过技术推介和交流，与香港中华煤气公司（易高子公司）签订四川江油油砂矿试油及热采先导试验项目，截至 2010 年底，已完成 2 口井常规试油及蒸汽吞吐热采现场试验。

十、哈萨克斯坦斋桑油田总承包项目

斋桑油田项目是长城钻探公司与新疆广汇石油公司签订框架协议，开展总承包技术服务的项目。2010 年，斋桑油田项目重点开展综合地质研究、开发井优化部署、注（汽）采工艺优化设计及 4 口单井地质、钻井、注汽、采油、地面集输设计和经济评价等工作，同时负责现场生产运行管理和协调工作。先导试验井 S101 井，注汽 1380 立方米，注汽压力 19.8 兆帕，干度 50%；下泵抽汲生产日产液 16 立方米，日产油 2 立方米，累积产液 103 立方米，含水率 88%。长城钻探公司实施的首口井 S102 井已完钻，测井解释油层 41.2 米。

【安全环保】 2010 年，长城钻探公司能源开发部门以深入贯彻落实科学发展观为指导，坚持“环保优先、安全第一、质量至上、以人为本”的工作方针，继续以 HSE 体系推进为统领，围绕长城钻探公司“33335”的 HSE 体系建设思想，始终坚持以风险管理为核心，以 HSE 绩效考核和专项检查为手段，深入贯彻落实集团公司《HSE 管理原则》和《反违章禁令》，认真落实直线责任，严格现场安全监管，确保能源板块各项业务安全平稳运行。

一、加强风险识别与评价

长城钻探公司能源开发部门组织开展能源开发板块风险识别活动，结合能源开发业务特点制订《辽河分部煤层气开发防爆炸安全重点风险防控方案》、《长城钻探能源开发防爆炸安全重点风险防控方案》、《能源开发板块井控十大禁令》、《能源开发新项目 HSE 风险防控管理办法》。

二、加强安全环保隐患排查与治理工作

长城钻探公司能源开发部门做好本系统内各单位上报隐患治理项目的调查、核实工作。对隐患项目未实施前的隐患监控措施进行严格审查，确定监管方式。对煤层气开发公司提出的 8 项隐患整改项目进行现场调查、核实和评估。

三、加强 HSE 监管

长城钻探公司加强 HSE 监管，突出专项检查，提升现场 HSE 管理水平。全年组织各种专项检查 9 次，发现 74 个各类隐患和问题，及时整改完成。

四、认真履行 HSE 直线管理责任

长城钻探公司能源开发部门履行 HSE 直线管理责任，参加能源板块新建项目投产验收检查工作，对苏 53-2 号集气站进行投产前检查验收。根据现场

检查情况，明确苏 53−2 号集气站投产前重点工作要求，确保苏 53−2 号集气站当年顺利投产。

（吕世全　韩　轶）

第六篇

科技发展

综合情况

【基本情况】 2010年，长城钻探公司科技工作围绕建设国际化石油工程技术总承包商的发展目标，加强技术创新体系建设，加大重点科技项目攻关力度，深化技术交流与合作，技术创新能力显著提升。2010年，承担国家级科研项目或课题8项，承担集团公司级科研项目8项，获得上级科技经费投入5000万元，取得国家奖励1项、省部级科技进步奖6项，取得公司级成果30项，获得专利授权79项。

【技术创新体系建设】

一、建立健全技术管理体系

重组之初，长城钻探公司及时成立科技发展委员会，组建科技处、工程技术部、能源事业部和测井处，加强科技工作的组织与领导；组建工程技术部辽河、长庆两个分部，强化属地现场技术管理；在二级单位、专业公司、海外大区和具有一定规模的海外项目部配备总工程师，负责本单位技术开发与管理；在公司、项目部等三级单位配备主任工程师，负责现场技术管理，形成了直线与属地相协调的技术管理体系。

二、建立专业技术研发体系

2010年，长城钻探公司根据主营业务发展战略需求，经过专业化重组，构建以工程技术研究院、测井研究院、地质研究院为主体的研发体系，分别为钻井、测录井和勘探开发三大业务板块提供技术支持；在各二级单位、专业公司成立专业技术研究所或新技术推广中心，形成科技攻关与新技术推广相结合的技术创新体系。

三、建立海外市场重点工程项目技术支持体系

2010年，长城钻探公司按照“国内外一体化”的总体要求，针对海外市场重点工程项目的技术难题，科研单位和专业公司的骨干技术人员组成若干个技术支持组，明确技术负责人和技术经济指标，集成应用先进实用技术，一对一地开展现场技术支持，及时解决现场工程技术难题，提高施工时效和工程技术水平。

【重点项目攻关】 长城钻探公司经过5年的持续攻关与反复试验，LEAP800测井系统于2010年11月18日通过集团公司产品鉴定。LEAP800测井系统以网络化、模块化和平台化为特点，具有完全自主知识产权（4项发明专利、7项软件著作权），整体技术达到国际先进水平，其中，电缆传输技术和阵列感应仪器性能达到国际领先水平。

苏53块富集区水平井整体开发先导试验效果显著，强化储层富集规律研究，优化井网井位部署，集成应用水平井钻完井技术和分段压裂改造技术，全年开钻水平井20口，压裂投产18口，平均单井日产超过10万立方米，实现“少井高产、少井高效”的目标。

2010年8月4日，LEAP-PM综

合录井仪具有自主知识产权，顺利通过辽宁省新产品鉴定，总体技术达到国际先进水平，其中，软件功能处于国际领先水平；按照设计、制造、服务一体化的模式，已生产 21 套仪器，在国内外市场应用 59 口井，具备规模化应用的条件。

长城钻探公司开发全油基钻井液体系，自主研制出降滤失剂和有机土激活剂，形成现场配制、维护、处理工艺。径向水平井钻井技术现场试验成功，长城钻探公司自主开发套管钻孔装置和水力喷射工具，配套专用地面装备，分别在低渗透油藏和煤层气井进行现场试验，单井最多 5 个分支，单支井眼最长 22 米，为老井挖潜和低渗油气藏增产提供一条高效低成本的技术途径。

2010 年，长城钻探公司研制完成过套管电阻率测井仪器，在引进消化吸收的基础上进行再创新，掌握微弱信号测量、信号同步传输等关键技术，过套管电阻率测井方法研究、基于 LEAP800 测井平台的软件开发、供电电源及液压推靠系统设计等均取得重要突破，现场试验 20 口井，主要技术指标达到国外同类产品的先进水平，被列入中国石油“十二五”高新技术产业化项目。

2010 年，LWD 随钻测量仪研制取得重大技术突破。与休斯敦大学合作开发的电磁波电阻率测量仪，完成仪器算法和软件开发，并与贝克休斯 LWD 系统成功配接，现场试验成功，各项性能指标达到设计要求，实现双发双收，可提供 8 条不同探测深度的幅度和相位电阻率曲线，达到国外同类仪器的先进水平，拥有自主知识产权，填补国内空白。

【集成应用先进技术】

一、水平井技术

2010 年，长城钻探公司完善井眼轨道设计与控制技术，建立工程与地质协调机制，创新 IGD 地质导向技术，集成配套水平段分段压裂和水平井悬空固井技术，应用范围从稠油油藏发展到古潜山、低渗透等各类油气藏，实现从老区调整加密到区块整体规模化应用，从挖潜增产到开发方式的转换，从实施产能建设到有效解决油气藏开发难题的转变，形成每年 200 口井以上的施工能力。“水平井技术与规模化应用”成果获得国家能源科技进步一等奖。

二、欠平衡钻井技术

在多年技术积淀的基础上，形成空气、氮气、雾化、泡沫、充气钻井液和低密度钻井液等多种循环介质的欠平衡钻井工艺技术；配套地面装置、工程设计和分析计算软件，掌握了地面回压控制和井筒压力控制工艺；解决超高温条件下泡沫流体稳定性问题，在高温地热井中进行了成功的应用，取得了显著的效果；将欠平衡与水平井钻井技术集成应用，提高开发效果，形成同时为 5—6 个钻井队提供各类欠平衡钻井作业的技术服务能力。

三、深井钻井技术

2010 年，长城钻探公司针对兴隆台潜山、喀什北和中亚等地区的高陡构造、复杂地层、多压力系统、窄密度窗口、地层可钻性差、高温高压、高含硫化氢等钻完井技术难题，集成应用垂直钻井技术、高密度高矿化度钻井液技术、防漏堵漏技术、个性化钻头、抗高温耐腐蚀螺杆、遇油遇水膨胀封隔器、抗盐水钻井液体系等先进实用技术，减少井下复杂和故障，提高施工效率和机械钻速。

四、集成优快钻井技术

2010年，在国内外重点作业区，开展优快钻井技术集成应用研究，优化施工方案设计、优选钻头类型、应用复合钻井方式，优化钻井参数，配套钻井液体系，强化现场技术管理，形成不同区块、不同地层、不同井身结构的提速模板，机械钻速显著提高，钻井周期明显缩短。苏里格地区直井平均钻井周期由2007年的19.87天缩短到2010年的14.54天，缩短26.8%；兴古7块在井深增加近1200米的情况下，平均机械钻速由2007年的3.89米/小时提高到2010年的5.05米/小时，提高29%；肯吉亚克地区平均钻井周期由2007年的338.62天下降到2010年的217.71天，下降35.7%。

五、复杂结构井测井技术系列配套

2010年，长城钻探公司开发不同尺寸的系列湿接头工具，配套完善ϕ152mm以下井眼施工工艺；集成开发快速测井平台，实现声、电、核大满贯组合测井，仪器一次下井测得全部资料；配套水平井测井解释软件，形成现场快速解释能力。

六、录井信息技术

2010年，长城钻探公司在“参数现场采集、数据远程传输、资料基地处理、信息网上服务”的基础上，对录井信息服务技术进行升级，研发并应用录井数据远程传输、质量跟踪、解释处理、网上发布及井场视频监视系统，完成录井信息技术平台操作系统和数据库系统的升级与移植，拓展国内外市场。

七、完善测试工艺技术

2010年，长城钻探公司针对高含硫化氢井测试技术难题，在风险分析识别的基础上，采用缓冲罐代替常压计量罐，引进集中供气系统，配套远程控制超级安全阀，优化地面测试管线防硫材质和连接工艺，实现地面测试施工无泄漏、零失控、零伤害，数据准率达到98%以上，无环境污染和人身安全事故，确保安全生产。

八、集成应用稠油热采技术

2010年，长城钻探公司在苏丹6区先导试验区开展区块底水分布及能量、储层夹层特性、流体性质、油藏类型、直井射孔层位优化、蒸汽吞吐后生产动态分析等系统研究，优化注汽参数，优选井筒举升措施，配套高温测试工艺。在FNE整个区块进行扩大试验，已实施14口井，平均单井日产量为常规冷采的3—4倍，开发效果显著。

九、发展致密气藏开发技术

2010年，长城钻探公司优化二维地震采集参数，运用地震、录井、测井及试气试采资料，开展综合地质研究，有效预测苏11块、苏53块富集区；开展叠前AVO分析、异常振幅属性分析、叠后吸收衰减分析，叠前叠后多种方法综合运用，进行含气储层预测，优化井位部署；集成应用丛式井和水平井钻完井技术，提高开发效果；应用水平井井下节流技术，简化地面流程，降低开发成本；长城钻探公司在苏里格“5+1”合作开发中保持领先水平。

【技术交流与合作】 2010年，长城钻探公司建立技术交流与协作机制，注重发挥肖加奇、陈文轩等外聘国际顶尖级专家技术领衔作用，打造测井技术装备研发优秀团队，开发出具有世界先进水平的LEAP800测井系统。聘请罗平亚院士等国内知名专家学者为公司高级技术顾问，提供专家咨询，指导技术开发，解决现场技术难题。

长城钻探公司与国内外石油高等院校、科研院所开展技术协作，建立长期稳定科技协作体系。与休斯敦大学联合研究LWD随钻测井技术和油基钻井液电阻率测井仪器，弥补高端技术人才不足，加快高端技术装备研究步伐，LWD电磁波电阻率测量仪研制，实现当年立项、当年出样机、当年试验成功，探索出依托国际技术资源开发高端技术装备的新途径。

2010年，长城钻探公司高度重视技术交流与科技信息沟通。采取请进来、走出去等形式，组织或参加不同专业技术交流会，聘请国内外专家学者和国际一流公司进行技术交流与推介，及时掌握国际技术动态。科研单位和专业公司组织技术骨干，积极向国内外业主推介公司优势特色技术，为扩大国内外市场发挥了重要作用。各专业技术管理部门、专业公司、研究院和公司党群部门都定期不定期地组织技术交流、研讨和论文发布，活跃学术技术氛围。

【学科建设】

一、完善学科建设

2010年，长城钻探公司按照国际化石油工程技术总承包商的定位，工程研究院组建压裂酸化研究所，开展相关技术研究，为苏里格自营区块和华庆总承包项目提供技术支持；地质院建立勘探、开发、采油专业技术体系，完善总承包技术链；测井院以高端仪器开发为目标，配套软硬件开发相关学科和产业化机构，形成研发、设计、制造一体化的综合能力；固井公司、测井公司、工程服务公司等都成立或正在组建专业技术研究所，为长城钻探公司全产业链建设提供技术支持。

二、加强技术专家团队建设

2010年，通过重大科技项目和重点工程项目的培养、锻炼，经过层层评审，长城钻探公司拥有集团公司、公司和处级技术专家114人，承担科研领衔、技术咨询和技术把关的重要职责。

三、加强科研条件平台建设

2010年，长城钻探公司和各有关单位加大资金投入，配套建设钻井液实验室、水泥浆实验室、地质分析化验实验室、测井仪器试验基地、综合录井仪检测标定实验室，配套地质与油藏工程研究、钻井工程设计与分析计算软硬件，为科研攻关和生产技术管理创造良好条件。

【健全管理制度】

一、规范科技立项管理

2010年，长城钻探公司采取顶层设计和下属单位申报2种形式进行科技立项，组织专家逐项进行严格论证，重点突出对项目的技术经济指标、依托工程、经费预算进行审查与评价，确保科技项目具有技术先进性和经济实用性；加强对项目承担单位研发能力考核，凡承担公司级重点科技项目的单位须具有该学科的学术技术带头人及技术团队，具备必要的科研条件和技术手段，能够独立完成70%主要研究内容。

二、加大经费管理力度

长城钻探公司科技经费实行全额预算管理，在项目开题时均须编制经费预算明细，经概预算部门审核，由长城钻探公司科技发展委员会审定，按年度下达计划；加强科技经费支出管理，经费预算一经批准，项目承担单位须严格执行，做到专款专用，专项专用；加强科技经费使用的监督与检查，建立科技经费使用监督检查制度。

三、加强科技外协管理

2010 年，长城钻探公司严格实行外协立项论证审批制度，减少外协项目的随意性、盲目性和依赖性；加强外协预算管理，外协经费额度一般不超过整个项目经费的 30%；严把外协单位资质审查关，对于主干专业和新兴业务，与院校和院所建立定点定向协作关系，并形成协作网络；加强外协项目过程控制和项目验收管理，达到掌握技术、培养人才、提高水平的目的。

四、强化科技项目过程控制

2010 年，长城钻探公司加强项目组织领导，明确总工程师责任制；实行项目长负责制，落实责权利；加强项目中期检查与评估，确保重点项目顺利进行。强化科技项目日常管理，做到跟踪检查及时，依托工程落实及时，协调解决问题及时，保证完成年度科技计划任务目标。

五、建立健全激励约束机制

2010 年，长城钻探公司建立科技工作目标责任制，对科研单位从技术创新、技术支持、技术推广和科研条件建设四个方面，制定量化考核细则，按年度下达总指标，分解季度指标进行考核预兑现，年终考核总兑现。实行科研岗位津贴制，督促科研人员全身心投入技术研发。完善知识产权保护制度，建立专利申请、维护、实施等管理和激励办法，加强知识产权管理。

2010 年长城钻探公司科技获奖项目

【荣获国家能源奖项目】

科技进步一等奖

水平井技术与规模化应用

【荣获辽宁省科技进步奖项目】

二等奖

稠油热采完井管柱保护技术研究与应用

三等奖

钻井取心技术研究与应用

水平井生产测井工艺技术研究及应用

阜新高瓦斯矿区煤层气开发与利用

【荣获集团公司技术创新奖项目】

二等奖

声波伽马密度固井质量测井技术研究与应用

阿塞拜疆泥火山地层高密度钻井液技术研究与应用

【荣获盘锦市科学技术奖项目】

一等奖

成像测井地面系统综合化研究

卡拉赞巴斯油田浅层稠油油藏开发效果评价及开发调整部署研究

侧钻井配套技术完善及规模化应用

二等奖

哈萨克斯坦南图尔盖盆地低阻油气层测井评价方法研究

录井油气层解释评价系统研究与应用

压裂防砂在复杂井中的应用

H 区 Bonger 盆地 Prosopis 油田油藏地质特征认识及油藏工程综合研究

复杂岩性测井评价及识别方法

辽河潜山全过程欠平衡钻井技术研究与应用

三等奖

防砂射孔技术在油田二次开发中的研究与应用

陆西凹陷马家铺、包日温都地区储层评价研究

苏丹 Fula 油田稠油蒸汽吞吐试验

【荣获长城钻探公司科技进步奖项目】

一等奖

网络化高速测井井下仪器总线系统研制与应用

苏 53 区块富集区水平井整体开发部署研究与先导试验

LEAP-PM 综合录井系统研制与应用

国内重点区块优快钻井配套技术

二等奖

基于网络化的 LEAP800 测井软件系统

录井地质导向技术在水平井地质跟踪中的应用研究

伊朗高含硫化氢井安全测试技术研究与应用

喀什地区复杂地质条件钻井技术研究与应用

钻井取心技术有形化研究

定边、庆阳地区防漏堵漏钻井液技术

乍得 Bonger 盆地勘探目标评价技术

IGD 技术在苏丹 3/7 区薄层稠油油藏的应用

吉林长岭气田深井长封固段固井技术研究与应用

钻井队 HSE 管理应用工具手册汇编

复杂网络条件下全球视频电话会议系统

三等奖

南鲍金根油田储层评价中气测录井皮克斯勒解释方法的应用研究

电起爆作业安全系统集成研究与应用

锦 16 块化学驱射孔参数研究与应用

伊拉克 AHDEB 油田储层参数、解释标准及压力系统分布研究

城区高危井安全钻井技术

辽河潜山油藏欠平衡水平井技术研究与应用

海拉尔地区水平井钻井固井技术研究与应用

印尼 JABUNG 油田井壁稳定及保护油层技术

海油陆采钻完井配套技术

苏丹 6 区稠油热采先导试验与规模

化推广应用

阜新高瓦斯矿区煤层气开发与综合利用技术

卡拉赞巴斯油田综合地质研究及提高采收率技术对策

长城钻探 HSE 规章制度及培训系统建设

长城钻探统一通讯平台研究与应用

长城钻探工程公司应急预案体系研究

（原镜海　黄菊珍）

第七篇

改革管理

企业改革

【基本情况】 2010 年，长城钻探公司用工总量 34533 人，其中，有合同化用工 15534 人，市场化用工 4219 人，劳务用工 5258 人，外籍用工 9177 人，其他用工 345 人。

【组织结构】 2010 年，长城钻探公司坚持按照“国内专业化、国外区域化、国内外一体化、结构扁平化”的管理体制模式，认真组织推进组织结构调整，提高长城钻探公司运行管理水平。

一、推进海外业务综合项目部管理模式

长城钻探公司坚持推进海外区域化管理进程，设立海外大区，将区域化管理范围细化到同一国家、地区，对委内瑞拉、阿尔及利亚、乍得等 10 个国家的钻修井项目部与测井作业区实行合并，实现海外同一国家和地区由一个综合项目部管理全部业务的管理模式，使企业区域优势得到更好发挥。

二、国内单位实现扁平化管理

长城钻探公司按照集团公司《工程技术企业组织机构设置规范》标准和要求，结合实际撤销公司建制，重组整合设立精干高效的地区市场项目部，对二级单位及项目机关职能类别进行合并调整，缩编减员，理顺职能。2010 年，长城钻探公司设立地区钻修井项目部 25 个，测井、录井、钻井液等专业技术服务外部市场项目部 38 个，提高项目管理能力和外部市场开发服务能力。长城钻探公司对 15 个二级单位精简机关科室 33 个，精减幅度达到 14%；二级单位及项目机关压缩人员编制 498 人，减少 14.6%；国内二级单位科级干部职数减少 138 人，缩减 11%；二级单位公司机关及原有项目向一线边远项目充实 207 人，实现劳动力资源的再配置和科学合理流动。

三、科学进行机构调整

2010 年，根据长城钻探公司业务发展需求，实时进行组织机构调整。成立工程技术部长庆分部和长庆工程技术项目部，加强长庆地区业务管理，提升长庆地区工程技术服务运行管理水平；成立国外井控监督管理中心，实现对国外井控工作的有效监管；根据国内外业务需求，组建哥伦比亚、加拿大 SEAL、永和气田等项目筹备组，拓展业务范围。

【三控制一规范】

一、全面加强劳动用工管理

2010 年，严格执行长城钻探公司编制定员，规范用工审批权限，科学制订用工需求计划。严把用工入口关，长城钻探公司人事部门统一招收招聘劳动用工，及时清退劳务用工和临时用工，并对劳务派遣公司进行了全面检查、考核，确保用工总量不增，质量提升。2010 年，清理劳务用工 447 人，组织制定《海外当地化用工办法》，加强劳动法律法规培训，规避用工风险。全面挖掘内部潜力，加大内部调剂，在国内单位之间、国内与海外之间调剂用工292人，解决国内外生产一线人才短缺矛盾。推行人工成本与总成本相挂钩的约束机制，增强各单位成本控制和精干用人意识。

二、理顺规范薪酬分配体系

长城钻探公司坚持规范审批程序，通过年初下达年度总额计划，年中兑现，年底清算等有效手段，避免超提超发现象；改进完善工效挂钩的分配激励办法，建立和完善企业效益与员工收入同步增长的薪酬分配机制，分基本工资、效益奖、专项奖三部分发放工资总额，在基本工资和专项奖两部分按原政策规定发放的基础上，效益奖与各单位收入、利润、经营难度、KPI考核结果、超额利润等情况相结合发放兑现，提高激励效应；加大专项奖励力度，对综合考核排名在前的基层队伍、外部市场开发人员、科研人员、安全质量等专项奖励近1.2亿元，促进相关业务的发展。长城钻探公司用于奖励的工资总额占工资总量的60%，国内员工收入同比增长7.5个百分点，境外员工收入同比增长3.6个百分点。

三、建立一线队伍补充退出机制

长城钻探公司将新接收大专毕业生、部分优秀油田待业子女、部分退伍军人共938人按照技能操作人员进行管理，全部安排到一线生产岗位。根据海外业务发展的需要，以市场化和劳务用工方式，引进公司急需的社会人才，提高一线队伍的整体实力。建立一线队伍退出机制，对具有一定生产管理经验和较高技术技能水平的一线大龄员工，在适合岗位予以留用；对因工受伤或因病不适应一线生产工作，但仍具备一定劳动能力的一线员工，进行内部岗位调剂，选择劳动强度较低的岗位予以安排；对其他符合条件员工，按照国家特殊工种提前退休政策为其办理提前退休手续。

【干部队伍建设】 2010年，人事部门按照长城钻探公司加强干部队伍建设的总体要求，制定下发《关于推进创建“四好班子”活动的指导意见》，明确目标，细化措施，强化考核，深入推进。在此基础上，坚持以选拔配备、能力建设、考核监督为重点，提升干部队伍素质和能力，提高各级领导班子引领企业科学发展和驾驭复杂局面的能力。

一、加强干部素质能力建设

长城钻探公司坚持加强干部的教育培训，引导各级干部同心同德，共谋发展，提升干部队伍的思想素质和业务能力。先后举办海外处级干部项目管理能力培训、第二期处级干部领导管理能力培训、党委书记培训、新提拔处级干部井控培训、干部管理业务培训等岗位培训班，培训258人次，提升干部履职能力和处理复杂问题能力。

二、科学合理选配领导干部

2010年，长城钻探公司为钻修井单位调整配备领导干部39人，提升主导产业领导力量；对19个海外项目部、测井作业区领导班子进行调整，交流、配备处级干部69人，增强海外业务领导力量。2010年，长城钻探公司对52个机关部室和单位班子进行调整和补充，使公司各单位干部配备更趋于合理，基本满足企业发展实际需求。长城钻探公司制定下发《关于新提拔处级干部实行岗位管理的暂行规定》，对干部能上能下、岗位试用和易岗易薪机制进行有效尝试，提高干部选配的准确性。

三、强化干部管理监督工作

长城钻探公司人事部门认真做好干部年度考核工作，会同纪委监察部门、群众工作部门进行全过程监督，确保考核结果公正和真实，并对考核情况进行分析、反馈，着力提高各单位领导班子工作效力。在2009年度考核中，处级领导班子和领导干部平均信任率为95.6%和97.2%，优秀率为87.4%和88.9%。加强干部聘用前与纪检监察等部门的沟通协调，确保干部不“带病”上岗。坚持干部谈话制度，对海外领导干部利用其回国期间进行谈话34人次，从中了解干部本人以及其他人员工作和思想情况，有针对性地做好工作。

四、加强科级干部管理

长城钻探公司制定下发《科级干部管理暂行办法补充规定》，规范科级干部岗位职数、资格条件、聘任流程，对超职数的科级干部按照保留待遇或一般干部进行管理，实现科级干部能上能下，择优聘任。严格把握科级干部选拔任用条件，通过实施扁平化管理，对各单位1099名科级干部进行重新聘任，对存在超职数配备、不符合条件的22名拟聘任人选予以制止，防止科级干部“违规提拔”和“带病上岗”。对长城钻探公司各单位科级干部管理情况进行调研，指出问题，督促整改，并形成调研报告，为领导决策提供依据。

【人才队伍建设】 2010年，长城钻探公司坚持高端引领突破人才瓶颈，把高层次人才作为人才队伍建设的战略重点，以高端人才开发带动各方面人才整体开发，以高端人才突破促进技术创新、科技成果转化和产业发展突破。

一、抓好专家队伍建设

2010年，长城钻探公司根据产业定位和发展战略要求，选拔113人掌握学科前沿技术、创新能力强、科研成就突出的优秀专业技术人才，聘任到局、处技术专家岗位，形成集团公司、局级、处级三级专家队伍，从无到有培养造就了一批掌握先进科学技术、学术造诣深、能够跻身本专业领域科技前沿的技术专家队伍。通过承担重大科研、技术开发、生产攻关项目和学术交流、学术休假、技术考察等活动，使专家作用得到充分发挥。

二、推进一线队伍建设

2010年，通过推行与技能等级相挂钩的薪酬制度，长城钻探公司人事部门建立“转变身份”的技能竞赛奖励办法，以及选树典型、造势宣传等一系列措施，政策扶持、环境激发广大技能操作人员自主学习、岗位成才的热情。参与鉴定人数明显增加，同比增长62个百分点。技能水平显著提高，在本年度集团公司职业技能大赛中取得1金3银7铜、团体总分第二的骄人成绩。基层一线新增技师142人，岗位已覆盖钻修井、测录试等31个工种，依托关键岗位的人才阵地基本形成。

三、加大急需人才引进力度

长城钻探公司全年为海外项目和国内关键岗位引进各类人才45名。重点加强高校毕业生引进工作，引进高校毕业生 845 人，将毕业生安排在一线岗位进行实习锻炼，培养对企业的认同感和实际工作能力；与中国石油大学等 6 所石油高校举办 7 个合作培养班，合作培养石油主干专业 2011 年本科以上毕业生 315 名，为企业发展提供有力保障。

四、加强海外急需人才配备

长城钻探公司采取社会招聘、内部调剂和国内输送的方式，为海外选配各类人才 113 人，缓解海外业务发展与人才不足的矛盾；结合海外综合项目部组建工作，指导海外大区、项目部聘任科级干部 108 人，加强海外中层管理力量；制订《海外用工当地化推进方案》，推进海外用工当地化进程，降低海外社会安全风险。长城钻探公司海外用工当地化率达到 77%，同比上升 2 个百分点。

五、加强人才素质能力培养

2010 年，长城钻探公司组织 16 名骨干人才攻读石油大学硕士、博士研究生。强化现有人才外语能力培养，组织参加英语托福、900 句考试 2185 人次，研究制订《员工外语学习达标工作实施方案》，对员工外语达标工作提出明确要求，促进员工队伍提升外语水平。选派 188 人参加集团公司、公司技能专家和技师培训，促进理论与实践相结合，增强解决生产技术难题和生产工艺攻关能力。推进专业技术人员职业资格认证，评审高级职称 90 人、中级职称 186 人。与北京工业发展咨询有限公司、华信博达有限公司等合作，组织设计一线关键岗位晋级体系，并逐步推进实施，促进提升人才能力水平。

【员工利益】 2010 年，长城钻探公司继续落实一届一次职代会提出的有关要求，制订《2010 年员工身份转换实施方案》，基本解决海外高层管理人员的身份转换，管理和技术骨干员工的身份转换方案集团公司已经批复；对员工两地分居问题进行调研，征求意见，制订《关于解决员工两地分居问题实施方案》，解决在京和海外员工北京住房问题；为北京和海外 308 名员工解决异地住房补贴。

【部门基础建设】 2010 年，长城钻探公司人事部门坚持明确工作目标、抬高工作标准，切实加强人事工作的各项基础建设。人事部门组织开展干部管理、ERP 管理、档案管理、职称管理、薪酬管理等各项业务培训 5 期，培训人员 400 余人次，提升人事干部队伍整体业务水平；加强信息管理工作，坚持加强 ERP 管理系统建设，不断优化系统配置，全面开展数据核查，对 19579 名员工的系统数据和关键证件扫描图像进行导入和核对整改，并有序推进系统应用，使其成为人事业务的有力工具和人事调控的有效平台；加强人事档案管理工作，全面开展人事档案审核、目标管理检查验收及 SAP 信息数据核查工作，落实人事档案整理、查（借）阅、转递等工作制度，转递档案 319 卷，整理档案 500 余卷，审核档案 400 卷，核实信息 70 余万条，使人事档案数据更加准确、翔实，管理更加规范、完善。

（牛丽波）

【技术人员管理】

一、建立专业技术人员学历教育管理办法

2010 年，长城钻探公司根据《长城钻探工程有限公司人才激励暂行办法》

有关规定，在广泛征求二级单位意见的基础上，制定出台《长城钻探工程有限公司专业技术人员学历教育管理暂行办法》，为规范和加强专业技术人员学历教育管理，保证专业技术人员队伍知识结构不断优化、素质不断提高奠定基础。2010 年，开展学历学位认证 95 人次，材料归档 62 人次。

二、完善专业技术人员管理工作制度体系框架

长城钻探公司结合重组后在专业技术人员管理方面显现的一些问题，加快推进制度体系建设步伐，建立符合国际化公司发展要求的、切合专业技术人员队伍实际的、完整配套的技术人员管理工作制度体系。研究制定《长城钻探工程有限公司专业技术人员管理暂行办法》、《长城钻探工程有限公司专业技术人员聘任暂行办法》、《长城钻探工程有限公司专业技术人员考核暂行办法》（讨论修订）等政策性文件。

三、完成外语水平等级调查分析工作

长城钻探公司对管理、专业技术和关键岗位操作技能人员的外语基本水平、对达标和未达标人员的岗位、职级和外语水平等方面进行摸底调查，下发通知，设计外语水平等级调查表，明确一线操作技能关键岗位。综合调查情况分析，调查人数 10422 人（不含长城钻探公司领导、海外项目部人员），长城钻探公司国内部分的外语水平分布不均衡，从总体情况看，零基础人员比例偏大，占总量的 32.6%；有一定基础的人员占总量的 31.1%，总体外语水平偏低。

四、做好专业技术人员报表统计工作

长城钻探公司按照集团公司要求，专业技术职务任职资格评审工作将以 ERP 系统作为数据平台，开展 ERP 系统上线评审，重新设计了专业技术人员统计报表，纳入人事部门统计报表体系，做好专业技术人员管理数据的平台对接，完善各类统计备案工作，为做实专业技术人员各项管理数据提供制度保证。

【专家评价机制】 2010 年，根据集团公司要求，长城钻探公司结合专家队伍建设实际情况，按照《关于开展选聘企业技术专家工作的通知》，开展企业技术专家聘后管理工作，实现预期工作效果。

一、完善技术专家选聘量化评价标准

长城钻探公司经过征求基层单位和相关专家意见，在确保政策延续并符合集团公司文件精神的条件下，对企业技术专家选聘量化评价标准进行细化，确立人才评价标准，完善人才评价方式和人才评价手段，完善以能力和业绩为导向的人才评价机制。

二、做好集团公司高级技术专家聘期届满考核工作

长城钻探公司按照集团公司要求，配合集团公司做好考核工作，认真审核专家的聘期述职报告，统一文本制式，核实工作成果，制定公示材料，确定职业道德考核人员名单，在北京总部和辽河分部同时开展考核工作，实现集团公司预定的工作目标。

三、完善博士后工作

长城钻探公司完善博士后工作质量

保证机制，加强对博士后的定期考核管理，实行博士后定期进度申报制。注重加强博士后人员之间学术交流，充分借助发挥辽河博士后工作站跨学科、产学研相结合的优势，培养自主创新人才。按照“健全完善制度，稳步扩大规模，注重提高质量，造就创新人才”的要求，提高博士后研究人员的创新能力，打造一支跨学科、复合型、战略型的博士后人才队伍。选择有发展潜力、创新意识强的优秀博士后研究人员，跟踪重点培养。2010年，选拔刘锦霞、刘宇2名博士与中科院等博士后工作站进行联合培养，开创重组后长城钻探公司自己培养博士后的先河。

四、开展集团公司“千人计划”申报工作

长城钻探公司根据《关于开展第六批“千人计划”申报工作的通知》有关精神，认真核实创新人才长期项目和短期项目，严格按照集团公司要求确认申报材料，规范填写。2010年，推荐肖家奇、陈文轩2人申报“千人计划”，得到集团公司人事部的认可。

【技术人员培训工作】

一、加强技术专家的培养培训工作

2010年，长城钻探公司参加集团公司组织技术专家培训班一期，培训技术专家1人；举办钻井工程专业局、处两级技术专家培训班一期，培训两级技术专家32人；参与集团公司组织的各级各类高层次专业技术人才的培养培训工作，组织完成集团公司第十五期赴美项目管理经理人（PMP）培训班学员的选拔推荐工作。经对推荐人选的各项资格条件进行审核，向集团公司推荐了10名培训人选，其中，有7名同志通过集团公司组织的选拔考试，均已取得合格证书。

二、加强专业技术骨干的培养培训工作

长城钻探公司经与中国石油大学（北京）沟通协调，完成2010年度20名在职攻读中国石油大学（北京）硕士、博士研究生人员的入学相关工作，包括录取通知书的发放、统一进行开学报到、统一进行授课安排、与学员签订培养协议。组织完成2010年度在职攻读中国石油大学（北京）硕士、博士研究生的考试报名工作，最大限度地为海外及国内一线人员提供支持和便利，经与中国石油大学协调，专业技术人员管理科赴学校统一进行现场报名和对学历证书等资质的验证工作。截至2010年底，推荐报考人员38人。

三、完成涉外考试工作

长城钻探公司根据《关于明确涉外人员外语水平考试组织程序的通知》有关要求，规范涉外人员外语水平考试组织工作，调整钻井一公司、钻井二公司等单位的涉外考试组织程序，明晰组织过程中各项工作的具体要求，统一工作程序，为涉外考试建立长效制度规范。2010年，组织英语模拟托福考试1258人，英语900句及俄语水平测试1143余人次，通过1039人。

【任职资格评审】 2010年，长城钻探公司按照集团公司规定的“公开、平等、竞争、择优”的评审工作原则，围绕企业发展需要，实行“评审政策、控制指标、推荐人选、述职答辩、评审结果”五公开，加强评审制度体系建设，健全完善人才评价模块，规范专业技术职务任职资格评审管理，提高评审质量和评审水平，切实保证专业技术职务任职资格评审工作的正常开展。

一、完善评审组织机构

长城钻探公司提高评审工作运行效率，根据集团公司文件规定，整合中级评审机构。撤销原钻井工程联合中评委和勘探开发联合中评委，将其所属评审权限及人员范围纳入到相应工程高评委下属专业评审组，提高评审工作效率。统一工程、经济、政工3个专业高级指标分解程序，高级指标直接下达至各高评委专业评审组，不再下达工程类副高级推荐指标给各个二级单位。通过完善评审组织机构，提高覆盖长城钻探公司境内、境外专业技术职务任职资格评审工作的组织效率，为职称评审工作的快速、有序开展提供组织保证。

二、制订评审工作运行计划

长城钻探公司根据专业种类较多、地域跨度较大等实际情况，制订详细的专业技术职务任职资格评审工作运行计划，倒排评审时间，平衡各时间段的工作量，避免由于工作人员少、时间短、任务重而造成的工作失误。在集团公司要求的时间范围内，2010年，专业技术职务任职资格评审工作按照运行计划，划分为4个阶段，包括前期准备阶段、指标测算阶段、基层单位量化考核推荐阶段、专业组量化评审及评审委员会审定阶段。均衡分配各阶段的工作量，使专业技术任职资格评审工作做到平稳有序、繁而不乱，提升专业技术职务任职资格评审工作的规范化水平，保证专业技术职务任职资格评审工作的有序运行。

三、强化骨干人才队伍建设

2010年，围绕专业技术职务任职资格评审工作更好地为人才队伍建设服务，长城钻探公司专业技术职务任职资格评审工作实行“四个倾斜”，包括向科技研发单位倾斜、向一线生产单位倾斜、向高层次人才队伍倾斜、向海外人才队伍倾斜，为基层科研、生产服好务，为优化人才队伍结构服好务。在高级指标测算上，对长城钻探公司重点工程、重点科研项目等高层次人才比较集中的单位和一线及海外专业技术人员给予较大的比例倾斜。在中级指标分配上，把工作重心从以往面向全体专业技术人员调整为重点突出一线基层队伍和海外服务施工人员，加大晋升比例，激励和稳定一线及海外专业技术人才队伍，推动一线人才队伍素质目标和结构目标的双提高，得到基层广大专业技术人员的普遍认同，稳定一线基层队伍和海外施工队伍。

四、严格评审工作程序

长城钻探公司充分体现“公开、平等、竞争、择优”的评审工作原则，坚持“四严”政策。严肃考风、考纪，在晋升职称外语考试过程中，严格履行考试程序，严把考试质量关，严查违纪人员，全力为参考人员创造公平、公正的竞争环境，取消职称水平考试违纪人员21人的参评资格；严把审核关口，审核实行“三级把关制”，包括二级单位人事（组织）部门、公司职改办、专业评审组联合把关，对材料上报、验收实行责任到人，“谁审核、谁签字、谁负责”，对发现有伪造学历、成果业绩、论文论著的，除取消当年参评资格外，还责令所在单位拿出处理意见并备案；严格评审程序，评审工作严格按基层单位考核、推荐，职改办审核，专业组量化评审和评审委员会审定程序进行；严格指标使用方向，对一线基层队和海外施工服务的专业技术岗位人员评审指标单独下达，在审核各单位上报的评审材料之前，首先核对各单位指标使用情况，严禁挤占一线及海外指标现象的发生，真正使倾斜政策落到实处。

五、加大对一线和海外专业技术人员的政策倾斜力度

量化评审打分后，在本专业评审组内将参评人员按国内一线、海外和二线人员分别进行排名，长城钻探公司职改办对各专业评审组按照一、二线分别下达晋升指标，要求专业评审组分别产生通过人选。分别建立一线、海外及二线专业技术人员专业技术职务任职资格评审渠道，解决长期以来一线及海外人员因“论文少、获奖少”缺乏职称“竞争力”的问题，彼此间的竞争趋向公平，群体可比性增强，特别是两级机关参评人员不再挤占一线及海外人员参评指标。

六、建立评价标准

长城钻探公司改进评价方式和手段，以业绩为重点，综合品德、知识、能力等要素，对专业技术人员进行全面公正评价，将量化评价结果作为评审的依据，切实把职称评审过程转化为专业技术人员任现职以来工作业绩的考核评价过程。按照集团公司专业技术职称量化评审标准基本要求，人事部门在综合集团公司各专业量化评价标准的基础上，经多方征求专家意见和二级单位建议，确定“坚持集团公司文件规定与公司实际相结合的原则、坚持政策连续性与可操作性相结合的原则、坚持向基层一线、海外项目倾斜的原则”的标准修订原则，重新组织修订长城钻探公司《专业技术职务量化评价标准》，结集成册集团公司各专业及长城钻探公司的量化评价标准，新标准对量化评价标准进行细化，使标准的可操作性更强，为指导2010年专业技术职务任职资格评审工作发挥积极作用。

七、加快专业技术人员岗位成才步伐

长城钻探公司在专业技术职务任职资格评审过程中，注重宣传与引导，坚持在公开、平等的竞争环境下，通过量化评审方式方法引导专业技术人员查找不足，激励专业技术人员立足岗位，不断学习，全面提升自身素质和工作水平。通过外语水平测试、专业答辩，有针对性地激励专业技术人员加强专业知识理论更新。2010年，集团公司专业技术人员管理处业务培训班结束后，长城钻探公司结合实际情况，及时传达集团公司的业务培训内容，对专业技术管理人员进行了一次系统、全面的业务指导，为提高自身业务素质和宣传公司人才政策、评审政策、专家制度等奠定工作基础。

2010年，长城钻探公司按照高级职称评审指标分配总体原则，正高级推荐6人，其中，钻井工程专业3人、工程综合专业2人、政工专业1人。副高级评审通过50人，其中，钻井工程专业19人、地质勘探及油气田开发专业17人（含委托评审）、会经统审专业11人、政工专业3人。中级评审通过165

人（不含委托评审），工程系列评审通过工程师152人，其中，钻井工程专业75人、地质勘探及油气田开发专业20人、测井专业36人、机械专业7人、安全及信息工程专业7人、破格晋升7人、政工系列评审通过政工师13人。

（王宪成）

生产管理

【处置突发事件】 2010年，长城钻探公司面对国内各种自然灾害事件频发、新疆“7·5”事件残余势力蠢蠢欲动、境外较高风险国家社会动荡、各种疾病蔓延的各种突发事件，给长城钻探公司生产经营带来严峻的挑战和考验。长城钻探公司继续以夯实应急管理基础工作为重点，加强应急预警预报工作，完善应急管理体系和保障体系，巩固和提高应急响应和处置能力，明确“继续加强‘一案三制’建设；加强应急支撑体系建设；提高突发事件应对和处置能力；加强组织领导，推动工作落实”的应急工作要点。

一、夯实应急管理基础工作

2010年，长城钻探公司加强应急管理知识宣传教育，在网站设立应急知识栏目，宣传国家应急法律法规，介绍长城钻探公司应急管理规章制度，普及各种突发事件应急处置及预防知识；加强应急培训工作，组织参加集团公司和政府部门举办的应急培训班8期，培训人员33人；举办2期应急培训班，培训学员达92人，所属单位也将应急管理纳入职业技能和HSE培训中，培训员工2.5万人次；完善规章制度和预案体系，制定《应急物资管理办法》、《应急物资储备目录及定额》和《应急管理制度》，为应急管理工作规范化、制度化创造条件。长城钻探公司下发《关于贯彻落实公司（突发事件应急预案）的通知》，完善应急预案，各二级单位（项目部、作业区）上报备案各类预案283项；组织制订长城钻探公司《防汛等15项应急处置方案》，作为应急预案的补充，涵盖防汛、防风暴潮、防强降温与暴风雪、防地震、防甲型H1N1、防恐、防井喷、防H_2S、防火灾、防触电、防工伤、防海上作业事故、防辐射事故、防民爆物品被盗与丢失、防钻井液用危险化学品灼伤等主要风险点；组织开展应急演练活动，重点在基层现场，针对要害部位、重点岗位、关键装置以及人员密集场所进行多级别的应急实战演练，所属各单位针对自己业务特点制订的以井控、防汛、应急逃生、消防和预防恐怖袭击等为主要内容的应急演练活动计划314项；做到组织机构、工作经费、参演人员、物资装备以及安全防护措施的“五落实”；加强突发事件预警预报，2010年，长城钻探公司严格按照集团公司有关要求，及时收集相关信息，先后针对国内严重自然灾害、伊朗政治安全局势、伊拉克社会安全形势、苏丹政治局势以及国外暴发的霍乱、疟疾、伤寒等突发事件发布24次预警预报，督促各单位做好防范工作。

二、增强突发事件的应急反应和处置能力

2010年，长城钻探公司主汛期公司有146支队伍1734人在河套、滩海、山地等区域施工，辽宁出现6轮强降雨，平均降水量为473.8毫米，较往年同期偏多近9成，辽河、浑河、绕阳河、蒲河等水位暴涨，给长城钻探公司施工作业队伍带来严重威胁。长城钻探公司全面行动，加强与地方政府、甲方的联系，及时收集气象、水情、汛情信息，做好预警预报。采取措施防汛抗洪，实现“确保人身安全、确保井控安全、确保环保安全、降低经济损失”的工作目标，减轻洪涝灾害给公司生产经营造成损失。

三、做好冬防保温工作

2010年，严格落实长城钻探公司《关于做好2010年冬防保温工作的通知》，按照工作部署对施工单位和队伍进行检查，9—10月，分2次对各单位冬防保温工作的准备和使用情况进行了检查。截至2010年11月，在辽河施工现场准备锅炉152台，机泵房架子、围布140套，配备司炉工496人，并具备点火启炉全部条件，部分井队已经根据气候状况，陆续点火启炉。

【协调工作】

一、形成生产运行管理机制

2010年，长城钻探公司根据国内市场变化，强调生产指挥中心前移，充分发挥辽河、海拉尔、长庆生产指挥体系的作用，建立并强化长城钻探公司总部与分部、二级单位、项目部、甲方、兄弟单位、地方政府等沟通协调的工作机制，强化生产运行指挥和协调服务力度，科学有序组织生产，提高生产运行、组织协调、工序衔接和后勤保障等各个环节的生产效率，全面熟悉掌握各单位生产资源、生产能力，整体控制长城钻探公司生产能力的运行。在国际市场上强化项目日常生产组织的管控，充分肯定钻修井和测录试项目已经成型的生产管理体系，突出项目部自身的组织运行能力，按照长城钻探公司总部、海外大区、项目部、测井作业区的管理层级，强化长城钻探公司海外业务的生产指挥和协调管理工作。发挥长城钻探公司整体优势，提高生产组织效率，从项目执行的各个环节给予支持和配合，督导各单位优化生产组织运行，使生产组织运行方式和体制机制更加符合不同市场特点，满足不同区域环境、不同业务类型的要求。

二、实时监控生产动态信息

长城钻探公司强化生产管理系统的24小时值班职能，实时掌握长城钻探公司整体生产动态，了解生产作业信息。发挥生产协调部门的生产调度枢纽职能，及时掌握长城钻探公司生产经营中出现的问题，向领导呈报生产作业报表，并有针对性地向各业务处室、二级单位通报情况，组织相关单位研究和解决，督促和跟踪事态发展和问题处理进程。从生产汇报、信息收集、报表编制、资料上报、指令传达等各个环节规范生产信息的及时性、准确性，全面落实生产指令的执行力和权威性。

三、建立生产运行管理动态信息管理制度

长城钻探公司推行生产运行管理动态跟踪大表制度，解决日常项目运行中存在的作业、材料配件、安全、人员等问题，有针对性地向各业务处室、二级单位通报情况，组织相关单位研究和解决，关注重点项目、重点问题的事态发展和问题处理进程，按照“首问负责、专人督办、限时办结、反馈跟踪”原则，全程跟踪解决过程。确保“生产管理工作科学有序，领导工作要求切实落实，基层工作需求有效满足”。

【反恐防控】

一、强化应急值班制度

长城钻探公司加强与集团公司、作业甲方、作业所在地政府和社区的联系，及时收集相关信息；加强24小时应急值班工作，配备专线应急电话，针对海外业务较多和个别地区通信条件较差的实际，开通了国际长途电话、卫星电话等，在发生突发事件时，可保证信息及时得到传递。

二、建立防恐预警和联动机制

长城钻探公司针对可能发生的社会安全事件，及时发布预防或预警通知，提前做好风险防范工作。2010年，发布社会安全预警信息14次。做到早发现、早防范、早报告、早处置，有效地预防和减少了突发事件造成的损失。2010年，尼日尔军事政变事发后，长城钻探公司启动突发事件应急响应，采取暂停施工、暂停倒班、做好撤退准备等一系列措施，在大使馆、办事处、甲方的统一领导和指挥下，开展各项工作，至政变结束，中方无人员和财产损失，生活、生产逐步恢复正常。

【生产管理运行系统】 2010年，长城钻探公司生产运行管理系统功能日趋完善，系统总体趋于稳定，开始在长城钻探公司全面推广应用。从2010年12月15日起，长城钻探公司国内队伍生产动态、生产日报、生产周报、生产月报、生产年报等生产数据正式通过A7系统上报。按照长城钻探公司下发的《跨专业数据共享需求》，本着互惠互利、团结协作、局部利益服从长城钻探公司整体利益的原则，按照数据共享授权范围，按时在A7系统中向其他专业提供数据。相关单位和部门认真抓好A7系统全面上线落实，通过加强使用培训，基层作业队配备专职或兼职信息员，项目部和各级机关部门落实系统关键用户，并从系统关键用户中选拔优秀人员担任本单位培训师。加强信息安全管理和人员授权管理，做好系统日常数据维护、软硬件维护、网络维护、作业小队离线系统安装维护及日常应用支持等工作。强化生产运行管理系统与生产协调职能的全面融合，上半年为增强对钻井、测井、录井等主营业务生产过程的远程控制和协调能力，提高作业现场管理水平，实现作业过程中数据采集、处理和汇总统计的信息化，并做好系统数据上报数量和质量的监控。

【生产远程控制】 2010年，长城钻探公司重点加快生产远程监控和应急指挥平台建设。开展针对长城钻探公司机关、分部、二级单位与海外项目生产远程监控与应急指挥平台建设调研工作，重点对现有资源与平台建设的有效整合、平台各子系统的接口及各使用管理单位具体需求展开调研。形成满足生产管理、技术支持和应急指挥等工作需求的完备的信息系统平台，实现平台整体统筹和现有专业系统的有机结合。

【大庆海拉尔】 大庆海拉尔指挥中心成立于 2009 年 5 月 12 日，办公地点设在呼伦贝尔市新巴尔虎左旗（阿木古郎镇）。设置生产技术科、安全科、市场科、综合科、商务科、党群工作科 6 个科室，人员编制为 20 人。

2010 年，项目以安全管理为重点，确保生产施工“零”事故，制定并完善《雨季安全生产管理规定》、《交通安全管理规定》等安全管理制度，有效控制施工现场安全风险。项目贯彻和落实长城钻探公司井控工作部署和要求，领会“一条主线、五个突出、五个到位”井控工作思路。通过认真落实地质风险评估及预案制定 I 级风险井科级干部住井、开钻审批、坐岗观察、防喷演习、井控装备试压等制度，严细实抓好井控工作。HSE 体系建设工作得到有效提升，海拉尔地区 15 支钻井队目视化管理“软硬件”基本配齐。

2010 年，项目以技术创新为手段，牢固树立“为油气打井、为效益施工”的生产经营理念，确保海拉尔地区水平井安全、高效施工；坚持开展技术攻关，应用技术模板推进钻井提速，为解决海拉尔地区伊敏组、大磨拐地层易塌、易斜、深部地层较硬等制约钻井速度的难题，钻井二公司海拉尔项目在 30599 队施工的乌 86-113 井进行提速试验，通过采取钻具及时探伤、使用复合钻具组合、使用大功率螺杆、及时纠斜等一系列有效技术措施，预防井下事故的发生，提高了钻井施工速度，仅用 6.58 天打完全井进尺 2300 米，平均机械钻速 27.38 米 / 小时，创造海拉尔地区乌区同类井型钻井周期用时最短、建井周期用时最短、钻机平均机械钻速和月速度最快 4 项最高指标。吉林地区地层岩石中有空隙、裂缝和溶洞的存在，导致在钻井施工中经常出现井漏现象，项目坚持以横向技术传递的方式，借鉴海拉尔提速成功经验，突破提速“瓶颈”。根据区块的地层特点，明确“两复两全”技术措施，并把优选 PDC 个性化钻头、螺杆、调整水马力参数、推广高压喷射钻井技术、选配使用优质钻井液体系等措施贯穿于钻井施工的全过程，以达到提速的最终目的。30563 队施工的让 4-4-4 井，设计井深 1750 米，最大井斜 13 度，水平位移 254 米，平均机械钻速 35.83 米 / 小时，完钻井深 1720 米，仅用 144 小时便安全快速地完成施工任务，与 4-1-4 井所用的 184 小时相比，提前 40 小时完钻，创造吉林同区块、同井型完钻周期最快纪录。

（张 亮）

规划计划

【规范管理程序】 2010年，长城钻探公司规划计划部门制定印发《长城钻探工程公司综合统计工作管理办法》、《长城钻探工程公司投资项目后评价管理办法》（试行）；起草制定、修订《固定资产投资管理办法》（修订）、《固定资产投资计划管理办法》（修订）、《长期待摊资产投资管理办法》、《中长期发展规划管理规定》、《项目可行性研究管理实施细则》、《项目设计管理暂行办法》、《基建市场准入管理实施细则》、《基建市场招投标管理实施细则》、《生产设施项目规划管理办法》、《工程承包商管理办法》、《工程建设项目安全监理管理规定》、《竣工验收实施细则》、《工程建设项目质量管理办法》。根据长城钻探公司组织的内控管理体系测试结果，结合运行管理实际，重新修订完成计划管理、工程管理、统计管理流程12个，包括投资项目（预）可行性研究、投资项目初步设计、工程技术服务年度投资计划编制、工程技术服务年度投资计划的下达与执行、施工图设计管理、工程开工报告管理、设计变更及现场签证管理、工程工期管理、投资项目竣工验收、投资项目后评价管理、投资监督与考核、投资统计管理。

【编制规划计划】 2010年，"十二五"总体规划编写组对各专项业务发展规划、专项职能规划、专题研究进行衔接后，编制完成《长城钻探公司"十二五"发展规划纲要》（草案）。2010年5月18—20日，集团公司工程技术分公司在长沙召开工程技术服务企业"十二五"规划对接会，会后根据要求进行完善。2010年11—12月，冯艳成副总经理组织相关副总师、机关相关部门和总体规划编写组对"十二五"发展规划纲要（草案）进行审查，总体规划编写组根据审查意见进行修订。"十二五"发展规划经长城钻探公司规划编制委员会审定后，将于2011年印发颁布。

长城钻探公司落实2010年投资规模，组织编制批次实施计划。在集团公司年初初步核定投资总量的基础上，做实项目前期工作，努力争取集团公司理解和支持，当年申请到投资计划32.7亿元，工程技术服务投资为集团公司同类企业之首。全年组织编制下达固定资产投资计划3批，调整计划1批；根据长城钻探公司管理要求，首次将递延资产纳入计划管理，全年编制下达递延资产投资计划2批，调整计划1批；编制下达安全生产费用计划1批，调整计划1批。

2010年7月1日，规划计划部门组织启动编制长城钻探公司2011年业务发展计划，明确发展目标，确定投资方向和重点，8月5日上报集团公司工程技术公司和规划计划部。8月18日，集团公司工程技术公司在大庆组织工程技术服务板块 2011 年投资总量计划对接会。2010 年 12 月，集团公司初步核定长城钻探公司 2011 年度固定资产投资总规模。根据集团公司编制工程技术海外一体化规划要求，长城钻探公司规划计划部门编制、上报长城钻探公司海外基地保障体系建设规划提纲，并组织专人协助编制。同时，协助集团公司规划计划部编制钻探业务发展的专项课题。

【投资计划】 2010 年，长城钻探公司规划计划部门安排各类投资 43.1 亿元，其中，固定资产投资 32.7 亿元（钻井板块投资 11 亿元，测井板块投资 7.3 亿元，能源开发板块投资 13.8 亿元，生产辅助设施投资 0.6 亿元）；递延资产投资 9.5 亿元（钻井板块投资 5 亿元，测井板块投资 4.5 亿元）；安全生产费用专项投资 0.9 亿元。

【项目前期管理】 2010 年，长城钻探公司规划计划部门深入市场调研，与市场、生产、技术等部门密切结合，组织技术装备和设施的方案交流和审查会议 38 次，对 LWD、LOG-IQ 成像测井系统、钻机更新、顶驱、利比亚修井项目、中东酸化项目、测井仪修厂房、稠油实验室、伊朗测井作业区阿瓦兹基地、驻辽单位培训设施、境外大区网络及视频会议系统、煤层气研石山管线整改、驻盘工业企业迁出城市中心区选址重建等项目可研和方案进行审查，形成项目论证呈批件 71 项。规划计划部门对海外测录试市场需求进行全面梳理，对中东两伊市场重点项目设备现状、缺口进行认真分析，完成中东地区 2010—2012 年三年装备配置计划，落实中东两伊地区 2009—2010 年测录试装备需求计划；组织协调海外运保体系建设，编制海外运保体系建设实施方案，对委内瑞拉、尼日尔、乍得公司首批运保基地建设项目的方案、施工图设计进行多次审查，确保了项目的经济性、适用性和前瞻性。对于市场急需的投资项目，采取及时报批的灵活审批方式。规划计划部门组织论证并报公司领导批准后，以计划函的方式及时下达项目批复，全年下达计划函批复 163 个，为市场开发和生产经营提供及时、充分保障。

【工程建设管理】 2010 年，长城钻探公司做好基建项目招标管理，严把资质审查关。对 2009 年已准入基建系统的 33 家服务商进行综合评审，合格后同意继续合作。对基建市场信息库内的施工队伍进行资质年审，完成新增加 30 家施工队伍的准入审批。优选施工队伍，降低建设成本，组织基建项目招标 17 次，中标金额 5288.6 万元，较批复投资 6204.37 万元下浮了 15%，节余投资 915.8 万元。规划计划部门组织苏 11 区块 3 号、4 号集气站，苏 53 区块 1 号、2 号集气站的投产前验收，组织金兆大厦工作位置和办公家具专项竣工验收。

【重点项目投资】 2010 年，长城钻探公司装备购置以扩大市场份额，提高效益规模为主线，优化更新深井钻机，优先配备测录试装备。重点配套钻机 5 部、引进 LWD2 套、顶驱 14 部、连续油管 2 套、双机双泵水泥车 7 套、LEAP 测井系统 14 套、测井绞车 9 台、综合录井仪 19 台、移动和地面测试设备 12 套、连续油管车 2 部、修井机 8 部、注汽锅炉台等创效装备。设施建设工作以满足长城钻探公司全球化生产运行和技术发展为主线，加快委内瑞拉、尼日尔等海外运保基地建设进程，为海外市场高效运作提供坚实保障。能源开发工作以确保苏里格合作开发区块22亿立方米天然气商品量为重点，加快苏53、苏11区块新增产能建设，合理安排苏10区块补钻产能。全年新建产能9亿立方米，生产能力达到25亿立方米，拉动长城钻探公司内部基建和工程技术工作量10亿元以上。安全环保隐患治理工作以确保长城钻探公司实现安全生产、清洁生产为重点，加大长城钻探公司海外较高社会风险地区项目的物防、技防措施的标准化整改力度。

【投资项目后评价】 2010年，长城钻探公司规划计划部门编制2010年固定资产投资项目后评价计划，组织开展后评价。针对2008年投资的24个项目46台（套）装备做简化后评价，包括16台更新钻机、1套LWD、5套旋转控制装置、7台水泥车、2台拖橇、7套测井地面仪器、4套综合录井仪、1台修井机、1台通井机、1套带压作业装置、1套VARCO顶驱等项目，后评价项目投资金额72769万元，占2008年集团公司下达长城公司常规项目投资的66.1%。完成后于2010年10月上报集团公司备案。

【统计工作】 2010年，结合长城钻探公司全球化生产经营特点，创新统计管理。强化海外项目部统计职能，建立专业统计与项目统计并行，职能统计为补充的三位一体的统计模式。关注新业务发展，完善长城钻探公司内部指标体系，在指标体系和报表制度中增加建筑施工、酸化压裂、稠油注汽、措施井作业统计指标，完善定向井、物资供应和总承包项目指标核算体系和核算方法。

按照集团公司部署，长城钻探公司完成集团公司未上市投资核算体系和测井、录井和随钻指标的修订任务，统计指标修订任务。做好集团公司的年报、月报和临时调查工作，按时完成北京市朝阳区统计局、顺义区统计局，昌平区统计局，盘锦市统计局，天津滨海新区，商务部等6个相关政府部门安排的统计工作，2010年，长城钻探公司被评为集团公司“十一五”统计先进单位，被北京市顺义区商务委评为先进个人、昌平商务局十强企业和统计先进个人等荣誉称号。

长城钻探公司定期发布统计信息，多层次开展统计分析。全年发布《统计信息》12期，发布生产经营统计公报4期，成为各管理层全面了解长城钻探公司生产经营状况的权威性和窗口性资料。分别对市场、产值、工作量、利润、投资、节能降耗指标间相互关系进行深入的分析和探索，开展季度综合统计分析和专题分析，其中，《应用多目标模糊综合评价方法构建长城钻探海外总承包业务及各专业竞争力评价模型》被集团公司评为优秀分析一等奖。

（郑佐秋）

财务资产

【基本情况】 2010年，根据长城钻探公司组织结构和法人实体情况，纳入长城钻探公司合并报表范围的三级法人数量为4户，包括长城钻探母公司、长城钻井有限责任公司、中油测井技术服务有限责任公司和印尼亚太公司。长城钻探母公司下设本部、公司机关、2个分部、机关车队、19个国内二级单位和2个境外公司等共28个责任中心开展会计核算。长城钻井有限责任公司下设本部、4个国内二级单位、16个公司境外项目和3个子公司境外项目等共26个责任中心。中油测井技术服务有限责任公司下设本部、1个国内公司、11个境外公司和10个境外子公司等29个责任中心。

【资金管理】 2010年，长城钻探公司深化资金集中高效管理，严格按照集团公司资金集中管理要求，境内人民币资金全部实现收支两条线管理，零余额运行；境外资金分别实行收支两条线管理和资金限额管理。加大资金筹措和资金回收力度，依托集团公司和财务公司资金支持，长城钻探公司全年实现资金流入202亿元，其中，针对重组以来注册资金不足的问题，向集团公司申请新增注入资金5亿元；向中油财务公司申请优惠利率借款40亿元。长城钻探公司合理安排资金支出，使有限的资金发挥最大的作用，配合物资集中采购，在确保员工薪酬、税费支出、安全费用等资金需求的同时，在资金紧张的情况下，根据一、二、三类物资供应商的不同，完善采购资金支付办法，按照“一类急需紧俏物资优先支付，二类集中采购物资按月支付，三类代理商货款按季支付”的原则，采取“资金即付、承兑汇票、分期支付”的方式，规范有序地支付采购资金，公司应付账款余额比2009年同期明显下降，维护长城钻探公司信誉，降低物资采购价格。长城钻探公司优化债务结构，努力降低资金成本，全年使用财务公司低息贷款比银行同期借款少支付利息4400万元；全年使用综合授信额度13亿元，比2009年同期增加5亿元，减少资金成本5700万元；办理银行承兑汇票111笔，减少利息支出500万元。长城钻探公司加强汇率走势研究和分析，有效控制汇率风险，密切关注汇率、利率变化，及时调整所持币种额度，减少汇兑损失2100万元。

【预算管理】

一、继续完善预算管理体系

2010年，长城钻探公司完善预算指标形成机制，预算指标的确定以长城钻探公司发展战略为统领，以市场前景为基础，以作业能力为支撑，以投资回报为参考。强化预算指标的分解与落实，国内单位预算指标落实到目标市场、实物工作量、结算价格、动用设备；境外项目预算指标按单机单队落实到可执行合同额、作业时效、日费标准等要素。

二、强化预算执行过程控制

长城钻探公司开展与国内同行业的对标，及时总结和发现预算执行偏差；理顺国内单位与境外项目之间的托管经营机制；制定《公司内部结算管理办法》，解决国内单位与专业公司之间的内部结算问题；确定总包模式下管理费收取比例，明晰利益双方的经济责任；制定科研单位对国外项目技术支持费用的核销原则，调动科研单位服务境外业务发展的积极性。

三、持续提升成本费用管控能力

长城钻探公司管控两级机关非生产性支出，下达国内单位“五项费用”和其他非生产性费用控制指标、境外项目管理性费用控制指标，以及总部机关部门经费承包指标。开展重点专项费用管控，健全科技费、培训费、安全费用支出管理办法，落实成本费用控制的目标、责任；加强费用标准化建设，在集团公司费用标准化管理框架下，结合长城钻探公司实际，规范机关差旅费、物业费、交通费、独生子女费、通信费等费用报销标准，总部管理费用同比明显下降。

四、加强商业保险管理

2010 年，商业保险在投保额同比增加 12 亿元的情况下，减少保费 200 万元，同比节约保费支出近 1000 万元，在降低长城钻探公司保险采购成本的同时最大限度地转嫁企业风险。

【会计核算】 2010 年，长城钻探公司继续完善会计核算规则、流程和标准，扎实推进会计工作规范化、程序化、标准化。针对长城钻探公司三个法人并存的局面，准确把握会计实体的法人隶属关系，妥善处理境内外单位之间和跨法人单位之间的核算关系，初步建成适应长城钻探公司管理体制和运行机制的会计核算体系与财务报告体系。根据长城钻探公司实际管理要求优化、完善会计科目标准化体系。通过内控测试和 ERP 与 FMIS 融合蓝图设计，补充完善相关核算流程，形成步骤清晰、责任明确、各环节衔接紧密的健全的流程体系。加强会计基础工作，提高会计信息的及时性和准确性。规范内部交易管理，加强对内部交易确认和审核的跟踪与督促，实现内部交易确认、内部存款与内部往来的核对一致、凭证审核当月完成，提高工作效率。启动主要财务报表和境外业务经营通报自动生成的研究工作，提高会计信息反馈的及时性和准确性。长城钻探公司起草《境外项目外账管理办法》，对外账的建立、监管、会计政策及核算体系的选择、内外账衔接、外账会计档案的管理等进行了规范。建立内外账差异分析工作机制，完成 2009 年的内外账差异分析工作。长城钻探公司稳步推进 ERP 与 FMIS 系统融合，会计核算创新取得实质进展。统筹规划项目前期准备、业务蓝图设计、系统实现和最终用户培训等各阶段工作，2010 年 8 月 9 日实现新系统顺利上线，新旧系统并行情况良好，实现三套系统之间对账完全一致，完成内控测试，系统融合工作得到集团公司的认可，促进财务会计向管理会计、财务管理向生产经营管理延伸。

【资产管理】

一、推进资产管理信息化建设

长城钻探公司统一三个法人项下

的固定资产核算模式，将境内外固定资产全部纳入资产集中核算平台，并与财务信息系统顺利对接，实现了资产管理信息集中、核算政策统一、报表时间统一、折旧摊销标准统一，提高了资产信息质量和管理水平。

二、加强资产管理基础工作

长城钻探公司抓好资产验收转资工作，严格执行资产折旧政策，确保资产折旧应提即提，杜绝潜亏。认真组织实施资产报废工作，严格履行固定资产报废审批程序，合理控制资产减量。2010年各单位申请报废设备1320台（套），资产原值3.4亿元，净值0.64亿元。密切关注生产经营动态，加强沟通协调，保证重组单位、境外项目相关资产及时调拨划转。2010年底，长城钻探公司组织所属单位全面开展资产清查盘点工作，公司资产产权清晰，固定资产质量总体优良，资产状况总体完好，资产使用管理制度全面落实。通过清查盘点，长城钻探公司固定资产原值1379597万元，净值731237万元，新度系数0.53；油气资产原值525717万元，净值359596万元，新度系数0.68。

三、做好重组划转资产交接工作

长城钻探公司编制资产划转方案，扎实做好资产实物清查盘点和价值量核实工作，加强交接过程中沟通协调工作，及时办理资产划转交接手续，确保资产划转工作的顺利进行，完成集团公司和长城钻探公司内部重组资产划转任务。向集团公司所属企业移交固定资产原值2612万元，净值1589万元。

【税费管理】 2010年，长城钻探公司加强税务协调，维护企业经济利益。争取特定地区进口物资免税政策，获得840万美金的免税额度，降低进口物资采购成本，节约税费支出1400万元；落实煤层气补贴政策，取得补贴资金311万元；落实研发费用加计扣除政策，获得税务批复研发费用加计扣除金额4564万元，节约税费支出1100万元；取得固定资产报废损失税前列支税务批复1045万元，节约税费支出260万元；争取到盘锦市政府对出口企业的奖励资金和北京市顺义区管委会和昌平区管委会对企业的扶持资金；配合集团公司做好自用成品油免征消费税政策、境外所得综合抵免税收优惠政策和工程技术服务企业出口退税管理专项税收政策的争取工作。

长城钻探公司制定下发公司《出口退税管理办法》。加强物资采购、报关和退税申报环节的组织协调。取得国家税务总局关于辽河石油勘探局购进钻机辅助设备允许抵扣进项税额税收优惠政策。

长城钻探公司正式启动境外业务税收筹划专项课题研究工作，成立税收筹划项目组，制定下发《境外业务税收管理办法》、《境外业务税收管理办法实施细则》、《公司税收筹划方法指引》及分国家《税收筹划方法指引》等文件。

【财务监督】

一、坚持开展日常财务稽核工作

长城钻探公司每月对境内外单位《银行存款余额调节表》未达账项进行严格监控，未达账项大幅减少，年末不存在未达账项。每月监督检查大额支出及资金留存，督促超限额资金的回笼，保障资金安全。2010年，发布财务稽核通报9期，充分发挥《财务稽核通报》的作用，强化财务制度的执行力，针对财务管理中的薄弱环节，完善相关管理制度和内控制度流程。

二、开展财务会计基础工作专项稽查

长城钻探公司组织境内外单位全面开展财务会计基础工作自查，通过自查和互查，对发现的问题和薄弱环节，通过完善规章制度、规范操作流程，财务管理工作得到加强。对各单位内外部审计报告、长城钻探公司内控测试及集团公司内控测试问题进行深入分析，并监督审计问题的整改。

三、加强财务监督检查

2010年，根据集团公司的要求，长城钻探公司开展“小金库”专项治理工作。“小金库”自查面达100%，完善防范“小金库”滋生的长效机制；参与2010年度集团公司对我公司的“三重一大”情况检查工作，对“三重一大”发现的问题进行整改；对汇率风险和境外税收纳税风险进行评估，递交风险管理报告。全面梳理长城钻探公司正在执行的财务制度66项，草拟长城钻探公司财务制度框架，计划在3年内完善财务制度框架体系。

【财会队伍建设】

一、强化业务培训和职业道德教育

2010年，长城钻探公司组织320人分别参加盘锦和北京财政部门举办的财会人员继续教育培训。对新入职的20名大学生进行为期25天的业务培训。通过征文、答题等多种方式，开展以“忠、真、善、廉、思、学、韧、勤”八字行为准则为核心的职业操守和廉洁从业职业道德教育。通过参加集团公司和长城钻探公司举办的各类财会业务培训，提高境内外财会人员业务素质。

二、加强境外财会队伍建设

长城钻探公司加强境外财务总监和财务经理两级管理团队建设，认真落实境外财务总监和财务经理述职、汇报制度，及时协调解决境外财务管理中遇到的问题，确保长城钻探公司政策有效贯彻落实；加强境外财务人员培养，选派10名业务骨干充实到境外一线，安排了13名新毕业大学生到境外实习，安排7名境外财会人员进行项目之间的交流，境外财务人员紧张局面得到缓解。

三、组织开展财会人员外语达标活动

长城钻探公司按照集团公司要求，在全公司范围内开展财会人员外语达标活动，组织45岁以下没有通过托福的219名财务人员参加了英语模拟托福考试，制订3年期的财会人员外语达标方案和实施计划，并组织第一期托福强化培训，全年35名财会人员通过了托福考试。成功举办长城钻探公司首届财务人员英语演讲比赛，选拔参加集团公司财务系统英语演讲比赛的3名选手，获二等奖1人、优秀奖2人，长城钻探公司获优秀组织奖。

（杨 平）

设 备 管 理

【设备基本情况】 截至 2010 年底，长城钻探公司设备原值 120.2 亿元，设备净值 57.8 亿元，设备平均新度系数 0.48。设备原值已经达到固定资产原值的 91%。

钻井拥有钻机 188 部，其中，70 钻机 42 台，50 钻机 35 台，40 钻机 35 台，大庆－Ⅱ钻机 32 台，ZJ32J 钻机 4 台，30 钻机 23 台，20 钻机 12 台，其他钻机 5 台。原值 40.7 亿元，净值 22.2 亿元，新度系数 0.55。具备年 500 万米的施工能力。井下作业拥有修井机 44 台，其中，170 吨修井机 4 台、120 吨修井机 18 台、100 吨修井机 15 台、80 吨修井机 6 台、60 吨修井机 1 台，原值 1.90 亿元，净值 0.7 亿元，新度系数 0.37。具备年大修侧钻 800 井次的施工能力。固井拥有水泥车 58 台，其中，双机双泵水泥车 27 台、单机单泵水泥车 25 台、普通水泥车 6 台，原值 2.47 亿元，净值 1.2 亿元，新度系数 0.49，具备年固井 1650 口的施工能力。顶驱拥有顶驱 77 台，其中，500 吨顶驱 64 台、350 吨顶驱 6 台、250 吨顶驱 7 台。原值 7.0 亿元，净值 4.1 亿元，新度系数 0.59，具备年 650 井次的施工能力。测井拥有成像测井仪器 45 套、高精度数控仪器 77 套、数控仪器 38 套、数控射孔仪 15 套、VSP 测井设备 11 套、LWD 随钻设备 5 套，主要测井设备原值 26.13 亿元，净值 11.19 亿元，新度系数 0.42，具备年各类测井 15000 井次的施工能力。录井拥有综合录井仪 131 台、气测仪 56 台，原值 4.1 亿元，净值 2.5 亿元，新度系数 0.61，具备年各类录井 5000 井次的施工能力。试油测试拥有测试大中型装备 74 套，原值 4.3 亿元，净值 2.1 亿元，新度系数 0.49。具备年试油测试 1250 层的施工能力。钻井液拥有固控设备 918 台，原值 1.02 亿元，净值 0.55 亿元，新度系数 0.54。具备年服务钻修井机 220 台的施工能力。

【装备监造验收】 2010 年，长城钻探公司对大型装备采取第三方入厂监造的方式，对产品制造的全过程进行质量监控，全年组织 5 部钻机、12 部水泥车、4 台连续油管作业机等装备的监造和验收，保证制造质量和进度。

【设备运行管理】 2010 年，长城钻探公司对所属辽河地区和外围地区各单位进行设备管理大检查，检查 11 个处级单位所属的 66 个基层队现场，查出问题 699 个，各单位按照要求认真组织整改并及时将整改情况反馈到装备部。通过检查，提高各单位对设备管理工作重要性的认识，各项制度得到有效贯彻落实，达到以检查促整改、以整改促提高的目的，国内设备管理水平整体处于上升的态势。制定《境外设备年度检测实施细则》、重新修订《钻修井机年检手册》，指导性和实用性显著提高，2010 年初下达境外钻修井机年检计划，组织完成 23 部钻修井机年检工作。通过年检，及时发现设备存在的安全隐患，并要求限期整改，从而将设备隐患消灭在萌芽状态，保证设备的本质安全运行。在哈萨克项目设备年检过程中，发现正在使用的大钩存在贯穿性裂纹，及时进行报废处理，避免重大安全事故的发生。

2010 年，长城钻探公司完成 50 台（套）钻、修井机的资质评估工作，对评估中提出的问题给予高度重视，督促整改，有效杜绝设备安全隐患。全年经审查通过 128 家服务商，从源头上保证长城钻探公司的修造质量。长城钻探公司加强设备管理和操作技能培训，提高全员设备管理水平。举办设备管理和卡特柴油机 2 期公司级别的培训班。有 14 个境外项目部和作业区以及各二级单位的 121 人参加培训，培训取得很好的效果。牵头编制长城钻探公司钻井设备维护保养培训教材，组织专家对教材进行初审和终审，已定稿并准备翻译成英文、俄文供培训外籍员工使用。

长城钻探公司认真组织推广使用节能环保新技术装备，取得经济和社会效益。开展装备新技术的跟踪、分析与试用，推广适用可靠、效果显著的节能降耗新技术装备。钻机电代油、钻机双燃料和钻机电能优化三项新技术完井 80 口，使用 147.17 台月，替代柴油 3564.83 吨，折合标准煤 5195.03 吨，减少二氧化碳排放 11264.87 吨，节约柴油 1949.24 吨，节约钻井成本 1228.97 万元。

【设备管理网络】 2010 年，建立长城钻探公司、二级单位、基层队三级设备管理体系。长城钻探公司成立设备管理委员会，装备部是长城钻探公司设备主管部门。各二级单位建立设备管理领导小组，设有专门的设备管理部门。基层队设有专兼职设备管理人员，负责基层队的设备管理。各海外项目部根据项目的大小不同，部分设立专门的设备管理部门，配备专兼职设备管理人员。各岗位按照“五定”原则建立明确的岗位职责，详细规定各岗位的工作内容、工作任务、岗位职责、岗位权限、任职要求。

【设备管理制度】 2010 年，长城钻探公司先后修订完善《长城钻探工程公司设备管理办法》等三项规章制度，制订《防倒井架安全重点防控方案》等四项防控方案，组织 14 个二级单位编制 ERP 设备管理流程 24 个，针对设备管理的突出问题，下发《关于进一步加强境外项目设备管理工作的通知》等四个通知，受集团公司委托制定《集团公司海外设备管理办法》等三项规章制度，规范长城钻探公司的设备管理工作，为设备的整个寿命周期管理提供了制度保障。

【设备购置管理】 2010 年，长城钻探公司重新修订《长城钻探工程公司装备招投标管理实施细则》，理顺采购流程，规范采购行为。实行供应商准入制度，设备管理部门负责技术资格和制造能力审查，坚持“保证生产、总量控制、科学评价、优中选优”的原则录用供货商。加强招标过程管理，长城钻探公司纪检、监察、法律、审计、市场等部门全程监督，保证装备采购的各个环节受控。做好监造及验收管理，对钻机、修井机等大型装备，按集团公司规定签订监造合同并组织验收。加强与市场的紧密衔接，有效控制投资额度，优化设备技术参数，做好大型设备选型、选厂工作，确保设备能以较低的价格创造较好的经济效益。编制集团公司双机双泵水泥车、单机单泵水泥车配套标准；根据长城钻探公司不同作业的环境，初步制定高温地区、高寒地区、盐雾地区和沙漠地区大型钻机配套标准（目前正在征求意见），为实现长城钻探公司钻机标准化配置奠定基础。

【设备现场管理】

一、推行“三化”管理

长城钻探公司继续推行现场管理制度化，基层岗位人员严格执行长城钻探公司制定的设备管理制度；现场管理规范化，现场设备严格执行操作规程、安装标准和定置管理，并结合“杜邦”属地管理理念做好设备三定管理工作；维护保养精准化，按照维护保养时间及时准确做好设备维护保养工作。

二、修订完善操作维护保养规程

组织修订钻井、修井、顶驱、录井、测井等主要设备的操作维护保养规程，规范操作人员的操作、维护、保养工作。

三、修订完善安装标准、维护保养资料

修订完善钻修井、顶驱、录井等主要设备现场安装标准；修订钻修井、录井、固井、测井、车辆等设备维护保养资料。

四、持证上岗工作

长城钻探公司对特种设备操作人员要求必须持证上岗；对转岗人员，由技能鉴定中心进行转岗培训，合格后才能上岗。

五、加强基层队的油水检测能力

完善设备润滑管理制度，建立润滑图表和消耗定额，实现润滑“五定”管理工作。严把油水入口关，对润滑油、防冻液供应商实行准入制度，由长城钻探公司统一采购，抽样检验合格后方可使用。加强对油品储存、使用管理。油品储存做到专罐专储，密闭存放，分类摆放、标识清晰，并使用专用加油器具进行加注。充分发挥润滑站功能，建立设备润滑档案。为各基层队配备油品快速分析仪，使外围地区基层队能及时检测设备油水质量。加强换季油水管理。在春秋换季前，严格执行油品换季更换工作，确保设备使用合格的油品及防冻液。

六、加强设备修理管理

长城钻探公司实行修理准入制度，对进入长城钻探公司修理市场的承包商从规模、历年业绩、专业技术资格和能力、人力资源状况、资信等级等方面进行市场准入资质审查，核定修理资质能力。钻机、修井机、特车等关键大型石油专业设备实行定厂修理。通过实行修理准入制度，提高修理承包商的质量，从源头上保证修理质量。实行计划修理制度，修理费用纳入长城钻探公司年度预算管理。每月以部门文件形式下发长城钻探公司月度修理计划。通过修理计划，提高设备修理的预见性，减少盲目性和随意性，控制修理成本。加强修理过程控制，确保设备修理质量。长城钻探公司定期检查二级单位修理计划执行情况，并做好出厂验收工作。年终进行修理工作分析总结，重点进行修理商评价、修理计划与实际执行符合性分析等内容。

（王心平）

内部控制与风险管理

【内控体系建设】 2010年，长城钻探公司按照集团公司最新内部控制规范要求，结合长城钻探公司内控体系运行和ERP系统建设实际，通过开展风险再评估、流程梳理与优化、关键控制措施制定等工作，对原内控体系进行优化和完善，发布2011版内控手册。同时，结合长城钻探公司海外业务风险管理的进展情况，整体规划，统筹安排，以重要业务为核心，选取试点项目，逐步开展内控与风险管理机构建设、业务培训、控制环境建设、风险识别与评估、风险策略和控制措施制定、流程梳理和整合等各项工作，编制并发布《公司内控管理手册——海外业务补充分册》，长城钻探公司内控体系得到健全和完善。

【内控体系运行监督】 2010年，建立内控自查、专项测试、长城钻探公司内控自测和外部测试的内控监督机制，开展各项内控测试监督工作，内控执行力得到提高。组织长城钻探公司第一次内控自我测试，从测试计划到完成整改，历时3个月，测试重要业务流程覆盖率达100%，关键控制覆盖率达100%，测试所属单位覆盖率达54%，均超出集团公司要求。同时，长城钻探公司接受集团公司内部控制运行评价测试。两次测试结果证明，长城钻探公司内控手册设计和执行基本符合集团公司要求。

【业务流程管理】 2010年，结合长城钻探公司内控体系建设需求，组织开展长城钻探公司基础管理建设工程—流程管理相关工作。制定并发布长城钻探公司业务流程管理办法，建立流程管理相关机制；组织开展科技、内控、资本运营、信息管理、国际事业、内部审计等专项业务的流程描述和风险管理文件的编制工作；编制“三重一大”决策流程控制规范；梳理与整合海外业务重要业务流程，纳入到长城钻探公司内控管理手册中。开展业务流程管理，注重发挥流程管理的“实用、实效”作用，在流程优化、标准化、风险导向、监督检查等方面进行有益实践，清晰各项业务的管理界面，确保业务流程运行统一、控制集中、简洁高效，提高企业管理水平，规范管理行为。

【风险管理】 依据集团公司《风险评估规范》，结合长城钻探公司实际，确定了适用于公司的风险评估标准，统一风险评估语言。组织开展长城钻探公司年度风险管理报告工作，确定2010年度长城钻探公司面临的井喷失控、市场开发、社会安全、境外财税、汇率等5项重大风险，制订重大风险管理策略及解决方案，形成《公司2010年度风险管理报告》。同时，作为集团公司业务活动层面风险评估试点单位，通过组织开展风险管理培训、风险事件收集、风险识别、分析、评价和应对各阶段工作，对人力资源业务领域风险进行全面识别和评估，收集风险事件36个，识别风险75个。

（韩　伟）

员工培训管理

【基本情况】 2010年，长城钻探公司培训工作紧密围绕建设“国际化石油工程技术总承包商”战略目标，结合长城钻探公司重组后对培训工作的要求，完善培训管理体系，通过开发和利用长城钻探公司内、外部培训资源，提高员工职业素质、综合管理能力和专业技术能力，保障长城钻探公司人才培训需求和业务的快速发展。截至2010年底，中心有员工17人。2010年，员工培训管理中心获得集团公司“十一五”培训工作先进集体，并作为八家单位之一在表彰大会上作经验交流发言。

【主要工作】

一、完善规章制度

长城钻探公司在《培训管理暂行办法》、《培训费用管理暂行办法》和《培训教师管理实施细则》3个培训指导文件的基础上，5月7日印发《长城钻探工程公司培训项目管理实施细则》。实施细则细化使培训对象选拔、培训目的与内容、课程安排、教师与培训地点选择、考核以及培训后效果评估等工作能够有序遵章进行，提高培训项目的运行效率和质量。员工培训管理中心与人事处、技能鉴定中心共同编写制定《长城钻探工程公司技能操作人员管理暂行办法》。

二、编写标准作业流程（SOP）

标准作业流程（SOP）教材规范、标准、准确，专业技术语言通俗易懂、内容具体、形象生动，是世界上众多知名公司的必备手册。根据技术服务的特点，长城钻探公司组织各专业的技术专家和操作能手开展标准作业流程（SOP）的编写工作。根据专家的规范示例，将作业全过程用语言和图片的方式进行描述，并在有关HSE关键风险点加以提示，把散布在员工头脑中的无形的知识和经验集中起来，书面化、文字化、有形化，达到知识共享的目的。自启动SOP标准化教材编写工作以来，员工培训管理中心组织召开多次SOP工作协调会和编写研讨会，与相关部门协商讨论SOP的编写工作。5月25日长城钻探公司印发《关于进一步推进标准作业流程（SOP）工作的通知》，明确各单位的SOP编写任务，确定各SOP的编写责任人。截至2010年12月，收集包括钻井、测井、录井等专业 SOP 编写目录 1040 项，编写完成并提交标准化委员会审核 161 个。

三、规划培训基地建设

长城钻探公司按照“实用高效，标准统一；系统整合，科学规划；分布合理，内外兼顾；共同建设，统一调度”的指导思想，在对国内外培训资源进行系统调研的基础上，制订科学规范的培训基地建设整体规划。针对海外项目多、分布广的实际，重点加强海外培训基地建设，依托海外项目部，提供各类专业技能培训和部分国际井控、QHSE、防恐等基础类培训。2010 年，对钻井一公司、钻井二公司、测井公司、录井公司、井下作业公司、固井公司、钻井液公司 7 家二级单位，哈萨克斯坦和苏丹 2 个海外基地，以及辽河职业技术学院进行改造和功能提升，投资约 2269 万元。通过完善培训设施，统一设备标准，基本满足长城钻探公司复合型人才培养的需要。同时，与中国石油其他单位合作，做好培训资源的共享。

四、开展师资队伍建设

长城钻探公司制定鼓励优秀员工成为培训师的政策，提出各级经理和高级技术人员都应主动兼当公司的培训师。截至 2010 年 12 月，完成 420 人兼职教师候选人的初级审查工作，初步建立了 260 人的技术教师、110 人的 QHSE 教师和 50 人的管理教师的资源库，其中，能够用外语授课的教师 82 人。统计技术培训课程 140 门、QHSE 课程 55 门、管理课程 40 门。对兼职教师根据其理论水平、工作经验和授课经验实行资深、高级和中级教师分级管理。长城钻探公司将所选课程与授课教师相关联，初步实现每门课程有候选教师、每名教师有主讲课程、每名教师有档案的管理模式。

五、开展各类培训

2010 年，长城钻探公司举办培训班 969 个，培训 2476 期，培训 66331 人次。

长城钻探公司开展国际化后备人才培训，在辽河举办国际化操作人员培训班 1 期 65 人次，国际化后备人才基础英语培训 2 期 110 人。根据《长城钻探 2009—2011 年国际化人才培养计划》，员工培训管理中心与人事处共同举办第二期国际化后备高中级管理人才暨 PMP 项目管理培训班。12 月 29 日，在美国休斯敦大学参加培训的 12 名学员，全部一次性通过由美国项目管理协会组织的计算机网上考试。长城钻探公司坚持安排工程师、机械师和各级经理到中国培训；技能操作人员，尽量安排在项目所在国培训。2010 年，应尼日尔、乍得、苏丹 3 个海外项目部的要求，组织抽调 5 名专、兼职教师组团赴海外授课。海外培训历时 3 个多月，在现场对海外项目人员进行井控、HSE、IADC 井控、防恐知识培训，办班 25 期，培训人员 780 人次，其中，中方人员 89 人次，外方人员 691 人次，培训合格率 89%。

长城钻探公司组织客户培训 356 人次，包括 1 期伊拉克培训班、2 期伊朗培训班、18 期苏丹培训班等。

长城钻探公司组织技术类培训 18027 人次，包括钻修井新技术、测录试新技术、研发工程师培训、司钻、副司钻等关键岗位上岗前技术培训等。

长城钻探公司组织管理类培训

11460 人次，包括处级干部管理能力培训、科级干部培训、纪检监察培训、基层建设培训、物资管理培训、ERP 用户系统权限培训、综合性专题讲座、外语培训等。

长城钻探公司组织 HSE 类培训 36844 人次，包括 HSE 取证培训、IADC 井控培训、井控培训、出国人员防恐培训、外籍员工 HSE 师资培训和外籍员工 HSE 培训等。

【资质审核认证】 2010 年，按照长城钻探公司统一安排部署，配合市场管理部完成 BP、道达尔、壳牌公司对长城钻探公司的资质审核工作，通过培训综合能力展示获得甲方的认可。长城钻探公司 IADC 培训基地资质顺利通过外方审核，被外方公司作为其所属甲方人员的培训地点。

（赵桂华　兰樟林）

技能鉴定

【基本情况】 2010 年，长城钻探公司技能鉴定部门按照集团公司的总体要求，结合长城钻探公司实际，制定和下发《关于开展 2010 年职业技能鉴定工作的通知》、《关于确认宝智光等 2001 人初中高级职业资格的通知》、《关于方勇等 109 人具备技师职业资格　刘香涛等 16 人具备高级技师职业资格的通知》等文件。截至 2010 年底，长城钻探公司报名参加技能鉴定 5133 人，其中，初级工 2356 人，中级工 1080 人，高级工 1405 人，技师 259 人，高级技师 33 人。组织 21 个批次、162 个考场、4685 人的技能鉴定理论知识与技能操作考试。经鉴定合格 2126 人，合格率为 51.4%。

【考务管理】 2010 年，长城钻探公司技能鉴定部门组织开发长城钻探公司职业技能鉴定考务管理软件，技能鉴定报名、考场编排、准考证生成与打印、阅卷、成绩管理与查询、证书打印及查询等工作全部实行计算机管理，提高工作效率，实现技能鉴定工作规范化、科学化。

【鉴定机构】 2010 年，长城钻探公司按照集团公司的要求，对长城钻探公司鉴定机构体系认证质量手册、程序文件、作业指导书进行修改完善，于 7 月经集团公司领导批准发布实施。

【职业技能竞赛】 2010 年，长城钻探公司技能鉴定部门认真开展石油钻井工、钻井井控选手的选拔和培训，组织参加集团公司技能竞赛，取得 1 金、3 银、7 铜，石油钻井工团体第三，钻井井控团体第二，井控班组第三的优异成绩。钻井二公司选手刘继明摘取金牌，荣获“集团公司技术能手”称号。技能鉴定中心被评为集团公司先进单位。

【鉴定质量与服务】 2010 年，技能鉴定部门以服务为宗旨，认真开展技能鉴定工作。针对参加鉴定人数多、分布广、鉴定组织难度大等实际情况，采取分期分批的鉴定方式，先后在欢喜岭、曙光、兴隆台、乌审旗等地区安排鉴定57场次，完成全年技能鉴定工作任务。

2010年，技能鉴定部门与各鉴定站签订《职业技能鉴定质量管理责任书》，对鉴定站提出质量责任目标，为鉴定工作的开展提供质量保证。技能鉴定部门制定技能鉴定结果与员工工资待遇挂钩政策，与人事部门合并下发《长城钻探公司操作技能人员管理办法》，调动操作技能人员参加技能鉴定的积极性。

（谷　丽）

审 计 工 作

【基本情况】 2010年，长城钻探公司全体审计人员认真贯彻落实集团公司2010年审计工作会议和公司职代会精神，以经济效益为中心，紧紧围绕长城钻探公司重点工作部署和经营目标开展审计工作，充分发挥审计的控制、监督、服务职能，在促进长城钻探公司经营管理水平提升、有效控制成本、经营目标的实现、加强廉政建设等方面起到积极作用，各项工作取得较好的成绩。2010年，审计系统纠正违纪违规金额13685万元；提出审计建议231条；向纪检移交案件1件。其中，支出性经济合同审减1708万元，建设工程项目结算审减4541万元。

【审计信息化建设】 2010年，长城钻探公司审计部门全面应用审计管理信息系统，通过审计信息管理系统上报审计计划62项，在线实施审计项目62项。审计信息管理系统对审计计划的启动、审前调查、审计方案的编制、审计工作底稿、审计报告、审计意见等实行全过程网络监督管理，规范审计基础工作，加强审计工作指导和管理，提高审计工作水平。同时，按照集团公司审计部信息化建设的要求，长城钻探公司组织审计人员参加合同辅助审计系统的业务培训，为2011年全面推行合同辅助审计系统的上线运行奠定基础。2010年长城钻探公司获得集团公司审计信息化建设三等奖。

【审计管理工作】 2010年，长城钻探公司加强审计理论研究，探索审计发展的新理论、新方法，全体审计人员参与审计理论研究，完成信息系统审计、内部控制、成本管理审计、科研项目审计等论文18篇，并被推荐参加集团公司优秀审计论文评选，其中，4篇论文获得优秀审计论文二等奖和三等奖。加强业务培训，提高胜任能力，2010年聘请国家审计署专家为审计人员授课，传授审计工作实践经验和高级审计理论，丰富审计人员知识、拓宽审计思路，为提高审计管理水平和操作技能起到积极作用。同时，选派审计骨干参加集团公司审计部组织的各类培训班，加强审计业务学习和沟通交流。钻井一公司、钻井二公司轮流选派审计人员常驻陕北项目部进行前线审计服务，使审计端口前移，规范外部市场的经营管理，防范资金风险和经营风险，逐步满足外部市场的管理需求，使审计作用得到更好发挥。2010 年，长城钻探公司 4 个审计项目参与集团公司优秀审计项目评选，其中，2 个项目获得二等奖，2 个项目获得三等奖。

【基建工程审计】 2010 年，长城钻探公司基建工程审计实行两级审计模式，各所属单位成本列支范围的基建零星工程由各所属审计机构负责审计，长城钻探公司审计处进行监督检查；长城钻探公司投资的重大工程项目先由各所属审计机构进行初审，审计处进行终审。在工程审计中，长城钻探公司审计强化乙方资质审查，加大招投标过程监督，对公开招标项目，投标单位资质、招投标过程进行监督。强化市场准入和计划管理审计。强化现场勘察工作，审计人员进行现场勘察，对质量、效果、工作量进行核实，监督工程按设计施工。坚持预算审计、工作量核实、工程验收结算等把关，做到事前参与招标谈判、事中参与控制、事后参与结算，确保工程项目完整、资金得到有效落实。2010 年，审计工程项目资金 17.2 亿元，净审减额达 4541 万元。

【经济合同审计】 支出性经济合同，长城钻探公司审计部门坚持按照合同会签审核、招标谈判参与监督、合同签订参与审批、合同结算进行审批的全过程控制。合同审计人员在审计过程中，认真负责，严格把关，为公司控制成本、提高经济效益起到积极作用。2010 年，合同审计标的金额 60.7 亿元，审减金额 1708 万元。

【经济责任审计】 长城钻探公司审计部门根据人事部门的委托，长城钻探公司审计处对所属处级单位行政负责人、总会计师（财务总监）进行经济责任审计，二级审计部门对所属科级单位行政负责人进行经济责任审计。在经济责任审计上，做到“四个结合”（即经济责任审计与经营管理相结合、经济责任审计与加强廉政建设相结合、经济责任审计与执行力相结合、经济责任审计与企业发展相结合）。通过审计，肯定成绩，揭露问题，纠正错误、堵塞漏洞，规范领导干部经营管理行为，提高执行力，正确评价领导干部的经济责任履行情况，为长城钻探公司人事部门考核任用干部、纪检监察部门抓党风廉政建设提供重要依据。2010 年，受人事部门委托，对 30 名处级领导干部和 2 名科级领导干部进行经济责任审计，通过审计，纠正违规金额 5804 万元。

【专项审计】 长城钻探公司审计部门在发挥审计控制、监督职能的基础上，立足于企业生产经营，实现规范管理，以提高企业效益为目标，开展管理效益等各类专项审计。2010 年，主要开展固定资产、物资采购与消耗、境外项目经营管理、科技和安全隐患治理专项资金使用等专项审计。通过专项管理审计，纠正违规金额 1632 万元，对存在的经营风险和管理缺陷，提出合理审计建议，并得到被审计单位采纳，促进被审计单位规范经营管理，建立健全内控制度，提高经营管理水平。

（何荣桂）

定额与概预算管理

【制度建设】 2010年，根据长城钻探公司内部预算定额试行情况，编制《国内市场内部预算补充定额》，加强长城钻探公司内部预算定额管理。

【概预算管理】 2010年，长城钻探公司完成工程项目概算审查20项，审核额69135万元；科技项目经费预算审查37项，审核额8680万元；各类项目标底审查68项，审核额4897万元；各类项目结算1346项，审核额188472万元，审减21573万元。

【关联交易】 2010年，长城钻探公司按照集团公司《关于2010年钻井业务合同签订及结算工作的通知》要求，确定辽河油区关联交易结算价格。2010年，辽河油区关联交易结算井381口，其中，探井27口，开发井354口，进尺80.06万米，结算金额33.30亿元。

【资质管理与业务培训】 2010年，长城钻探公司选派参加中国石油工程造价管理中心组织的石油工程造价骨干人员培训15人次、石油工程（土建、安装）造价专业人员岗位培训2人次。完成石油工程造价专业人员岗位培训合格证换发三级资格证10人次。

（刘宏伟）

物 资 管 理

【基本情况】 2010年，长城钻探公司物资管理部门深化物资管理体制创新，优化整合公司物资系统资源；以市场和业务发展为导向，按照现代物流理念，合理布局物流基础设施，科学建设覆盖全面的物资供应网络；以专业化公司为主体，围绕降低物流成本和提高物流效率为核心，切实提高供应时效，全面控制并降低物流成本；以信息管理平台建设为基础，实现信息流、业务流、物资流的有机集成，促进长城钻探公司核心竞争能力的提升。提前高质量完成集团公司授权组织的螺杆钻具、钻头、三吊一卡等八项物资的集中采购和定商工作，以及相关一级物资的供应商资质审查工作，协助集团公司工程技术公司，组织开展润滑油品的集中采购工作。

2010年，全年实际采购63.97亿元，其中，统购62.33亿元、自购1.64亿元，集中采购比例达到97.4%，超额完成集团公司物资集中采购度考核指标。

【计划管理】 2010年，长城钻探公司加强物资计划管理，强化采购计划执行，认真履行生产保障职能，提高物资管理水平。物资管理部门认真做好年度物资预算管理，充分发挥年度预算计划的指导作用，简化计划审批程序，提高审批效率，控制并减少临散计划，杜绝事后计划。坚持优化管理模式，细化管理手段，通过物资管理创新，提高采购计划执行率。

【采购管理】 2010年，长城钻探公司规范采购管理，创新采购模式，突出物资集中采购和专业化管理。贯彻集团公司物资采购集中管理的要求，实施物资年度集中采购，效益和效率同步提升。对暂未列入集团公司一级采购管理目录内的年度通用物资与大宗物资，分地区和类别，由公司统一组织实施年度集中采购，实现“三定”（定质、定厂、定价），生产需求时以订单模式即时满足，解决采购周期长、供应商更换频繁、招标审批层级过多、采购过程组织不规范、采购计划价与结算价差异大、综合性价比指标低等制约采购管理水平的突出问题。通过年度集中采购，缩短计划提报预期、降低物资库存量、净化物资供应商、提高物资结算效率、控制采购成本、并在管理和内控制度框架内，最大化程度简化采购程序，减少重复工作，切实建立起运转高效、保障有力、规范有序的物资供应体系，实现效率和效益的统一。长城钻探公司成立物资年度集中采购工作领导小组、管理小组和执行小组，印发《长城钻探工程公司物资年度集中采购工作方案》，严格按照物资目录梳理、供应商推荐、供应商资质审查、采购方案审查、组织实施、采购结果复核、年度框架采购协议签订、集中采购价格目录印制的工作程序组织实施，涉及22个大类，59个中类，约14006个品种，近3万项物资，456家供应商参与。与267家供应商签订框架采购协议268份，节约采购资金约6000万元。

2010年，长城钻探公司物资管理部门对物资统购自购分类目录进行了调整，为充分发挥二级单位物资供应保障的补充作用，同步核定各二级单位自购资金额度，妥善解决物资专业化管理要求，与国内外部市场偏远地区零散物资采购难、供应慢两者间的矛盾。根据集团公司相关规定，对评委人员进行梳理和增加，吸收生产单位的专业技术人员参与招标工作，严把资质审查，完善物资招标评委信息库，优化评委结构。评委人员由原来的78人增加到215人，其中，高级职称以上108人，占50.2%；中级职称95人，占44.2%；其他人员12人，占5.6%。

【物资质量管理】 长城钻探公司以属地检测为原则，结合作业区域分布情况，就近选定具备资质的检验鉴定机构，建立并完善第三方检验和计量器具校检网络。依据2009版《石油工业标准目录》，初步完善采购物资产品技术标准库，购置和发放标准885册，占在用石油工业钻探行业物资产品标准总数量的96%。

物资管理部门监督各二级单位验收生产物资68422件，抽检227种，抽检477批次，其中，8批次870件套不合格，产品质量监督抽查完成率100%，监督抽查不合格产品后处理率100%。协调并明确物资公司与钻井液公司海外钻井液材料发运前的验收分工，全年完成对境外各项目发运抽检 78 种，80 批次，抽检率达到 100%。其中，合格品 285 个，不合格品 5 个，合格率 98.3%，产品质量检验与 2009 年同期相比提高 10 个百分点。配合质量安全环保处，对在长城钻探公司 4 次全面产品质量抽检活动中发现的问题，及时跟踪进行消项管理，促进物资质量的提高。

【仓储管理】 2010 年，长城钻探公司强化仓储管理，提高物资保障能力，推进全球物资运保支持体系建设。物资管理部门督导境外各单位彻底清盘库存物资，并组织做好废旧物资鉴定工作，通过竞标方式对废旧物资进行处理，最大程度内节省成本。充分利用社会资源，在年度集中采购的基础上，首批拟定包含 1975 项物资的代储代销目录，并制定详细的操作流程，节省流动资金。

【市场准入】 2010 年，长城钻探公司借助信息化手段提高效率，加强监督净化采购源头，规范物资市场准入。长城钻探公司贯彻集团公司各项物资管理规定，物资管理部门与市场管理部紧密配合，以简化准入流程、确保产品和服务质量为宗旨，通过协同办公系统建立物资市场准入业务审批平台，按照集团公司供应商准入要求，从使用单位推荐，到相关部门和专业市场办的全部审查流程实现网上审批，从根本上提高供应商办证效率，也使资质审查信息能够实时共享。2010 年，完成 621 家供应商物资市场准入审核，与 2009 年供应商准入总量 727 家相比较，减少 19.25 个百分点，扣除新增后，在网供应商淘汰率为 23.3%。2010 年生产商所占比例为 69.1%，与 2009 年所占比例 63.6% 相比提高 5.49 个百分点，实现以生产商为主、优胜劣汰、动态管理的市场准入工作目标。

2010 年，根据“优胜劣汰、动态管理”原则，按照生产商和经销商分类进行评分考核原则，由使用单位和采购单位对供应商进行背对背打分，物资管理部门进行最终汇总的原则，对 2009 年有结算额的供应商就质量水平、合同履约、交货能力、售后服务及诚信经营和价格水平 5 个项目进行评分考核，综合平均分为 89 分。对 2009 年准入并在当年有运输业务的运输商进行年度考核评分，考核 20 家运输商，考核结果均合格，保证运输市场服务商网络的良性发展。物资管理部门通过不定期抽查考评、二级单位阶段考评、成立考察小组现场考察等方式来加大对中标供应商的监督，确保年度集中采购结果有效使用，中标供应商产品质量能够满足要求。2010 年 9 月对油井水泥、钻井液处理剂和测井仪器配件三项物资进行抽查考评，均达到合格要求。物资管理部门组织质量安全环保处、市场管理部、纪检监察处等机关职能处室和钻具公司、井下作业公司等使用单位对 12 家井下工具生产厂家进行现场考察，切实做好中标供应商后评价工作。根据集团公司要求，完成 2009 年度集团公司 127 家一级物资供应商，涉及 276 项产品的考评工作。

【信息化建设】 2010 年，长城钻探公司物资管理部门扎实做好物资管理信息系统上线的基础准备工作，奠定上线运行基础。设计优化业务流程 51 个，整理物资编码 150232 条，梳理 1839 家供应商和服务商信息，上线迁移数据 8.5 万多条，完成 1.5 万多条编码的物资采购价格库数据维护工作。对国外项目人员建立了随到随学的培训机制，培训课时达 860 小时，并成立专业小组赴苏丹、伊朗、哈萨克斯坦、尼日尔、乍得等项目部进行系统推广、物资主数据申报及物资基础建设等工作。同步做好国内 SAP 和海外 PS 系统建设，推动物资管理信息化。物资管理信息系统按照集成实用、安全稳定、统一实施的原则，经蓝图设计、系统开发、系统测试、上线数据迁移等环节，7 月 26 日，海外物资管理信息系统在境外 8 个试点单位顺利上线，8 月 9 日，国内 ERP 系统上线，两个系统实现无缝集成。完成系统配置、单元测试、客户化开发、集成测试、测试脚本编写、报表开发、组织结构设置、权限分配等数据，实现物资供应链全过程管理，包括计划管理、采购管理、合同管理、仓储管理、配送管理、结算管理、供应商管理、物料管理、价格管理、质量管理和综合管理等多种功能。

（何金胜）

资 金 结 算

【基本情况】 2010 年，长城钻探公司重新修订下发《长城钻探工程公司资金结算管理暂行办法》和《长城钻探工程公司资金结算实施细则》，为加强资金结算管理提供制度保障，确保长城钻探公司资金结算业务安全、规范、有序运行，防范资金结算风险。长城钻探公司完善资金结算月报、周报制度；建立境外项目发票台账管理制度，完善监控手段。根据年初下达的工程款回收指标，对各单位工程款回收情况及时进行跟踪分析和协调。长城钻探公司各二级单位、境外项目部加大结算力度，采取多种清收措施，各市场资金结算较往年相比，均取得明显的效果。全年收回资金 177.13 亿元，占应收回资金 279.1 亿元的 63%，同比提高 9 个百分点。其中，关联交易市场共收回资金 96.92 亿元，占应收回资金 165.15 亿元的 58%，同比提高了 17 个百分点；境外项目收回资金 74.21 亿元，占应收回资金 105.81 亿元的 70%，同比提高 9 个百分点。

【资金清欠】 2010 年，集团公司下达公司应收账款清欠指标 99.37 亿元，列存续企业第一。面对巨大的清欠指标压力和严峻的清欠形势，为将清欠工作真正落到实处，年初长城钻探公司将清欠指标进行层层分解落实，确定和下达所属单位应收款项清收考核指标，并定期进行考核兑现，定期发布考核通报，有效调动各单位资金结算及清欠工作的积极性。资金结算中心每月对各单位清欠情况进行分析，并汇总编制《清欠月报》，对工作做得好的单位及时进行表扬，并推广先进经验；对清欠责任不落实、清欠进度指标完不成的单位发布《清欠提示》进行督促，确保清欠工作扎实有效开展，长城钻探公司大部分单位完成公司下达的清欠任务。2010年末，应收账款余额为483516.16万元，比年初余额994250.29万元降低510734.13万元，降幅为51.37个百分点，全年收回以前年度应收账款935593.19万元；年末其他应收款余额48720.26万元，比年初77431.25万元下降28710.99万元，降幅为37.08个百分点；预付账款的余额为36214.64万元，比年初余额43042.52万元下降6827.88万元，降幅为15.86个百分点。2010年，长城钻探超额完成集团公司下达的全年清欠指标。

【资金计划管理】 2010年度，长城钻探公司资金结算部门加强境内外各单位资金收支计划管理，按月召开资金计划审批会议，资金收入计划分项目对合同执行情况、发票开具情况、合同结算周期、资金结算进度等进行逐项审核，夯实资金收款计划编制依据，确保收款计划得到落实；资金支付计划以长城钻探公司年度财务预算和专项业务计划为依据，按照集中付款原则和结算有关规定，对各单位上报的资金计划进行认真审核，严格控制预算外和计划外支出；加强资金计划执行情况监督，定期对资金计划的执行情况进行检查分析，查找原因，提出改进措施，努力提供资金计划符合率，资金计划已成为资金管理的重要工具和手段，全年资金计划管理工作得到加强。

（吕　玲）

生产远程控制

【LEAP.NET系统产品化】 2010年，生产远程控制部门推广与使用LEAP.NET系统，经历散件拼装、集成加工2个主要阶段；远程控制部门负责系统功能设计、材料选型、功能测试、系统推广与维护工作。应用部门按照远程控制中心制定的材料清单进行申购，采购后交到远程控制中心进行组装或集成，安装到具体仪器车上。针对接口、布线等原因造成系统不稳定情况，结合长城钻探公司“走技术、设计、招标委托、定点加工、联合制造、物资采购”思路，远程控制部门对LEAP.NET系统的关键组成部分进行产品化工作，完成LEAP.NET ™系列的远程控制面板（RCP）、全球车辆跟踪系统（VTS）、卫星天线箱（AB）、随钻数据传输系统（RealRig）4个产品的研制与开发工作，为大面积推广与应用做好了基础准备工作，为长城钻探公司建设远程监控与应急指挥平台的产品化奠定基础。根据2010年测井和测试新配置装备的数量进行远程控制面板（RCP）、卫星天线箱（AB）的批量生产；LEAP.NET ™全球车辆跟踪系统目前在乍得、尼日尔、伊拉克和伊朗各配置了2套进行试用，将根据用户的反馈意见进行完善并决定批量生产的具体时间。通过 LEAP.NET 系统的产品化工作，将原来技术选型、材料采购、加工组装等繁琐的程序变得简单、快捷，通过提供设计和要求，委托专业技术公司进行加工制造，节约时间和成本，提高设备的稳定性和实用性，为现场人员使用提供了便利，更易于安装与维护。

【LEAP.NET 系统推广应用】 根据2010年测井和测试装备的投资计划，远程控制部门进行提前准备，着手18套LEAP.NET 系统材料申购清单的前期准备。经过系统完善设计、功能测试、委托加工等过程，于7月完成产品样机测试，10月完成产品的批量加工。完成测井公司的9套 LEAP.NET 系统的推广工作,分别部署在尼日尔2套,伊拉克6套、哈萨克斯坦1套，近期将完成测井2套、测试3套 LEAP.NET 系统的推广工作；另外，已经加工完成的4套 LEAP.NET 系统，将根据测井、测试装备的到港情况，随时进行安装部署。截至11月，长城钻探公司总部通过 LEANP.NET 系统远程解决现场问题主要有2次，一次是测井公司、测井处解决37随钻测井仪器问题，另外一次是测井公司邀请环鼎仪器工程师解决伊拉克新地面仪器故障;通过这2次远程诊断、远程技术支持，及时解决现场作业过程中的问题，达到提高效率、节约成本的目的。另外，远程控制部门先后接待 BP 资审组、伊拉克项目、苏丹石油局长、伊朗甲方、哈萨克斯坦甲方等十几次的参观，通过对远程控制、数据传输、音视频调度等功能的全面介绍，展示长城钻探公司国际化作业的技术支持、安全管理等方面的具体手段，得到甲方的高度认可和一致好评。

【随钻数据远程传输科研项目】 2010年，针对苏丹37区定向井项目对随钻数据传输的要求，生产远程控制部门调整承担长城钻探公司重点技术攻关项目《LEAP.NET 远程控制系统推广应用与发展》的开发进度，优先针对苏丹定向井项目的需求进行研究开发，在保证整个项目顺利进行的基础上，实现随钻数据传输模块的开发与应用，形成符合井场数据传输规范、具有自主知识产权的随钻数据传输系统，解决甲方对定向井项目提出的要求，为长城钻探公司井场数据传输系统的开发确定技术规范，达到符合国际标准、实现灵活接口和数据交换的要求，为将来在不同的随钻、录井系统上实现数据传输增值服务奠定基础。LEAP.NET 远程控制系统已经完成9口井的数据传输任务，为维护单位创造了新的收入途径，也得到甲方的高度认可。

【新一代调度指挥系统】 2010年，根据长城钻探公司“十二五”业务发展规划指导意见的要求，按照生产协调处和信息管理中心的整体安排，生产远程控制部门负责远程指挥部分专项职能的编写工作。经过广泛调研和深入分析，结合长城钻探公司发展思路和管理模式，初步完成“十二五”远程指挥专项规划，基本思路是以井为中心，以基础网络为支撑，按照生产经营活动和管理要求，分类搭建相应的信息管理和工程应用系统，实现服务生产、辅助管理、创造价值三大目标。

生产远程控制部门对长城钻探公司

内部生产远程指挥建设情况进行认真、深入分析，与国内外知名通信厂商进行接触，了解在音视频通信、监控设备等方面的最新技术，完成“音视频一体化监控指挥系统”建设方案的编制。方案以满足生产经营管理需求为基础，兼顾成本的情况下，按照逐步推进、风险可控的原则，采用最新的多媒体流通信技术，搭建一套主动式监控指挥系统。管控单位和业务单位之间可以实现真正意义上的互动，任何一方都可以发起通信，彻底改变传统的被动监控方式。

（李晓蕾）

企管法规管理

【管理课题研究】 2010年，按照长城钻探公司科技2010年第三批科技项目计划，开展《长城钻探公司持续强势发展战略与动态管理创新保障体系研究》课题研究工作。报告分3部分，包括对长城钻探公司重组后的经营管理业绩进行总结；对长城钻探公司动态管理创新体系进行分析；对长城钻探公司持续强势发展动态战略管理与保障体系进行系统研究。报告的主要创新性研究成果有3项，包括根据企业战略管理等8个方面的理论对长城钻探公司持续强势发展进行分析，给出长城钻探公司持续强势发展的动态管理创新理论支撑体系和长城钻探公司动态管理创新实践体系；提出一种创新性的公司战略分析体系，即多维SWOT（MD-SWOT）分析体系；给出长城钻探公司战略分析的MD-SWOT分析体系。给出长城钻探公司动态战略管理保障体系设计。

按照长城钻探公司“十二五”业务发展规划编制工作的相关要求，持续跟踪长城钻探公司管理体制调整与完善“十二五”专项规划的编制工作，按照新的情况对相关部分进行调整与补充。

【经营业绩考核】 长城钻探公司结合实际情况完善经营业绩考核工作。创建国内外一体化经营业绩考核体系，按照“国内专业化、国外区域化、国内外一体化”的原则，实现强弱矩阵及托管管理模式下，驻辽、驻京、境外等各业务类型及性质单位、各类人员的一体化考核。出台生产单位、科研单位、机关部门等3个主体考核办法，科技、HSE质量节能、顾客满意度、物资、市场、投资、技术支持、研发团队建设、海外用工当地化等9项配套实施细则，发展业绩排序、外部市场、基层建设、HSE质量节能、重大技术突破、知识产权、科技奖励、科技项目组成员岗位津贴、费用等9个专项考核办法。理顺经营业绩考核工作运行机制，完善长城钻探公司考核组织机构，成立经营考核委员会和经营考核办公室；明确各相关部门考核分工和职责，理顺考核工作流程。做好经营业绩考核日常工作，完成2009年年终及2010年各季度经营业绩考核工作，通过拉开收入分配差距，调动所属单位的工作积极性。在新考核办法实施前，及时开展绩效考核政策培训宣传贯彻工作，确保考核质量和效果。完成2010年外部市场开发奖励工作。研究探讨EVA等多种绩效考核体系模式，为以后改进工作做好理论准备。

【企业资质】 2010年，实施以长城钻探公司和中油测井技术服务有限责任公司名义持续保有对外承包工程企业信用等级AAA级资质的年审参审活动，组织长城钻探公司12个机关部门联合填制《对外承包工程企业信用等级复评申报书》，并组织报送其他所需的年审资料。长城钻探公司和中油测井技术服务有限责任公司顺利通过复审，继续保有AAA级资质。

【企协事务】 2010年，长城钻探公司保持与中国企业联合会、中国石油企业协会、北京市企业协会、石油与装备理事会、中国对外承包工程商会等企业协会与行业协会的沟通与交流，参加协会组织的相关行业交流与研讨会议、评先树优、培训认证、课题研究与项目咨询等活动。

迎接并组织中国对外承包工程商会“环境保护实践”课题组到公司的调研交流活动，重点介绍长城钻探公司在海外承包工程业务中的环境保护业绩，提升长城钻探公司形象。长城钻探公司环境保护实践已经被对外承包工程商会作为成功典型案例收入其即将出版的《中国对外承包工程环境保护实践》一书中，取得良好的社会效益。

【管理现代化成果】 2010年，按照长城钻探公司企业管理现代化创新成果、论文评审管理办法，长城钻探公司组织2010年度（第2届）管理现代化创新成果、论文评选推优工作。

长城钻探公司获5项全国石油石化企业管理现代化创新成果奖（行业部级）。其中，一等奖1项；二等奖2项；三等奖2项。长城钻探公司获全国石油石化企业管理现代化创新论文奖（行业部级）7篇。其中，二等奖2篇；三等奖5篇。长城钻探公司重点成果《石油钻探企业在后金融危机时代的可持续发展管理》获行业部级一等奖；长城钻探公司重点成果《面向全球市场的工程技术总承包能力建设》获国家级二等奖。

长城钻探公司评出管理现代化创新成果奖（行业局级）24项。其中，一等奖5项；二等奖7项；三等奖12项。长城钻探公司评出企业管理现代化论文奖（行业局级）5篇。其中，一等奖1篇；二等奖2篇；三等奖2篇。侯新军、樊晓萍、宋洪志3名同志被评为“2010年度长城钻探公司企业管理现代化创新评选推优工作优秀组织者”。

【合同管理指标】 2010年，长城钻探公司签订各种经济合同12747份，金额为290.1亿元，合同履约率100%。完善合同管理办法及一系列配套制度，规范对合同审批签订程序。完成合同管理信息系统上线运行，使长城钻探公司主要合同均纳入系统化管理框架，提升长城钻探公司的合同管理信息化水平。收集、细化和编制合同示范文本。组织2次140人的合同法律管理业务培训。境外项目投标合同经济、技术和法律三项审查率100%。供应商、服务商法律主体资格审查率100%。对长城钻探公司专业市场招标类项目在招标谈判过程的合规合法性进行监督鉴证。前往二级单位现场办公，指导相关业务并解决合同管理中出现的问题。

【法律事务】 2010年，依据长城钻探公司“建设国际化石油工程技术总承包商”的战略目标，完成长城钻探公司经营范围的增项工作。将“总承包”和商务部《对外承包工程经营资格证书》赋予公司的经营范围列入长城钻探公司营业执照。配合长城钻探公司海外市场开拓的步伐，完成长城钻探伊拉克公司、长城钻探库尔德子公司、长城钻探哥伦比亚子公司等境外法律机构的注册工作。根据长城钻探公司确定的境外法律机构清理方案，推动境外法律机构的关、停、并、转工作。完成伊朗Kish公司的转股工作，将股权由原国际公司转至长城钻探名下；完成秘鲁钻井液公司的转股工作，将股权由委托个人持股变更为长城钻探持股；完成长城钻探利比亚子公司的更名及经营期限延期工作；完成中油测井利比亚子公司经营期限延期工作。完成长城钻探公司的工商注册工作，为工程服务公司尽早地合法开展业务创造条件。

2010年，根据《长城钻探公司授权管理办法》，规范授权事由、授权权限、授权期限和授权书文本，防范授权业务可能存在的风险。办理授权委托书76份，保障长城钻探公司海内外业务的顺利开展。长城钻探公司与公证处、认证机构建立良好的业务关系，保证公证、认证文件的办理速度，办理公证认证文件330份，为长城钻探公司境外业务的顺利运行提供支持。

【诉讼业务】 2010年，长城钻探公司强化案件申报，规范案件管理，积极处理各类纠纷。收回欠款方永丰国际信息园有限责任公司欠中油测井的500万元的土地开发款。积极应对、多方协调，妥善化解郑勇等4名劳务派遣公司员工与公司的劳务争议。研究纠纷解决办法、详细制定实施措施，阿尔及利亚设备海关纠纷得到解决，项目名下的相关设备得以正常工作。

【普法工作】 2010年，长城钻探公司开展“12·4”全国法制宣传日活动在内的一系列普法宣传活动，提高长城钻探公司全体员工的法律素质。长城钻探公司组织大规模的合同与法律实务培训2次，采取集中封闭培训形式，培训人数均在70人以上，培训的内容包括《中华人民共和国合同法》、《中华人民共和国劳动合同法》、《中华人民共和国侵权责任法》、《中华人民共和国物权法》以及合同管理系统、涉外合同的审核等。长城钻探公司所属各单位在平时的工作中，充分挖掘现有资源条件，创新形式，通过班前会讨论、在网络上发布学习资料、为员工购买法律书籍、组织员工观看法律短片、组织进行法律知识竞赛等方式开展普法工作，取得良好的普法效果。

【规章制度】 2010年，集团公司开展基础管理建设工程工作，长城钻探公司对规章制度管理进行完善和提升。出台长城钻探公司基础管理建设工程实施方案（规章制度管理部分），方案经由长城钻探公司基础管理建设工程领导小组审批下发，得以顺利启动。对长城钻探公司境内外二级单位的规章制度管理情况进行全面摸底调研和系统总结，重新明确各二级单位归口管理科室及职责，形成长城钻探公司规章制度归口管理两级体制。根据集团公司的要求，对原有 224 项规章制度进行了全面清理并作出有效、废止、修订等评价，并制订规章制度 3 年（2010—2012）规划。长城钻探公司全年出台 102 项制度，全部履行制修订程序，内容覆盖长城钻探公司经营管理的各个方面。参与集团公司加强规章制度管理的调研活动并承担相关研究工作，完成《企业规章制度管理课题研究报告——规章制度形成机制部分》并提交集团公司。开展规章制度培训，就规章制度管理的基本理论和要求、长城钻探公司规章制度管理办法、长城钻探公司基础管理建设工程规章制度管理部分实施方案进行深入解读。明确了机关部门及二级单位规章制度信息系统管理人员，并完成长城钻探公司员工查询用户授权，启动规章制度 OA 平台建设工作。

（王英君）

第八篇

基础管理

质量管理与技术监督

【基本情况】 2010年，长城钻探公司质量工作认真贯彻落实集团公司《2010年质量计量标准化和节能工作要点》和长城钻探公司一届二次职代会精神，按照“完善质量、计量和标准化三个管理体系，提升产品、工程和服务三个核心质量，强化施工现场和采购物资两个异体监督，打造GWDC和CNLC两个国际品牌，推进质量管理模式由“体系符合”向“追求卓越”转变的“33221”总体工作思路，深入推进ISO 9001质量管理体系有效运行，全面实施以质量、计量、标准化为主要内容的基础管理建设工程，各项重点工作有序推进，取得良好工作绩效。2010年，长城钻探公司荣获“辽宁省实施全面质量管理30周年突出贡献企业”称号，连续三年荣获“辽宁省实施用户满意工程先进单位”称号。

【基础管理建设工程】 2010年，按照集团公司关于全面实施基础管理建设工程的有关部署，长城钻探公司成立以公司总经理和党委书记为组长的基础管理建设工程领导小组和领导小组办公室，组织编制《基础管理建设工程实施方案》，于5月31日召开启动视频大会，对全面实施基础管理建设工程工作进行动员和部署，确立“33221”质量计量标准化工作的总体思路。长城钻探公司先后7次召开基础管理建设工程工作会议，对22家单位组织了专题调研。编印《基础管理建设工程学习材料汇编》和《公司质量管理制度汇编》，在长城钻探公司门户网站开设“基础管理建设工程专题网页”，引导推进工作良性发展。截至2010年底，22个二级单位和直属单位均成立以正职领导为组长的基础管理建设工作领导小组等组织和推进机构，并通过召开基础建设工程启动工作准备会、研讨会和启动大会等不同形式，对实施工作进行了全面安排和部署，在11月24日召开的集团公司基础管理建设工程试点单位工作汇报会上，长城钻探公司对试点工作进行专题汇报，得到集团公司与会领导的充分肯定。

【ISO 9001质量管理体系】 2010年，长城钻探公司被确定为集团公司质量管理体系推进工作试点单位，长城钻探公司制订《质量管理体系推进工作实施方案》和《机关部门质量管理体系运行工作要点》。完善质量目标绩效考核机制，长城钻探公司总经理与所属单位、境外项目部和机关部门的行政正职签订《质量管理责任书》，明确各单位和各部门的专业质量考核指标，对目标完成情况每半年进行一次量化考核，考核结果直接纳入长城钻探公司经营绩效考核，并与年终质量管理先进单位评比、奖励直接挂钩，严考核、硬兑现，形成“质量目标明确化，责权利益一体化，考核评比机制化”的工作格局。长城钻探公司按计划组织开展年度内审和管理评审工作，于 11 月通过认证机构年度认证监督审核，保持认证资格，期间接受道达尔、壳牌公司招投标项目的第二方质量资格评审，举办质量管理体系骨干人员和内审员培训班，培训 97 人次。各单位开展体系建立、发布、实施、认证和换版工作，13 个二级单位均按计划进度要求，建立 2008 版质量管理体系文件，9 个单位获得并保持 08 版体系认证资格，长城钻探公司和各二级单位两级质量管理体系框架已初步形成。

【标准化管理】 2010 年，长城钻探公司编制印发《标准化管理办法》，组建由总经理担任主任的标准化技术委员会，成立钻井工程、采油采气、井下作业、测井、录井、石油设备与材料、安全、劳动定员定额、随钻测量等 9 个专业技术标准化委员会，规范长城钻探公司企业标准立项、审查、制修订、发布工作程序，搭建由质量管理部门归口管理标准化工作、各专业部门组织本专业系统标准的宣传贯彻、实施和监督的管理平台，为规范标准化工作提供组织保证。长城钻探公司按计划组织实施石油天然气行业标准、集团公司企业标准制修订项目 2 项，组织审查、制修订长城钻探公司《LEAP800 测井系统》等企业标准 67 项、SOP 标准化作业流程 149 项，配发各类标准 1730 余项 6300 余册，组织宣传贯彻、实施重点标准 133 项。此外，按照基础管理建设工程实施方案要求，组织标准摸底清查工作，梳理、识别和确认各类标准、技术规范 2300 余种 6100 余册，其中，梳理长城钻探公司内部企业标准 523 项，外来标准 1700 余项，全面掌握各单位标准执行和配备的基本情况，建立长城钻探公司《执行标准目录》和《标准配备台账》，实行动态管理，使标准化工作逐步纳入规范化的管理轨道。

【计量管理】 2010 年，长城钻探公司组织开展计量器具和计量标准摸底清查工作，清查计量器具 3700 余种 11000 余台（件），对长城钻探公司所属的产品质量检验和计量检定机构的 53 名质量检验和计量人员及时进行换证考核，完成 5 项计量标准的建立和复审考核工作。按照“就近经济、属地检验”的原则，按计划认真组织计量器具检定 / 校准工作。各单位组织周期检定、校准计量器具 11000 余台（件），强检计量器具送检率 100%，保证了量值准确、可靠传递。

【施工作业现场质量监督】 长城钻探公司按照“一岗双责”和“属地监督”原则，实行质量和 HSE 一体化运作的 QHSE 监督模式，将 HSE 监督中心和测井 HSE 部分别更名为 QHSE 监督中心和测井 QHSE 部，将各单位 HSE 监督站更名为 QHSE 监督站，将增加质量监督职责后的现场 HSE 监督更名为 QHSE 监督。举办质量监督人员培训班，对 60 余名 QHSE 监督人员进行系统培训，组织编制各专业《工程技术服务施工作业质量监督检查标准》，出台《质量事故有奖举报管理办法》，使监督工作有标可依、有章可循。定期组织召开月度质量分析会议，深入剖析生产现场存在的质量问题，同时在各专业、各工序间生产协调、技术管理等关键环节加大协调和配合力度，促进钻井、测录井等专业高效对接，使质量控制关口前移，在保证产能建设任务、提供优质高效服务的同时，有效遏制工程质量问题频发的苗头，质量损失同比下降47个百分点。

【采购产品质量监督】 2010年，长城钻探公司制定下发《采购物资质量监督管理规定》、《产品质量认可管理办法》和《产品质量监督抽查管理办法》，规范产品质量认可工作流程，严格控制认可标准，对730余个供应商、48类4330余种产品进行产品质量认可审核，对21家供应商实施现场质量评审，组织推荐5家企业41种油化剂产品申报集团公司质量认可。加大产品质量监督抽查力度，长城钻探公司和各单位组织抽查采购物资产品119种、243批次。配合集团公司抽检37种产品，41批次，对出现的不合格品和违章行为，严格实施不合格品后处理程序，进行索赔和退货，最大限度地维护长城钻探公司的经济利益。

【用户满意工程】 2010年，长城钻探公司把持续开展"精品工程"和"满意服务"质量主题评优活动作为深化用户满意工程的有效载体，各单位、各部门以"四满意、四服务"为重点，全面普及CSD测评方法，完善用户满意度测评体系，广泛开展用户满意度调查和测评活动。各单位通过领导带队走访用户、召开用户座谈会、电话回访等多种形式，主动了解和掌握用户的需求，及时处理用户反映的问题，各单位领导走访用户140余次，举行用户座谈17次，建立、修订各专业"用户满意度测评模型"14个，组织用户满意度测评22次，发放"用户质量意见调查问卷2300余份，回收2100余份，形成"用户满意度测评报告"17份，落实测评报告提出的改进建议63项。2010年，录井公司、钻井一公司通过"全国用户满意企业"复评，测试公司等3个二级单位分别荣获石油工业和辽宁省"用户满意企业"称号，4个工程技术服务项目获得石油工业和辽宁省"用户满意服务"称号；1个基层站队被评为"石油工业用户满意服务明星班组"。LEAP800成像测井系统和LEAP综合录井仪分别通过集团公司和辽宁省产品鉴定；长城钻探公司连续第三年获得"辽宁省实施用户满意工程先进单位"称号。通过评比，长城钻探公司先后评出9个"质量管理先进单位"和"质量管理先进部门"、11项"工程技术服务施工作业精品工程"、33个"名牌施工作业队伍"、5项"优质工程设计"、87名"质量管理先进个人"，在长城钻探公司年度HSE、质量管理工作会议上进行隆重表彰和奖励，通过典型拉动,促进"用户满意工程"的深入实施。

【群众性质量活动】 2010年，长城钻探公司围绕"挑战自我·关注现场·提升执行力"活动主题，开展以QC小组为主要形式的群众性质量管理、质量改进和质量创新活动，全年注册QC小组263个，注册课题271项，直接参与活动的职工2300余人次。9月，"全国质量月"活动期间，长城钻探公司成功召开QC小组活动成果发布会，发布交流12项优秀成果，经过对各单位推荐的188项成果严格评审，评出长城钻探公司年度"优秀QC小组活动成果"120项。其中，一等奖20项、二等奖40项、三等奖60项，并对获奖成果、集体和个人进行表彰和奖励。2010年，钻井一公司、录井公司分别获得石油工业和辽宁省“质量管理小组活动优秀企业”称号；测井公司等 2 个 QC 小组荣获“全国优秀质量管理小组”称号。工程技术研究院苏里格气田研究室等 3 个班组分别获得石油工业和辽宁省“质量信得过班组”称号。井下作业公司求实 QC 小组等 20 个 QC 小组获得石油工业和辽宁省“优秀质量管理小组”称号，同时获得省部级“优秀 QC 小组活动成果奖”。3 人被授予石油工业和辽宁省质量管理小组活动“卓越领导者”称号，4 人被授予石油工业和辽宁省质量管理小组活动“优秀推进者”称号，11 人被授予长城钻探公司“质量管理小组活动优秀推进者”称号，长城钻探公司连续三年获得“辽宁省质量管理小组活动优秀企业”称号。

【卓越绩效模式试点工作】 2010 年，录井公司作为长城钻探公司实施卓越绩效工作的试点单位，率先导入并全面启动实施卓越绩效模式工作，成立卓越绩效模式推进工作委员会和推进工作项目组，对实施工作进行缜密策划和精心组织，宣传贯彻 GB/T 19580《卓越绩效评价准则》标准，经过理念导入、贯标培训、自我评价等阶段大量扎实、细致的工作，7 月申报“辽宁省省长质量奖”，经申报材料评审，在 26 家申报企业中成功入围，9 月顺利通过“辽宁省省长质量奖”现场评审，并通过公示。录井公司还获得“2010 年度石油工业实施卓越绩效优秀企业”称号。

安全环保

【基本情况】 2010 年，长城钻探公司落实科学发展观，认真贯彻集团公司工作部署，围绕长城钻探公司发展目标，学习借鉴国际 HSE 管理先进经验，采取措施实现健康安全环保形势稳定。长城钻探公司深化有感领导、直线责任、属地管理等先进管理理念，坚持“环保优先、安全第一、质量至上、以人为本”的工作方针，形成“33335”HSE 体系建设思路，实现各级领导从“重视”向“重实”转变，机关职能部门从“参与者”向“责任者”转变，现场员工从“岗位操作者”向“属地管理者”转变，安全成为长城钻探公司的核心价值观。长城钻探公司形成 HSE 责任体系、制度体系、培训体系、绩效体系、宣传体系和统一的现场管理高标准的“5+1”HSE 管理模式，长城钻探公司体系建设工作有序、稳步向前推进。长城钻探公司执行《HSE 管理原则》和《反违章禁令》，开展重点风险防控，突出重点领域和要害部位的 HSE 专项检查与整治，集中治理隐患，HSE 工作见到实效。使用绩效考核、培训矩阵、安全经验分享、作业许可、安全观察与沟通、个人安全行动计划、上锁挂牌、工作前安全分析等新方法、新工具，建立 HSE 专职人员和培训师队伍，员工 HSE 能力得到提高。长城钻探公司经过体系推进，HSE 综合管理评估值从 1.5 提升到 2.3，从严格监督阶段的早期过渡到中后期，初步具备向自主管理阶段跨越的基础。杜绝工业生产亡人事故、井喷失控事故、环境污染事故和交通亡人事故，杜绝因社会安全原因造成中方人员被绑架或致死事件，安全环保形势稳定。与推进前相比，百万工时损工事件率下降 40 个百分点，事故直接经济损失总额下降 71.3 个百分点。2010 年，长城钻探公司获得集团公司“安全生产先进企业”、“环境保护先进集体”荣誉称号。

【HSE 责任体系建设】 2010 年，长城钻探公司主要领导负总责，分管领导负主责、系统主管领导负系统管理责任，构建以领导责任、直线职能责任和属地主体责任为框架的 HSE 责任体系，落实三个责任。践行有感领导，落实领导责任。各级领导干部积极到安全联系点开展“四个一”活动，制订并实施《个人安全行动计划》，科级以上干部制订个人安全行动计划 1521 份，制订率为 100%。通过长城钻探公司领导率先垂范，有感领导处处体现，形成上下联动、整体推进的良好氛围。推行直线管理，落实直线职能责任。长城钻探公司将落实《HSE 管理原则》与直线责任有机结合，重新调整副总师以上领导的分工，对各职能部门的 HSE 职责进行了重新梳理和完善，落实系统 HSE 主管责任。长城钻探公司与各单位和机关部门签订《HSE 目标责任书》，将管理目标和责任逐级分解和落实，实施《HSE 风险抵押金评价激励办法》，增强各级领导做好 HSE 工作的责任感。实施属地管理，落实主体责任。各单位对区域的属地划分进行明确和细化，将执行《反违章禁令》与属地主体责任紧密结合，员工在属地管理中识别违反禁令行为，做到“我的区域我负责，我在属地您放心”。提出了“确认、告知、跟踪、提示”的“八字”管理法，被集团公司列为属地管理范本。以属地风险控制为重点，开展为期两年的全员风险辨识活动，属地管理逐渐从“八字”管理法向风险管理深化，现场员工从岗位操作者向属地管理者转变，从全员参与向全员责任转变。

【HSE 规章制度建设】 2010 年，长城钻探公司构建以 1 个 HSE 管理手册、26 个程序文件、54 个规章制度和 1035 个标准化操作流程为主要内容的 HSE 制度体系，明晰管理流程，规范操作行为，控制作业风险。开展规章制度制修订工作，按照直线职能责任，分配至各职能处室，由各职能处室负责组织制修订工作。组织了 4 批规章制度研讨会，《HSE 事件管理办法》等 33 项规章制度经讨论修订，行文下发，在基层得到有效落实。开展规章制度的培训和审核工作。组织 4 期规章制度培训班，培训安全专职人员和直线管理人员 350 人次。通过季度考核和现场调研，对各单位制度梳理、转换、现场实施情况进行审核，对运行存在问题的制度，及时进行修订完善。

【HSE 培训体系建设】 2010 年，长城钻探公司构建以岗位需求、培训矩阵、培训教材、培训师培养和培训实施为主要内容的 HSE 培训体系，创新 HSE 培训模式。实施《HSE 培训管理办法》，根据岗位培训需求构建 HSE 培训矩阵，按照全体员工、井场作业的一线员工、特殊工作岗位员工等七类模块制定标准培训课件，长城钻探公司 85 种主要技术操作岗位、19 种管理岗位都已纳入 HSE 培训矩阵。加强 HSE 培训师培养，建设培训骨干队伍，培养专兼职 HSE 管理和监督人员 240 人，审核员 254 人，开发标准课件 62 个，建立以 56 名公司级培训师和 341 名二级单位培训师为骨干的培训师队伍，为 HSE 工作提供了坚实的人才保障。开展领导层培训和各类专项培训，采用问卷调查、反馈表和评分表等形式，对培训效果进行评估。

【HSE 绩效管理】 2010 年，长城钻探公司构建以过程性指标、结果性指标和否决性指标为主要内容，以动态考核和定期考核为主要手段，以考核和审核相结合为主要形式，以正激励为主的 HSE 绩效管理体系，推动各项 HSE 管理工作。调整 HSE 绩效管理流程。出台《HSE 绩效考核管理办法》，优化长城钻探公司 HSE 绩效管理的过程性、结果性和否决性指标，其中，过程性指标占 70%，结果性指标占 30%。采取动态考核和定期考核两种形式，对各单位、部门按业务风险组织分类考核、评优。深入开展 HSE 绩效考核。开展季度 HSE 绩效考核，对机关职能部门和各单位分类别进行打分排名，评选先进单位和先进职能部门，并给予奖励。开展 HSE 评估审核，组织公司级评估师，聘请咨询专家和杜邦专家，进行两次 HSE 体系评估审核，将评估审核结果纳入绩效考核。实施《基层单位 HSE 管理否定、肯定、提升实施办法》。对管理混乱、同样问题多次重复出现的 4 只钻修井队进行解散处理，并对责任人实行了责任追究。开展“HSE 金、银、铜牌队”和“HSE 星级班组”创建活动，在金牌队中选树 2 支“HSE 管理标杆队”，发挥示范作用，提升全体员工的安全意识和能力，进一步深化绩效管理。

【HSE 宣传教育】 2010 年，长城钻探公司构建以专题网站、杂志、报纸、电视、板报为平台，以办公室安全月、安全经验分享等主题活动为主要形式，以检查、评比为主要手段的 HSE 宣传体系，将人身安全延伸到心理安全，工作 8 小时内安全延伸到工作 8 小时外安全，办公室安全延伸到家庭安全；建立 HSE 体系推进专题网站，设立 9 个专栏，30 多个子栏目，发布新闻 515 条，组织 HSE 体系推进专题网站评比活动；开展“安全生产月”、“六五世界环境日”等主题活动；组织“我眼中的 HSE”摄影大赛，收集优秀作品 246 幅，并给予奖励；开展办公室安全主题月活动，做到“月月有活动，月月有主题”。

【现场标准化管理】 2010 年，长城钻探公司在现场推广应用安全观察与沟通、工作前安全分析、作业许可和上锁挂牌等先进的方法工具。发布“安全观察与沟通统计分析报告”，编制现场工作前安全分析手册，完善标准化作业流程。指导各单位实施上锁挂牌，采用大票套小票的作业许可来控制非常规作业和特殊作业风险。测井公司强化了危险品作业许可，构建安全行为文化，控制作业风险。推行目视化管理，规范作业现场。以井筒技术服务为中心，建立一整套专业化、一体化、多语言对照的钻修井、测录试、能源开发以及二线生产车间等目视化模板，已发布钻修井队的目视化形象手册。规范基层队HSE资料，减轻基层负担。建立现场HSE管理应用工具手册，将现场HSE资料由原来的56种整合为“两盒、两本、两表、一证”19种记录。

【井控安全】 2010年，长城钻探公司统一“一条主线、五个突出、五个到位”的工作思路，明晰井控管理重点，完善井控管理机构和规章制度，层层落实井控责任，开展“井控达标建设年”活动，下发《井控十大禁令》，强化重点井的井控风险控制，落实领导干部盯井制度，开展井控培训与演练，组织国内外井控专项检查，检查钻修井队114支，发现隐患问题750个，及时治理井控隐患，强化井控装置的配备和检维修，井控各项安全措施得到有效落实。

【应急管理体系建设】 2010年，长城钻探公司加快应急管理体系建设，各单位上报各类预案283项，各级预案制修订工作基本完成。建立应急专家库，选聘各专业应急专家86人；完善应急平台，分区域建立应急物资储备基地，实现区域动态管理；建设应急救援队伍，各单位组建各类应急抢险队伍96支，总人数达到4272人，应急保障体系初步建立。加强应急培训和演练，开展“应急预案演练周”活动，26530人次参与演练，检验预案的有效性，提高应急处置能力。

【交通消防专项管理】 2010年，长城钻探公司开展“交通安全标准化示范车队”、“百日道路交通安全专项整治”活动，对27个车队进行了季度考核，发现问题197个。实行“3ABC”分类动态管理，制定驾驶员“十不准”。加强车辆GPS监控管理，对10个单位226车次超速车辆进行了通报。境外项目加强准驾管理，开展防御性驾驶培训，安装行车记录仪320台，防翻架256副，安装率达100%。加强消防重点部位、消防设施和防火重点时期的安全管理，强化消防安全检查，及时消除火险隐患。

【隐患排查与治理】 长城钻探公司健全隐患排查、评估、立项、治理、验收管理机制，保证隐患整改措施、责任、人员、资金和时间“五落实”。利用日常检查、专项检查和审核进行隐患排查，投入9372万元用于隐患治理。实施《HSE专项费用使用管理办法》，加强隐患项目治理的跟踪、检查和落实，保证HSE专项费用专款专用。

【民爆物品、放射源管理】 2010年，长城钻探公司制订《防辐射事故应急处置方案》和《防民爆物品被盗丢失和意外爆炸事故应急处置方案》，从制度和措施上规范了放射源、民爆物品管理工作，放射源管理及应急网络基本建成。加大对放射源、民爆物品的采购、储存、发放、运输、使用及回收等各个环节的监管力度，逐级落实安全责任，严格执行管理制度和操作规程，有效实施人防、物防、技防、犬防等措施，保障放射源、民爆物品安全。

【HSE专项检查】 长城钻探公司开展节假日、季节性、特殊时期安全生产专项检查、井控及安全生产大检查。做好集团公司井控及安全生产大检查前的自检自查工作，检查615个施工现场，发现隐患问题2814个，明确责任人和整改期限，全部落实整改措施。

【社会安全】 长城钻探公司推进社会安

全防范体系建设，加强物理安防设施配备的指导和监督，配备电子监控系统和防弹车，开展防恐培训和演练。12 个较高风险国家项目配备 781 名安保人员，人员防恐培训率达到 100%。坚持信息收集、分析和风险评估，提高社会安全风险预警能力。推进用工本土化进程，苏丹项目部员工本土化率达到 90%，社会安全风险得到有效削减。

【环境保护】 2010 年，长城钻探公司组织开展湿地、河流、自然保护区、海域作业专项检查和污染减排自查，编制温室气体排放清单。开展绿色基层队(站)、车间创建活动，组织进行第三方环境监测。开展环保技术攻关，实施“钻井现场物料及废物污染控制研究”HSE 技术措施项目，对钻井液进行无害化处理，取得较好的环境效益。

【职业健康】 2010 年，长城钻探公司组织开展健康监护和职业病危害因素检测工作，检测职业病危害因素作业场所 50 个，全部合格。开展放射作业人员职业健康体检工作 497 人次。开展“送健康到一线”服务，进行体检 448 人次，发放价值 9 万余元的常用药品和健康书籍。开展海外员工心理健康咨询。

（高　远）

节能节水

【基本情况】 2010 年，长城钻探公司获得集团公司“节能节水先进企业”和“‘十一五’节能节水先进企业”荣誉称号。集团公司每年表彰一次在创建活动中做出突出贡献的先进企业，其中在工程技术服务板块 8 家单位中，每年只有 1 个名额，长城钻探公司连续三年获得先进企业的称号。

【节能节水指标】 2010 年，综合能源消耗量为 24.5 万吨标准煤，新鲜水用量为 120.41 万立方米，措施节能量 4931 吨标准煤，措施节水量 2.7 万立方米。“十一五”后三年，能源消耗 69.4 万吨标准煤，新鲜水 399.1 万立方米。自长城钻探公司重组后，通过钻机燃油替代项目等节能措施，实现措施节能量 1.38 万吨标准煤，节水量 7.9 万立方米，全面完成集团公司下达的节能 1 万吨标准煤，节水 6.8 万立方米的工作任务。

【节能技术措施应用】 2010 年，长城钻探公司深化双燃料钻机等 10 项节能技术。双燃料钻机在苏里格地区取得实质性进展，全年实施 15 井次，实现替代柴油 315 吨，替代价值 204.76 万元，节约费用 109 万元。2010 年，电代油钻机在辽河油区实施 56 井次，实现替代柴油 2854 吨，节约费用 898 万元。2010 年，长城钻探公司下达 1920 万元专项投资购置 40 套节油装置和油耗管理系统；投资 1160 万元购置 4 套无功补偿电能优化装置，节省柴油 216 吨，节约费用 105 万元，平均每台月节约 9.42 万元；通过在易漏地区推广防漏、堵漏技术，有效降低钻井液漏失机率和漏失量，实现节约新鲜水2.5万立方米；投资400万元，购置2套3200千伏安变电箱，替代301.25吨柴油，节约资金90.47万元；研发替代钻井液混油技术，投入使用RH−501润滑剂107吨，节约柴油160.5吨。

（杨　勇）

国际事业

【外事管理与服务】 2010年，长城钻探公司认真贯彻中国石油国际业务发展战略和工作部署，严格遵守外事规章制度和外事纪律，加强外事管理，完善制度，提高管理水平。2010年，立项办理出国团组1055个，4349人次，办理护照1112本，办理签证2245个（表8−1）；编制《因公出国境知识学习材料》，启用《长城钻探因公出国管理系统》软件，实现与《集团公司因公出国管理系统》的无缝对位。下发《关于申报出国立项的通知》、《关于更新出国团组订票单的通知》、《关于护照丢失及违规办理签证的通报》。及时转发集团公司国际事业部下发的《关于赴哈萨克斯坦、土库曼斯坦和乌兹别克斯坦长期工作签证的通知》、《利比亚使馆变更翻译公司的通知》。实行因公护照专人管理制度、并按集团公司要求每半年上报一次护照管理情况；完善出国人员教育工作，做到每个出国人员出国前必须参加出国教育；举办第二期外事经办人培训班，有50余人参加培训，提高外事经办人的业务素质，提高公司外事队伍管理水平。

表8−1　2010年长城钻探公司出国手续办理情况统计表

序　号	项　目	2010年	同比增长
1	立项审批团组（个）	1055	12%
2	出国人次	4349	5%
3	办理护照（本）	1112	21%
4	办理签证人次（含出境证明）	2245	51%
5	机票订购（张）	1947	33%

【对外交流】 2010年，长城钻探公司的对外交流活动频繁，组织45个、275人次的外国代表团来访，安排16个领导团组的出访活动。

一、海外项目调研指导工作

2010年4月15—26日，长城钻探

公司总经理张凤山在长城钻探公司有关部门、二级单位负责人的陪同下先后到阿尔及利亚、利比亚、叙利亚3个综合项目部进行调研指导工作。听取项目部工作汇报，慰问生产一线干部职工，并走访甲方。张凤山对3个综合项目部的各项工作所取得的成绩都给予充分肯定，在项目管理、发展前景等方面，就下一步如何实现持续有序较快协调发展提出明确要求。在阿尔及利亚综合项目部调研指导工作期间，与合作方 HALLIBURTON 公司全球项目管理部经理和阿尔及利亚区域作业经理就当前和今后的合作进行友好交流，与中油国际（阿尔及利亚）公司上下游一体化 OCTOUAT 项目和 CNPCIAE 勘探项目的领导就合作与支持交换意见，与中国驻阿尔及利亚大使馆代办及商务参赞进行座谈。深入了解和调研长城钻探公司在阿尔及利亚各专业业务的发展历程、现状及存在的困难和问题，探讨长城钻探公司今后在阿尔及利亚境内更好发展的方向和机会。在利比亚综合项目部调研指导工作期间，张凤山一行与利比亚国家石油公司主席 Shukri Mohammed Ghanem 博士进行友好交流，与土耳其国家石油公司利比亚公司 TPOC 高层进行会谈，双方对目前的合作给予充分肯定。同时，张凤山与中国驻利比亚大使和商务参赞进行座谈。在叙利亚综合项目部调研指导工作期间，张凤山看望和慰问项目部、前线基地及作业现场的干部、职工；与甲方叙利亚 SSKOC 公司蒲海洋总经理座谈，就当前的形势和未来的合作进行沟通、交流，并走访甲方前线基地。

2010年5月17—22日，长城钻探公司党委书记王忠仁一行5人到委内瑞拉综合项目部调研指导工作。王忠仁拜会中国石油南美公司和 PDVSA 服务公司主要领导，听取项目对委内瑞拉综合项目工作汇报，对项目取得的成绩给予充分肯定，就下一步工作提出明确要求。5月24—31日，王忠仁一行抵达古巴，对古巴项目进行为期8天的调研访问。王忠仁一行拜访中国驻古巴大使刘玉琴和商务处参赞陈风；与古巴部长会议副主席 CABRISAS 先生，古巴基础工业部部长和古巴石油公司高层领导进行会谈。王忠仁听取古巴项目部工作汇报，充分肯定古巴项目部所取得的成绩，并就今后项目的运作和发展提出明确要求。

2010年9月13—17日，长城钻探公司总经理张凤山一行5人到伊朗项目部调研指导工作，听取测井作业区和伊朗项目部工作汇报，拜访甲方高层，深入一线慰问干部职工。先后拜会中国石油甲方、伊朗国家石油公司勘探部高层领导，双方对目前的业务合作给予充分肯定。9月14日，张凤山听取伊朗项目部和测井作业区工作汇报，就汇报内容和调研问题进行座谈和交流。9月14日下午至15日，张凤山一行先后到阿瓦兹测井、测试基地和正在施工北阿项目 NZA-1 井的 GW107 钻井队及固井、钻井液、录井等工程技术服务队调研指导，慰问一线干部职工。

2010年10月15—29日，长城钻探公司副总经理冯艳成一行5人赴哈萨克斯坦调研指导工作，听取项目工作汇报，拜访甲方高层，深入一线慰问干部职工，公司有关领导和部门负责人陪同调研。冯艳成听取中哈公司、斋桑项目和测井作业区项目工作汇报，对项目取得的成绩给予充分肯定，就下一步工作提出明确要求。调研期间，冯艳成先后拜会了MGK，IPAC乌里赫套等甲方高层领导，双方对目前的业务进展进行交流，并就下一步合作事宜进行洽谈磋商。

2010年11月9—19日，长城钻探公司党委书记王忠仁到非洲大区苏丹、突尼斯项目部调研指导工作，听取项目工作汇报，慰问一线干部员工，就苏丹项目、突尼斯项目如何做好下步重点工作提出明确要求。调研期间，王忠仁先后拜会中国驻苏丹大使，CNPC驻苏丹1/2/4区、3/7区、6区石油公司总裁，苏丹国家石油公司副总裁和中国驻突尼斯大使，突尼斯国家石油公司总裁；会见中国驻突尼斯商务参赞、香港中亚能源公司副主席等高层领导，双方就进一步加强合作交流等事宜进行磋商。

二、技术交流

2010年1月11—13日，中国投资有限责任公司、加拿大PEPSI公司以及中央汇金公司、中国国际金融公司组成16人的联合考察团到长城钻探公司考察稠油开发等相关技术。长城钻探公司副总师、能源事业部主任杜立东，高级顾问刘俊荣陪同。考察期间，考察团听取地质研究院的题为《长城钻探公司增储上产配套技术》的汇报。与长城钻探公司专业技术人员就拟合作开发的加拿大稠油区块下一步开发方式及油藏前期综合研究等内容进行深入交流。加拿大PEPSI公司与地质研究院交接了拟合作区块的地质资料。考察团还先后参观地质研究院、工程技术研究院、录井公司、测井公司以及辽河杜84块超稠油开发SAGD现场。考察团对长城钻探公司的稠油开采技术给予高度评价，认为长城钻探公司具备开发稠油区块总承包的技术支持及施工能力，希望长城钻探公司能够成为加拿大合作开发稠油区块的合作伙伴，为国家海外资源开发战略开创新模式，实现双方互利双赢。

2010年2月2日上午，长城钻探公司总经理张凤山在北京与来访的古巴部长会议副主席卡布里萨斯、古巴驻华大使佩雷拉等一行座谈，双方就进一步加强合作深入交换意见。总经理助理胡欣峰以及有关部门负责人会谈时在座。古巴由于气候变化、国际金融危机和国际社会不可抗力等因素影响，经济发展比较困难。长城钻探公司对古巴遇到的困难给予理解与支持，古巴政府将采取有效措施履行好合同条款，继续深入推进双方在石油勘探开发领域的合作。

2010年5月5日，苏丹国家石油公司高级副总裁Ali Faroug Abbas一行3人抵达北京，在北京和辽河油区进行为期7天的技术考察与交流。访问的主要目的是了解长城钻探的总体情况和特色技术，与长城钻探公司签订合作框架协议。代表团首先参观长城钻探公司辽河分部，听取有关稠油热采、分支井、侧钻井、找堵水、防砂等相关技术的介绍，并参观工程院、杜84 SAGD、生产废水回注、废水处理现场。5月10日，Ali在北京长城钻探公司总部听取长城钻探公司整体情况介绍，参观钻井液实验室、测井装备制造厂。随后与长城钻探公司就下步合作签订合作谅解备忘录，长城钻探公司副总经理胡欣峰和苏丹国家石油公司副总裁Ali Faroug Abbas在合作谅解备忘录上签字。合作谅解备忘录的签署表明双方的合作迈出了重要一步，为长城钻探公司与苏丹国家石油公司深化合作奠定了良好基础。

2010年9月13—17日，加拿大毗斯河合资石油公司、中投公司代表团一行11人到长城钻探公司进行为期6天的考察访问活动。9月14日，长城钻探公司副总经理刘乃震、副总工程师杜立东，市场管理部、企管法规处、地质研究院、加拿大Seal项目筹备组等有关单位与代表团召开会议，副总经理刘乃震致欢迎词，会议作了辽河油田稠油开发介绍、Seal项目油藏地质认识汇报。代表团分别参观考察齐40蒸汽驱现场、曙一区污水处理现场，工程院钻采工具车间、测井解释中心及实验基地。双方就下步合作及Seal项目工作准备情况进行了座谈和交流。9月16日，代表团抵达北京，在北京进行为期2天的参观考察。与加拿大毗斯河合资石油公司、中投公司代表团的沟通和交流，使对方了解了长城钻探公司的综合服务能力和专业技术服务优势，为下一步合作的顺利开展奠定了基础。

三、2010年CNPC国际井筒技术研讨会顺利召开

2010年10月19—20日，集团公司工程技术公司在北京召开2010年CNPC国际井筒技术研讨会，会议由长城钻探工程公司承办。研讨会以论坛和技术报告的形式，向各位来宾展示中国石油在井筒技术服务领域所取得的最新科技成果，增强与国内外石油企业的沟通、交流与合作。会议有25个国家51个公司及6个政府部门的210名高级管理人员、专家和政府官员参加，覆盖集团公司海外工程技术服务的重点项目和大项目，参会代表多、企业多，论文交流水平高成为本次研讨会的新特点。为国内外石油企业研讨技术、交流合作搭建广阔的平台。大会期间，集团公司副总裁廖永远出席会议并发表重要讲话，充分体现集团公司领导对本次研讨会的高度重视。大会进行论文交流20篇，使与会同志充分了解了中国石油在钻井、修井、测井、录井等井筒技术服务领域以及装备制造方面所取得的最新成果，通过大会研讨达到了进一步提升井筒技术水平、解决好油气勘探开发中遇到的各种难题的目的。研讨会取得圆满成功。长城钻探公司总经理张凤山、书记王忠仁等领导会见来自乍得、委内瑞拉、古巴、阿尔及利亚、哈萨克斯坦、伊拉克以及土库曼斯坦等国家的外宾，介绍长城钻探公司工程技术服务的实力和特色，表达希望展开进一步合作实现共同发展的良好愿望。

四、长城钻探公司举办2010年国际井筒技术展览会

2010年10月22日，长城钻探公司在辽河油区举办2010年国际井筒技术展览会。副总经理、安全总监张柏松，副总经理胡欣峰出席开幕式。来自阿曼、伊朗、苏丹等国家国际石油公司的50多名企业中高层管理人员、技术专家参观展览。胡欣峰代表长城钻探公司领导班子致辞，长城钻探公司是中国石油海外最大的工程技术服务总承包商，包括钻井，测井和能源开发三大核心业务，国内业务分布在23个省市自治区，国际业务遍及26个国家。展览会场地达5000平方米，展出76块展板，122项井筒相关技术和120件（套）实物展品。

五、外国代表团来公司参观访问

2010年，到长城钻探公司进行访问的国外代表团多达45个（表8–2），包括高层会面、资审、调研、技术交流等各个方面的代表团。外国代表团的来访，增进海外项目合作方对长城钻探公司的深入了解，有利于海外市场的扩大以及海外项目的顺利运行。

表8–2 2010年长城钻探公司外事接待情况统计表

序号	日 期	接待团组	来访人数（人）	主要活动内容
1	1月12日	伊拉克南方石油局代表团一行	6	胡欣峰、顾伟康会见
2	1月15日	法国驻华大使馆	3	胡欣峰、顾伟康会见
3	1月27日	加拿大萨斯喀彻温能矿部	4	胡欣峰会见
4	1月29日—2月5日	BP鲁迈拉资审团	15	冯艳成、胡欣峰、顾伟康出席
5	2月1—8日	IADC副总裁	1	胡欣峰会见
6	2月2日	古巴部长会议副主席	6	张凤山会见
7	2月7—11日	印度尼西亚中信公司代表团	4	来华钻机检验
8	2月25日	意大利DrillMec副总裁一行来访，了解HH液压钻机和HTD液压顶驱使用意见	4	王欣、赵蕴国会谈
9	3月1—3日	苏丹3/7区副总裁代表团来访	3	
10	3月5日	南非石油公司及大使馆代表团来访	6	顾伟康会谈
11	3月17日	伊朗NIOC副局长来华	4	
12	3月22日	委内瑞拉优秀员工来华	6	
13	3月22日	壳牌客人来访	3	顾伟康座谈
14	3月22日	印度尼西亚BP MIGAS钻机检验	4	
15	3月23日	威德福公司	3	顾伟康会谈
16	3月29日—4月2日	阿曼MOG、PDO、DALEEM高级代表团	8	冯艳成、胡欣峰、顾伟康会见

续表

序号	日　期	接待团组	来访人数（人）	主要活动内容
17	3 月 24 日—5 月 3 日	苏丹石油局局长一行	2	张凤山、胡欣峰会见、宴请，顾伟康、许建民、于中洋参加
18	5 月 5—11 日	苏丹国家石油公司副总裁一行	3	王忠仁宴请，胡欣峰出席会议并宴请，许建民、于中洋参加
19	5 月 6 日	阿曼 PDO 工程局局长一行	5	胡欣峰出席会议
20	5 月 11—15 日	印度尼西亚甲方一行	2	参观上海世博会
21	5 月 19—27 日	伊朗国际石油公司勘探局局长一行	3	张凤山、胡欣峰会见，胡欣峰、王玉新会谈
22	5 月 20—24 日	哈萨克斯坦测井甲方中信公司	4	参观上海世博会
23	5 月 25 日	古巴国家石油公司总裁一行	5	张凤山、胡欣峰会谈
24	5 月 25 日—6 月 4 日	苏丹国家石油公司顾问	2	参观上海世博会
25	6 月 8—11 日	肯尼亚 Ngonjo 项目甲方	1	
26	6 月 21—26 日	台湾中华石油 OPIC 代表团	3	胡欣峰会见并宴请
27	7 月 8—11 日	哈萨克斯坦 K 区甲方	5	公司总部交流，参观上海世博会
28	7 月 21 日	古巴 CUPET 代表团	3	工程技术部、市场部会谈
29	7 月 28—31 日	伊朗 ARVANDA 及 OEOC 油田公司代表团	4	胡欣峰宴请，李海鸥会谈
30	8 月 1—6 日	哈萨克斯坦 PK 公司勘探部经理一行	2	参观上海世博会
31	8 月 3—6 日	哈萨克斯坦 CNPC-AMG 公司甲方一行	3	参观北京及上海世博会
32	8 月 4—12 日	哈萨克斯坦 K 区 Sagiz 甲方领导一行	4	参观上海世博会
33	8 月 5—14 日	阿曼甲方工程师代表团	5	参观北京及上海世博会
34	8 月 7—11 日	哈萨克斯坦 CNPC-AMG 公司甲方一行	4	参观上海世博会
35	8 月 11 日	香港环球投资和东方明珠创业公司代表团	5	冯艳成会见

续表

序号	日　期	接待团组	来访人数（人）	主要活动内容
36	8月15—19日	伊朗勘探部甲方代表团	5	参观上海世博会
37	8月22—27日	哈萨克斯坦KAM公司甲方代表团	5	公司总部交流，参观上海世博会
38	9月13—17日	加拿大毗斯河石油公司及中投公司代表团	12	刘乃震会谈，辽河分部参观考察
39	9月14—19日	叙利亚SSKOC副总经理一行	2	赴盘锦参加稠油研讨会
40	9月22—26日	哈萨克斯坦K区Sagiz公司副总经理一行	3	参观上海世博会
41	9月24日	苏丹大尼罗联合作业公司董事会代表团	19	胡欣峰出席交流晚会
42	9月25—29日	苏丹测井作业区甲方代表团	2	访问公司总部
43	10月19—20日	2010年CNPC国际井筒技术研讨会	77	参加会议，张凤山、王忠仁、胡欣峰、顾伟康等公司领导会见
44	12月3—10日	BP资审代表团	2	测井专业资审
45	12月5—11日	BP鲁迈拉资审代表团	3	钻修井专业资审
合计人次			275	

（刘　鹏）

信 息 管 理

【应用系统建设】

一、ERP系统

2010年，长城钻探公司组织94名关键用户在北京集中开展工作，完成关键用户培训、业务调研、业务流程梳理、主数据收集、系统配置、功能开发、单元测试、集成测试、接口开发、最终用户培训、上线准备等工作。在项目实施过程中，梳理各专业业务流程127个，优化流程24个。收集整理物资、设备、供应商等各类编码主数据48万条，培训用户1000多人次。2009年11月24日，长城钻探公司ERP项目正式启动，2010年8月9日，项目正式上线运行。

二、协同办公平台

电子公文系统是协同办公平台的重要组成部分，2009 年 12 月，系统在总部机关正式启用。2010 年，长城钻探公司持续推进协同办公平台建设，认真组织市场准入管理表单审批功能模块的开发和推广应用，在长城钻探公司各二级单位、海外大区、项目部和作业区推广电子公文系统，截至 2010 年底，系统处理电子公文 5 万份，完成表单审批 3 千个。

三、工程技术生产运行管理系统

生产运行管理系统是集团公司“十一五”期间重点项目之一，在长城钻探公司国内钻录测队伍推广应用，系统注册用户 6518 个，录井专业、测井专业实现单轨运行，具备网络条件的作业队实现现场数据的实时传输。2010 年，长城钻探公司正式下发《生产运行管理系统运行维护管理办法》，明确各级岗位职责和工作流程，配套 38 部卫星通信小站，重点解决偏远地区不具备网络条件作业队的通信问题。

四、信息门户系统

长城钻探公司建设主门户和二级门户 63 个，信息门户系统成为长城钻探公司信息共享的重要平台和对外宣传的重要窗口。2010 年，长城钻探公司主门户发布主要信息 3000 条，二级门户发布信息上万条，设计制作“公司一届二次职代会”、“落实集团公司会议精神”、“《奠基者》观后感征文”、“公司企业文化建设”、“我眼中的 HSE 专题摄影大赛”和“基础管理建设工程”等多个专题。

五、电子邮件系统

电子邮件系统是长城钻探公司进行内外信息传递和交流的一个重要系统，邮箱注册用户 5325 个，日收发邮件数千件。

【基础设施建设】 2010 年，加强长城钻探公司境内外骨干网络建设。长城钻探公司 4 个海外大区（中亚哈萨克、非洲苏丹、美洲委内瑞拉、中东迪拜）专线接入中国石油内网工作稳步推进，中亚阿克纠宾专线正式开通。长城钻探公司辽河分部至长城钻探公司总部骨干网备份链路建设完成，完成北辰世纪中心、东部服务中心、测井技术研究院的局域网建设工作和广域网接入。

长城钻探公司按照集团公司视频会议系统建设规范，建设覆盖长城钻探公司二级单位、国内项目部和境外项目部的视频及电话会议系统，支持长城钻探公司总部与国内各二级单位和项目部之间的便捷联系和沟通。2010 年 5 月 10 日，长城钻探公司每周生产例会改为长城钻探公司境内外视频电话会议，达到预期效果。

（口永红）

计划生育

【基本情况】 2010年，长城钻探公司人口与计划生育工作按照属地化管理的要求，分为北京总部、辽河分部、天津3个区域管理，各地区计划生育负责人按地区实际情况进行管理。长城钻探公司总经理办公室对各地区进行综合指导。

长城公司驻辽地区期末总人口数为19619人，其中，15—49岁育龄妇女2385人，已婚育龄妇女1983人，计划内出生79人，综合节育率93%，领证率80%，晚婚率98%，计划生育率100%，人口和计划生育政策执行率100%，群众满意率95%以上。

【保障机制】

一、资金保障

长城钻探公司提出“两保两全”、“双百双增”的发展战略，以“闯市场、降成本”为核心，保证计划生育各项费用投入，活动经费人均达到30多元；每年职工健康检查人均300多元；两费、独生子女医药费、退休职工一次性奖励费均足额及时报销发放；部分单位设立计划生育专项奖励资金，费用从经理奖励基金中列支。

二、制度保障

长城钻探公司始终坚持落实党政一把手负责工作制度，将人口计划生育工作纳入公司全年经营管理考核办法和基层“班子”百分考核办法中，同部署同考核，并作为否决项。长城钻探公司领导与驻辽二级单位主管领导签订人口与计划生育责任书，基层单位与育龄职工签订育龄职工计划生育责任状或互保合同，年底进行考核兑现。

三、系统网络保障

长城钻探公司驻辽单位有二级计划生育管理单位11个，下设10个处级计划生育三级管理单位，有专兼职两级计划生育干部24人，全部是大、中专以上学历的管理干部，组成高效顺畅的组织管理网络系统。各二级单位一直坚持落实学习制度。上级专门工作会议精神、重要文件精神全部上班子会。利用经理办公会或专门会议每年听取计划生育部门汇报，主管领导不定期听取工作汇报，解决实际问题。

【管理制度】

一、加强行政管理

2010年，长城钻探公司计划生育部门认真执行各项管理制度，严把各种审批程序关，坚持公开办事制度。基层基础管理是人口计划生育管理工作的重要组成部分，也是完成新时期人口计划生育目标的重要保证。驻辽各单位参加辽河油区的“人口计划生育基层资料档案管理模板”创建活动，提高基层基础管理水平。把日常管理重点锁定在生育指标审批、独生子女审批、再生育指标审批及随父落户4个方面。加强对男单职工再生育的宣传管理，规定无论女方是省内或省外户口均要求在女方户籍地领取再生育指标，及时跟踪审批表的返回情况，从源头上堵塞再生育管理中可能出现的问题。

二、加强信息化管理

2010年，长城钻探公司继续推进人口计划生育信息化建设，在育龄群众管理、宣传教育、日常办公、档案化管理等方面实现计算机自动化。北京总部、辽河地区、天津3区域计划生育专兼职干部要求职能部门、基层单位尽快熟悉本单位员工的情况，加强计划生育信息化管理力度，提高统计信息准确率和利用率。

三、加强政务公开及监督管理

长城钻探公司计划生育政务公开统一按“服务需求指南、证件申领程序、奖励政策、法定生育条件、违法生育责任”等5块内容向群众宣传政策；将独生子女托幼费补贴、医药费报销、再生育审批等办事程序形成正规化办事流程分11个部分链接到计划生育网页的办事大厅栏目，方便群众查阅。畅通敏感问题群众反馈渠道，做到“三公示”。定期对基层单位的行政执法情况进行监督检查。通过自检自查、群众反馈等方式发现问题。通过自省自改、面对面检查指导等方式及时解决问题。

【宣传教育】 2010年，长城钻探公司辽河分部计划生育部门筹备组织“同健康，共快乐”人口文化健康周活动，拉开“人口文化建设年”的序幕，本着职工群众求知、求美、求乐的需求，培育优秀的人口文化，旨在增强全员健康意识，促进家庭和睦，更好地服务企业。

一、发挥环境教育导向作用

长城钻探公司注重宣传阵地、宣传环境的建设及宣传品的发放。计划生育宣传杂志、各类群体计划生育书籍、VCD声像宣传阵地、生育文化理念灯箱等发挥阵地宣传的优势，引导职工群众的生育文明。2010年，测井公司宣传品投入费用达到二万多元，购进各计划生育书籍杂志1400余册、特制扑克牌200副。

二、发挥特色活动助推作用

2010年3月，测井公司纪念“三八节”100周年，组织女职工开展“团结协作，共筑辉煌”多米诺骨牌赛。长城钻探公司部分在家领导、15个基层单位的书记与80多名女职工代表组成9支代表队参加比赛。驻辽各计划生育部门利用纪念日举办丰富多彩的主题鲜明的活动，包括“迎五四、纪念5·29”的职工长跑比赛、“把理想写在千尺井下”企业文化推进晚会；组织开展“回眸30年”纪念九二五《公开信》发表30周年征文活动，驻辽单位征集近百余篇文章。钻井一公司等单位开展“托起明天的太阳”独生子女早期教育周末讲堂，5月28日近百名年轻的父母参加由武汉大学早期教育专家“成就孩子一生——如何对宝宝进行早期教育”的讲座，就如何帮助年轻父母避免进入早教误区，揭秘0—4岁宝宝发展关键期等教育问题做了详细的讲解，使父母们收益颇深。

2010年下半年，驻辽单位各级协会制订并实施爱心服务计划，辽河分部协会组织长城钻探公司驻辽各二级单位协会主管领导参加人口与计划生育西部地区爱心服务小分队，花费两个月的时间，先后到陕北、榆林、庆阳、乌审旗、海拉尔、延安等地，发放自制的计划生育知识、健康手册、科普知识等宣传品共1000份，自制宣传内容的扑克200副，记录笔200支，爱心传递袋200套，召开3场现场座谈会，解答广大基层职工最关注计划生育的热点问题，为职工解疑释惑。爱心小分队还精心准备了自编自演的文艺节目，和西部参战员工举行了3场联欢互动演出。结合各施工项目部现状确定海拉尔、苏里格、长庆3个计划生育爱心服务站点，公布3条爱心服务热线。驻辽单位各级计划生育协会将开展的安心工程活动做到“四落实”，包括联系人落实，联系方式落实，服务人员落实，服务内容落实。为一线员工的家属开设孕产妇绿色通道，对有困难的家属“一帮一结对”等服务项目，使计划生育工作切实做到深入基层服务一线，做到人口文化系列活动特色鲜明、主题突出。

【优质服务】 2010年，长城钻探公司以“家庭健康促进计划”为载体，提升计划生育服务的实效性，采取多种方式开展需求调查，坚持以人为本，实现优质服务工作思路和方法的两个转变。重点围绕“六大群体”开展特色服务，构建“需求引导、分类服务、全程关爱”的优质服务机制，全面提升计划生育优质服务水平。

一、关爱婚孕期群体，推进优生优育服务

2010年，长城钻探公司计划生育部门为婚孕期群体特别制作“生育传承希望，关怀相伴和谐”爱心服务袋500件，内装婚育服务指南、折页、福施福宣传单、孕产导读等相关内容，送到新婚职工手中；做好出生缺陷一级预防，推广“福施福”工作，驻辽单位推广“福施福”300盒；开展各种形式的优生优育咨询指导，钻井二公司为0—3周岁幼儿教育示范基地试点单位。

二、关爱已婚群体，推进生殖健康服务

2010年，长城钻探公司计划生育部门以“家庭健康促进计划”为载体，各单位开展职工体检，协调安排生殖健康检查项目，进行集中筛查，确保每年进行一次宫颈癌、霉菌滴虫的普查，女职工参检率98%；将患重症职工建立跟踪服务档案，纳入重点人管理，利用网络，光盘、书籍、折页、请专家授课等多种形式提供咨询帮助信息，并定期随访提示，对于患有恶性病的员工为其提供专门的服务，如政策咨询、保险赔付等。

三、关爱特殊群体，推进“阳光”服务

测井公司、录井公司、钻井一公司、钻井二公司、井下作业公司等单位计划生育部门，关心单亲困难女职工家庭及计划生育困难家庭，每年定期开展困难帮扶，把组织的温暖及时传递到她们心中。2010年春节、国庆中秋两节慰问单亲女工及计划生育困难家庭100人次，发放慰问金近5万元。特别关注病残孩及重特大病孩子的家庭；各级计划生育部门提出“贴”字文章，启动“安心工程”活动，计划生育系统的“爱心服务小分队”为员工家庭提供全方位的服务。做到联系人落实，联系方式落实，服务人员落实，服务内容落实。钻井一公司计划生育部门为新疆项目部员工患有先天性脑瘫的孩子捐款，120 名职工捐款 23900 元，全额报销了孩子的手术费。经过两次手术治疗，孩子现在双脚能下地简单活动。

2010 年，长城钻探公司关爱未婚群体的婚恋问题，测井公司、录井公司、井下作业公司、钻井一公司、钻井二公司、钻井技术服务公司等单位利用一线员工冬季回驻休整的有利时机与团委联合开展“牵手相约 美丽人生”青年联谊系列活动，为未婚群体提供交友平台，近 200 人参加。做好“玫瑰之约—club”管理工作，积极发展会员。

【队伍建设】

一、落实学习制度

2010 年，长城钻探公司计划生育部门采取集中学、网上学、自学、互学等形式，培养计划生育干部的三种观念，包括法制观、群众观、服务观。由于人员变动频繁，计划生育部门重点组织管理系统、省光荣证管理办法、咨询师等专题培训。

二、落实实践制度

通过岗位练兵、爱心服务小分队开展活动等方式把学到的理论业务具体应用到工作实践中，做到在工作中学习，在学习中实践，在实践中创新，在创新中发展，在发展中建业绩。

三、落实竞赛制度

通过竞赛活动检验团队的整体素质，激发团队成员的竞赛意识，激励团队成员的奉献意识。2010 年 11 月，长城钻探公司开展三级单位档案资料展评活动，加强档案化管理水平。

四、落实交流制度

通过交流，充分发挥典型的带头作用，促进干部队伍整体素质的提高。2010 年，长城钻探公司计划生育部门开展每月一会，每会典型发言，收到较好的效果；开展“分享生活，分担风雨”计划生育经验全分享，拓宽交流的内容，从工作、生活、教育、健康、保健等方面增强计划生育干部队伍的知识交流和管理经验。

（任　晶　张晓艳）

文秘工作

【文书工作】

一、推广应用电子公文系统

2010 年，长城钻探公司文书科本着规范、实用的原则，对国内所有二级单位公文流程进行个性化定制，并固化在系统中。2010 年 4—5 月，在国内单位全面推广应用电子公文系统，实现公司总部机关、国内二级单位机关全部使用电子公文系统处理公文，具备条件的三级单位均设立收文点。系统注册用户 4356 人，组织系统用户培训 14 次 400 余人。制定《长城钻探工程公司电子公文系统运行管理办法（暂行)》，规范系统的运行与管理。通过流程定制，公司公文流转程序和标准全部统一，使公文处理工作更加安全、保密，便于跟踪督办落实，公文的运转质量和运行效率进一步提高。

二、规范公文处理工作

长城钻探公司文书科在电子公文系统中设置当前处理人、送转时间、责任部门等查询项，并设置流程监控选项，保证相关领导和文书及时掌握文件去向、所处环节和办理情况，并根据文件紧急和重要程度及时进行文件催办；在发文过程中细致做好公文审核、校对工作；对发文拟稿部门提出严格要求，对不符合公文格式和内容有明显错误的公文进行退回处理；对篇幅较长的文件，采取多人、多次反复审核的办法，减少失误率；对在专业上有疑问的规范性文件，返回拟稿单位复核、确认，发文前的文书把关措施，确保了公文的准确性。

三、做好印信管理工作

长城钻探公司文书科在所属单位进行重组、更名、注册过程中，做好公司机关各部门、部门业务专用章、二级单位行政公章等各类行政公章的更换、交接、发放、回收工作；对所有归口管理的印章进行印章管理人、使用人备案，减少管理漏洞；用印认真执行登记、审批程序，暂时废止印章全部在机要室保险柜封存。处理上报三级文件、其他外来文件和二级单位上报文件1400余份；制发公司文件216号，其中，规章制度67号；制发公司函81号，总经理办公室文件、函46号；同时处理大量需办公室办理的公司、部门文件、呈批件和其他资料。2010年，没有出现一起“公文处理事故”。

（孙启宏）

【秘书工作】 2010年，长城钻探公司秘书科围绕主题“转变发展方式、调整优化结构”，创新完善工作思路和工作方法，完成企业需要和领导交办的各项工作。完成大型综合材料，坚持高标准、严要求，认真领会领导的思路和意图，结合长城钻探公司生产经营和企业发展实际，完成工作汇报、领导讲话、报告等综合文字材料40余篇，50余万字，下发《总经理办公室通报》14期，供各单位学习研究、指导工作。推进常规业务，全年跟踪会议记录90余次，起草《生产办公例会纪要》、《领导办公会议纪要》等66期，保证长城钻探公司领导要求的准确传达；及时落实长城钻探公司重点项目、重大事件进展情况，全年上报《情况反映》32期、下发《企业动态》13期。深化理论学习，认真学习集团公司、长城钻探公司领导的讲话和工作报告，加强对文字材料撰写能力的锻炼，提高自身素质和逻辑思维能力，确保为领导决策提供准确可靠的资料。

（冯　光）

机要保密工作

【保密制度】 2010年，长城钻探公司印发《保密管理制度》，废止2008年发布的《保密管理办法》。长城钻探公司现有保密制度4项，包括《保密工作管理规定》、《保密要害部门部位保密管理暂行办法》、《商业秘密保护管理实施细则》、《机要文件管理实施细则》，形成更为完整的保密制度体系，明确各项保密职责。

【保密教育和培训】 2010年11月2—5日，长城钻探公司保密委员会在北京石油干部管理学院举办“公司保密干部培训班”，就新《中华人民共和国保密法》、集团公司与长城钻探公司相关保密制度、日常保密工作操作规范、防窃知识与技能等内容，对各二级单位保密工作负责人、涉密岗位关键人员进行了培训，对实际工作发挥了较大指导作用。

长城钻探公司开展保密宣传教育和督导工作，将各项保密要求写入长城钻探公司《员工手册》，并拍摄在《员工行为规范》宣传片中，供员工学习。开展保密宣传月活动，包括举办涉密人员讲座、设计制作保密法教育专栏、组织保密知识答题以及设计编写保密教育资料读本并发放到机关人员手中。

【机要保密】 2010年，长城钻探公司加强机要保密工作管理，在办公楼设立独立的机要保密室，在保密室内配备红外防火防盗报警器、监控摄像头，安装防盗门，配备专用的保险柜；加强涉密会议和重大涉密活动的管理，严格控制涉密资料的分发范围和份数，会后及时收回、销毁；对涉密文件的制作、收发、登记、传递、使用、保管、销毁、归档等环节建立严格的程序和规定，按照“第一时间”和“零停留”的要求，加强对密件流转的跟踪；严格限制在OA办公系统上流转文件的保密级别和权限范围，确保集团公司机密、秘密级文件不上网，保证无纸化办公的条件下，保密工作得到落实；加强信息发布管理，严格对门户网站、媒体、新闻报刊等发布的信息进行审核，杜绝在对外宣传中泄漏企业商业秘密。

土 地 管 理

【土地管理】 2010年，长城钻探公司位于盘锦市中心区8宗土地的置换迁建工作正式启动。长城钻探公司与盘锦市政府签订土地置换协议。完善工程院开发区实验基地土地使用手续，以出让方式取得土地使用权并办理土地使用证，节约出让金793万元。

【土地协调】 2010年，长城钻探公司征收土地50宗35.71公顷，其中，井场用地42宗5.04公顷，道路用地3宗29.87公顷，其他用地5宗0.8公顷。按照集团公司要求协助苏里格项目完成2005年至2009年用而未批征收土地的补报手续，其中，井场467个，建成集气站8座、集气配套站场12个、护管路3条，合计面积121.6公顷。

（骆　意）

档案、志鉴

【基本情况】 2010年，长城钻探公司档案工作围绕建设国际化石油工程技术总承包商的企业定位，深入贯彻集团公司档案工作会议精神，以服务公司生产经营整体目标为方向，以加强制度建设和推进信息化建设为重点，加强归档管理，突出服务主题，全面推进公司档案工作上水平。下发《境外档案管理办法（暂行)》，起草《档案管理办法》、《建设项目档案管理规定实施细则》，编制《各类档案归档范围指导目录》；开展向刘义权同志学习活动；加大年鉴和史志编撰工作力度，出版长城钻探公司第一卷年鉴《中国石油长城钻探工程公司年鉴(2009)》，配合辽河油田公司做好《辽宁省石油开采工业志（1986—2005)》的编撰工作。

截至2010年底，长城钻探公司收集档案2.5万卷、50.05万件，磁（光）盘286张，实物档案（主要是荣誉档案）80件。档案存量有52.23万卷、1041.2万件，案卷、件排架长298346米，声像档案300盘，照片1365张，磁带1000盘，磁（光）盘2796张，档案柜479组、密集架111列、计算机65台、磁盘阵列1万亿字节、服务器5台，其他专用设备305套。全年提供档案利用25252人次，借阅档案226423卷次、450543件次。长城钻探公司档案用房总建筑面积6100平方米。长城钻探公司档案系统有专职档案人员69人。其中，34岁以下14人，35—49岁50人，大专以上文化程度的46人，具有高级技术职称的1人，具有中级技术职称的13人。长城钻探公司有兼职档案人员76人。

（杨　金）

第九篇

党群工作

综合情况

【党组织建设】

一、"四好"班子建设

2010年，长城钻探公司制定《长城钻探公司推进创建"四好"班子活动指导意见》，明确目标，细化措施；制定落实《中心组学习制度》，坚持两级班子中心组学习日常化、制度化，深入推进学习型党组织建设；研究制定《长城钻探公司落实"三重一大"决策制度实施细则》，并对5个基层单位进行了抽查；认真开好领导班子民主生活会，长城钻探公司组织人事部门、纪检监察部门加大对二级班子民主生活会的指导监督。全年新建二级党委1个、调整补充二级党委委员12人，2个二级党委进行换届选举。

二、"六个一"党支部建设

2010年，长城钻探公司新建党总支9个、党支部92个，选拔调整党总支书记14名、党支部书记99名。基层党支部"三个最佳"创建工作全面深入，"最佳执行力"党支部70136队建设"一流团队"，在国内外部市场中取得多项工作突破；"最佳创造力"党支部50564队建设"标杆文化"，在国内水平井施工中创造历史最好成绩；"最佳凝聚力"党支部哈萨克斯坦项目部和苏丹测井作业区整合不同国籍员工思想，构筑跨国文化融合，员工本土化率分别达到93%和82%。

三、海外党建工作

长城钻探公司针对海外大区党群人员尚未到位，基础薄弱的实际，起草制定《海外党建工作指导手册》，出台《大区和国内二级单位党组织及党员接口管理有关问题说明》；按照"灵活高效、分类指导"的原则，制作海外4个大区及所属项目、作业区直到基层队的党组织、党员队伍和积极分子队伍信息库，明确海外大区党委和国内二级单位党委的管理内容和权限，初步构建总部统一协调、大区纽带沟通、国内服务支持的党建工作格局。

【党员队伍建设】

一、党员教育与管理

2010年，长城钻探公司针对基层队伍管理中出现的问题，党委利用3个月的时间，集中开展"组织观念、组织原则、组织纪律"教育活动，编发宣教提纲和启示性案例。基层单位采取"四强化"、"设立组织纪律监督哨"等方式深入落实，强化广大党员干部的大局意识、政治意识。井下作业公司突出转变"十种观念"，对全体员工统一思想，成功实现扭亏为盈。长城钻探公司集中3个月的时间，分别举办党委书记培训班、党建业务培训班和党支部书记培训班，通过教育引导，使广大党员干部对如何开展创先争优活动在思想上有了统一的认识和深刻的理解。

二、发展党员工作

长城钻探公司坚持发展党员“十六字”方针，坚持“双培养”，“把骨干发展成党员，把党员培养成骨干”，全年发展党员 287 名。在海外党组织发展党员 38 名，同比提高 111 个百分点。非洲大区、中亚大区、美洲大区实现重组以来党员发展工作“零”的突破。

【创先争优活动】 2010 年，长城钻探公司党委按照集团公司党组和直属党委的统一安排部署，提出《创先争优活动安排意见》，成立创先争优活动领导小组，2010 年 7 月 5 日召开创先争优活动启动大会，进行全面的动员和部署。提出以“深入学习实践科学发展观，加快建设国际化石油工程技术总承包商”为主题，以“奉献钻探当先锋、我为党旗添光彩”为实践载体，以“两诺、两评、三联、三最佳”为主要方法的总体活动思路。各基层党组织结合实际层层组织、层层发动，创先争优活动在公司国内外支部全面展开。

【企业文化】

一、形成“力文化”体系

2010 年，长城钻探公司制订《企业文化建设“十二五”发展规划》，编写完成《企业文化手册》、《员工手册》，并配套摄制《企业文化宣传片》、《员工职业道德和行为规范宣传片》。召开企业文化推进会，明确以“大庆精神、铁人精神为灵魂，以领导力、执行力、凝聚力、创造力为核心，以 HSE 文化建设为基础，以廉洁文化为保障，以团队文化为目标，加大理念灌输、案例教育和先进管理手段的推广，确立、宣传贯彻不同国籍、不同文化背景下，员工普遍认同的长城价值观和长城发展愿景，以企业文化促进各项工作创新发展”的总体思路。长城钻探公司拥有“自立为本，利油利他则久；员工至上，永葆创业激情”的经营哲学。

二、落实有感领导

2010 年，长城钻探公司清晰界定各级领导在企业文化建设中的角色定位，包括践行者、建设者、管理者。全面落实有感领导、属地管理和直线责任。在长城钻探公司各管理层面引入文化管理的方式方法，强调员工认同在政策执行过程中的作用。各单位按照长城钻探公司的总体部署，制订相应的企业文化建设工作方案。测井公司召开企业文化推进晚会，邀请海外员工家属感受企业氛围；苏里格气田项目部召开企业文化推进会，发扬“忠诚、无畏、奋斗”精神。

三、开展企业文化实践活动

长城钻探公司坚持把企业文化建设与思想政治工作相结合，与基层基础工作相结合，以歌曲创作、歌唱比赛、演讲比赛等形式，将企业精神、核心价值理念、员工行为规范逐渐转化为员工的自觉行动和习惯。持续开展以“弘扬大庆精神、铁人精神，熔炼团队，共筑长城”为主题的拓展训练活动。启动海外文化信息工程，为国内外一线基层队送文化、送知识、送信息，促使员工在学习中进步、企业在学习中发展；组织创作《长城钻探之歌》，以及一系列抒发热爱石油、热爱长城钻探公司之情的抒情歌曲，举办企业文化汇报演出。

四、办好一报一刊一网

2010 年，长城钻探公司以《长城

钻探报》、《长城钻探》杂志、网站为平台，展示企业文化建设成果；编制形成长城钻探公司规范化《视觉形象手册》，并按照集团公司品牌管理委员会要求，对长城钻探公司简称、专业服务品牌应用、现场应用、办公场所应用、办公用品及服装应用进行补充规范。加大长城钻探公司品牌形象宣传力度，以石油主流媒体为主要平台，广泛宣传公司的生产经营亮点、技术实力特色以及广大员工的拼搏奉献精神和典型事迹，促进长城钻探公司形象建设。

宣传思想工作

【思想建设】 2010年，长城钻探公司建立健全中心组学习制度，实现理论学习的规范化。按照要求，制订并下发2011年党委中心组学习计划，对学习的指导思想、内容方式提出具体要求。同时，对二级单位提出指导性意见，要求二级党委中心组做到与公司党委学习的同步化，尤其是保证学习时间和效果。长城钻探公司丰富中心组学习内容，提高理论学习的针对性。在实际工作中，做到上级会议精神，尤其是集团公司会议精神必学；上级规章制度，尤其是关于党风廉政建设内容必学。在此基础上，向各级领导干部推荐了31本书籍，内容涵盖党的理论体系、经营管理、市场经济等，丰富学习内容。长城钻探公司创新中心组学习载体，扩大理论学习的覆盖面。集团公司重大指示精神，长城钻探公司采取视频会议的方式进行，涵盖国内外各个区域。对于因事外出和海外的人员都通过电子邮件的方式传送学习材料。邀请专家教授进行现场讲座，增强学习的直观性，全年组织18次学习讲座。

【主题教育活动】

一、加强形势任务教育

长城钻探公司在为期两年的“三树一增”主题教育的基础上，以“传承、创新、超越”为主题，强化大庆精神、铁人精神再学习、再教育，通过开展《奠基者》征文比赛、举办大庆精神、铁人精神专场报告会等活动，引导广大员工在艰巨的任务面前不退缩，在新的形势任务下不懈怠，齐心协力为公司发展作贡献。特别是在关闭低效市场、解散装备落后的钻井队、推行扁平化管理等变革面前，党员干部和员工群众为国尽责、为油奉献的自觉性进一步增强。钻井一公司开展“牵手奠基者，重走会战路”活动，增强形势任务主题教育的效果。

二、加强廉洁从业教育

2010年，长城钻探公司开展“忠诚事业、承担责任、艰苦奋斗、清廉奉献”主题教育、以《国有企业领导人员廉洁从业若干规定》等4项重要法规文件为主的党纪条规教育，认真落实《党员领导干部廉洁从政若干准则》，以科级以上党员干部和重要岗位人员为重点，深化反腐倡廉教育，增强党员领导干部廉洁自律的自觉性。组织各单位上专题党课 118 场次，召开专题座谈会和讨论会 238 场次，观看警示教育片 60 场次，参观警示教育基地 5 场次，组织答题活动 7 次。长城钻探公司领导班子全体成员、各级领导干部、人财物重要岗位 2578 人参加知识答题。

三、加强爱岗敬业教育

长城钻探公司各种用工形式并存，利益诉求多样，各种社会思潮对员工的影响也越来越大。长城钻探公司要求各单位把爱岗敬业教育作为经常性教育活动来抓，钻井二公司开展“情系长城、爱在钻二”系列活动，使新接收的 415 名高校毕业生缩小理想与现实的距离，提高对企业的归属感。录井公司开展“双向感恩”教育活动，让干部感谢员工，员工感谢企业。总部机关开展一线员工“忠诚企业、爱岗敬业”宣传教育活动，把优秀基层干部请到机关做报告；组织机关干部到基层现场观摩，增进对一线生产单位的理解和认识。

纪检监察

【基本情况】 2010 年，长城钻探公司纪检监察部门坚持以邓小平理论、“三个代表”重要思想和科学发展观为指导，深入贯彻党的十七大精神，认真履行党章赋予的各项职责，紧紧围绕长城钻探公司中心工作，以推进惩治和预防腐败体系建设为主线，以落实党风建设责任制为抓手，突出抓好领导人员廉洁自律、案件查处、效能监察等重点工作。长城钻探公司纪检监察部门下设 4 个科室，包括综合办公室、案件检查室、效能监察室和党风建设室。

【反腐倡廉教育】 2010 年，按照集团公司党组纪检监察组《关于在开展“忠诚事业 承担责任 艰苦奋斗 清廉奉献”主题教育活动中，加强反腐倡廉教育的实施意见》的要求，以落实《中国共产党党员领导干部廉洁从政若干准则》和《国有企业领导人员廉洁从业若干规定》为内容，以科级以上党员干部和重要岗位人员为重点，以“五个一”活动为载体，形成各级党政领导班子主要领导具体负责、班子成员全力支持、党员干部参与、集中学习与个人自学相结合、国内国外相互联动的学习教育工作格局。在主题教育活动中，各单位上专题党课 218 场次，开展专题讨论 338 场次，撰写学习心得和活动汇报材料 198 篇，观看警示教育片和参观警示教育基地 165 场次，制作廉洁文化电子展板 20 块、绘画作品 66 幅。长城钻探公司纪委监察部门编辑发放《党员干部廉洁自律手册》1000 册和《长城钻探工程公司廉洁从业模范干部事迹及党员身边故事优秀征文集》500 册。长城钻探公司领导班子全体成员、处级以上领导干部 372 人、人财物重要岗位人员2206人余人参加《中国共产党党员领导干部廉洁从政若干准则》和《国有企业领导人员廉洁从业若干规定》法规知识答题活动，平均得分97.5分。

【干部廉洁自律工作】

一、修改并签订党风廉政建设责任状

2010年，长城钻探公司组织各二级单位、境外大区和分部党委以及12个机关部门和32个境外项目部、作业区与长城钻探公司党委签订2010年党风廉政建设责任状，签订责任状68份。结合长城钻探公司实际，对2010年党风建设责任状内容进行修改和完善，将领导人员履行党风廉政建设责任情况与业绩考核紧密结合起来，以确保上级党风廉政建设决策和部署在长城钻探公司得到贯彻落实。

二、开展领导班子和处级干部廉洁自律测评工作

2010年，长城钻探公司纪委监察部门会同人事部门和群众工作部门，对21个二级单位、4个境外大区领导班子以及308名处级干部廉洁自律情况进行测评，廉洁自律平均满意率为96.9%，21个二级单位和4个境外大区班子平均满意率96.629%。

【惩治和预防腐败体系建设】 2010年，长城钻探公司党委高度重视惩治和预防腐败体系建设工作，成立以党委书记和总经理为组长，纪委书记为副组长，各部门负责人为成员并由纪委常务副书记任办公室主任的惩治和预防腐败体系领导小组，全面负责长城钻探公司惩防腐败体系的建设工作。制订长城钻探公司《建立健全惩治和预防腐败体系2008-2012年实施计划》和《2008—2010年推进计划》，全面部署长城钻探公司五年惩防腐败体系建设各项工作任务，并对2008年到2010年的工作任务进行分解。2010年，长城钻探公司各部门按照惩防腐败体系推进计划的要求，制定完善涉及干部选拔任用、预算和财务管理、物资管理、内部审计等方面管理、监督制度37项。

【案件查处】 2010年，长城钻探公司按照中央纪委《关于纪检监察机关依纪依法办案的意见》，坚持“一案两报告”制度、领导包案制度、信访初核和立案案件定期分析制度，突出办案重点，整合办案资源，正确处理惩处与保护的关系，严肃查处一批违纪违规案件。2010年，长城钻探公司两级纪检监察部门受理群众信访举报11件（次）。立案3件，结案3件，结案率100%，给予纪律处分3人，通过查办案件，挽回直接经济损失22.5万元。

【效能监察】 2010年，根据长城钻探公司经营管理工作重点和“全要素降低成本”的要求，重点开展效能监察工作。两级纪检监察部门立项15项，发现问题67个，避免经济损失7168万元，挽回直接经济损失70.5万元，提出管理建议47条，建章立制34项。

长城钻探公司分别对5个单位落实“三重一大”决策制度情况和12个单位落实党风廉政建设责任制情况进行检查调研，发现并纠正制度不健全、执行不严格、作风不民主等突出问题；对9个驻辽单位和一个境外项目部物资采购管理情况专项监察，发现和督促整改制度执行不严格、采购行为不规范等问题，促进物资采购管理制度的落实。同时，对长城钻探公司子女招工、职称考试、技术比赛、项目招投标等工作及时进行监督，促进公开、公平、公正办事。

【队伍建设】 2010年，长城钻探公司两级纪检监察部门结合实际，把坚定理想信念、牢记根本宗旨、严守政治纪律、保持良好作风作为加强自身建设的重要方面，通过多种方式和途径，提高纪检监察干部自身素质和工作水平，切实履行肩负的职责和使命。根据集团公司的统一部署，在学习和实践科学发展观活动中，认真开展“做党的忠诚卫士、当群众的贴心人”主题实践活动。长城钻探公司两级纪检监察部门按照“对党和国家无限忠诚、对腐败分子和消极腐败现象坚决斗争、对广大干部和群众关心爱护、对自己和亲属严格要求”的要求，切实抓好学习教育、对照检查、分析评议、整改提高等各阶段工作，积极解决不适应不符合的问题。查找出思想观念、工作思路、工作作风和自身建设等方面5个突出问题，并制定整改措施逐项抓落实。

2010年，长城钻探公司先后选派15人次参加上级部门举办的培训班；2010年，长城钻探公司纪委在北京石油干部管理学院举办纪检监察培训班，各单位纪委书记、监察科长和业务骨干40余人参加培训，集中学习落实科学发展观、党风建设形势和任务、纪检监察业务知识等内容，开阔了视野，丰富了业务知识，提高理论水平，增强纪检监察干部岗位履职能力。坚持理论与实践结合，注重加强纪检监察理论研究，参加石油监察分会理论研讨活动，有3篇论文获得第三片区优秀论文奖，有1篇论文在《北京石油管理干部学院学报》上发表。

（张选春）

工会工作

【健全活动机制】 2010年，长城钻探公司建立和完善工会活动机制，出台《实施“安心工程”的指导意见》、《关于建立健全员工利益诉求表达通道的意见》、《长城钻探公司体检工作的补充规定》，修订并完善《长城钻探公司员工体检管理办法》、《员工疗休养管理办法》等相关制度。

【强化活动组织】

一、“五型”班组建设活动

长城钻探公司落实集团公司《基层建设纲要》要求，以长城钻探公司党委文件对“五型”班组创建活动基本原则、工作思路、基本内容、活动目标及考核评价办法、推进措施进行详细安排，提出工作要求。各级工会还通过深入基层调研、组织班组长培训、召开现场会和参观学习等形式，先后组织部分二级单位工会干部到抚顺“王海班”参观学习，召开长城钻探公司“五型”班组现场经验交流会，参观班组典型现场，推进“五型”班组建设，提高创建活动效果，确定班组建设“三步走”工作目标（2011 年作为巩固年，80% 以上基层班组达到“五型”班组标准；2012 年作为发展年，90% 以上基层班组达到“五型”班组标准；2013 年以后作为持续提升年，力争所有班组规范化运作，成为适应公司发展的坚强团队）。

二、劳动竞赛活动

长城钻探公司各级工会以劳动竞赛活动为平台，创新劳动竞赛形式，加强与生产经营、安全生产、队伍建设等密切结合，促使群众性劳动竞赛向知识型、智力型、技巧型拓展。围绕“员工创造工程”开展员工创造效益、创造效率、创造技术、开拓市场等方面劳动竞赛；围绕“合理化建议、节约挖潜和技术改进”开展节约增效、技改增效、管理增效、政策增效等方面的劳动竞赛；围绕“一创三争”巾帼建功活动，在女工中开展激励广大女工争当“管理标兵、优秀科技工作者、优秀岗位操作能手”等方面的劳动竞赛，引导员工加强学习，提升技能，在生产实践中发挥创造力，形成“队与队、班与班、岗与岗”之间，比质量、赛技能，比安全，赛提速的氛围，职工安全意识、效益意识、品牌意识逐渐增强，确保长城钻探公司钻井提速、水平井钻井、压裂测试等方面的特色技术得到应用和完善，刷新钻井日进尺、月进尺纪录，巩固“安全长城、效益长城、品牌长城、特色长城”形象。

三、文体活动

长城钻探公司工会成立围棋、象棋、足球等 3 个群众性文体协会，开展棋类、球类、拔河、游泳等文体比赛活动，在总部机关和在京单位员工中，开展工间操活动，活跃员工的业余文化生活；配合组织“企业文化建设工作会”文艺演出晚会；组队参加集团公司在京单位的围棋、游泳、羽毛球、足球比赛，其中，长城钻探公司围棋比赛获团体第一名，游泳、羽毛球和足球比赛也取得很好的战绩。

【合理化建议、节约挖潜】 2010 年，按照长城钻探公司关于节约挖潜的工作要求，各级工会组织开展“合理化建议、节约挖潜和技术改进”主题竞赛活动，倡导成本意识和节约理念，将竞赛指标分解到基层单位。各单位在职工中大力开展节约挖潜、提合理化建议、小改小革、创优创效活动，从节约一度电、一滴水、一张纸和提一条合理化建议做起，真正让“金点子”、挖潜增效、小改小革活动，变成职工为企业创造经济效益的有效途径。2010 年，征集职工合理化建议 5749 件，实施 4890 件，完成技术改进成果 1021 项，修旧利废 8246 台（件），群众性挖潜 409 项，实现增收节支 8500 多万元。

【民主管理】 2010 年，长城钻探公司全面推进民主管理工作，各单位坚持职工代表大会制度，按期召开职工代表大会或基层民主管理大会，建制率达 100%。坚持将企业发展思路、重大决策提交职工代表讨论，广泛征求职工代表和职工群众的意见和建议，充分发扬民主，落实职代会的各项职权。坚持民主评议干部，领导干部在职工代表大会上述职述廉，发挥职工代表的民主监督作用；落实厂务公开制度，围绕企业生产经营管理的重点难点、职工群众关心的热点焦点问题，深化厂务公开的内容，对企业收支情况、奖金分配情况、业务招待费使用情况、聘用选拔干部等事项进行公开，接受职工监督。长城钻探公司一届二次职代会,收到代表提案和建议68份，确定立案 59 份。依照《长城钻探公司职工代表大会提案工作制度实施办法》，对59条提案进行逐案研究,并处理完毕，反馈提案人。

【员工合法权益】 长城钻探公司工会立足于维护职工的合法权益同关心关爱职工有机结合起来，促进和谐的维权保障机制。实施“安心工程”，先后下发《实施“安心工程”的指导意见》、《关于建立健全员工利益诉求表达通道的意见》等，组织人员赴基层一线调研，了解和掌握员工群众的思想动态以及员工诉求，通过员工利益诉求表达通道将职工的困难反映到长城钻探公司并加以解决。关爱员工，立足于改善员工生产生活条件，保障员工切身利益经常到基层、前线慰问，在带去生活、文体物资的同时，也充分了解一线职工的生活状态，了解其疾苦和困难。全年各级工会为一线队伍配备文体用品和文化设施万余台件，支出工会经费 80 余万元，80% 以上的一线队伍的生产生活和文化设施条件达到标杆队水准，改善了员工生活条件。协调解决北京、天津等地子女入学百余人；协调解决员工及家属就医、看病等疑难问题 50 多人次；与北京、天津、沈阳等地多家文教卫生机构建立稳定长效的沟通协调机制，为广大员工及家属提供服务。

【员工疗养】 2010 年，长城钻探公司工会修订《长城钻探公司员工体检管理办法》，下发《长城钻探公司体检工作的补充规定》，完善员工体检管理制度，扩大员工体检的覆盖面；修订并出台《员工疗休养管理办法》，改变疗养模式，加强疗养管理。全年组织外部市场员工轮休短期疗养 400 多人次；组织长城钻探公司劳动模范和员工海南疗养专线，组织 6 期共 79 人参加疗养；组织员工体检 44 批次 22000 人次。特别对境外员工，根据其休假时间和需求妥善安排，保证境外员工及时体检。同时，在长城钻探公司总部机关开展体检答疑及“阳光心态、健康人生”的心理讲座活动；做好 H1N1 防控工作，为各部门配备体温计，发放防护用一次性口罩，还与有关医院协商，确定长城钻探公司重点防控人群，特别是将要上疫区工作的员工 153 人，集中接种 H1N1 流感疫苗。

【扶贫帮困】 2010 年，长城钻探公司各级工会组织认真落实《困难职工帮扶工作管理办法》，开展生活、医疗、助学和就业帮扶。建立 105 户特困家庭、93 户一般困难家庭档案。新建二级帮扶工作站 12 个，健全长城钻探公司、厂处两级帮扶工作网络，扎实开展帮扶工作，全年支出帮扶资金近 400 万元。开展“送温暖工程”活动，节日期间走访慰问 280 余户困难家庭，其中，长城钻探公司领导分别走访慰问离退休老同志、一线职工、劳动模范、特困户 36 户。开展“金秋助学”活动，帮助 115 名家庭困难职工子女完成学业，支出 19.7 万元；在长城钻探公司总部机关及辽河分部机关同时举行首次“同心互助献爱心”捐款活动，15648 人参加捐款，筹集帮扶资金 2339530 元，充盈帮扶资金；甘肃舟曲突发特大泥石流灾害，长城钻探公司响应集团公司直属机关工会的号召，发扬“一方有难，八方支援”的精神，长城钻探公司机关 398 名员工全部参加捐款，捐款 12.1 万元。

【女工工作】 2010 年，长城钻探公司开展“提升综合素质，巾帼岗位建功”活动。以“三提升素质达标”活动为切入点，全面提升女工素质。通过举办“女工干部培训班”“幸福家庭的成功因素”、“女性成长课堂”、“女职工读书笔记展”、“和谐关系的心理学技巧”、“读益书读书笔记展”等系列活动，从女职工思想观念、文化技术、生理及心理素质提升上下功夫，培养和提高广大女职工的学习能力和实践能力，促进女职工队伍整体素质的提高。开办 16 所女职工“周末学校”，举办各类培训班达 148 场。

长城钻探公司以“一创三争”活动为载体，引导女职工立足岗位建功立业，深入开展创建“巾帼建功示范岗”，争当“管理标兵、优秀科技工作者、优秀岗位操作能手”活动。发挥典型的示范引领作用，促进优秀女性人才的成长和发展，7 月份，召开长城钻探公司“五朵金花”先进事迹报告会，200 多人参加报告会。开展“节约挖潜、提合理化建议、小改小革、创优创效”活动，女职工全年完成技改成果 16 项；提合理化建议 676 条，被采纳 105 条，节约挖潜 673.65 万元，全年创效 600 多万元。开展自学成才、爱岗敬业、创新增效，比岗位技能、岗位贡献和经济效益“三赛、三比”活动。全年开展技能培训 128 场，参加培训人数 991 人，培训后晋级的人数 196 人。

长城钻探公司关爱女职工身心健康，开展“女职工安康互助”活动。组织“妇科常见病的预防”、“婚姻、家庭与健康”及“艾滋病的预防与控制”等方面健康知识讲座，增强女职工健康健康意识；开展“女职工安康保险”工作，入险率达 98%。已为 7 名女职工出险，理赔金额约 15 万元，拓宽关爱女职工生命和健康的工作渠道；发挥女职工互助帮扶小组作用，做到帮扶小组是第一知情人，第一到现场人，帮助解决问题的第一角色人，帮助女职工解除后顾之忧。

长城钻探公司加强各级女职工组织自身建设。2010 年 3 月，召开“长城钻探公司第一次女职工代表大会，成立女职工委员会，建立女职工组织，为女职工委员会今后更好地开展工作奠定坚实的基础。会上表彰“长城巾帼标兵”、“先进集体”和“先进女职工”、“先进女职工工作者”114 人，2 个单位、3 名个人获得省级以上表彰。

【工会财务】 2010 年，长城钻探公司严格遵循财务制度，做好会费收缴以及工会经费上解、下拨和使用等管理工作。完善两级工会经费审查组织，切实开展工会经费审查监督工作，先后 2 次对所属二级工会财务进行经费审查，发现问题提出整改意见，对保障工会各项工作的规范运作起到促进作用。

【员工素质教育】 长城钻探公司持续推进“全员素质提升工程”主题实践活动。

按照建设国际化石油工程技术总承包商的目标和跨越“三个阶段”对人才的要求，制订实施方案，精心设计主题活动，推进以“创建学习型组织，争做知识型职工”为目标的主题实践活动；坚持以基层为主，开展“心中有职责，手中无差错”和“提升综合素质，巾帼岗位建功”活动，细化活动方案，丰富活动形式，推动活动深入开展；继续配合集团公司开展好“千万图书送基层，百万职工品书香”和“职工书屋”活动，引领员工立足岗位学知识、提高技能；配合相关部门开展好员工技能比赛。全年为钻井队、井下作业队、录井队、泥浆队等260个基层站队，配送图书367种49935册。举办各类培训达300多场次，培训员工近万人次。

【工会自身建设】 2010年，按照长城钻探公司重组后国内外一体化的原则和组织机构、施工地域、队伍结构、人员构成的要求，建立健全工会组织、完善各项基础工作为重点的工会组织建设；加强对工会干部意识教育，把工会工作与长城钻探公司发展结合起来，从实际出发，找准结合点，找准服务大局的切入点，找准职工的盼望点，增强工会组织的吸引力和凝聚力；改进工作方法，加强思想、组织、作风建设，在工会工作的重点和难点问题上实现新的突破；开展“争创先进文明组织、争当优秀工会干部、争当优秀工会积极分子”的三争活动，增强工会工作的民主性和群众性，提高工会工作整体水平。长城钻探公司工会先后组织工会干部培训班、一线生产班组长培训班，200多人次参加培训。

（曾唯一）

共青团工作

【政治理论教育工作】 2010年3月，长城钻探公司在辽河分部组织驻辽各单位青年团员50多人学习《六个“为什么”》主题团日暨知识竞赛活动，引导青年团员树立和弘扬社会主义核心价值观，坚定走中国特色社会主义道路的理想信念，激励青年团员在长城钻探公司建设国际化石油工程技术总承包商的进程中建功立业。深入开展“传承、创新、超越”主题教育活动。印发《“传承、创新、超越”主题教育活动实施方案》，通过各种载体宣传公司战略目标、重点任务，传达党政的工作部署，教育青年职工以理性的心态、大局的观念和创新的精神去理解、支持改革发展，全身心的投入岗位实践，保证长城钻探公司转变发展方式的深化和顺利推进。钻井一公司团委组织的“牵手奠基者 重走会战路”活动，使团员青年与钻井一公司离退休的老会战、老劳模一起重温会战光荣史，传承石油好传统，唱响发展主旋律，续写长城新篇章。

长城钻探公司加强理想信念和思想道德建设，2010年1月下旬，举办《奠基者》观后感青年座谈会，号召青年团员要大力弘扬大庆精神、铁人精神，继承发扬老一辈石油工人“三老四严”的光荣传统，立足岗位，勇于承担责任，充满激情地工作，在实际工作中规范言行、恪尽职守。

【创建“青年文明号”】 长城钻探公司创建“青年文明号”活动，做好劳动竞赛、岗位技术练兵、导师带徒等工作，培养复合型、创新型的青年岗位能手；开展“节约挖潜，青年争先”主题活动，调动和激发青年职工投身竞赛活动的热情，推进以技术创新、管理创新和服务创新为主要内容的青年创新创效活动；在团员青年中开展“五小”成果评比、QC小组、节能减排示范行动、优秀科技论文评选等活动，引领青年增强创新意识、提升创新能力、丰富创新成果，扩大活动覆盖面和影响力。2010年，征集青工合理化建议1035件，完成技术改进成果189项，参与创效1200多万元。

长城钻探公司做好“青年安全生产示范岗”创建活动。按照HSE安全体系建设的要求制定工作规范，丰富创建内容，营造安全文化氛围；加强青年职工安全教育、规范青年安全行为，通过组织百名青工危害识别培训、青工安全知识竞赛、青年HSE经验分享等活动，引导团员青年为维护企业安全生产局面做出贡献。

【青年素质工程】 长城钻探公司团委开展以钻探技术发展趋势、安全体系建设、现代专业技能等新知识、新技能为主要内容的各类青年知识培训和交流，根据团员青年知识层次和切实需求持续开展“读书·实践·发展”活动，加大青年流动书箱、青年读书角的创建力度，侧重专业知识、业务知识、继续学历教育等方面书籍的投入，开展关于《实践论》和《矛盾论》的读书交流活动，为基层送书2256本。

长城钻探公司完善青年人才工作机制，建立共青团“育才、荐才、聚才”体系，强化青年的成才观念，激发青年的成才愿望和热情。加强青年“双推”工作和青年职业生涯导航设计活动，引导青年人才的成长进步，把青年人才最紧密地团结在团组织周围，推荐到最适合的岗位。2010年，推荐53名优秀团员加入党组织。通过开展英语演讲比赛、青年科技论文评选等主题活动，给青年创造更多的参与和进行交流学习的机会，为青年人才提供展示才能的舞台。争取党政领导的支持，做好团员青年的“代言人”，在长城钻探公司改革发展中及时准确地反映青年呼声，切实维护青年权益。举办“五四”评优表彰活动，按照时代标准、企业发展要求加大对团员青年先进典型的选树力度，努力营造重视、关心、爱护青年人才的良好氛围。

【志愿服务工作】 2010年，长城钻探公司持续做好“让外闯市场的人别惦记家”青年志愿者“春暖行动”，以入户慰问、座谈交流等多种形式对101户外闯市场职工家庭进行集中走访服务。组织长城钻探公司机关及驻京二级单位团员青年参与“珍爱绿色，长城同行”植树活动。针对一线员工因长期在外工作，交友难、婚恋难的实际情况，组织“缘系长城，情定今生”油地青年联谊活动，为长城钻探公司广大青年男女提供交友机会，搭建展示和交流的平台，共建和谐企业。

【自身建设】 长城钻探公司团委紧跟党建发展步伐，完善“三会一课”和主题团日等组织生活制度，针对新形势下团组织遇到的新问题、新情况，强化组织理念、组织设置和管理手段的创新。截至 2010 年底，长城钻探公司有 35 岁以下青年 6787 名，团员 1689 名，设置 14 个基层团委、3 个团总支、3 个直属团支部。探索实践共青团工作体系化，明确重点工作，细化工作流程，落实责任主体，确保各项工作有序推进。制定实施《长城钻探公司共青团宣传报道考核暂行办法》，加强共青团宣传舆论阵地建设，全面展示长城钻探共青团工作的风采和成效。2010 年 8 月，长城钻探公司举办第三期团干部培训班赴大庆油田进行考察交流，培训团干部 50 人次，加强团干部作风建设，逐步提高团干部综合素质。

“五四”青年节前夕，长城钻探公司团委在北京召开共青团长城钻探工程有限公司委员会第一次代表大会，大会听取和审议共青团长城钻探工程有限公司委员会工作报告，选举共青团长城钻探工程有限公司第一届委员会。长城钻探公司团委加强对重点工作、特色活动、先进经验的宣传报道，营造良好的共青团工作氛围，在集团公司网站直属党委主页发表新闻报道 15 篇，在长城钻探公司主页发表图片新闻 17 篇，在《长城钻探报》和《长城钻探》杂志发表新闻 8 篇。

（刘　焱）

信访维稳工作

【建立新格局】 2010 年，长城钻探公司针对员工队伍“走出去”常态化的实际情况，推出“安心工程”。通过构建多层次、立体化的组织架构和工作格局，使活动从组织、资源和制度上得到有力保障。建立员工诉求快速反应机制，各级工会协调解决北京、天津等地子女入学近 100 人，协调解决员工及家属就医、看病等疑难问题 50 多人次，实施各类帮扶 2300 多人次，组织外部市场员工短期疗养 400 多人次。展开员工帮助计划（EAP）学习调研和培训，举办心理知识讲座 4 次，为开展员工心理疏导工作奠定基础。针对信访个案有所抬头的趋势，变上访为下访，组织召开辽河油区稳定工作座谈会。辽河分部实行驻辽单位稳定工作例会制度，及时通报信息。2010 年，开展网络舆情跟踪，信访稳定压力增大，实现大局稳定。

【绿色通道】 长城钻探公司党委书记王忠仁和总经理张凤山分别深入海外项目、辽河油区和内蒙古、长庆等边远作业地区，全面了解国内外队伍的生产经营和队伍稳定情况，以及当前面临的主要困难和问题，听取各级干部职工的意见和建议，看望部分困难职工，把温暖传送到一线，鼓舞队伍士气。同时，针对长城钻探公司在管理体制和薪酬待遇上的不同，审慎出台各项政策，避免引发因不同地域员工因福利待遇的不同而造成不稳定因素，长城钻探公司实现持续平稳深度融合。

2010 年，长城钻探公司各二级单位党政领导深入基层，深入群众，亲自接访，了解群众心声，关心百姓疾苦，及时合理地解决群众的诉求。坚持“事事有着落，件件有回音”。按照“谁主管、谁负责”，“谁接访、谁负责”的要求，对于基层可以解决的问题，自行接访解决。

【排查工作】 2010 年，长城钻探公司认真完成集团公司各项问卷和摸底调查，其中包括军转干部排查、各类特殊群体人数排查、特殊群体费用支出调查、劳动法实施条例颁布后的稳定情况排查、赴外劳务派遣情况调查等。针对排查出的各类问题，认真分类梳理，总结出具有代表性的问题，上报长城钻探公司领导，并要求局、处两级领导包案。按照属地管理和“谁主管”、“谁负责”的原则，限期对矛盾主体进行思想疏通、困难帮扶，以达到有效化解矛盾的目的。

机关工作

【党建工作】 截至 2010 年底，长城钻探公司有 28 个党委（工委），涵盖所有二级单位、海外大区和总部（分部），确保二级党组织健全率 100%。针对海外队伍跨国跨区分布的情况，结合实际形成海外党建工作指导意见，制定《海外党建工作简明指导手册》和《海外党建工作对接管理办法》，制作海外 4 个大区及所属项目、作业区直到基层队的党组织、党员队伍和积极分子队伍的信息库，为海外党组织换届选举和党员队伍管理提供及时指导。2010 年，长城钻探公司机关发展新党员 14 人，预备党员转正 8 人。

【干部队伍建设】 2010 年，按照长城钻探公司科级干部管理办法，完成机关部门 53 人的科级干部考核聘任工作、长城钻探公司机关和部分在京单位 30 人的职称评审工作，以及 35 人的专业技术职务聘任工作。及时更新并完善机关科级干部 SAP 人事系统相关信息，确保系统信息的准确。2010 年，起草并印发《长城钻探工程公司机关科级及以下人员考核暂行办法》，组织完成机关部门科级干部年度考核工作。

长城钻探公司贯彻落实“管理年”要求，机关工委把提高机关科级干部的管理能力作为培训重点，组织开设 7 期以“传授专有知识，共享管理经验”为主题的科级干部管理课堂，参加人数达 595 人次；2 期团队文化拓展训练，45 人参加；组织一期赴辽河油区现场学习，20 人参加。

【作风建设】 长城钻探公司坚持以转变

工作作风为重点，加强思想道德和组织观念教育，增强机关干部为基层服务意识，提高机关干部整体素质和服务水平。2010 年，制订并下发《长城钻探工程公司加强和改进机关作风建设实施方案》、《关于进一步加强机关作风建设的通知》，解决机关干部员工在思想、工作、纪律、礼仪等方面的不足与问题。长城钻探公司调查了解机关干部在基层工作经历，有针对性地开展赴基层工作锻炼，下发《关于对总部机关干部基层工作经历摸底调查的通知》。

（姚玲玲）

第十篇

企业概览

钻井一公司

【基本情况】 钻井一公司（以下简称公司）矿区占地总面积33.24万平方米。2010年，公司在册职工3488人，职工中有专业技术干部1537人，高级职称31人，中级职称274人，助理级职称564人，员级职称185人，企业技术专家1人，厂处级技术专家6人。工人技能专家8人，有高级工人技师21人，工人技师88人。

2010年，公司优化管理机关组织模式，推进扁平化管理，创新构建精干高效、责权对应的管理机制和一线强势决策的项目管理体系，按照精细化、扁平化、一体化、正规化的管理思路，重新设置组织机构。一线队伍调整组建为9个钻井生产项目部，机关20个科室调整为五大职能系统15个业务科室，5个公司机关附属机构，5个专业服务保障公司。公司有基层单位（队、车间）117个，其中，钻井队91个，侧钻队2个。截至2010年底，公司拥有固定资产原值23.4亿元，净值11.79亿元，设备原值22.9亿元，净值12.52亿元，固定资产3498台（套）。其中，设备3432台（套），房屋66栋；在账钻机61部，修井机3部，运输车辆441台，各种机械加工设备42台，施工机械设备136台，动力设备247台，其他设备2502台。设备完好率99.55%，设备利用率59.55%。

【市场开发】 2010年，公司坚持以“效益规模”取舍市场，注重市场升级，优化要素配置，实现发展、速度、质量、效益有机统一。辽河油区高效复产，精心安排钻机运行，加快复产运行节奏。公司全年开钻144口，交井130口，钻井进尺32.8万米，同比增加16.8万米。长庆油区调整增效，细分“盈利、战略、微利、减亏”目标市场，“先算后干”优化市场布局。长庆市场完成进尺99万米，10部钻机退出低端无效市场。长庆项目一部扩大苏里格水平井、丛式定向井市场占有率，利润递增2000万元，资源外包助推增长。长庆气井项目全年动用民营钻机31部，完成进尺44万米。境外项目增量提效，构建技术、运保、人力资源和装备“四大支持体系”，支持海外项目运作，17部钻机实现满日费工作日3499天。壳牌长北2部钻机保持连续作业，收入稳定。中标四川金秋项目，动用1部70D钻机。江浙市场渐显成效，苏北地区交井9口，完成进尺2.2万米。完成湖北云资1井，中标西气东输储气库10口井。吉林市场新上5部钻机，交井10口，完成进尺3.4万米。新疆市场领域拓宽，全年修井53口。新中标吐哈项目2口井。

【企业管理】 2010年，公司按照长城钻探公司“33335”HSE建设思路，扎实做好HSE体系推进工作。“有感领导、直线责任、属地管理”的 HSE 管理运行模式在全公司推广实施。按照长城钻探公司制订下发的《16 项安全重点风险防控方案》，结合公司业务、市场及队伍实际情况，组织梳理修订 18 项重点风险防控方案。按照“一条主线，五个突出，五个到位”（“一条主线”即落实属地《井控实施细则》，制订属地《关键工序实施方案》，实现井控建设达标。“五个突出”即突出管理网络的完善和有效制度的落实、突出防井喷失控和井喷着火风险防控预案的落实、突出开展以班组为单元的井控培训活动、突出井控安全资金投入和突出严肃井控奖罚机制。“五个到位”即地质风险评估与预案制订到位、“Ⅰ级风险井”和“科级驻井”到位、带班队长制执行到位、坐岗观察与防喷演习落实到位、井控装置试压到位。）的井控管理工作思路，构建井控安全管理体系，开展“井控达标建设年”活动，全面提升井控工作水平。开展“HSE 百日晋级”活动，全年投入 263 万元奖励晋级井队，有 5 支井队实现 500 天无事故晋级，10 支井队实现 400 天无事故晋级，27 支井队实现 300 天无事故晋级。

公司实施精准成本预算管理，确保成本受控降消耗。继续坚持“亮家底、大预算、严计划、降成本、抓内控、保效益”工作要求，全面实施单井、单车、单项工程、单项业务的“四单”预算管理。全年节约钻头成本 351 万元，每米进尺材料成本同比下降 9.8 元，全年节约创效 1666 万元。每米进尺油料成本同比下降 7 元，全年节约创效 1190 万元。公司全年外委修理费支出控制在预算指标之内，外雇运费支出同比下降 500 万元。

公司实施精准施工时间管理，确保进度受控降低损失。强化施工全过程进度控制，推行“十精准”生产运行模式，加强内部协调配合，严密生产组织，控制压缩各种等停因素造成的时间损失。以“工序零对接、时间零损失”为目标，加强与专业公司的工作对接，井筒技术服务的整体时效明显提高，非生产时间同比减少 0.8 个百分点。

【科学发展】

一、科技创新

2010 年，公司科技工作按照科学技术委员会提出的“技术进步力求精专博能、特色技术争创行业一强、全面提高科技对钻井提速的支撑力”工作目标，以重大钻井提速项目为突破口，以成熟技术为依托，以打造优势特色技术为抓手，坚持引进、消化、吸收、集成创新并举，解决钻井施工技术难题，完善技术创新体系建设，加强人才队伍培养，强化科技项目过程管理，加大技术成果转化力度，提升自主创新能力，推动“三提（提速、提效、提素）、两井（水平井和欠平衡井）”工作再上新水平，为引领高端市场、创造效益规模提供强有力的技术支持。全年完成集团公司重点科技项目 1 项，长城钻探公司重点科技项目 3 项，公司科技项目 23 项，申报专利 3 项。有 4 项科技成果获长城钻探公司技术创新奖，“多分支井（鱼骨井）钻完井技术”等 2 项科研项目获长城钻探公司“十大重大科技成果奖”，“国内外重点区块优快钻井技术集成应用”等 2 项科研项目获长城钻探公司

“新技术推广应用成果奖”。全年投入科技经费1500万元，实现科技创效8000万元。

（一）国内重点区块优化钻井配套技术

公司辽河区块突出深井、水平井、分支井、欠平衡井技术创新。重点攻关长裸眼多压力层系防漏、堵漏技术，PDC钻头个性化设计与应用技术，井眼稳定技术，完井工艺技术，抗盐、抗高温大扭矩螺杆钻具应用技术；引进美国高效牙轮钻头潜山井段提速技术，陶瓷缸套应用技术；井下故障预防与处理技术。长庆区块抓住水平井工作量增加的有利时机，加快水平井技术升级。应用复合井眼钻井技术、PDC钻头个性化设计与应用技术、井眼轨迹控制技术、井眼稳定与净化技术、完井压裂管串顺利下入技术，确保长城钻探公司提速目标的实现。新疆区块重点攻关喀什北复杂地层高难度钻井技术，推广应用POWER-V防斜打直技术、防漏、堵漏技术，盐膏层缩径防卡技术。奈曼、张强、长海、浙江、吉林等区块推广导向钻井、高压喷射、PDC钻头优选应用，摩阻、扭矩有效控制，大位移井保证套管顺利下入的漂浮等成熟技术，打造优势特色技术整合配套成熟技术，实现整体提速。各区块、各井型科技提速连创高指标。40568队施工的胜601-H503井平均机械钻速4.68米/小时，打破沈北区块施工最快纪录。50640队施工的兴古7-H329井创兴古区块5000米以上水平井施工最快纪录。70039队施工的兴古7-H408井三分支水平井，完钻井深5543米，总进尺6392米，安全快速施工，钻井周期105天，建井周期116天。40013队施工的安1-H8井是一口双井眼五分支鱼骨水平井，机械钻速达到19.23米/小时，全井平均机械钻速3.18米/小时，钻井周期182天，建井周期206天。32471队施工的杜32-兴H208井平均机械钻速27.11米/小时，创区块最快纪录。50021队施工的昌27井创吉林油田区块侧钻井最深、开窗点最深、侧钻裸眼段最长3项纪录。32468队施工的强1-42-18井比去年邻井建井周期缩短10天，机械钻速提高82.4%，创张强区块提速新纪录。40001队施工的苏53-78-35H井创苏里格地区水平井最快纪录。50103队施工的苏53-82-56H井创苏里格区块水平段最长新纪录。40503队施工的苏11-38-38井创苏11区块最快纪录。40566队施工的苏75-66-7井创苏75区块直井最快纪录。40502队施工的米32井创陕北子米区块气探井最快纪录。32806队创陕北定边区块丛式井施工年进尺最高、月进尺最高、机械钻速和钻机月速度最快等各项新纪录，再创长城钻探公司单队单机年进尺新纪录。

（二）深探井与城区高危井安全快速钻井技术

公司推行开钻前地质风险评估，完善口井施工预案，实行“一井一策”，确保深探井与城区高危井安全提速。长城钻探公司全年探井开钻46口，交井42口，进尺128382米。平均井深3057米，平均机械钻速5.01米/小时；平均钻井周期53天，平均建井周期63天。取心进尺1168.82米，心长1137.95米，收获率97%。全年城区高危井完成11

口，进尺 60916 米，平均井深 5115.45 米，平均机械钻速 5.09 米 / 小时，平均钻井周期 126 天，平均建井周期 135 天。井身质量、固井质量合格率 100%。

（三）苏里格区块水平井提速技术

苏里格区块水平井提速技术取得新突破，建立区块成型技术模板。全年开钻 16 口，交井 12 口，总进尺 53716 米。平均井深 4335 米，平均水平段长 855.33 米，平均钻井周期 56.9 天，平均建井周期 66.25 天，平均机械钻速 6.17 米 / 小时。

（四）新疆喀什地区复杂地质条件钻井技术

新疆喀什地区复杂地质条件钻井技术完善山前构造钻井技术体系。公司完成阿克 101、阿克 5 两口井施工，节余钻井周期 106.5 天。机械钻速比区块最高指标提高 76%。技术创新实现多项新突破：POWER-V 钻井技术在长城钻探国内市场首次成功推广应用；应用个性化 PDC 钻头，机械钻速、单只进尺创该区块最高纪录；创新摸索出喀什北区块堵漏配方和堵漏方法；盐膏层钻井工艺技术措施得到完善；为地区的开发掌握第一手资料。

（五）辽河油区水平井、多分支水平井钻井技术

辽河油区水平井、多分支水平井钻井技术助推辽河油区少井多产。公司全年开钻 66 口，交井 60 口，其中，含分支水平井 10 口，总进尺 144941.36 米；平均井深 2416 米，平均钻井周期 44 天，平均建井周期 53 天，平均机械钻速 6.63 米 / 小时。兴古 7-H224 井，自喷井日产原油 150 吨。

（六）个性化设计 PDC 钻头

公司个性化设计 PDC 钻头拓展优选钻头提速领域。全年使用 PDC 钻头 928 只。沈 257-12-026 井单只钻头进尺 1943 米，使用 203 小时，平均机械钻速 9.57 米 / 小时，钻速同比其他型号牙轮和 PDC 钻头提高 285% 和 21%。PDC 钻头在潜山灰岩地层使用取得新突破，胜 601-H503 井优选 PDC 钻头进尺 402 米，机械钻速达到 8.14 米 / 小时。

（七）欠平衡钻井技术

公司全年完成欠平衡井 7 口，钻井进尺 28580 米。平均进尺 4083 米，平均机械钻速 3.92 米 / 小时，平均钻井周期 88 天，平均建井周期 112 天。安 1-H8 井使用套管阀实现全过程欠平衡钻井。

（八）电代油技术、纳米节油装置应用

电代油技术、纳米节油装置应用实现节能减排低碳战略目标。公司成功应用 6 千伏 · 安网电送电，钻机电代油月节油 120 吨。全年使用电代油设备 83.30 个钻机台月，节省柴油 3303.9 吨，节约成本 807.7 万元。公司安装的 10 套纳米节油装置使 CO 和 HC 的平均净化率为 22.4%，动力性平均增加 20.6%，节省燃油 5%—10%。

（九）加大职工技术培训力度

公司加大职工技术培训力度，提高科研队伍的技能水平。公司采取多种方式，狠抓基层技术人员的技能培训。由公司科委主办的《钻井科技论坛》，全年出版六期，编辑文章近 80 万字。

（十）A7管理系统推进工作

公司A7管理系统推进工作构建生产信息与工程数据的远程管理体系。辽河油区内外实现A7生产信息及工程数据收集与录入工作，为实现国内市场各钻修井队单轨运行远程传输奠定基础。

二、技术发展

2010年，公司技术进步追求精专博能，倾力打造攻坚利器（分支井/多分支井系列技术，水平井/分支水平井系列技术，古潜山钻完井系列技术，喀什北复杂山前构造钻完井技术，苏里格丛式定向井技术，苏里格水平井技术，华庆超低渗区块丛式定向井技术，大位移钻井技术，欠平衡钻井技术，储气库钻完井技术）为目标市场钻井生产提供强有力的技术支撑。引领市场与支持提速的作用得到充分发挥。2010年，公司平均钻机月速度2766米/（台月），同比提高18.85个百分点；平均机械钻速10.25米/小时，同比提高9.77个百分点。苏里格区块40001队承钻的苏53−78−35H井，完钻井深4346米，水平段长846米，钻井周期41.96天。华庆区块32806队用时247天，比去年提前18天完成10万米进尺，月最高进尺15135米。32468队施工的强1−42−18井，完钻井深1724米，建井周期比邻井缩短10天，机械钻速同比提高82.39个百分点。公司全年有4个队进尺超过6万米。

公司引进美国休斯牙轮钻头配合高扭矩低转速螺杆，成功解决潜山地层研磨性强、可钻性差及地温较高等复杂技术难题。70039钻井队施工的兴古7−H408井，使用美国休斯牙轮钻头，与使用江钻牙轮钻头相比，平均进尺提高220%，平均机械钻速提高50%。40013钻井队施工的安1−H8井，采用套管开窗侧钻技术，成功完成双井筒鱼骨五分支水平井施工。新疆喀什北山前构造采用Prower−V垂直钻井技术，解决山前构造地层倾角大、研磨性强、易斜、易塌、易漏、易缩径等技术难题，解放钻压，提高钻速。阿克101井、阿克5井建井周期分别比甲方计划缩短27.4天、79.1天，创区块钻井周期最短、单只PDC钻头进尺最多、机械钻速最快3项新纪录。吉林项目部50021钻井队施工的昌27井，采用套管深部开窗侧钻，侧钻窗口深度3233米，完钻井深5070米，侧钻裸眼段长1837米，创侧钻井最深、开窗点最深、侧钻裸眼段最长3项纪录。公司全年有7项工程被长城钻探公司评为精品工程。40568钻井队施工的胜601−H503井，完井井深3893米，钻井周期73天4小时，打破区块施工最快纪录。50640钻井队施工的兴古7−H329井，完井井深5002米，用时79天23小时，创兴古7块周期最短纪录，各项指标全优。新疆项目部3个修井队在中国石化西北油田公司修井承包商37支队伍年度综合考评中，排名分别为第一、三、四名，展示长城钻探品牌。

【质量安全环保】 2010年，公司质量、安全、环保工作坚持以科学发展观为统领，以HSE体系推进为主线，牢固树立“环保优先、安全第一、质量至上、以人为本”的管理理念，强力推行精准QHSE管理，加强各项管理体系建设，科学探索和建立长效QHSE管理机制，克服内外部市场高度分散给质量、安全、环保管理工作带来的影响，落实责任、强化管理，全面提升质量、安全和环保工作管理水平。

一、抓好责任制体系建设

公司全面修订工作制度和质量、安全、环保管理责任制及考核办法，明确并细化工作责任和目标。领导班子成员主动开展“四个一”活动，逐级签订管理承包责任书，利用班子会认真宣传贯彻文件精神，深入基层、现场落实规章制度、处理各种问题，制定 QHSE 工作计划和风险控制措施，强化现场的生产组织，在各种检查过程中，带团组织检查、带头组织整改。其他领导认真抓好分管系统的质量、安全、环保管理工作。两级机关科室负责人，各负其责抓好本部门职责范围内的 QHSE 工作，落实科级干部驻井和跟班作业制度，科学开展风险评估等工作，整改和消减安全隐患。

二、推进 HSE 管理体系

公司以属地管理为工具，强化岗位责任制落实，建立自上而下的质量、安全和环保管理责任体系；以目视化管理为手段，加强作业现场的标准化管理；以“工作安全分析”和“作业许可证”等风险管理工具为核心，突出抓好作业现场的风险控制，公司所有作业过程的质量、安全和环境保护工作受控。开展全员危害识别与风险评价活动，汇总、编制完成《重大危害因素清单》。重新评审防控方案和风险防控措施，提升公司 HSE 管理水平。实行风险抵押金和“百日晋级”考核奖励制度，全年奖励 500 万元。

三、落实岗位责任

公司以属地管理为基础，依托属地主管为责任主体，以岗位责任制的有效落实来执行《反违章禁令》。根据施工区域、工作岗位的分工，把属地管理与岗位责任制有机结合，明确和细化属地管理责任。电视台全年滚动播放《反违章禁令》内容，HSE 体系专栏跟踪通报《反违章禁令》活动，开展反违章演讲和板报比赛、答题竞赛等活动宣传贯彻禁令。通过“三个一”（每名员工至少识别一个自身可能违反《反违章禁令》的行为、讲述一起因违章引发的事故案例、写一篇反习惯性违章的心得体会）和 STOP 卡活动落实《反违章禁令》。发动员工讲述因违章引发的事故案例，营造安全生产氛围。修订和下发《钻井一公司反违章现场处罚细则》，在劳动竞赛和年终评比中，将质量安全环保日常工作情况列为否决项，下发 QHSE 监督考核情况通报，落实激励反违章的机制。

四、落实 QHSE 监管制度

公司加强各项安全检查活动，分析存在问题的原因，有针对性地落实整改措施，加强现场监督考核力度。补充下发《钻井一公司 QHSE 监督管理办法》，重新修订监督方式、监督职责、奖励与处罚办法。外部和地区市场重点井全部派驻驻井监督。切实加强钻修井队搬迁、设备集港等重点生产环节的监管，统筹做好二线生产单位和公司直属单位的日常监督。对排查出的隐患及时评价、论证和制订整改计划，投入资金用于设备更新和安全设施改造，事故隐患整改监控专项费用落实到位。

五、排查和整治环保隐患

公司做好“6·5”世界环境日等活动的宣传，将环保检查和考核列入公司QHSE管理工作中，考核结果与环保奖金、经济效益挂钩。识别出环境因素255项，评价出重要环境因素6项，形成《重要环境因素清单》。对现行环保法律法规进行收集和评审确认，形成《法律法规及其他要求一览表》和《法律法规及其他要求相关条款汇编》。组织实施针对钻井液池防渗、废弃钻井液倒运的专项检查、汛期环保专项检查。

六、构建井控安全防火墙

公司通过多种方式，识别、削减井控风险，营造“积极井控”氛围，实现全年井控安全零事故的工作目标。围绕“钻修井队井控达标建设年”活动，分析和梳理井控现状和工作重点，制订和落实《钻井一公司防井喷失控和井喷着火安全重点风险防控方案》等井控保证措施。开展井控专项检和日常巡检，进行防喷演习考核，演习合格率达到100%。开展公司级别的应急预案演练，所有钻修井队实现井队、录井“双坐岗”。投入690余万元用于购置液气分离器、40以上钻机配备排风扇等设施。通过“调查、识别、评估、控制及补救”为主要内容的地质风险评估，识别出7个重点区块的主要井控风险，制定风险防控措施，削减井控风险。

【QHSE管理体系认证工作】 2010年，公司将原QHSE管理手册分解为质量和HSE管理手册，对手册、程序文件进行修订，修改完善公司钻井工艺流程图等几十份文件，修订质量方针和目标，制订方针和目标分解方案。聘任16名内审员，8月完成公司机关及直属单位、地区市场施工的单位和井队的内审，确保内审活动的有效性。9月15—17日，北京中油健康安全环境认证中心对公司建立和运行的QHSE管理体系进行了现场审核，通过QHSE管理体系2010年度现场监督审核，保持认证资格。

【QC小组活动】 2010年，公司全面质量管理小组活动普及率12%、活动率94.2%、成果率82.4%，完成长城钻探公司的任务和公司计划。通过节余等方式，年创综合经济效益516.33万元。辽河项目三部40640队QC小组“提高沈229块水平井机械钻速”项目获得辽宁省优秀QC成果一等奖，辽河项目三部工程组QC小组的“提高边台潜山三开井机械钻速”和40501队QC小组的“提高茨33块取心收获率”项目成果均获辽宁省优秀QC成果二等奖。辽河项目三部工程组QC小组的“缩短沈北探井钻井周期”和“提高边台潜山三开井机械钻速”项目均获得长城钻探公司优秀QC成果一等奖。向长城钻探公司推荐优秀QC成果10项，评出公司QC成果一等奖9项、二等奖9项、三等奖10项。公司选派的QC小组在长城钻探公司首届QC成果发布会上获得发布二等奖和最佳推广价值奖。

【政治思想工作】 2010年，公司按照“突出一个转变，实现三个优化”的总体思路，紧紧围绕“一个中心”，重点抓好“四个载体”，认真落实“五精”举措，充分发挥“两个作用”，努力提高党的建设科学化水平，为实现公司经营目标、推动企业科学发展和谐发展提供坚强有力的组织保证。公司召开“创先争优”活动干部大会，印发《创建活动实施意见》，各级党组织结合自身生产经营情况开展活动，达到“推动公司发展、促进人企和谐、服务员工群众、加强基层组织”的效果；会同纪检部门对各级班子监督检查，做到时常提醒、预防为主，抓好班子党风廉政建设。举办“预防职务犯罪警示教育”和“提升企业执行力的方法和途径”讲座，提升领导班子的“领导力、执行力、凝聚力、竞争力”，全年新提拔科级干部21名，大专以上学历19人，平均年龄38岁，优化班子结构；公司实施“双百双十”工程，2010年接收研究生2名，本科生63人，大专生90人，组织“追梦长城，起航钻一”联谊晚会，使新员工感受到公司的发展成果和领导的关怀，选拔优秀人才参加培训，提高了人才队伍的综合素质；开展以争创“四强”党组织和争当“四优”共产党员为主要内容的活动，为每个支部发放《新编党支部工作实用手册》和《党群工作记录本》两本书，统一购置、安装由中组部研发的中国共产党基本信息管理系统网络版，使党组织和党员及入党申请人信息全部实现了网络集中管理。

公司现有党总支12个，直属党支部5个，基层党支部126个，党员1664名，其中，女党员93名。全年发展新党员64名，71名预备党员按期转正。实施《钻井一公司保持共产党员先进性长效机制实施办法》，帮助解决困难党员的实际问题。贯彻落实《中央组织部、国务院国资委党委关于加强和改进中央企业党建工作的意见》。坚持完善“双向进入、交叉任职”的企业领导体制。组织开展“一个主题”、“一篇征文”、“一句问候”、“一堂党课”、“一次宣誓”等庆“七一”活动。公司把“奉献钻探当先锋，我为党旗添光彩”作为活动的实践载体，开展“五争五创”、“时刻牢记我是共产党员”、“强素质、树形象、创效益”、“创三优”等党内活动，为公司的发展做出贡献。

【党群工作】 2010年，公司宣传工作认真贯彻落实长城钻探公司党委工作部署，以开展“传承、创新、超越”主题形势任务教育为主线，以增强企业核心竞争力和凝聚力为着力点，围绕生产中心，服务发展大局，全面加强宣传思想和企业文化建设，围绕公司2010年“双增长、双翻番”目标以及实施“五精举措的各项工作部署，做到“三个到位”(即报道重点提示到位、稿件修改到位、确保任务完成到位)，整体提升公司的新闻报道水平。

公司宣传个人典型22个、优秀团队18个。全年在长城钻探报、长城杂志发表新闻稿件501篇；在辽河石油报发稿255篇；在中国石油报、石油商报、中国企业报发稿41篇，在长城钻探网络电视播发稿件133篇，在辽河油田电视台发稿30篇，扩大了公司对外形象和宣传力度。在长城钻探HSE摄影大赛上，公司选送的作品获得一等奖1个、二等奖1个、三等奖1个、优秀奖12个，获奖数量居各二级单位榜首。

针对公司日趋市场化、国际化、专业化的客观实际，教育培训中心继续创新形式和载体，丰富八学法（教育培训强制学、徒弟向着师傅学、政策机制激励学、现场操作互相学、技术比赛现场学、标准化教材演示学、培训员引领大家学、员工向着书本学）内涵，把握“强化技能培训和岗位练兵，全面提升员工综合素质，注重在承担重点任务、重点工程的实践中培养造就复合型人才”的人才培养核心要义，举办各类培训班412期，培训15299人次，其中，长城钻探公司培训班18期，培训1775人次；特种作业人员培训班44期，培训2082人次；岗位操作人员培训班51期，培训3678人次。班组长培训班3期，培训215人次。新职（入厂）工培训班8期，培训371人。HSE、“四小证”培训班18期，培训1775人。

公司纪委围绕“1235”的工作思路（即把握一个工作主线，贯彻落实好两个重要制度，正确处理三个关系，努力实现五个确保）扎实开展反腐倡廉各项工作。实施党风建设承诺制，公司党委与15个基层党总支（直属党支部）及16个公司重要科室签订党风廉政建设责任状，与199名副科级以上干部及重要岗位人员签订廉洁从业承诺书。开展“奉献企业当忠诚先锋、立足岗位做勤廉模范”主题教育，举办“忠诚、奉献、勤廉”主题书画展、每季一专题大党课及参观警示教育基地等系列活动。强化对领导干部用权行为的监督，制定公司《关于落实“三重一大”（即重大事项、重要人事任免、重要项目安排、大额度资金使用）决策制度实施细则（讨论稿）》，梳理、完善、修订各项制度89项，健全完善各类规章制度33项。开展钻井队干部员工驾驶私家车上井、外来车辆在井队加油及钻井队盗（变）卖生产物资专项整治活动，纪委书记带队不定期组织专项检查25次100余队次，排查和治理各种隐患和风险。开展效能监察，配合长城钻探公司监察处进行“工程建设领域突出问题专项治理专项监察”的自检自查工作；实施公司自立项目——外部市场钻井物资管理与使用情况效能监察，发现并整改8个方面12个问题，提出6条整改建议，均被采纳，项目获得长城钻探公司优秀效能监察项目一等奖。严肃查处信访举报案件，配合长城钻探公司纪委查办关于公司的信访举报1件；自收群众信访及电话举报5件，其中，初核1件，初核转立案1件，一般了结3件。全年党政纪处分1人，组织处理3人，诫勉谈话1人。加强反腐倡廉建设理论研究，完成并上报《效能监察现状分析及实效性探索》、《外部市场干部监管的难点与对策》等4个研究课题。

公司计划生育工作开展“同健康 共快乐”人口文化健康周活动，以“家庭健康促进计划”作为“安心工程”的切入点，服务员工家庭，解决员工的后顾之忧。公司有育龄妇女222人参加职工健康检查，计划生育各项优待奖励经费104万元。新婚男职工95人，新婚女职工13人，新生人口17人。

公司调整预备役后勤保障旅修理连出、入队人员24人，排长2人；编制高炮班10人；调整出、入转队普通民兵33人，基干民兵12人，应急分队8人；组织10人炮班参加辽宁省军区“大连要地一体化反空袭作战演习”。2010年，公司交通事故率同比下降5个百分点，经济损失下降21个百分点。在交通管理上强化GPS监控系统，落实 3 个 ABC 动态分类管理办法，重点落实交通安全防控对象，超前预防管理。利用 2 个二级运行监控平台和 19 个三级监控平台，对公司 449 台装载 GPS 终端设备的车辆全程监控。结合“百日道路交通安全专项整治”活动，消减违章率和事故发生率。公司下发《钻井一公司对盗卖生产（废旧）物资行为的处理办法》、《关于开展钻井队干部员工私家车上井外来车辆在井队加油及钻井队盗（变）卖生产物资专项整治的通知》和《关于禁止公司小型车驾驶员带车加油的紧急通知》，对涉油违纪行为的单位和个人进行严肃查处，遏制涉油违法乱纪行为。

公司对在用劳务人员和新招录人员核实真实身份，从源头上削减用工风险，为“平安创建”净化矿区环境。公司综合治理工作做到“两个平安”、“三个稳定”，实现生产办公区平安，职工生活区平安，确保了政治稳定、治安稳定、队伍稳定；做到“四个百分之百”，公司各单位专防人员到位率 100%，可防部位人防、物防、技防到位率 100%，非可防部位治安防范管理制度和有效防范措施到位率 100%，大学生公寓“三防（人防、物防、技防）”到位率 100%；做到“六个为零”，公司职工刑事犯罪为零，毒品案件为零，邪教案件为零，实现可防部位、非可防部位刑事案件为零、被盗案件为零，职工违法犯罪率为零；做到“四个杜绝”，杜绝“法轮功”分子赴省进京滋事，杜绝了队伍和辖区内非法聚集散发宣传品，杜绝“法轮功”和有害气功的公开习练，杜绝电视非法插播；做到“三个保证”，保证无赴进京个人无理上访，保证无群体赴省越级上访，保证无群体性进京越级访治安案件发生。

【职工生活】 2010 年，公司为一线井队发放 83 套图书（册）和书柜，工会投入经费 4.5 万元为地区市场 32 个井队，部分二线单位基层队站配备书柜、补充图书，投入经费 8 万元订阅报纸杂志。组织建立外部市场职工家庭信息库，初步形成工会帮扶工作站（安心工程办公室）、女职工工作委员会“携手贤内助、情暖半边天”互助组、共青团“安心工程”青年志愿者、计划生育协会钻嫂就医生育“绿色通道”的四合一“安心工程”服务体系。全年接待职工家属来信来访 156 件（人次），答复职工、家属各种咨询 270 余次，解决实际问题 52 个。慰问伤病职工 485 人次。为井队送清凉 23.20 万元、慰问金 15.13 万元，为 102 名职工家属办理困难补助累计 6 万元；帮助 9 名重病职工申请医疗帮扶，累计帮扶 6 万元；为 32 户遗属办理生活补贴 3 万元。节日及日常走访慰问困难职工家庭 112 户，发放慰问金 28 万元。工会发放帮扶款 59.91 万元，其中，向特困户发放帮扶款 35.95 万元；日常发放扶贫慰问金 23.96 万元。帮助员工审核办理丧葬费 34 人次；为遗属办理抚恤金领取证 98 本，审核办理抚恤金 108 人次，抚恤金 41.72 万元。安排全员健康体检，年内参检职工 1690 人。为 45 名职工办理兴城康复病疗。工会支出助学帮扶款 8.70 万元，“一帮一”结对子助学捐款 6.50 万元，帮扶 35 个贫困家庭子女就学。工会投入经费 46 万元为一线井队配备洗衣机 77 台、电视机 70

台、冰柜68台、照相机34台，下拨基层活动经费140万元，为外部市场队伍投入经费10万元配备篮球架、乒乓球、台球等活动设施。

【纪念创业发展40周年】 2010年是以“3·22”油田钻井团为前身的公司创业发展40周年。3月3日发出了以“传承光荣传统，再创新的辉煌”为主题，在全公司范围内深入开展系列纪念活动的通知。通过开展系列纪念活动，重温公司40年所走过的光辉历程，回顾老一辈钻井人在生产、生活极为困难的条件下，继承和发扬大庆会战光荣传统，战天斗地、艰苦创业的光荣历史，动员和组织广大干部员工继承发扬大庆精神、铁人精神及优良传统作风，转变发展方式创造新优势，全面实现2010年“确保双增长、力争双翻番”的工作目标，为公司全面创建具有国际竞争力的钻完井工程技术总承包商做出贡献。

一、举办40年图片展

2010年，3月22日，公司举办“奋进的历程：钻井一公司辉煌40年图片展”。图片展围绕展示公司发展建设40年成果的主题，面向离退休老领导、老同志、广大干部员工、家属广泛征集摄影图片。以不同的视角，用寓情于景的镜头见证公司40年来在会战创业、生产经营、改革发展、技术创新、队伍建设等方面的突出成就。展出“见证会战：奠基辽河 功勋钻一”、“见证今朝：立业长城 光明钻一”等12个专版300余张珍贵的照片。员工通过重温过去会战艰苦的创业史，感受公司今朝的来之不易，展望公司光明的发展前景。

二、举办主题演讲会

2010年3月23日，公司举办“传承光荣传统、再创新的辉煌”主题演讲会。与会领导和职工代表重温钻井人风雨兼程的创业之路，追寻前辈们的创业足迹，传承“爱国、创业、求实、奉献”的企业精神，继续踏实奋斗，用大庆精神、铁人精神鼓舞自己在公司持续发展、科学发展中，创造新业绩，用坚韧和无畏、用智慧与力量共同创造公司更加美好的明天。引导员工深刻感悟公司40年来发生的巨大变化和取得的辉煌成就，把爱国之情转化为奋斗报国的实际行动，把爱企之志转化为助推企业发展的动力之源。

三、举办主题征文活动

公司举办“我与钻一同成长共奋进”主题征文活动。以作为公司大家庭一员的视角，记录公司40年的成长历程和精彩故事，抒发石油人的真情实感，唱响“我为祖国献石油”的主旋律。

四、传统教育报告

2010年3月中旬，邀请突出贡献的老劳模、老领导、老专家做传统教育报告，引导员工珍重历史，珍视老一辈石油人的宝贵精神财富，宣传老石油、老会战、老劳模的感人事迹，凝聚推进公司科学发展、和谐发展，再创新辉煌的力量。

五、开展“牵手奠基者，重走会战路”活动

2010年3月16日，公司组织团员青年与参加辽河石油会战的老一辈石油钻井人到辽河油田企业文化中心、公司会战初期施工的具有历史意义的重点井现场参观学习。在辽河油田的第一口探井——辽 1 井，原 3241 钻井队队长讲述 40 年前在兴 4 井举行辽河石油会战誓师大会的情景，以及当年会战的场面。在黄 5 井由 70 年代局劳动模范讲述当时的井喷抢险经历。在 50021 钻井队参观现在钻井队用电动钻机操作气控手柄，减轻劳动强度，增加安全屏障。促进青工勇于肩负公司长远发展的历史重任。

六、开展劳动竞赛活动

公司开展“献礼公司 40 年，立足岗位作贡献”为主题的劳动竞赛活动。在员工中开展“夯实基础抓提速，精细管理降成本”竞赛活动，激励员工发挥积极性、主动性和创造性，争创一流业绩、争做更大贡献。在党员中开展“时刻牢记我是共产党员”、“党员身边无事故”、“学铁人、当先锋、立足岗位作贡献”等活动。通过开展劳动竞赛，达到教育员工、激发干劲、推进发展的目的，推进公司实现“确保双增长，力争双翻番”的奋斗目标。

七、观看电视剧《奠基者》

公司将《奠基者》光盘刻录 110 套 660 张发放到基层队；开展《奠基者》观后感征文活动，收到征文 15 篇 。干部职工在重温光荣历史中增强发展责任，在学习优良传统中汲取精神动力。

（周凤霞）

钻井二公司

【基本情况】 截至 2010 年 12 月，钻井二公司（以下简称公司）用工总量 4623 人，其中，合同化员工 2476 人（内养职工 20 人），市场化用工 673 人，农民劳务工 1474 人。公司有干部 820 人，其中，具有高级专业技术职称 20 人，具有中级专业技术职称 133 人，具有初级技术职称 591 人；工人技师 86 人，含高级工人技师 15 人。公司设置机关职能科室 14 个，包括经理办公室（党委办公室）、市场开发科、生产协调科、组织人事科、规划计划科、财务资产科、装备科、质量安全环保科、工程技术科、纪委监察科、党群工作科、企管合同科、审计科、物资管理科。设置机关直（附）属机构 4 个，包括信息档案站、财务结算站、QHSE 监督站、培训中心。设置基层单位 15 个，包括兴隆台项目部、欢锦曙项目部、沈北项目部、国内市场保障部、陕北项目部、冀东项目部、吉林项目部、海塔项目部、国际市场保障部、钻前公司、运输公司、生产服务公司、工程技术公司、综合车队、招待所。公司拥有各类设备 2561 台（套），固定资产原值 22.28 亿元，净值 12.63 亿元；设备新度系数为 0.57；主要生产设备 1267 台。

公司全年开钻 549 口，完成进尺 139.81 万米，完成长城钻探公司下达的承包指标。

【市场开发】 2010年，公司按照长城钻探公司增加高端市场、减少低端市场工作要求，以市场的规模、效益、工作量连续、资金回收等为前提评估市场，逐步减少低效市场的钻机数量。陕北市场规模由2009年的23部钻机减少至17部，根据自营区块、华北项目部和长庆各甲方市场的井位情况，将ZJ40以上钻机调整到气井和水平井施工地区。

由于常规工程技术服务工作量减少和持续降价，2010年公司把探井、深井、水平井、侧钻水平井的技术服务作为市场开发的重点，强化自身钻探技术服务能力的培养，进行特色技术的推广。全年陕北地区施工18口水平井；承担海拉尔地区全部6口水平井工作量；吉林地区完成4口水平井施工。公司做好海外托管队伍的硬件保障工作，支持海外大区建设，从大局出发，保障外部市场人力资源能够满足项目建设需求。公司持续投入完善井控培训基地和防恐安全培训基地建设，满足海外队伍建设需求。公司海外队伍增加至16支。

【企业管理】 2010年，公司按照长城钻探公司机构调整方案，消化和调整单位人员，实施扁平化管理。公司21个机关科室整合至14个，7个直属部门减至4个，17个生产单位减至15个；公司机关人员由132人减至116人；机关直属部门人数由85人减至39人；二级单位机关人员由441人减至330人，平均压缩33.3%。国内一线、二线职工比例达到3.7∶1。公司实施机关科室集中办公，改善办公场所分散的局面，保证机构调整后各职能部门的高效运行；完善组织机构，制定机构调整后的各岗位行为规范、岗位责任制，建立例会制度。实现部分机关和二线熟悉生产业务的人员回流一线，建立机关、项目部、基层队的三级管理模式，提升公司的综合运营效率。项目部建设以简化工作流程、加快生产节奏、提高硬件资源的利用率和执行力为目的。通过统筹调配人力资源和设备资源，使管理层前移，增强前线项目部软实力。公司分管社会市场、技术、生产、党群的副职领导和各路相关科室人员，常住前线项目部为基层井队实时解决问题；二线服务单位通过服务前移，完善社会市场设备修理、营地服务等保障工作，使项目部逐步具备快速应对市场的应变能力，保证公司各施工区块的整体利益。

公司对兴隆台项目部、欢锦曙项目部、沈北项目部、陕北项目部、海塔项目部、吉林项目部、冀东项目部、运输公司、钻前公司、生产服务公司实行利润承包；对综合车队、招待所下达费用指标，实行费用承包，并复合考核收入指标；对教育培训中心实行行政管理费和教育经费承包，复合考核培训收入指标；公司国内市场保障部、国际市场保障部实行费用承包，与所属项目部的经济效益和综合指标完成情况挂钩；对工程技术公司、信息档案站、QHSE监督站、财务结算站实行费用承包，对公司机关实行科室费用总承包，复合考核差旅费、办公费、材料费、运费、水电费和电话费单项指标。

根据长城钻探公司的发展定位和工作目标，结合公司组织结构和市场情境变化，基本工资部分依据员工出勤按月发放，不参与经营考核，效益奖金部分实行综合绩效与单位所承担的工作目标、业绩挂钩考核。效益奖金分为基础奖、激励奖、超额利润三部分，实行“硬管理、硬兑现”，对虚报业绩领取效益奖的单位，追缴或顺延扣除奖金并追究当事人和单位领导的责任。公司修订《钻井二公司预算管理办法》，明确预算的执行、控制以及预算调整、分析与考核等具体流程，把公司各项收入、成本、费用全部纳入预算管理。纵向将预算指标逐级分解到项目部、基层队，横向将各项费用指标逐项落实到机关各职能部门，使每项费用支出都做到有预算、有控制。定期开展预算执行情况的财务分析和动态的经济评价，及时发现预算执行过程中存在的问题和矛盾，采取措施，纠正偏差。

公司将“三提、两井”推进工作与成本考核工作相结合，转变单纯考核钻井提速指标为考核综合创效能力。通过开展对标分析，深化内控体系建设，强化预算、合同、结算和审计管控职能；采取绩效工资与口井目标成本、目标利润和口井周期综合考核的办法，予以考核兑现，提升全员参与成本管理的意识。设立重要岗位津贴、技术专家津贴、单项指标奖、四季度劳动竞赛活动等激励措施，开展“金牌井”评比活动，共评选出32口“金牌井”，奖励37.5万元，调动干部职工的生产积极性，形成干部职工自觉对标分析、找差距、创指标的良好氛围。公司正确处理提速与成本的辩证关系，杜绝因盲目追求高指标而增加施工成本。针对各施工区块的地质构造与特点，积极与PDC钻头厂家和钻井液公司等兄弟单位联合开展PDC钻头、钻井液技术攻关。通过优化钻具组合、应用大功率螺杆、个性化设计PDC钻头等技术创新挖潜活动，科学配置钻井参数，促进提速工作开展。2010年，公司在辽河油区推广使用电代油项目，用电840万千瓦时；通过联合柴油机厂家进行技术改造，在陕北项目40127和50565两队使用LNG双燃料柴油机，用气42万立方米，节约柴油217.36吨。全年使用电代油和LNG双燃料柴油机两项节约费用450万元。

【科技创新】 2010年，公司全年完成集团公司重点科技项目1项，长城钻探公司科技项目4项；获得长城钻探公司科技进步一等奖1项、三等奖2项；获得长城钻探公司“十一五”重大科技成果奖3项，获得长城钻探公司新技术推广应用成果奖2项；全年发表论文9篇，申请国家专利2项，为钻井提速提供了有力支持。

公司重点加强了科研人员和关键岗位操作人员的培养，满足公司市场发展需求。在长城钻探公司的帮助下，投入200多万元对培训中心进行井控实训基地的升级改造，改善培训基地的食宿条件和学习条件。公司全年共完成各类脱产培训班175期；全年组织31项644人参加外出培训，先后两次组织41名职工到大庆石油学院外语强化培训。开展岗位练兵、技术比武、技术等级考试等多种活动，在冬季岗位练兵活动中，有2666人次参加演练。通过开展职业技能竞赛、岗位练兵、技术比武、技术等级考试等多种活动，人才培养工作取得进展。公司参加集团公司技能比赛选手摘取了 1 金 2 铜，参赛井控班组荣获团体第三名。公司对参加集团公司技能竞赛的 22 名选手进行强化英语培训，将作为国际项目重要岗位操作人才储备。

公司完善推广提速模板，一线单元创效能力逐渐缩小。陕北全年完成进尺 43.27 万米，平均井深 2923.63 米，平均建井周期 28.29 天，平均机械钻速 12.1 米 / 小时，比 2009 年建井周期减少 10.79 天；海拉尔全年完成进尺 29.98 万米，平均井深 2220.44 米，平均建井周期 14.73 天，平均机械钻速 19.41 米 / 小时，比去年建井周期缩短了 3.81 天，机械钻速提高 2.8 米 / 小时。全年辽河油区事故和复杂情况同比下降 2.43 个百分点，钻井周期再度缩短，施工的 115 口井平均井深同比增加 135 米，平均建井周期同比缩短 2.95 天。其中，19 口 4000 米以上的深井，比 2009 年建井周期减少了 36.6 天。

公司坚持实行“一井一策”的技术管理制度，逐步建立以井筒为中心的沟通协调机制，强化技术管理的过程控制，保证特殊工艺、关键工序、重点井段的施工安全。2010 年，通过加强与钻井液、钻具、固井等专业化公司的沟通协调，在钻井液性能、钻具探伤检查、固井方案等重点施工环节上，建立较为顺畅的沟通协商机制，取得较好的效果。2010 年井下事故和复杂情况同比下降 3.7 个百分点，杜绝井下重大工程事故。

【安全生产】 2010 年，公司认真贯彻落实长城钻探公司《HSE 管理体系建设推进计划》总体部署，全面推进 HSE 管理体系建设，初步形成以生产受控为核心、具有长城钻探特色的 HSE 文化。根据实际情况，重新调整 HSE 管理体系建设推进领导小组和推进办公室人员配置，健全工作制度、明确岗位职责，加强对 HSE 管理体系推进工作的组织领导，扩大 HSE 体系推进队伍，落实“有感领导、直线责任、属地管理”等安全文化理念。公司有 HSE 审核员 7 名，推进办专职人员 61 人，兼职人员 135 人，投入各种资金共 2105 万元，在人力和物力上给予充分的保障。公司组织相关部门对 HSE 制度进行梳理、转换、推行、跟踪和检查，以形成一套符合自身生产实际的，具有指导性意义的 HSE 管理制度体系，将杜邦先进的 HSE 管理理念及现场应用工具与传统的标准相融合。公司从制度梳理转换—文件建立—培训宣传贯彻—现场实施，保证有人跟踪，有人落实，保证制度的可行性。重新梳理建立《工作安全分析（JSA）》、《作业许可（PTW）》、《安全观察与沟通（STOP）》等 HSE 制度 27 项，并形成文件推广至基层进行有效实施。公司每月召开 HSE 体系工作会议，通报各单位体系推进情况，传达上级文件精神，分析公司 HSE 形势，汲取各类事故教训，总结安全生产、环境保护等工作好经验、好做法，在公司范围内进行推广。开展 HSE 季度绩效考核兑现，建立长效机制调动干部职工的积极性，形成找差距、创指标的良好氛围。公司领导、安全监督人员对社会市场项目进行驻前管理和监督，强化现场监督检查和自查自改，加大了主动治理安全隐患的力度。全年举行 HSE 委员会议 10 次，下发 HSE 文件

43 个，《安全监督通报》48 期，开展综合检查 8 次，促进安全环保管理工作。

按照长城钻探公司体系总体推进方案，公司主动查找自身差距，结合自身实际制订了体系推进计划，明确岗位职责，扎实推进 HSE 管理体系建设。通过健全从领导干部到基层员工各级岗位的 HSE 培训矩阵，逐级建立完善管理机制，并将 HSE 执行情况纳入绩效考核，定期通报不达标单位，激励活动开展，使 HSE 体系推进工作保持与长城钻探公司同步。针对井控工作重点，以“三高两浅井”的井控工作为中心，重点加强辽河油区沈北、曙光区块、吉林油田浅气层的抽汲井喷和兴隆台高危地区井喷失控的防范。通过严格把关井控设备的安装质量，落实 I 类风险井科级干部住井制度，做到现场有懂井控、会操作的干部跟班，保证重要工序的监管到位；通过完善起放井架首席操作员制度，杜绝钻机超负荷运行，保证井架使用安全；通过强化车辆审批手续、长途运输领导带队等管理制度执行，杜绝重大交通事故。全年实现生产搬运 496 井次，安全行驶 2235 万千米。专业设备综合完好率达到 98.3%，综合利用率 62.5%，重特大设备责任事故为零，设备维修率仅为 6%。

公司下发《十项安全重点风险防控方案》和《十一项一般事故 B 级风险防控方案》，强化岗位员工操作技能和风险控制能力。同时，实行从机关到基层的各级干部安全抵押金制度，对重点要害部位和重点井实行干部承包制，健全从公司到项目部、基层队、班组的安全监管网络。此外，公司通过夜查和改变常检时间的方式，加大现场监督检查力度，对重点井、“三高”井、重点工序和重点时段出现的隐患比照事故进行处理，严抓违章违纪行为。2010 年，公司检查 583 队次，组织 12 次井控、安全、环保、消防专项检查，发现违章隐患问题 1938 个，下达隐患整改通知单 476 个，其中，对 8 项重大隐患制定措施进行了监控整改，其余隐患已全部整改完毕。

【党建工作】 2010 年，公司党委和各级党组织认真贯彻集团公司党建工作会议精神，全面落实《长城钻探公司 2010 年党委工作要点》，围绕公司生产经营中心任务，努力加快转变经济发展方式，开展党建思想政治工作，加强领导班子、职工队伍和企业文化建设，充分发挥各级党组织的战斗堡垒作用和广大党员的先锋模范作用，确保公司年度工作目标的实现，奠定思想基础和组织保障。公司结合实际印发《关于推进创建“四好”班子活动的实施方案》，坚持以提素质、强管理、转作风为重点，完成半年一次考核和年底综合评定的任务，提升促进班子整体能力。两级领导班子民主测评信任率都在 98% 以上。公司领导坚持中心组学习制度，全年集中学习 32 次，写出调研报告 7 篇。党政班子召开专题民主生活会，研究讨论收集到的 2 个方面 8 条意见，逐一给出回应，并向员工群众进行通报。所属 9 个党总支、4 个直属党支部，都分别组织召开本单位党员领导干部民主生活会，整改职工群众提出的 36 个问题。通过广泛征求意见和建议，公司党委确立以“九个坚持”为主要内容的公开承诺书，并向全体党员和群众进行了公布。基层党建工作以“四强四优”和“六个一”党支部建设活动为主线，全年实施共产党员工程65项，共产党员责任区132个，共产党员示范岗272个，发挥党组织的战斗堡垒和广大党员的先锋模范作用。全年发展党员55人，转正党员57人，充实和加强基层党组织建设。

公司党委从关爱员工成长成才的角度出发，开展第二届“情系长城，爱在钻二”主题文化活动，并以此为平台，推动“传承、创新、超越”主题教育活动深入人心。以演讲、诗歌、散文、小说、议论文、公文写作、消夏晚会、公文培训等八个单元为载体，以提高员工文化素质和文化兴趣为切入点，向广大干部员工介绍公司当前形势和发展前景，提升员工对公司的归属感和责任感。活动中，收到各类作品152件，举办以“为钻井二公司喝彩”为主题的颁奖典礼，进行优秀作品演示，展现公司员工群众良好的精神风貌。各级领导干部坚持每周至少到联系点、承包点活动1次，帮助指导基层分析队伍形势，查找安全隐患，解决疑难问题。对于基层提出的问题和意见，能解决的都进行解决，不能解决的都给予回应。全年收到各类调研报告36篇。公司党委通过建立责任机制来推动工作的落实、问题的解决，做到严肃纪律，减少工作失误，保证调研后形成的措施和办法得到有效落实。在长城钻探公司一届二次党委（扩大）会上，公司党委做了题为《发扬党的优良传统，有的放矢做好调查研究工作》的经验介绍，受到上级领导的好评。

【精神文明建设】 2010年，公司通过开展思想教育、文化引领、廉洁从业、争先创优、“四好”班子、“六个一”党支部、“五型”班组建设等载体活动，凝聚了队伍，激发广大职工的工作热情，促进公司的发展。开展主题文化、图书漂流、文体及送温暖和金秋助学等活动，丰富职工的精神文化生活，解决员工的后顾之忧。公司着力解决关系职工利益的热点问题，全年投入140余万元对全体职工进行健康体检，安排71名社会市场生产骨干进行健康疗养；通过调整部分社会市场项目部休假制度和调配停产井队，保证社会市场职工每年休假2到3次；投入400多万元，对180栋旧野营房进行了维修改造；投入近100万元更新炊灶具和生活用品，加强一线营地服务质量考核验收，保证一线营地服务的质量和职工的生活水平。公司开展送温暖工程，对36户困难户进行了帮扶救助；两节期间为伤患职工、困难家庭送去30多万元的慰问品；通过开展金秋助学活动，解决24名困难家庭子女上大学的学费问题。员工岗技工资调标后，合同化、市场化员工月平均工资分别增加307元、313元；全年员工平均奖金收入和员工平均总收入同步增长。在改善职工工作生活条件的同时，注重提升职工文化生活质量，利用多种载体和形式，让职工感受企业文化氛围，找到企业归属。针对大中专毕业生和单身职工占公司正式职工比例近30%的实际，2010年改建两栋职工公寓、一座职工食堂，改善职工的食宿条件。公司举办大学生座谈会，开展“十大杰出青年”评选，并联系矿区周边单位，组织两次大龄青年联谊。针对国内市场偏远地区施工多，职工生活单调的特点，投入 6 万元开展“图书漂流”活动，以丰富职工的业余生活。通过开展以“情系长城、爱在钻二”为主题的大型文化活动，以公文写作、文艺演出、演讲等形式，用积极向上的活动内容引领职工扎根长城。坚持把企业文化建设与“五型”班组创建活动、基层建设等工作有机结合，以“力文化”建设为核心，认真贯彻长城钻探公司企业文化推进会精神，更换展板 40 多块，制作企业文化手册 100 多本，统一规范了办公场所、作业现场等标识的使用。认真开展“创五型建五家”班组活动，增强班组考评工作的针对性和操作性，促进“五型”班组活动的深入开展，“创五型建五家”班组建成率达到 90%，在长城钻探公司“五型”班组建设现场经验交流会上，公司与基层队分别做了经验介绍，受到上级领导的好评。选树劳动模范、综合业绩、最佳井队长等 9 个层面 100 名标兵，在干部员工中营造学赶先进、努力成才、争先创优的浓厚氛围。2010 年，公司在中国石油报用稿 23 篇，长城钻探报用稿 328 篇，辽河石油报用稿 186 篇。

（冯　东　杨玉琼）

国际钻井公司

【基本情况】 国际钻井公司（以下简称公司）主要从事境外钻井工程技术服务。公司有员工 2025 人，其中，中方员工 615 人，占 32%，外籍员工 1410 人，占 68%。公司拥有钻机 33 台，其中 ZJ70D 钻机 11 台、ZJ50DBS 钻机 6 台、ZJ50D 钻机 3 台、ZJ40T 钻机 1 台、ZJ40DT 钻机 1 台、HH300 液压钻机 1 台，ZJ30C 钻机 10 台。钻机资产原值 10.75 亿元，净值 4.18 亿元，设备新度系数 0.38。公司有 33 台钻机分布在 11 个国家，为 13 个油公司服务，其中，国家石油公司 6 家（CNODC、PDVSA、PEMEX、PTTEP、CUPET、PDO）、跨国石油公司 6 家（VEBA、ENI、REPSOL、DALEEL、TPOC、AOC）、肯尼亚国家电力公司 KENGEN。

公司 GW80 队荣获集团公司、长城钻探公司标杆钻井队，平台经理韩民久被评为集团公司、长城钻探公司劳动模范，GW107 队平台经理王立军、GW121 队司钻宁志纯被评为长城钻探公司 2010 年劳动模范。GW116 队被评为长城钻探公司标杆基层队，GW107 队、GW125 队、GW121 队被评为长城钻探公司先进集体，GW39 队一班、GW106 队一班、GW122 队二班、乍得车队被评为长城钻探公司“五型”班组。

公司开钻 204 口，完井 209 口，修井 37 口，完成钻井进尺 49.85 万米，平均机械钻速 8.57 米 / 小时，工程质量合格率 100%。开钻、完井口数和进尺同比分别提高3%，7.2%和2.6%。

【安全生产】 2010年，公司安全工作运行平稳，百万工时事故损失时间率保持为0，无较大或以上级别安全事故发生，千人死亡率为0，无井控事故发生，无环境污染事故发生，无一次直接经济损失100万元以上（含100万元）事故，无重大急性职业病危害事故和放射事故。

公司组织HSE体系推进培训班7期，培训境外作业队管理层人员119人，使公司所属井队中方参培人数平均达到3—4人。公司专门派出HSE管理科人员到乍得项目调研指导作业队HSE体系推进工作，并树立GW125队为乍得项目体系推进样板队。通过调研现场HSE体系推进实施情况及遇到的实际问题，有针对性地协助作业队进行HSE理念、公司HSE体系制度的宣传贯彻，同时，辅导作业队正确使用安全管理先进工具，包括个人安全行动计划、安全观察与沟通、属地及责任落实、JSA、STOP卡应用等，使作业队充分理解和实施HSE体系。

根据国际钻井公司的业务特点和实际情况，公司组织编写并发布国际钻井公司HSE体系管理手册和程序文件，转化程序文件18个，转换、制定和完善各项HSE相关制度17个，完成公司质量管理手册编写工作。公司下发《国际钻井公司员工职业健康管理办法》，对公司员工体检工作进行总结，将没有按时体检的员工列为重点管理对象，督促这些员工完成体检工作，结合实际情况，向主管部门多次反映，成功地解决公司员工异地体检费用报销问题，为境外项目作业人员保证职业健康提供支持和保障。公司制订《国际钻井公司整体应急预案》，公司所属各井队全年共举行各种应急演习1920次，其中，井控演习每周一次960次，消防演习、急救演习、防硫化氢演习、应急逃生演习960次。

2010年3月11日，公司根据实际情况，联合肯尼亚项目和GW116钻井队开展环保应急演习。GW116队作业区地处肯尼亚国家森林公园，开展环保应急演习意义重大。通过这次演习，发现汇报、沟通以及应急预案本身的一些问题，也为今后突发事件的应急处置工作奠定了坚实的基础。

公司加大对境外作业队的检查指导力度，组织4个检查组，由公司领导带队，分别对乍得、肯尼亚、古巴、委内瑞拉、阿曼、印尼项目开展井控检查，发现86个问题，针对发现的问题，公司安排专门科室督促整改进展情况，确保发现的问题全部按要求得到解决。

【生产协调与监督】 2010年，公司完成北阿项目GW107第一口井启动工作。伊朗北阿项目第一口井是2010年长城钻探公司的重点井，关系到集团公司在这一地区的整体工作部署，由于井场修建及主合同签订问题，致使在近一个月的时间内先后进行3次搬家，经过精心的组织运作，利用搬家零碎时间完成设备整改、安装和开钻验收等工作。井队全体员工克服了工作强度大、生活规律性差、天气酷热及沙尘暴、当地民族矛盾引发的安全问题等困难，发扬“铁人”精神，连续奋战58小时，期间只休息不足4小时，提前1天，在伊朗新年前实现北阿项目第一口井开钻。

公司为顺应甲方和长城钻探公司总部对项目实行大包管理发展趋势，结合乍得钻井现场实际综合情况，配合项目部、与现场进行适时、有效沟通，加强技术支持和总结，制订总体运行计划和具体施工方案，公司所属3部钻机成功实现大包井转制工作。公司对泰国项目GW80队搬家安装、生产组织、HSE管理、设备管理、材料管理进行总结、剖析和提炼，形成一套现场精准化管理模式。通过提升人员素质，加强内部监控，强化链接协作，从总体上提升单位工作效率和效益。

【设备管理】 2010年，公司针对“重点项目、重点井队、重点设备”安排专人负责，主动联系现场，及时处理现场提出的各种问题，重点解决六个问题，包括现场指导GW107钻机设备安装以及整改工作，确保在甲方要求作业时间前开始北阿项目的钻井作业；完成GW110钻机现场固控设备更新、井架整拖装置安装使用工作；完成印尼项目钻机国内配套工作以及发运工作；完成GW38设备整改工作以及动员到哈萨克斯坦的前期准备工作；完成部分GW80/229电器问题的整改，提出GW229井场用电优化方案；完成泰国GW80钻机底座整改工作，满足现场作业要求。

公司建立网络设备沟通平台和海外项目部沟通制度，通过沟通平台将公司海外所属井队连接在一起，针对设备出现的问题或工作中的疑问进行沟通，群策群力解决问题，达到共同进步的目的。通过海外项目部沟通制度，公司每月将海外设备重点工作进行分解、落实到具体人员，并将相关重点工作信息主动通报给项目部。公司在利比亚项目开展关键设备“目视化”管理试点工作，将关键设备的日常保养要点、设备运转注意事项等关键信息制作成中英文模板，要求现场设备管理人员按照要求进行设备管理，确保关键设备的安全运转。公司根据海外项目设备运转实际情况，对伊朗、阿曼、委内瑞拉、古巴、利比亚项目进行设备检查，对在检查中发现的问题及时组织整改。

2010年，公司物资管理工作实现5个100%，包括计划执行率和准确率100%，合同签约执行率100%，物资供应及时率100%，物资质量合格率100%，前线用户满意率100%。

【市场开发】 2010年，公司新增利比亚、伊朗等项目的下套管服务项目，同时，开发中信印尼项目、伊朗北阿项目以及哈萨克斯坦修井项目等3个新市场。公司全年投标27个，中标11个，中标率40.7%，高于长城钻探公司年度中标率水平，新签续签合同金额2.36亿美元，合同总金额为4.20亿美元，其中，下套管合同额28.9万美元，车队运输服务合同额596万美元。

【队伍建设】 2010年，公司为伊朗等6个境外项目部提供重要岗位管理人员7名，其中，6人来自平台经理，1人为HSE工程师；为叙利亚项目提供5名员工，其中，3名带班队长，2名司钻。全年补充各类技术人员25名，其中，平台经理1名，钻井工程师5名、HSE监督2名、带班队长1名、机械师2名、电气师3名、专业下套管技术人员4名、营房经理1名、副司钻3名、随队医师

3 名。

2010 年，国际钻井公司组织培训项目 26 期，内容包括防恐、井控、HSE、钻井新技术、钻井英语、下套管、VOLVO 技术、卡特技术、HSE 监督。受培人员 760 人次，平均每个井队参训 23 人次，费用 210 万元，人均约 2800 元。

【党建工作】 2010 年，公司健全完善基层党组织，成立基层党支部 10 个。以创先争优活动为抓手，转变观念，进一步树立“围绕中心、服务大局”的观念，开展“三比三创”活动，全方位打造创先争优活动载体，挖掘工作潜能，推进公司工作。制定有关宣传稿件的奖励措施，向《长城钻探报》、《企业动态》、长城钻探网站报送稿件 60 余篇，制作宣传展板 5 期，在基层井队宣传和推广 GW80 队先进经验、劳动模范韩民久的先进事迹，宣传国际钻井公司整体形象。

公司坚持把创先争优活动与加强学习型组织建设相结合。以党委中心组学习为龙头，设置加强学习的“固定时间”，2010 年，公司召开党委领导班子中心组学习 6 次，专题学习 2 次，开展专题学习调研 4 次。根据集团公司“千万图书送基层、百万员工品书香”活动，公司组织安排上项目的员工将各种书籍带到基层井队 1880 本。公司围绕转变经济发展方式的总体要求和全年目标任务，引导全体党员立足本职岗位，争创一流业绩，以创先争优活动推动各项工作的高效突破。涌现出 GW80 队、GW107 队、GW119 队、GW116 队、GW125 队、乍得车队、装备管理科等优秀队伍。公司坚持把创先争优与改进工作作风、提高工作效率相结合。通过活动组织引导基层党组织和党员、干部在完成重点任务、破解发展难题上创先进、争优秀，提升公司机关员工的整体素质。

【精神文明建设】 2010 年，公司为 27 名劳务派遣人员办理转社聘手续，办理北京、天津子女转学 11 人，组织沙河住房团购 118 人，解决享受异地住房补贴、月住房补贴 61 人，组织开展员工健康体检 331 人；开展送温暖活动，帮助员工解除后顾之忧，为病重员工张庆凯发放特困救助金 13000 元，同时，组织公司员工捐款 20 余万元；组织参加长城钻探公司拔河比赛、象棋比赛、青年植树等活动；与兄弟单位顶驱公司联合开展台球活动、跳绳比赛，筹办公司首届“迎五四青年英语演讲竞赛”，组织 1+1 > 2 拓展活动。

（罗伟强）

测 井 公 司

【基本情况】 截至 2010 年底，测井公司（以下简称公司）从业人数 2136 人。其中，在册员工 1906 人。合同化员工 1753 人，其中，干部 1003 人，工人 750。市场化用工 153 人，农民劳务工 135 人；临时用工 95 人。按学历划分，博士 1 人，硕士 66 人、本科 646 人、专科 412 人、中专 130 人、其他 498 人；按职称划分，具有教授级高级职称 2 人、高级职称 123 人、中级职称 436 人、初级职称 456 人。现有高级技师 27 人、中级技师 111 人。员工平均年龄 39.3 岁。

【机构改革】 2010 年，公司领导班子确立“123456”工作思路，并实施大规模的组织机构改革。按照市场服务区域，建设一线强势决策的项目部管理体制。对原测井事业部、数字测井事业部、射孔事业部重组成立辽河项目部和长庆项目部，分别负责国内东部、西部市场服务与开发，与国际业务项目部、过套管测井项目部共同形成推动公司发展的“四驾马车”。将 4 个野外生产单位的仪修部分集中整合成立仪器维修中心，为公司国内外市场一体化发展提供仪器设备和技术支持。公司机构改革被长城钻探公司作为组织机构改革的模板，加以推行。9 月，对公司机关进行调整，机关职能科室由 16 个减少到 11 个，机关直（附）属机构由 6 个减少到 3 个。重新确立“建设中国最强测井公司”的发展定位，按照“技术最强、规模最大、效益最好”的标准，创新科技、市场、经营管理的机制举措。

【财务资产管理】

一、预算机制导向作用

2010 年，公司结合生产经营实际，科学合理安排全年收支预算，抓好预算指标分解。强化预算执行力度，突出预算的导向作用。严格预算考核，做到“严考核、硬兑现”。

二、资金状况

公司周、月、季、年资金计划上报及时，考虑周全，有缓有急，控制款项支付节奏，按轻重缓急合理安排资金支出，全年生产用 4.4 亿元资金到位及时，支付给职工以及为职工支付的 2.1 亿元资金得到有效保障。加强资金风险管控，回款工作取得实质突破，应收款余额由年初 2.4 亿元降至年底 4999 万元，同比下降近 5 倍，2008 年以前欠款的 6989 万元降至 590 万元，同比下降近 12 倍。全年收回当年及以前年度资金 8.5 亿元，确保公司现金流安全，良好的资金状况成为生产建设的坚强后盾。

三、成本管理与控制

公司以收入进度确定的预算额度为底线，实行从紧的成本费用预算控制。把控重点成本费用，严格对材料费、差旅费等大项成本费用支出加强控制，明确 5 项费用考核依据、范围和口径。确定成本费用压缩项目的目标和措施，成本费用得到较好控制，增强预算执行力和管控力。制定内部结算流程，规范经营行为，制定公司内部结算签认流程和标准格式，内部结算纳入到基层单位效益考核中，做到各项目部实现完全成本核算，推进各项目部利润中心建设。

四、资产管理

截至 2010 年底，公司资产规模已近 27 亿元，净值 14 亿元。资产管理与核算工作借助资产管理信息系统，实现资产全过程信息化管理，实现资产管理系统与财务核算系统对接，实现数据的即时共享，报表、凭证系统自动生成，保证财务和资产数据的一致。境内外新增资产和向境外调拨的资产划分细致，退税和转资工作按部就班，折旧、长摊费用结转及时。

2010 年 11 月，公司在境内外范围内组织固定资产清查盘点工作，对境外 5166 项、境内 1510 项固定资产的基本情况进行整理、核实，查清现有资产（材料）状况，落实管理责任，确保账实相符，通过清查、盘点、核实及时发现和纠正资产管理和使用中存在的问题，做到资产自然状况清、技术状况清、经济用途清、使用情况清、盈亏情况清的“五清”管理要求。

【科技管理】

一、建立科技组织及研究机构

2010 年，公司成立射孔、随钻、油藏评价、裸眼井、水平井及复杂井工艺、套后测井等 6 个技术发展研究小组，下设射孔技术及复杂井工艺、随钻技术、生产测井技术与工艺、油藏研究等 4 个研究室，跟踪研发前沿技术，并调研形成公司“十二五”技术发展报告。

二、完成科研项目预期目标

公司完成国家重大专项“大斜度井水平井测井、射孔工艺技术与解释评价方法”研究课题；有序推进集团公司重点项目“测井处理解释一体化（统一）软件开发”进度，形成具有长城测井特色的测井解释软件系统。2010 年，公司开展科技攻关、前期研究和新技术推广项目 32 项；申请国家专利 10 项；获集团公司科技进步二等奖 1 项，辽宁省科技进步三等奖 1 项，市局级科技进步奖 7 项；有 6 项成果通过辽宁省科技成果鉴定。

三、提高工程技术服务能力

EFET 地层评价测井仪在辽河油区海东 2 井首次应用获得成功；运用内定向和延时启爆射孔工艺圆满完成哈萨克斯坦 PK 项目首口水平井施工任务；应用具有公司自主知识产权的 HEPF 射孔器在苏丹 5 区作业刷新该区单井试油纪录；苏丹 37 区过套管电阻率测井及 ESP/Y−TOOL 联合作业成功。

四、新特技术全球推广创效

公司在国际市场推广复合射孔、旋转取心、连续油管射孔、超高温高压射孔、PNN 测井、过套管测井、Y−TOOL 等新特技术；在国内市场推广光纤测井、高温直读五参数测井、吸汽剖面监测、LWD 等新特技术。全年实现科技推广创收产值 1.2 亿元。

【质量安全环保】

一、持续推进 QHSE 体系建设

2010 年，公司践行有感领导，落实直线责任，实施属地管理。利用安全经验分享、STOP 卡等体系工具，办公室安全活动持续开展。HSE 培训普遍展开，完善 HSE 制度。统一野外施工现场目视化标准，改善作业现场环境。加强 HSE 绩效考核管理，制定绩效考核“否定、肯定、提升”实施细则，“HSE 星级班组”创建活动初见成效。

二、实施各项管理体系

公司推进 TnPM 体系建设，规范基层单位仪器架子标准。精准工厂化管理取得进展，制定下发《测井公司施工设计编审管理规定》，实施测井施工“六个一”工程。技术有形化、管理有形化初见成效，全年编写标准作业流程（SOP）16 项，编写工作流程 100 项。基础管理建设工程全面启动，ERP 系统正式运行。

三、加强风险管理体系建设

公司加强井控管理，严格执行井控分级管理制度，落实井控“十大禁令”；建立“三高”井、重点井和关键工序的风险识别机制，完成《测井公司防井喷失控和井喷着火安全重点风险防控方案》等 4 项井控重点风险防控方案。

四、有效治理各类隐患

公司加强现场监督检查，对查出的隐患进行销项整改。全年投入安全专项治理资金 3102 万元，强化对火工品和放射源管理、交通安全、消防安全、特种设备专项管理、超深井施工安全、员工“三违”行为、新疆和海外高危地区防恐等的专项治理。加强应急管理，全年编制应急预案 19 个，组织应急演练 50 余次。

五、开展质量管理工作

公司强化质量主体责任落实和体系评审工作，突出标准化体系建设，加大 QC 小组活动的普及力度。每月定期进行测井、射孔资料质量的抽查，全年抽查 725 井次，6040 条测井、射孔原始曲线。针对资料中存在的各种问题，召开质量分析专题会。2010 年，质量管理体系认证计划完成率达到 100%；探井、生产井和调整井符合率分别为 74.4%、96.1%、85.7%，取心收获率 93.7%，综合用户满意度达到 94.5%。公司连续 12 年被评为局级“安全生产先进单位”，连续 19 年被评为局级“环境保护先进单位”，2010 年，公司被长城钻探公司评为“HSE 管理先进单位”和“质量管理先进单位”。

【市场管理】

一、国内市场

辽河市场细做“贴”字文章，参与甲方设计，争取测井项目；克服井深、井眼复杂的施工困难，改进工艺方法，提升仪器品质，提升服务能力。国内外部市场面对市场价格下降且竞争激烈的不利局面，保证现有规模，努力寻找市场增长点。定边项目推广复合射孔，单井产值提高 3 倍；山西项目抓住煤层气开发的有利时机，扩大市场份额，产值同比增长 38 个百分点。国内业务全年实现产值 7.42 亿元，同比增长 22.85 个百分点；实现利润 0.47 亿元。

二、国际市场

采取向甲方发放宣传册、上门进行技术宣讲、向前线派驻解释专家等方式，加大市场营销力度，实现扩容增项增值。非洲大区苏丹 37 区随钻作业全面展开，乍得探井市场份额由 40% 提高到 60%；中东大区伊朗新增 OEOC、北阿、雅达等陆上项目，伊拉克鲁迈拉项目和哈尔法亚项目中标并开工，瑞来俄恩斯项目开工；中亚大区哈萨克斯坦实现扎纳若尔和 PK 市场独占，斋桑总包项目开工，阿塞拜疆新增 KOC、NOC 项目；美洲大区厄瓜多尔复工。国际业务全年实现产值 12.17 亿元，同比增长 15.9 个百分点；实现利润 3.46 亿元。

测井专业依托总包模式进入乍得 OPIC 中华石油、伊朗北阿、哈萨克斋桑等总包项目；中东“两伊”地区新市场开发效果显著，新增伊拉克鲁迈拉、哈尔法亚、瑞来俄恩斯，伊朗 OEOC、雅达等项目。

BP、道达尔、中化等国际公司的资审，伊拉克哈尔法亚和乍得台湾中华项目的中标，苏丹3/7区9口井IGD随钻测井的顺利完成，伊拉克鲁迈拉、伊朗SP15&16海上平台、中国石油北阿项目以及古巴大位移井的成功作业和LEAP技术推广，受到用户高度评价和认可。

【全球资源保障】 2010年，公司秉持"海内外一盘棋"宗旨，持续增强各项资源保障能力。

一、加强信息管理

公司下发《测井公司境外项目技术支持体系实施方案》，构建境外项目技术支持网络，理顺境外项目技术支持工作流程；推进生产信息管理体系建设，实现国内生产信息实时更新，海外生产信息每日更新；加强国内外信息沟通与物流管理，对前线项目需求和支持设备运输情况执行日督办，提高对海外项目的支持效率。

二、加大培训力度

公司开展国内员工的国际化综合人才培训、海外员工的技术晋级培训、外籍员工的技术培训等3个层面培训。全年完成培训93项、273班次、培训7533人次。其中、管理人员538人次，专业技术人员2948人次，操作服务人员4047人次，同比增加25.5%，创培训工作完成量之最。建立专家选拔、培养、管理运行机制，组建全球技术专家支持队伍。成功举办第十届技术竞赛，并实现比赛内容、形式、工种设置上的创新。完善"首席"、"专家"评聘机制。全年支持国际市场各类工程师66名。在海内外岗位员工中大力开展作业经验分享活动，快速积累作业经验，助力青年员工成长。

三、加大资金投入

公司依托长城钻探公司支持，新增投资7.55亿元，购置LEAP600系列测井系统等主力设备14套，全年向海外项目发运设备16套。

【体系机制建设】 2010年，公司强化体系机制的能动作用，努力实现效益规模型发展。公司强力推进内控体系建设，成立物资质量验收管理委员会、"三重一大"督察组等18个专项管理小组，覆盖国际资源、车辆维修等工作从计划、招标到质量验收的全程管理；制定下发《废旧物资管理办法》、《成品油使用管理办法》、《外围车辆维修及机械加工管理规定》，强化成本消耗的过程管理；召开国际业务成本管理控制等6个研讨会，查找生产和管理上的漏洞；制定十项挖潜增效措施，按季度严格考核，全年挖潜增效超过1500万元。公司推进划小核算单位体系建设，国内业务实现以小队为单位进行成本核算。公司推进项目部利润中心体系建设，对各项目部和国内外部市场项目下达资金预算指标，进行利润考核，研究以小队为利润单位的管理办法。公司推进内部模拟结算体系建设，制定《内部劳务价格结算标准（试行）》，公司内部各单位间业务往来开始实行内部结算。公司推进内部承包兑现体系建设，针对生产单位、生产辅助单位、机关部门等制定不同的考核指标和方法，使承包兑现体系更加科学。

【党建工作】 2010年，公司全面启动"融和、聚力、保障"系统工程，努力把党的政治优势转化为企业的发展优势，创新五个载体，加快实现“五共”；打造五项子工程，凝聚四种精神；构建四项体系，强化保障作用。成功召开第一次党代会。完善以职工代表大会为基本形式的民主管理制度，推进厂务公开，拓宽职工代表参与民主管理、民主监督的渠道。持续开展形势任务教育活动，以组织青年志愿者赴基层巡回宣讲，向海内外项目发放光盘、开办专题讲座等形式，深入开展新一轮“三创一赢”主题教育活动。举办“情系测井担重任，创业兴企我尽责”主题故事演讲比赛会。深入开展大庆精神、铁人精神再教育活动。以建设一支激情、进取、诚信、纪律、责任、包容、能战斗的员工队伍为宗旨，强化“五个三”，加强队伍作风建设。实施典型推优工程，营造先进典型层出不穷的浓厚氛围。夯实党建基础工作，强力推进“四好”班子、“六个一”和“三最佳”党支部建设，规范“三会一课”制度。认真落实“三重一大”工作机制。以“创建共产党员工程、党员尽责区、党员卓越绩效岗”为载体，组织“创先争优”活动。举办“创先争优”专题讲座。将7月作为“永葆先进性、增强凝聚力”主题实践活动月，开展特色活动。培育建设具有长城测井特色的企业文化，完善整合公司企业文化框架体系。

【企业文化建设】 2010年，公司完善整合企业文化框架体系。清晰界定各级领导在企业文化建设中践行者、建设者、管理者的角色定位，全面落实有感领导、属地管理和直线责任。将长城钻探公司和测井公司的发展思路、经营目标、重点工作、主要业绩等内容，制作统一的中英文对照展板，发到海内外项目，实现目视化管理。编发《长城测井报》，发到基层单位和海内外项目。成功举办企业文化建设推进晚会，在综合展示公司企业文化，员工精神风貌、技能才艺，促进思想和情感的融合，增强广大海内外员工身为长城测井人的自豪感与凝聚力。按照灵活多样、群众喜闻乐见的原则，组织开展第八届“庆五一、迎五四”员工春季长跑比赛活动,举办“庆‘三八’团结协作、共铸辉煌多米诺骨牌大赛”，组织“融和聚力、追求卓越”拓展竞技赛和各种球类比赛活动，受到广大员工的普遍欢迎。公司员工编演的多个节目参加长城钻探公司企业文化推进会文艺演出和新年联欢晚会，受到广泛好评。公司员工合唱团在长城钻探公司首届企业歌曲合唱比赛中夺得唯一一个金奖。

【安心工程】 2010年，公司关心关爱海内外员工家属，采取有效措施促进深度融和。公司完善在海内外市场一线工作的员工家属联系卡及家庭定期回访制度，以解除海内外市场员工的后顾之忧；加强海内外市场基地建设；组织海内外市场员工及家属代表共享“欢聚辽河之旅”，使大家真切地感受到公司的文化和公司的关爱。公司畅通员工诉求渠道，分别开通党员干部廉洁从业举报和员工利益诉求的实物和电子信箱，并建立健全调查处理基本制度；建立健全扶贫帮困机制，对困难员工家庭建立档案，实施动态管理，开展定期救助和临时性救助；为员工解忧，办好事、办实事，全年走访慰问困难员工家庭、重病员工、遗属、军烈属、一线职工等366人次，发放44.78万元的慰问金和价值3.93万元的慰问品；实施医疗帮扶10人，发放医疗帮扶金4.67万元；公司党政领导深入海内外市场慰问小队316人，发放慰问金12.91万元。公司特困户由2009年的18户减少到17户；困难户由2009年的12户减少到11户。

（王恩德　胡秀清）

录井公司

【基本情况】 截至2010年底，录井公司（以下简称公司）在册职工2147人，其中，干部794人，工人1353人。干部中有专业技术职称的665人；其中，具有高级技术职称的56人，中级技术职称的299人，初级技术职称的310人。工人中有技师50人,其中高级技师7人。职工中具有大专以上文化程度1052人；技术专业涵盖石油地质、钻井工程、机械、测井、物探、电子、自动化仪表、计算机、经济、外语等15个专业。公司机关设11个部室，其中，党群系统3个部室，生产管理系统3个部室，经营管理系统4个部室，行政管理系统1个部室。下设17个基层单位，其中，一线主要生产单位7个，科研型生产技术单位7个，后勤服务保障单位3个。公司一线小队总数217支，其中，有地质小队62支，气测小队38支，综合录井小队117支。队伍分布在国内9个油区，以及亚太、中亚、非洲、美洲、中东等5地区的12个国家。国内队伍151支，其中，集团内142支，集团外9支。国际市场队伍66支，其中亚太地区1支、中亚地区12支、非洲地区37支、美洲地区1支、中东地区10支、其他地区5支；新增9支，增幅15.79%。

公司拥有固定资产原值5.0815亿元，净值2.8582亿元，同比增加292.19%和289.13%。拥有各类录井装备787台（套），同比增加323台（套），平均设备新度系数0.53。综合录井仪142台（套），设备新度系数0.51。其中，国产综合录井仪96台（套），设备新度系数0.59；进口综合录井仪46台（套），设备新度系数0.43。

2010年，公司完成各类录井1243口，同比减少411口，同比降幅24.85个百分点，其中，国内完成957口，同比减少575口，降幅37.53个百分点；国外286口，同比增加164口，增幅134.43个百分点。完成录井2898井次，同比增加180井次，增幅6.62的百分点。

【科技创新】 2010年，公司重点科研项目取得突破性进展。工装工艺技术研究取得重大突破，具有自主知识产权的LEAP−Pacemaker综合录井仪通过省级鉴定，总体性能达到国际先进水平，软件功能处于国际领先水平，是长城钻探公司第一个通过省级鉴定的新产品，改写先进综合录井设备20多年来依赖进口的历史。储备技术研究取得新突破，录井综合导向技术趋于成熟，实现“实时跟踪、基地支持、专家决策、远程指挥”，进入推广应用阶段。远程录井技术已测试应用近 40 口井，搭建完成“有人值守、简化操作、远程控制、专家决策”的远程现代录井作业平台。地质分析化验技术升级完善。信息服务技术取得新突破。全面升级录井信息、油井信息技术，推广应用取得新进展。地质综合研究取得新突破，在曙光低潜山、奈曼油田、大民屯凹陷等地区取得一批地质综合研究成果。油气层解释平台推广应用进入新领域；较好地完成了长庆、冀东、苏丹等市场的解释评价任务。全面完成应用软件英文系统编译工作，为录井新技术全面走向国际市场做好了准备。全年获辽宁省科技进步三等奖 1 项，局级技术创新一等奖 1 项、二等奖 2 项；取得公司级成果 13 项；获得各种专利 11 项，其中，发明专利 1 项、实用新型专利 2 项、计算机软件著作权 8 项；发表技术论文 15 篇。

【市场开发】 2010 年，公司新技术推广应用收入同比增加 2000 万元以上，其中，水平井地质导向技术走出辽河，开辟长庆、苏丹、哈萨克斯坦市场，全年收入可突破 1000 万元，同比增长 2 倍多；地化录井重返长庆，打入乍得、哈萨克斯坦市场；分析化验项目进入冀东、吉林、四川气田等市场；录井信息服务进入海南、伊朗、苏丹等市场；油井信息服务新增 200 口井工作量，收入同比增长 2 倍以上；铀矿录井项目获得现场编录、地质监督、远程传输等一体化服务。市场开发模式由单一的跟进开发，向自主开发与跟进开发相结合转变。

【管理创新】 2010 年，公司加强物资采购管理，在 2009 年价格的基础上下浮 10%，对国际业务项目生产材料实行国内统一采购，清查现有库存，盘活闲置物资。创新劳动用工管理，在人员调剂上打破隶属单位界限，根据作业岗位需求，在各单位之间合理调剂人力资源；按照定员标准，严把考勤关，合理控制小队在岗人数；优化外部市场用工结构，推进海外项目用工当地化，降低人工成本。公司全年成本费用均控制在预算指标之内，变动成本费用同比下降 12 个百分点以上。全年建立并梳理管理流程 97 个，清理各种规章制度 30 项，完成 SOP 制作 20 项。组织研发录井设备管理系统，规范了资产管理程序，实现设备调拨零距离。推广应用 ERP 系统和生产管理 A7 系统，建立网络视频会议系统，构建起信息化支撑平台。

【质量安全】 2010 年，公司推进 QHSE 体系建设，全面加强井控、交通、消防等安全管理，投资 308 万元整改隐患，狠抓外部市场队伍管理与控制，强化国际项目服务人员的防恐教育，安全生产形势始终保持稳定。以提升服务质量、打造“长城录井”品牌为目标，以实施“精细化录井”第三步措施为主线，以精品工程和满意服务、“铁柱子”劳动竞赛等活动为载体，突出加强油气显示落实、岩性落实、油气水层评价等过程控制，解决影响质量的突出问题。2010 年，公司成功申报辽宁省省长质量奖、通过辽宁省安全文化示范企业现场验收，获得石油工业实施卓越绩效模式先进企业荣誉称号，被长城钻探公司评为 2010 年度安全生产、环境保护、质量管理先进单位。

【员工培训】 2010年，公司加大教育培训投入，切实加强三支队伍建设。充分利用冬休和倒休时间，分层次开展岗位基础知识和基本技能培训，先后专项培训4249人。加强专业技术骨干人才和关键岗位技能人才培养，优化一线队伍技术结构，提升整体服务能力。全年培养地质导向师78人，培养预备小队长110余人。开展网络远程教育培训，定期开展网上考试7834人次。推进国际化人才培养工程，已有150人通过集团公司模拟托福考试和6人通过西班牙语考试。公司取得对外服务资质的专业技术人员282人。结合海外队伍实际，分层次培训海外项目录井工程师以及当地化雇员，成功在国内举办一期外籍雇员培训班，取得良好的培训效果。建成功能完备、设施先进的录井专业培训基地并投入使用，加快建立以SOP为重点的培训体系，提升培训质量和水平。

【党建思想政治工作】 2010年，公司加强领导班子和干部队伍建设，增强各级班子、各级干部的党性修养和领导能力。实施开展“创先争优”、“四强”党组织、“四优”共产党员等活动，加强基层党组织和党员队伍建设。以深入开展形势任务教育、典型宣传教育、艰苦奋斗教育、感恩文化教育“四个教育”活动、干群“谈心”活动等为载体，加强思想政治工作。扎实做好维护稳定工作，确保公司大局稳定。人口与计划生育、治安综合治理、档案管理、武装、保密、信访稳定等工作都取得成绩。

（张红霞　肖　镇）

井下作业公司

【基本情况】 井下作业公司（以下简称公司）有员工1671人。其中，在册职工1173人，劳务用工498人；研究生学历15人，大专以上学历621人，中专学历468人；具有中级以上技术职称87人，初级技术职称395人。公司按照地区市场专业化、国内市场区域化，国内外一体化发展的原则，实行扁平化管理模式，建立8个一线生产项目部和3个二线服务项目。公司机关下设13个科室、4个直属部门。有各类施工队伍42支，年生产能力为钻井30万米，侧钻300口，试油200层，压裂酸化技术服务100口井，具有一次建井、二次建井总包服务和措施增产、储层改造服务能力。

2010年，公司被盘锦市授予“重合同守信誉”单位，公司质量、安全、环保、节能节水、市场开发、物资管理工作获“长城钻探公司先进单位荣誉”。公司党委被集团公司直属党委评为先进基层党组织。公司治安综合治理工作荣获“辽河油区2010年度防范和处理邪教工作先进单位”，荣获“辽河油区治安综合治理先进单位”。公司信访稳定工作荣获中国石油天然气集团公司“信访稳定先进集体”，荣获长城钻探公司”2010年度信访稳定工作先进集体”。保卫工作荣获”辽河油区保卫工作先进单位”。

【市场开发】

一、辽河地区市场

2010年，公司抓住油田复产、工作量增加的机遇，周密组织生产运行，实现工作量和收入的稳步增长。全年安排16支队伍，钻井交井84口，钻井进尺83570米。侧钻交井89口，侧钻进尺37085米。大修交井20口。

二、国内外部市场

公司加大市场公关和技术推介，开发高效市场。钻井业务，克服海拉尔市场工作量不足的矛盾，调整钻机部署，成功实施中亚能源富拉尔基项目，完成水平井8口，定向井3口；新增吐哈油田三塘湖钻井项目，交井3口。侧钻技术进入冀东市场，完成侧钻水平井14口。压裂业务，实施新疆喀什阿克5井、阿克101井的压裂施工，成功实践工程总包服务新模式。试油业务，紧跟长城总承包项目，在新疆BP反承包市场和四川江油市场各进入一部试油机。

三、国外市场

公司加强人才、装备、技术支撑，实现所有项目的平稳高效运行。全年完成钻井14口，试油修井160口，压裂技术服务75口，酸压2口，堵水2口。完成新签合同额4380万美元。新增哈萨克斯坦斋桑钻井项目，完钻3口井，实现产值1320万元。11月，为伊拉克鲁迈拉项目配套2部650修井机，克服动员期短、技术标不确定等困难，一次性通过甲方验收，2部设备已经动员启程。全年三大市场完成钻井工作量17.5万米进尺，侧钻103口，试油56口，修井126口，均创公司历史新高。

【企业管理】 2010年，是公司的“管理提升年”，加强经营管理。公司合理编制预算指标，细化成本项目，划小核算单元，落实管理责任，确保所有支出可控，受控；完善经营考核政策，建立以考核口井成本、施工周期为主要内容的经营兑现政策，为井队搭建公平竞争的平台，建立以工时考核为依据的奖金浮动分配机制，为员工创造“凭贡献得回报”的舞台。井队收入差额达到42万元，同岗位员工差距超过1万元，形成队与队竞争、人与人竞争的局面。公司规范管理设备，按钻机类型统一设备配套和现场摆放标准，实现井队设备管理的标准化、规范化；针对员工不愿当机工的现象，将机工列入关键岗位，提高待遇，调动设备管理人员的积极性；建立设备“三定”制度，设备修理成本和维修时间大幅降低。公司适应ERP管理模式，加强沟通，主动解决问题，确保物资供应及时、保障有力；严格执行一线定额、二线限额管理，非生产用料和不合理材料得到有效控制。强化以公司调度室为中心的生产指挥系统建设，生产组织直接管理到井队，扁平化管理效果逐步显现；以“一井一策”为载体，落实精准技术措施，明确关键工序、重要施工环节的时间和责任，生产运行更加高效，复杂情况和事故率明显降低；针对生产薄弱环节，开展小指标竞赛和队伍打分排序活动，部分短板得到了提高。

公司加快信息化建设，ERP系统正式上线，生产运行管理系统在基层井队顺利启动，协同办公平台运行顺畅，信息交流平台在公司管理层及生产单位广泛应用。

【技术创新】 2010年，公司扎实推进水平井、空气钻井、侧钻水平井、水平井侧钻技术集成创新。全年完成水平井12口，侧钻水平井16口，水平井侧钻3口。30701队在富拉尔基施工的D−H1井，油中垂深450米，位移629米，水平段278米，技术水平处于国内领先。侧钻技术进入冀东市场，成为冀东油田开展剩余油藏的主要途径。5¹/₂英寸套管侧钻水平井的实施，填补长城公司侧钻技术服务的市场空白。

公司在曙光、特油、齐40块1000米左右的浅井施工中，推广应用导向钻井工艺技术，实现一只钻头、一根螺杆、一趟钻完成一口井的工作目标。30702队施工的杜84−25−69井，井深846米，钻井周期1.6天；30701队施工的苏301−52−54井，井深2011米，钻井周期3.5天，均创造同地区钻井提速新纪录。“国内重点区块提速”获长城钻探公司科技成果一等奖。

【QHSE工作】 2010年，公司以风险管理为核心，以绩效考核为抓手，践行有感领导，落实直线责任，实施属地管理，突出重点风险防控，实现安全生产基本稳定。

公司HSE体系推进成果显著，完成程序文件转换17项，引用原程序文件18项，形成“14+1”应急预案、17项安全重点风险防控措施、13项作业许可、10个专项安全管理措施和“两书一表”的安全管理体系，通过推进安全绩效管理，发挥正向激励作用，促进各项规章制度在基层的有效落实。全年发放绩效奖金145万元，绩效考核工作受到长城钻探公司的肯定。公司加强井控管理，开展“井控达标年”活动，下发《井控十大禁令》，落实地质风险评估、带班队长和科级干部驻井制度，狠抓井控装置试压、现场监督检查、关键环节控制、应急预案演练等重点工作，井控基础工作不断夯实，全年安全优质高效完成了24口“三高井”和重点井。公司创新交通管理方法，推行“3ABC”管理，专项整治司机开车接打手机和不系安全带的不良行为，落实“队车行驶”和“带车人”制度，加强GPS监控和路检夜查，全年安全行车里程超过1000万千米。通过实行安全奖励机制，促进驾驶员自我管理意识的提升，全年发放奖励资金14.6万元。

公司开展经常性安全检查和夜查活动，监督检查804井次，发现各类问题及隐患2800个，签发HSE问题整改通知单19份。全年投入隐患治理资金610万元，完成15个项目改造，促进本质安全。公司提升质量、节能、节水工作，坚持全员参与、持续改进，强化基础管理，开展内部审核和管理评审，通过北京中油健康安全环境认证中心的审核。公司开展群众性质量管理活动，QC成果获得长城钻探公司二等奖。开展能源消耗写实工作，按设备类型和工况编制消耗定额，钻井进尺柴油单耗下降18个百分点。启动矿区管网改造工程，全年节水11万立方米，减少支出27万元。

【基层建设工作】 2010年，公司开展转观念教育，针对业务转型过程中职工思想观念不适应的问题，引导员工牢固树立“十种观念”，让职工知道公司提倡什么、禁止什么，统一职工思想，队伍凝聚力、战斗力显著提高；加大职工培训力度，落实“培训提升年”各项工作举措，通过“走出去、请进来”，全年举办各类培训班102期，对外技术交流10次，受训5300多人次；成功举办第二届职工技能竞赛，基层职工爱岗敬业、学技成才的风气日益浓厚，队伍整体素质显著提高；引进各类人才，全年新招88名大学毕业生、22名复转军人充实一线队伍，人力资源结构明显改善，企业人才后劲显著增强；加大后备井队长培养，在副职干部中公开竞聘3名后备井队长，集中学习培训，达到标准后作为排名靠后井队长的接替人选；建立技术专家制度，分专业培养、选拔公司级专家14人，给予待遇、赋予责任、激发创造力，部分技术难题在基层得到解决；开展“双优”活动评选，通过量化考核、打分排序，评选标杆队，在月度生产会上授红旗、发奖金，分享先进经验，增强基层干部唯旗是夺的进取意识。

【群团工作】 2010年，公司坚持融入中心、服务大局，发挥保障作用。以形势任务教育为主线，持续转变干部员工思想观念，公司倡导、员工认同的“十种观念”成为思想政治工作的有效抓手、企业文化建设的特色内涵、推动公司发展的思想动力。以领导班子和干部队伍建设为核心，持续推动“四好”班子建设，注重发挥各级班子的整体功能，突出强化基层正职干部的能力提升，增强各级班子和党员干部的大局意识、责任意识、法制意识和廉洁自律意识；以“创先争优”活动为主线，以规范基层党支部建设为重点，将基层党建工作纳入公司基础建设考核体系，实现党建与生产同部署、同考核、同奖惩。公司培养选树典型，总结推广一大批先进经验，发挥正确舆论导向作用。公司宣传企业文化荣获长城钻探公司新闻中心授予的班组人物新闻竞赛“优秀组织单位”荣誉称号；工会工作获“长城钻探公司女工委员会2010年先进集体”。公司团委荣获“中国石油直属机关五四红旗团委”称号。公司开展的“油品使用管理效能监察”项目，被评为“长城钻探公司2009—2010年度优秀效能监察项目”一等奖。“钻头使用管理效能监察”项目，被评为“长城钻探公司2009—2010年度优秀效能监察项目”三等奖。

（唐鸿宾）

工程技术研究院

【基本情况】 2010年底，工程技术研究院（以下简称工程院）有在册职工311人。博士研究生2人、硕士研究生44人、本科学历167人，占总人数的68%；有教授级高级工程师2人、高级工程师57人、工程师84人，占总人数的46%；有集团公司专家2人，公司级技术专家5人、公司技能专家1人，厂处级技术专家10人。工程院下设7个基层研究所，1个钻井工程设计监督中心，1个科技信息中心，10个机关科室。工程院拥有国有固定资产原值6618万元、净值3591万元。

【科技创新】

一、落实科技工作部署

2010年，工程院承担和开展集团公司及以上级项目11项、长城钻探公司级项目18项、院级项目18项，按照重大现场试验、重点技术攻关、集成应用及产业化、超前储备四类项目分别抓好落实，形成集团公司及以上级、长城钻探公司级、院级项目相互协调配套的科研攻关格局。

（一）加强关键技术难题攻关

工程院通过对井下工具、地面设备和施工技术进行研究完善，形成具有完全自主知识产权的5½英寸套管径向水平井配套技术，在辽河油区静35-30-135井和阜新煤层气井W13井试验成功，分别完成3个分支和5个分支，喷射距离最短8米、最长22米，展示推广应用前景。

（二）全油基钻井液技术

工程院研制有机土激活剂和降滤失剂2种核心处理剂，开发出适用于密度0.88—2.0克/米^3、抗高温200摄氏度、具有良好抗污染能力的全油基钻井液体系配方，填补国内该领域的技术空白，2010年，在委内瑞拉南部BARINAS地区实施6口井，实现中国石油行业全油基钻井液技术在海外的首次成功应用，为进入国际高端市场提供技术支持。

（三）水平井裸眼封隔器分段压裂技术

工程院用不到1年时间完成管柱参数的优化设计和10件井下工具样机的研制、单体试验和联机地面试验，封隔压差达到60兆帕，为改进完善和进入现场试验应用奠定基础。

（四）科技攻关成果丰硕

工程院申请61项国家专利，获专利授权47项，其中，美国专利2项，取得4项重大技术突破。获得长城钻探公司级以上科技进步奖11项，其中，省部级3项，以水平井、分支井为主要内容的“水平井技术与规模化应用”获国家能源科技进步一等奖，是长城钻探公司第一次在国家能源领域获得的科技大奖；分支井、径向水平井、全油基钻井液及肯尼亚高温地热井钻井技术等4项重点技术成果被评为长城钻探公司十大科技成果；“国内外重点区块优快钻井技术集成应用”是长城钻探公司嘉奖的4项新技术推广应用成果之一。

二、强化科技创新体系建设

（一）健全科技创新体系

工程院根据技术发展需要，加强钻井、完井、钻井液、定向轨迹控制、取心、气体采油、压裂酸化、井下作业、机械等专业学科建设，申报长城钻探公司并获得批准组建成立分支井技术研究所和机械研究所，初步构建起专业设置较为合理的“10所1中心”科技创新体系，为科技创新奠定组织基础。

（二）强化人才队伍建设

工程院全年引进大学本科及以上毕业生 26 人，并及时安排到钻井现场实习，加速青年人才队伍建设。形成 16 名三级技术专家带领 30 名科研骨干梯次配置的近 50 人的骨干科研队伍，为科技创新奠定人才基础。

（三）完善激励机制

工程院健全完善科技量化考核机制，基层单位科研工作考核在以往基础上进行细化。为鼓励广大科研人员加快攻关进度，突破关键技术，设立重大技术突破奖，为科技创新奠定制度基础。

（四）加快科研平台建设

工程院投入 1000 万元用于加强钻井设计能力建设，开展稠油热采钻完井实验室和取心实验室建设，取心实验室建成并投入试运行阶段，稠油热采钻完井实验室建设按计划有序推进，为科技创新奠定科研条件基础。

【技术创效】 2010 年，工程院承担和参与长城钻探公司海外技术支持项目 23 项，执行境外技术服务 17 项，新签合同 11 项，合同金额 2000 万元。业务范围涉及分支井、侧钻井、水平井、钻井设计、取心、完井、油井防砂及外籍员工培训等。以优势特色技术为先导，拓展国内外高端市场，技术服务取得良好成效。开展对海外项目的技术支持。围绕长城钻探公司海外重点项目，加强技术研究和集成应用，全年派出 31 个团队 64 人次先后为海外 13 个国家的 23 个项目提供技术推介和技术支持。根据苏丹项目转型的需要，组织力量对水平井、侧钻井、防砂等技术进行集成配套，以满足苏丹市场的具体要求，全年 20 人次在苏丹进行技术推介和技术支持，为苏丹项目的转型和发展做出了积极贡献。针对乍得项目遇到的泥页岩掉块、缩径等井下复杂问题，提出采用物理与化学方法相结合治理的方案。通过应用新型专用随钻微扩径工具和防塌抑制泥岩膨胀钻井液、优选钻头以及优化钻井参数等措施，在 M1−1 井进行试验，实现试验井段井径平滑连续，平均机械钻速同比邻井 M4−1 井对应井段提高 109%，为项目由日费转总包提供重要的技术支持。针对大位移井技术需求，赴古巴进行技术推介与技术支持，同甲方签订一份包含取心、划眼工具、漂浮接箍等 10 项内容的技术备忘录，相关内容正在逐步落实，划眼工具已运至古巴，准备开展技术服务。

工程院有效服务国内市场，在巩固国内传统技术服务市场的基础上，充分发挥工程院特色技术优势，国内市场开发取得显著效果。综合完井及防砂项目产值突破千万元，达到 1030 万元；取心技术新开发了华庆油区、浙江油田及壳牌公司在四川的反承包市场；扩孔技术不仅首次进入西气东输储气库市场，还成功开辟 BP 吐哈煤层气市场；二氧化碳采油重返冀东油田市场并取得良好经济效益；钻井监督业务突破政策和人力资源限制，全年优质完成 295 口井的监督；油层保护、特色钻井液、陀螺测井等技术服务项目市场份额持续稳定。全力拓展国际高端市场。加快新技术的集成配套，“增项、扩容”工作取得突出进展。以技术支持为主线，选准切入点，顺利将侧钻井、完井、防砂等优势特色技术运用到苏丹市场；取心业务紧跟伊朗、利比亚、乍得等总包项目，逐步拓宽国际高端市场；分支井技术在哈萨克斯坦北特鲁瓦H554井进行现场服务，首次进入国际高端市场。

【质量安全环保】 2010年，工程院全面推进HSE体系建设。通过培育有感领导、落实直线责任、强化属地管理，推动HSE管理进入规范化、制度化、标准化轨道，初步建立起具有科研单位特色的HSE管理体系。严格落实安全环保责任制，逐级签订26份安全环保责任书，强化安全环保责任制的落实和压力传递。加强安全风险管理，以“安全生产月”活动为契机，加大安全隐患整改力度，投入13.8万元对办公楼和公寓、食堂的安全系统进行改造升级；严格执行“三交一封”制度，加强风险防控，确保交通安全。加大安全环保培训力度，对200余人进行HSE、井控、消防、应急、反恐等技能培训，组织参加长城钻探公司举办的各种专项培训153人次，开展安全消防、应急演练5次，提升职工的安全环保意识和技能。提升质量管理水平，全年完善《质量管理办法》等6项制度，召开质量分析会5次。通过深入开展“精品工程”、“满意服务”及群众性质量活动，优化用户服务体系，完善用户满意评价制度，提升产品、技术服务质量。工程院先后被评为长城钻探公司2010年HSE先进单位和质量管理先进单位。

【企业管理】 2010年，工程院完善基础管理工作。按照“三控一规范”的要求，严格执行长城钻探公司批准的机构设置及编制定员方案，持续推进组织结构优化，提高组织管理运行效率，实施机构设置、干部任用、人员调整。开展基层和机关工作定位、工作职责、目标任务的梳理工作，为规范管理，提高工作效率奠定基础。改进和完善关键业绩(KPI)考核办法，将科研、技术支持、技术服务、HSE指标、机关管理等工作有效纳入，实现业绩考核由定性到定量的转化，考核办法更加科学，调动各方面的工作积极性。严格工作流程，落实规章制度，通过定期开展宣传和检查，保密、档案、计划生育等工作均得到不同程度的加强。完善基层基础建设，对模板式、模块化的管理工作进行了重点升级，形成科研单位独有的基层建设管理模式，在长城钻探公司的表彰会上，工程院获得基层建设管理二等奖。

工程院强化经营管理工作，严格执行年初制订的各项计划，发挥规划计划对企业发展的指导作用；加强资金、债权债务管理及重要业务、特殊领域的内控监督，有效规避资金风险；强化成本控制措施，严控非生产性费用支出，保证五项管理性支出控制在预算指标之内；认真执行计划审批和重大项目论证制度，充分发挥概预算和审计作用，对41个项目进行公开招标和议标，节省资金340万元，确保科学决策和计划的落实；ERP系统成功上线并实现较为顺畅的运行，5大模块充分发挥作用，成本得到有效控制，企业管理的信息化建设得到加强。“以打造长城取心品牌为目标的品牌策略和措施”等3项管理成果分获中国石油石化行业管理创新成果二、三等奖。

【党建和思想政治工作】 2010年，工程院开展“传承、创新、超越”形势任务主题教育，组织收看大庆精神、铁人精神报告会，形成良好的思想舆论氛围。组织开展以“四个一”活动为主要内容的作风建设月活动，领导干部带头宣讲形势任务，全院撰写读书体会80多篇、整改报告100余份，实现领导班子和队伍建设持续向上。开展反腐倡廉工作，坚持“三重一大”制度，外聘教师为全院科级以上干部和重要岗位人员集中上党课2次，筑牢思想防线，惩防腐败体系建设推进工作取得了阶段性进展。突出维护企业稳定工作，全年无上访人员，实现队伍的安全、稳定与和谐。充分发挥群团组织的桥梁纽带作用，组织开展“‘五型’班组建设”、“群众性安全监督”、“青年科技论文发布会”、“青年英语演讲比赛”等活动，调动员工的积极性和创造性。深入宣传贯彻长城钻探公司“力”文化内涵，组织学习员工行为规范，修改不规范的企业文化标志。制作简明企业文化手册，推进科研单位品牌文化建设，初步实现以文化推动科技创新、企业发展。2010年，工程院分别获得长城钻探公司维护稳定先进单位、辽河油区维护稳定先进单位、辽河油区治安综合治理先进单位等荣誉；2人被评为长城钻探公司优秀科技人才，1人被评为长城钻探公司劳动模范。

【职工生活】 2010年，工程院慰问困难群体22户，特别关注大病致贫、特殊原因致困职工的难处，采取各种办法，集结各方力量，提供全力帮助。努力改善职工办公环境，筹资167万元对院办公楼进行集中改造。持续保障职工福利待遇，职工疗休养、年休假、健康体检、午餐费补贴等制度得到严格落实，增强职工的归属感。开展丰富多彩的文体活动，职工凝聚力得到加强。全年投入30余万元开展内部篮排球、羽毛球比赛等活动，参加长城钻探公司组织的企业文化汇报会和职代会晚会演出，得到长城钻探公司领导的肯定和好评。

（李 壮 杨璐荧）

国际钻修公司

【基本情况】 国际钻修公司（以下简称公司）技术和管理人员用工总量668人，其中，在册员工296人，海外雇员372人。具有教授级高级职称1人，高级技术职称的13人，中级技术职称的57人，初级技术职称36的人，工人技师6人。公司下设6个项目部：华庆油气项目部、永和气田项目部、稠油注汽项目部、采油设施维护项目部、油藏工艺项目部、印度项目部；16个海外修井平台和4个注汽平台；北京机关7个科室、2个直属部门。公司固定资产原值1.7亿元，净值1.1亿元。设备新度系数提高到了0.62。

【市场开发】 2010年，公司立足国内国外两个市场谋发展，公司“两增一扩”

成果超过预期，市场布局更加合理。在国内形成华庆、苏里格、永和 3 个市场，在国外形成非洲、中东、南亚、中亚 4 个市场，形成“3+4”市场格局。国内外市场各有侧重，同步发展，有效抵御国内市场工作量锐减带来的市场风险。

一、国外市场

2010 年，公司建立以长城钻探市场管理部和驻外项目部为依托、各项目部为主体、公司市场开发部门整体协调的市场开发格局，与项目管理相配套，实行项目经理市场开发抵押金制度，在苏丹、伊朗、伊拉克 3 个项目部派驻、推荐 5 名副科级以上生产技术干部，强化市场开发前沿力量。公司参与和自行组织各类技术推介 16 次，参与投标 31 项，中标 10 项，待开标 6 项。全年签订合同额 6743 万美元，可执行合同额 3213 万美元，中标待签合同额 5889 万美元。海外市场分布在 8 个国家，队伍规模由原有的 11 支拓展到了 24 支。优化钻修井市场布局，苏丹市场保持稳定，原有的乍得市场新增 1 支修井队，新开发的利比亚和伊拉克市场新增 4 支修井队。印度项目在南亚市场也得到长城钻探公司认可，修井业务市场抗风险能力不断增强。总包服务市场取得新进展，以苏丹稠油注汽先导试验项目为基础，加快发展稠油注汽总包业务，2010 年新增 14 口井的注汽工作量，达成为苏丹 200 万吨油田开发提供注汽服务的合作意向。扩大技术服务市场领域，酸化项目在伊朗成功中标，标志增产措施服务业务在海外取得实质性进展；以尼日尔项目为标志，开发采油设施维护业务。“一体两翼”的工作格局在海外市场逐步显现。

二、国内市场

公司按照机构不撤、职能不变、人员调整的基本原则，持续做好总包业务，按照“五项机制”，高标准、高质量、高速度、高效益的组织华庆总承包项目，全年开钻 162 口，完井 162 口，进尺突破 40 万米；加快发展自营业务，先后组建 2 支带压修井队，进入长庆采油二处和四厂，拿到 60% 的市场份额。组建 2 支试气队，新增水平井试气业务。永和项目顺利开工，2010 年实施 4 口井，进尺 9740 米。

【企业管理】 2010 年，公司以精细化管理为载体，“管理年”各项工作得到有效落实。公司经营管理工作坚持全面预算管理与项目制管理相结合，实行项目核算，在费用归集上更加完整、准确。全年争取固定资产、递延资产投资 1.65 亿元。完善考核机制，新增市场开发合同额指标和关键业绩考核指标，考核指标体系进一步细化。特别是适应市场开发工作的需要，成立海外项目投标管理领导小组，在项目投标过程中实行技术、分承包商、财务、合同 4 个专业会审，保证海外项目规范运作。物资管理方面，科学组织新上项目物资配套，打破惯例，按照生产实际，实行公司内部、同一国家项目以及同类型项目资源共享，缩短配套时间，实现效益最大化。一年里共完成了 8 套设备的配套工作，其中，乍得修井项目仅用 20 天就完成了物资配套任务，配套费用比常规配套节约了 100 多万元。持续推进精准工厂化管理，以华庆总包项目为平台，以“三提两井”工作为载体推进精准工厂化管理，出台了钻、测、录、固一体化服务管理办法，完善了总包区块施工队伍管理条例和考核标准，总包区块内的队伍不断刷新着“华庆速度”，创造了单队月进尺突破万米的新纪录。

【人力资源管理】 2010 年，公司把握“当前与长远”、“使用与储备”的关系，加大培训力度，全年岗位技能培训 153 人次，各类取证培训 98 人次。公司坚持“核心”人才重点引进、“通用型”人才资源外包，在科学定员、控制员工总量增长的基础上，解决公司业务大幅增长对人力资源的硬性需求。全年引进核心技术人员 6 名，在苏丹市场技术支持项目和尼日尔项目上成功实施人力资源外包，提高项目运行效率，降低项目人工成本。实施管理创新，在自营项目中引进测试公司的技术晋级考核体系，促进员工队伍素质和公司人力资源管理水平的同步提高。

【科技发展】 2010 年，公司持续打造技术支撑，工程技术服务水平得到提升。公司构建新的技术管理体系，由油藏工艺项目部负责科技工作，形成“科技管理、技术支持、成果创效”一体化的科技管理模式。实行项目经理负责制和重大项目中评估、后评估制度，项目运行质量得到有效保证；争取长城钻探公司在科研立项上的重点支持，立足服务甲方，完善以油气田增产服务、提高采收率为目的的工艺技术，实施“稠油蒸汽吞吐扩大试验与效果评价”项目，加大适用技术的集成力度，传承带压修井技术，开展“带压作业配套装备研制与应用”项目，以科技工作的有效开展为基础，提升公司工程技术能力；发挥科技工作对市场和生产的引领、支持作用，稠油热采先导试验与规模化推广应用项目，在提高苏丹 6 区单井产量上见到良好效果，2010 年在苏丹 FNE 区块得到大面积推广，以之为引领，建立了从项目设计、测试服务、热采工具、技术支持等全部由长城钻探公司承包的总包格局，推动苏丹市场的转型工作，项目获得长城钻探公司重大技术应用成果奖。

【安全生产】 2010 年，公司 HSE 体系稳步运行，坚持以 HSE 管理体系建设为载体，坚持将“环保优先、安全第一、质量至上、以人为本”融入生产经营全过程。公司强化承包商安全管理，项目部加强“属地管理”，前移管理关口，出台《承包商市场准入标准》，严格实行“口井 HSE 合同”和“承包商安全管理合同”，各专业队伍审查通过率、合同签订率均为 100%，做到“开工验收、过程控制、完工验收”全程受控；落实托管队伍安全管理直线责任，通过为海外项目部输送管理人员的办法，发挥对项目部的支持作用，加大海外项目回国人员的井控培训等工作，通过提高员工队伍安全意识和技术技能，为海外业务的安全管理发挥保障作用；提高自营项目的安全管理水平，以准军事化管理为载体，刚性执行《HSE 管理原则》和《反违章禁令》，注重发挥前线项目组的作用，强化现场安全监督监管力度，从规范人的行为确保安全生产。

【精神文明建设】 2010 年，公司注重班子和干部队伍建设，高起点开展“四好”班子创建活动，强化责任意识和忧患意识，突出工作的原则性、系统性、预见性和创造性，增强解决问题和引领发展的能力；深入开展“创先争优”活动，为推进企业持续发展发挥好核心作用和堡垒作用；以典型选树、经营管理、安全环保、基层建设等内容为核心，开展好“传承、创新、超越”主题教育，做好员工心理疏导和人文关怀工作；在基层队和生产单位，以准军事化管理为载体，在公司机关，以执行力打造为重点，全面推进长城钻探“力文化”；牢固树立“维护和保障好员工劳动经济权益，是企业最起码的社会责任”理念，通过优化、固化京津地区各项待遇补助，从制度上保障员工的经济权益，通过持续解决天津落户、在天津建立“五险两金”、落实保障住房、完善探亲制度，做到“不仅让员工有好薪水，还有好的保障和生活质量”。

（刘　颖　张　霁）

钻井液公司

【基本情况】　2010年，钻井液公司（以下简称公司）围绕长城钻探公司“43210”发展思路和“73311”发展目标，提高安全管理水平、市场开发水平、服务保障水平和科技创效水平作为工作重点，全面谋划，精心组织，全面开展各项工作。公司是长城钻探公司在海内外专门提供钻井液、完井液和修井液等工程技术服务的国际专业化服务公司。

截至2010年底，公司在册员工1134人，其中，博士5人，研究生23人，大学本科143人。合同化员工630人，市场化员工285人，劳务用工219人，借聘员工10人，外籍员工108人。公司有86支队伍、在15个国家为甲方提供钻井液、修井液和固控服务。国外项目开钻367口，完钻340口，实现进尺723719米，完成油基钻井液服务6口井。国内开钻1041口，交井1052口，完成进尺145.6万米。

【基础建设】　2010年是公司“根基建设年”。公司理顺管理结构，优化管理流程。健全项目部管理机构和人员配备，建立了财务授权分级管理制度，梳理了物资管理流程，成立质量监督检测中心，完善了质量检测和管理；补充完善管理制度，制定HSE管理及奖惩制度、车辆交通管理、经营考核管理、单井考核管理、合同管理、计划管理、财务资金管理等规章制度，完善公司制度管理体系和内控体系；完成公司基础文件体系的编制和发布，钻井液业务HSE体系文件和手册、质量管理手册、公司市场宣传手册、产品技术标准、产品包装标准、固控设备管理手册等基础文件和体系已经完成并得到运行，公司基础资料库得到完善；完成质量管理体系的认证工作，提升公司整体质量管理水平。

【生产作业】

一、保持业务快速发展势头

2010年，公司按照“巩固深耕传统市场，大力开发新兴市场，着力培育潜在市场，重点拓展外资市场，构建国内外一体化的市场格局”的总体安排，本着“既有侧重，又互配合”的原则，形成合同延续和项目扩容以项目部为主，新市场开发和标书编制以专业化公司为主，市场管理部统一协调、多层次、一体化的市场开发体系，保障海外市场开发的质量和效果。

公司在非洲地区成功中标、进入苏丹 1/2/4 区块，新增合同额 1500 万美元；顺利完成苏丹 6 区块的延期，避免重新招标，新增合同 1200 万美元；成功延期苏丹 3/7 区块钻井液服务合同，新增合同额 3000 万美元；开展乍得、尼日尔大包服务项目以及苏丹 3/7 区水井平钻井液服务项目；开展对利比亚和阿尔及利亚市场调研和开发工作。公司中东地区成功中标伊朗 3 区块、NIOC 2 部钻机钻井液服务项目、中标北阿一期钻井液服务项目和废物处理服务，合同额约 3000 万美元；组织参加伊朗中石化 YADA 项目投标工作。公司在美洲地区成功进入委内瑞拉 PDVSA 全油基钻井液服务市场和固控服务市场，并开始形成规模；古巴钻井液服务市场得到巩固；中标中化公司哥伦比亚项目 3 部钻机的钻井液服务项目。公司在中亚地区中标 KOC 公司 16 口井综合服务项目；顺利运作斋桑项目；哈萨克斯坦市场规模得到扩大。公司开辟哥伦比亚、苏丹 1/2/4、伊朗、阿塞拜疆 KOC 等新市场，开拓油基钻井液、固控服务和废弃物处理、大包服务等新业务。公司国内市场开展新疆喀什、吉林、永和气田、江苏等项目，业务范围得到扩展。

二、保障质量和施工水平提升

2010 年，公司牢固树立服务保障意识，做好技术方案的整合优化工作。公司强化服务意识、保障意识和大局意识，重点强化重点井的投入和保障，制定重点井最低费用标准制度，辽河油区、西北、海拉尔以及海外项目都基本完成技术方案的优化和固化工作，形成标准化的作业程序；加强国内生产作业管理力度，落实科级干部驻井、盯井制度，公司对于班子成员的分工进行调整，班子中有 4 名成员侧重国内生产作业管理，充实项目的技术管理力量，提升现场决策的力度和质量；全面深化“一井一策”，形成钻井提速的长效机制，重点抓好预案编制、工序衔接、技术推广、素质提升和模板固化等工作，提高施工预案的科学性和可操作性，逐步形成提速的长效机制；开展技术难题，解决制约瓶颈技术促提速，优化苏里格水平井技术体系，提升抑制性和润滑性，保障水平井施工质量，水平井导眼、中完电测及完井电测一次成功率均达到 100%；集中精兵强将，发挥整体技术优势，确保重点井的顺利实施，顺利完成古巴第一口综合技术服务井的施工，钻井液技术服务被甲方评为满分；圆满完成香港年代喀什北项目 2 口井的施工，阿克 101 井完钻井深 3421 米，钻井周期 166 天；阿克 5 井完钻井深 3567 米，钻井周期 138 天，均远短于设计周期完钻；用时 234 天完成伊朗北阿第一口井，并获得高产油流，服务质量得到中国石油伊朗项目部的书面赞扬。

公司国内作业事故复杂损失率 1.58%，同比下降 30.1 个百分点；中完电测一次成功率 94.7%，完井电测一次成功率 97.1%，同比提高 3.3 个百分点，圆满完成年初下达的技术指标。

【经营管理】 2010 年，公司经营管理主要围绕“增收”和“节支”两项重点，按照“四确保、四尽量”经营思路来开展工作。公司确保市场稳定，保持服务价格，新中标现实的价格都较好地保持盈利能力，已有项目在延期或者扩展中都最大限度地保持了原有价格，或者最大限度减小降价幅度。公司确保服务质量，降低材料成本，公司组织各个项目部从 4 个环节（优化和规范技术体系，提高速度、减少复杂降成本；规范和减少处理剂种类，提高处理剂性能降成本；严把处理剂质量关，提高质量减少用量降成本；加强现场材料管理，杜绝浪费降成本）着手，降低每米材料成本。2010 年，公司每米综合成本整体同比降低 5.3 个百分点，节省支出 1520 万元。其中，西北项目部通过规范处理剂种类、批批抽检、开展堵漏技术攻关和推行“七个一”做法等工作，每米作业成本整体下降 15%，节省支出近 1100 万元，扭转西北项目的亏损局面。公司确保质量稳定、降低采购成本，通过公开招标，国内外物资采购价格在原材料普遍上涨的情况下下降 1 个百分点，节省成本支出约 450 万元。公司确保管理有效，降低成本费用，通过加强员工培训和技能提高，杜绝一切不合理支出，开展全员节约挖潜系列活动，节省劳务成本和管理成本支出约 180 万元。

2010 年，公司国外业务有效消化委内瑞拉货币贬值、物资供应 3% 内部管理费成本等不利因素，国内业务减亏 4700 万元，实现基本持平。公司实现产值 12.5 亿元，实现考核利润 1.7 亿元以上，完成长城钻探公司下达的考核指标。

【科技创新】 2010 年，公司技术创新再获突破，技术短板得到弥补。全油基钻井液技术取得实质性进展，室内完成抗温度 180 摄氏度以上的全油基钻井液体系和部分油基处理剂，并在委内瑞拉项目得到现场应用，施工表现得到 PDVSA 的书面表扬。防漏堵漏技术和水平井钻井液技术取得进展，并在西北、辽河油区、苏丹、古巴等项目应用，为钻井提速提供坚强技术保障。公司正在联合国内外专业公司开展钻井液废弃物无害化处理研究和海洋钻井液技术研究，开始在伊朗市场投标得到应用。通过开展国内外钻井液体系的梳理工作，逐步形成长城钻探公司的技术体系，实现钻井液体系规范化、标准化和有形化。公司成功举办首届青年科技论文大赛，收集优秀论文 20 篇，评选出一等奖 1 名、二等奖 2 名、三等奖 5 名，营造浓厚的青年科技人才成长的氛围，锻炼和培养科技后备人才，推动科技创新活动的深入开展。

公司“阿塞拜疆泥火山地层高密度钻井液技术研究与应用”获得集团公司科技成果二等奖；在长城钻探评选的“十大”科技项目中，公司牵头组织或参与的“全油基钻井液技术研究与应用”、“中亚地区高密度高矿化度钻井液技术”和“苏 53 区块富集区水平井整体开发先导试验”3 个项目名列其中，数量和质量均列二级单位前茅。

【安全生产】 2010 年，公司持续深化

HSE 体系建设，巩固和提升安全生产管理效果。公司 HSE 管理围绕巩固 HSE 体系推进成果，按照“33335”建设思路，持续提升 HSE 管理效果来开展。

一、贯彻“三分之一工作法”

公司深入领会贯彻长城钻探公司总经理张凤山在年度 HSE 会上提出的“三分之一工作法”，长城钻探公司每一名管理者每天要抽出三分之一的时间（不低于 3 小时）来思考、量化安全生产工作；抽出三分之一的精力落实安全生产工作；拿出三分之一的薪酬与 HSE 业绩挂钩。以“三分之一工作法”为抓手，从提升、稳定、可持续性三个角度抓实抓好 HSE 工作，打牢企业可持续发展基础。

二、做好 QHSE 体系的执行和评估

公司完成 HSE 管理体系和质量管理体系的发布和试运行工作，结合长城钻探公司体系文件，全面转化、充实、完善，形成具有本公司业务特点的 HSE 管理体系。

三、推进 HSE 体系建设

公司继续推进 HSE 体系建设，将体系建设的成果指导生产实践，形成常态化的工作机制；把“有感领导、属地管理、直线责任”与“否定、肯定、再提升”管理制度有机结合，突出领导力、强化执行力，实现领导干部由“重视”向“重实”归位、机关部门人员由安全管理“参与者”向“责任者”归位、基层员工由“岗位操作者”向“属地管理者”归位。

四、执行规章制度

公司刚性执行国资委出台的中央企业安全生产《九大禁令》、《HSE 管理原则》和集团公司的《反违章禁令》，深入贯彻长城钻探公司副总经理张柏松提出的“HSE 体系 + 风险辨识 +A 风险防控”工作要求，开展重点风险防控，突出重点领域和要害部位的 HSE 专项检查与整治，集中治理隐患，HSE 工作见到实效。

五、实现 HSE 管理标准化

公司实施三项驱动管理，实现 HSE 管理标准化。完善体系文件，落实有效制度；完善培训机制，保证培训质量；完善绩效标准，提升绩效水平。通过严密的制度要求，高质量的培训、严格的绩效管理，形成统一、高标准的 HSE 管理模式。

六、做好检查工作

公司强化专项管理，重点做好井控、交通安全、环境污染、消防安全、冬季作业及 HSE 专项检查工作。加大监督检查力度认真组织开展季度和重大节日等专项检查工作，严格落实现场各项管理制度，全面做好隐患识别和整改活动，确保公司安全生产平稳受控。公司全年境内外安全生产运行平稳，杜绝各类事故的发生，实现“零伤害、零污染、零事故”，公司被评为“长城钻探质量管理先进单位”。

【企业文化】 2010 年，公司党委根据长城钻探公司党委的指示精神，坚持以科学发展观为统领，以“创先争优”活动为抓手，制订 2010 年党委工作推进计划，落实长城钻探企业文化建设推进会精神，开展“传承、创新、超越”主题形势任务教育活动和“创先争优”活动；自办《钻井液通讯》及专刊共 17 期，在《中国石油报》、《石油商报》、《中国石油石化》杂志、《石油经理人》杂志、《长城钻探报》、《长城钻探》杂志、《辽河石油报》、长城网站等各个媒体用稿238篇；公司党委和各党支部按照“五个好”、“五带头”和“四表率”的要求认真组织落实，履行承诺书；组织召开公司班子民主生活会，对照集团公司提出的“5条禁令、20个不准”的要求，认真开展批评和自我批评，进行党性分析，达到了增强党性、增进团结、凝聚共识的目标。

2010年，公司被评为集团公司2009年度先进集体；长城钻探公司先进集体；长城钻探市场开发先进单位；公司工会被评为长城钻探公司先进工会；公司团委被评为长城钻探红旗团委。

【员工管理】 2010年，公司投资建造现场钻井液值班房和处理剂爬犁，正在逐步装备到井队，职工现场工作条件将得到明显改善；争取政策和机会，为业务和管理骨干创造更大的发展舞台；北京和辽河均更换新办公楼，改善职工的办公环境；完善分配机制，提高职工收入待遇，2010年公司国内员工年收入同比增长15.8个百分点，使职工切实感受到公司发展带来的实惠；在政策允许的范围内，最大限度地解决借聘员工的调入以及部分子女就业问题；继续加大培训投入，为职工业务素质提高和职业发展创造条件，为优秀员工创造出国工作机会。

【思想建设】 2010年。公司以创建学习型党组织为目标，全面加强企业党的建设。党的领导是推进各项工作的根本保证，要牢固树立“围绕中心抓党建”的思想，发挥党建思想政治工作的凝心聚力作用，打牢干部员工的思想基础，促进公司和谐发展。公司深化“传承、创新、超越”主题教育活动，将大庆精神、铁人精神融入到各项工作中去，提升员工思想情操；以“创先争优”活动和纪念建党90周年为主线，持续加强“四好班子”、‘五型’班组、“六个一”党支部和学习型党组织建设，发挥党组织战斗堡垒作用；开展党风廉政建设，提高干部队伍履职能力，打造一支政治坚强、作风过硬、勤政务实、科学管理的干部队伍；按照长城钻探公司“国内队伍国际化、国际队伍铁人化”的思路，加强基层队伍建设；推进长城钻探公司“力文化”建设，用优秀的企业文化带动队伍素质提升，促进公司高速发展，为公司实现“十二五”良好开局提供坚强保障。

（窦爱红）

顶驱技术公司

【基本情况】 2010年，顶驱技术公司（以下简称公司）用工总数为192人（含外籍员工26人）。管理人员42人，辽河项目部9人，海外技术服务人员115人，新分配大学生12人（实习）。拥有大专以上学历人员135人，占81%；拥有高级职称12人，初、中级职称93人，专业技术人才占员工总数63%。公司拥有各类型号顶驱77台、控压钻井装备59台（套），设备总资产7.8亿元，净值4.3亿元，新度系数为0.55。海外市场分布于委内瑞拉、古巴、苏丹、阿尔及利亚、利比亚、肯尼亚、伊朗、印度尼西亚、叙利亚、阿曼、尼日尔、阿塞拜疆、突尼斯等13个国家和地区。

公司动用顶驱76台，其中，国外项目动用43台，国内项目动用33台；投入68支顶驱服务队，其中，国外项目35支，国内项目33支；共计服务258井次，其中，国外项目服务185井次，国内项目服务73井次；在肯尼亚项目动用3套空钻设备，服务15井次。

公司通过组建技术支持团队，提高现场故障应急响应速度，提升远程技术支持能力。通过建立和完善公司技术培训体系，整合培训资源，优化培训方式，增强培训实效，提高海外员工队伍整体素质和能力。通过积累设备大修经验，提升公司设备大修能力。公司还具备产层氮气钻井技术，可实现氮气钻井、充氮气钻井液钻井、氮气泡沫钻井、空气锤钻井以及提供各种钻井方案设计。2010年，完成各项安全环保指标，实现零事故、零污染和零死亡，保持良好的安全环保形势。

【主要措施和成果】

一、改革创新

2010年，公司以组建技术支持团队、建立技术专家会诊制度、编写顶驱标准作业程序（SOP）、制定各种型号顶驱大修（验收）标准等为切入点，建立完善技术支持体系，实现对现场设备的专人专管，提高现场故障应急响应速度，发挥专业化管理的优势。

二、市场开发

公司在海外做好“增项和扩容”工作。新签续签国内外部市场合同8个，海外合同10个，合同金额2555.4万美元。新增顶驱服务队6支，保障全年生产经营目标的实现。积极拓宽顶驱服务范围，通过设备调配，提供顶驱租赁等方式有效地盘活了墨西哥、尼日尔、古巴、委内瑞拉的停等设备。做好投标工作，成功进入印度尼西亚市场。

三、生产组织

公司畅通与境内外项目部和生产现场的沟通渠道。均衡调配服务人员，注重科学配置，减少人员流动，保证技术服务的连续性和高效性。科学合理调配生产物资。通过精心组织、科学协调，配合钻井队“提速”，保障钻井核心业务。

四、物资管理

公司构建物资支持体系，实现区域管理和物资的合理调配，实现现场配件的资源共享，加强保障能力。

五、技术装备管理

公司建立完善技术支持和设备管理体系，实现对现场设备的专人专管，提高现场故障应急响应速度，便于全程跟踪解决现场故障，同时收集整理故障记录，开展统计分析，为提升远程技术支持能力、建立设备故障预判机制打下良好基础。

六、培训工作

公司加强员工培训，队伍建设再上新台阶。组织和参加内外部培训116期次，培训557人次。完成公司年初既定的技术培训全覆盖的任务。

七、承包商管理

公司严格落实HSE主体责任，加强对承包商现场服务人员的监督检查力度；加强与承包商的沟通交流，促使承包商加强对重点项目的关注和支持，加强对重点设备的检查和整改，加强后勤保障工作，实现库房前移。

【科技创新】

一、科技创新

2010年，公司承担长城钻探公司“顶驱控制系统抗谐波干扰保护装置研制项目”，分析顶驱现场各谐波，确认出各现场的主要谐波源以及对顶驱系统主要影响部位，并结合现代抗谐波理论和技术设计、加工顶驱控制系统抗谐波干扰保护装置。在伊朗北石顶驱现场和古巴TESCO顶驱现场的应用很好地解决由于井场谐波干扰导致的顶驱电气系统故障停机现象，保障钻井作业的连续性。

公司配置Scanner2000气体流量计算机、MC-III EXP液体流量积算仪、XSR70彩色无纸温度记录仪，实现数字化记录空气泡沫钻井主要施工参数，为全面实施全过程欠平衡钻井做前期技术准备。

二、技术改造

公司针对在尼日尔项目作业的天意顶驱齿轮箱容易进钻井液问题进行分析和研究，确认天意顶驱轴向间隙无法调整和齿轮箱上端盖设计不合理是造成该问题的主要原因。公司和天意顶驱公司及时进行沟通，督促进行整改。尼日尔现场通过加装自制泥浆伞和在齿轮箱上端盖处加工导流口的方式有效解决天意顶驱齿轮箱进钻井液问题。

2010年，公司完成干燥机排水排污改造工程。

【安全生产】 2010年，公司坚持以HSE为抓手、加强基层HSE体系建设、狠抓HSE基础管理、做好管理制度转化，紧紧围绕HSE建设的“33335”工作思路，在HSE体系推进工作中体现有感领导，落实直线责任，实施属地管理，强化生产过程的监督与控制，将HSE先进的管理经验与公司生产实际相结合，保障生产安全平稳运行，并获得长城钻探“HSE管理先进单位”和“质量管理先进单位”的荣誉。

公司在生产现场实行《HSE承诺书》和《HSE任务书》相结合的管理方式，规范岗位员工的属地责任和义务，做到对外来人员进入作业区域时及时进行“确认、告知、跟踪、提示”，强化广大员工“我是公司一分子，我担安全一份责”的安全意识；建立与本公司生产实际相结合的HSE管理体系，完成HSE体系《管理手册》和《程序文件》的编写工作，期间修订完善HSE管理制度18项，完善HSE记录22项；以全面推广成功经验为重点，持续推进HSE管理体系，深入贯彻落实《HSE管理原则》和《反违章禁令》，有感领导、直线责任、目视化管理、JSA等管理方法、管理工具在现场被广泛应用；突出与承包商的沟通和交流，秉承“帮助承包商就是帮助我们自己”的宗旨，树立合作共赢的意识，帮助承包商提高HSE管理水平；注重安全培训，把课堂从教室搬到了车间现场，通过专家的言传身教，强化现场示范的安全教育效果；反违章、抓落实，按照“四不放过”的原则，安委会深刻剖析问题原因，查找管理漏洞，通过安全经验分享的媒介，提高全体员工的安全意识；开展“HSE 星级班组”创建活动，空气钻井队“四个一”的典型做法，受到上级主管部门的肯定和表彰。

【企业管理】 2010 年，公司顺利完成 GW53 等 3 台顶驱的资产交接工作。集团划转项目的所有资产接收工作已全部完成，并对达到转资标准的及时组织验收、办理转资、开展资产清查盘点，确保公司固定资产达到资产数量清、存放地点清、使用情况清、盈亏情况清、毁损报废清的工作要求。同时，公司专门组建技术管理团队，建立专家会诊制度、完善大修等各项标准、开展海外巡检、举办技术培训，初步构建起响应及时、运行高效的技术支持体系，专业化管理优势得以充分显现。

2010 年，针对国内部分项目成本偏高的局面，公司分析生产费用支出的重点项目，采取有效措施，全面降低成本。在物资消耗成本控制方面，通过物资的计划管理、集中采购、修旧利废等一系列措施，降低采购成本。通过与承包商共同分析顶驱施工中的故障原因，制订切实可行的方案，努力提高设备的使用率，2010 年度单台顶驱材料费、修理费等重点支出项目成本同比均有不同幅度的下降。

【精神文明建设】 2010 年，公司党委全面加强党的思想建设、组织建设、作风建设、制度建设、反腐倡廉建设，在传承中创新，在改进中加强，努力把党的政治优势转化为企业的发展优势。针对自身的特点，公司党委客观分析原因，紧紧把握境外员工“出国—工作—回国”三个阶段的关键时点，做到思想政治工作“突出重点抓两头、中间过程不放松”。同时，公司党委注重培养和树立职工群众“身边”的典型和榜样，挖掘和发现他们的亮点和经验，广泛地进行交流，在员工中引导“你行我也行”的心理感应和行为导向。公司评选表彰 10 个先进单位，10 名岗位标兵和 35 名先进员工。重点利用《长城钻探报》、长城钻探网和公司主页，对长城钻探标杆队 GW107 顶驱服务组，集团公司直属党委优秀党员林红，公司技术专家张贵德、岗位标兵李春生、先进员工张卫东等先进单位和个人的典型事迹进行宣传，并将他们的先进事迹汇编成册发至基层，便于宣传和学习。通过选树典型，把示范变规范、把样板变标准、把经验变制度，做到先进的经验和做法可学习、可借鉴、可复制、可推广。

（李　巍）

固井公司

【基本情况】 截至2010年，固井公司（以下简称公司）用工总量783人。其中，管理和专业技术人员219人（管理人员106人，专业技术人员113人），操作服务人员564人。按用工性质分类，合同化员工585人，市场化用工57人，劳务用工140人，分别占用工总量的74.8%、7.3%和17.9%。合同化员工中有研究生7人、大学本科117人、大学专科123人、中专生69人、高中120人、技校73人、初中及以下76人。党政领导班子成员9人。公司下设9个机关科室，2个直属单位，4个固井项目部，1个辅助生产单位，1个基层单位（固井技术研究所）。

公司固定资产原值50542万元，折旧22956万元，减值准备777万元，固定资产净额28285万元，新度系数为0.56。主要设备（水泥车）市场分布为辽河地区20台，西北市场苏里格项目部、庆阳项目部、子洲项目部、新疆项目部共17台，东部吉林项目部共2台，南部冀东项目部、江苏项目部共5台，国外运行和准备运行的29台（含双机双泵橇3台）。公司非安装设备投入为6842万元，固定设备增加225台（套），递延资产投入为1102.3万元，重点投资建设职工培训基地，购置设备投资550万元，2011年元月培训基地投入运行。

公司全年完成固井1220口，同比增加42口。辽河油区543口，同比增加253口，增幅87%；国内外部市场521口，同比减少269口。国内外部市场苏里格192口，同比减少71口；新疆7口，同比减少8口；庆阳（含定边）207口，同比减少284口；吉林48口，同比增加33口；江苏23口，同比增加21口；新增冀东23口，海拉尔21口。国外市场固井156口，同比增加58口。海外全年固井156口，同比增加60口，固井口数同比增加63个百分点。

【科技创新】 2010年，公司表层套管固井870口，技术套管固井189井次，生产套管固井904口。尾管固井129井次，双级注及以上级数固井43井次。低密度水泥浆固井216井次，水平井固井177口。生产套管固井合格率100%，优质率87.2%。施工中，创出一系列新指标，兴古9-H404井完钻井深5760米，$6^5/_8$英寸尾管固井封固段1968米，创长城钻探公司完钻井深最深纪录。兴古7-H16井完钻井深4886米，5英寸尾管固井封固段2486米，创长城钻探公司尾管固井最长封固段纪录。

一、抗盐水泥浆体系

新疆喀什、哈萨克斯坦、伊朗北阿等地区地层都含盐层和盐膏层，盐层的特殊性给固井设计施工带来难题。盐层和盐膏层固井的难度主要表现在盐层井段井眼不规则，水泥浆不能完全充满环空，难以形成整体有强度的水泥环，使套管受到非均匀的外挤载荷，而发生变形甚至挤毁；盐层的溶解在量少时会使水泥浆速凝，影响固井施工的安全，而在浓度高时会使水泥浆稠化时间延长，影响水泥石强度发展，使之不能阻止盐层发生蠕变；盐水水泥浆的各项性能难于控制、钻井液密度较高顶替难度大、一次封固段长可能造成盐层漏封、盐层的蠕动特性对固井工具和附件性能要求高。公司科技人员针对地质情况和工程情况，通过科技创新，研究出抗盐水泥浆体系。抗盐水水泥浆体系具有密度范围大（1.95—2.45 克 / 米 ^{3}）、失水量小(不大于 100 毫升)、游离液含量小、使用温度范围广（30—150 摄氏度）、抗盐能力强、稳定性好、流变性好、稠化时间可根据施工时间调节、强度发展迅速等特点，较好地保证盐层固井质量。

二、低密度水泥浆体系

公司技术人员进行低密度水泥浆体系的研究，解决井漏的技术难题，目前室内最低密度达到 1.09 克 / 米 ^{3}，24 小时强度大于 10 兆帕；现场应用低密度水泥浆体系密度达到 1.20 克 / 米 ^{3}，24 小时强度大于 12 兆帕。

三、储气库固井工艺技术

公司科技人员针对储气库井在生产过程中需要周期性地注气和采气，容易导致水泥石损坏的情况，开展胶乳水泥浆体系的研究；针对辽河、长庆榆林储气库井地层压力低、封固段长、易发生井漏的情况，进行双级注固井工艺的深入研究与具有微膨胀的高强低密度水泥浆体系的研究；针对江苏金坛储气库盐穴溶蚀的地质特性，进行盐腔固井工艺与抗盐水泥浆体系的研究。形成适合各市场需求的储气库固井技术，保证储气库井的固井质量。

四、优化完善辽河固井技术

（一）尾管碰压固井技术

公司针对尾管固井碰压固井易造成的留塞和替空的问题，完善尾管碰压技术。特别是根据深井、水平井、大斜度井的井型特点，优选应用微台阶式、轨迹式、液压式以及液压双作用尾管悬挂器和井下附件，取得明显效果。2009—2010 年固尾管井 245 口，固井碰压成功率 93.8%。

（二）稠油热采井固井技术

公司针对辽河油区的稠油热采井的井型不断发生变化，多轮蒸汽吞吐导致地层压力越来越复杂，低压漏失、局部高压和窄压力窗口等是固井设计中经常遇到的难题，公司科技人员通过优选高温稳定剂、减轻材料和水泥外加剂，再配合使用套管居中附件、地锚、热应力补偿器等系列固井工具，完善稠油热采井的固井技术，满足各种井型的热采的技术需求，固井质量合格率 100%，固井质量优质率 90% 以上。

（三）深井固井技术

公司针对深井固井的特点，从抗高温水泥浆体系、深井尾管固井工艺、注水泥参数的优化、套管附件的设计等多方面入手，对深井固井技术进行更深入研究，完善深井固井技术，基本保证辽河深井固井质量。2010 年，固 4000 米以上深井 40 口，固井质量合格率 99.8%，固井质量优质率 70%。

2010年，公司“国内重点区块固井技术”获长城钻探公司科技进步一等奖；“吉林长岭气田深井长封固段固井技术”、“喀什北复杂地层固井技术”获长城钻探公司科技进步二等奖；“海拉尔水平井固井技术”获长城钻探公司科技进步三等奖。

【技能培训】

一、组建“教导车组”进行标准化规范培训

公司制定《水泥车施工作业流程规范》、《设备操作规程》、《工具管线配置标准》、《设备预防性维护保养体系》等标准和规范，通过教练言传身教，带动其他岗位标准规范运行，并以点带面逐步全面推进公司的标准化车组建设工作。以教导车组培训规范设备操作、维护、维修为起点，丰富培训内容，带动固井水泥化验工、工程技术人员、汽车驾驶员、安全、核算等岗位逐步达到标准化，逐步全面提高操作人员技能水平和技能标准。通过教导车组利用一年时间对主操作手进行轮训，带动整体工作水平和整体素质的提高，带动公司各个层面工作的跨越和提升，促进公司精细管理、规范管理、稳健发展，推动公司整体工作水平的提升。公司在6月20日正式启动教导车组。完成固井施工作业159井次，设备完好率100%、出车正点率100%、地面施工一次成功率100%，保证重点井、难井的施工质量，建立完善标准化设备管理和标准化设备操作规程。第一期6名学员、第二期8名学员经考试考核已经结业，已经结业的学员回到原来的岗位上任师傅进行车组标准化的推进工作。

二、开展“以师带徒”活动

公司对工作能力强的汽车驾驶员进行固井水泥车操作技能的培训；对工程技术人员进行油井水泥化验分析方面的培训。2010年，以师带徒实际参培57人，已考核出徒24人，其中，技术员11人，主操作手8人，化验工5人。

三、组织开展“技术大比武”活动

在全公司范围内掀起一个学技术、赛技能、比贡献的热潮，为建设具有国际竞争力的专业化固井公司奠定坚实基础，策划组织公司第一届技术技能大比武活动，使“工作学习化，学习工作化”成为公司每名员工的一种习惯和需求，提高公司员工队伍的技术素质和操作能力，充分调动广大员工学习技术的积极性。

【安全环保】

一、落实安全主体责任

2010年，公司在安全大会上对安全生产工作进行了总体部署，并与各基层单位领导签订《HSE目标责任书》，与岗位员工签订《安全生产合同书》；与162名司机签订《安全生产军令状》，对各级管理干部和重要风险岗位实行安全风险抵押金。分解了任务，落实了责任，传递压力，形成了层次分明、权责明确的安全环保责任体系。公司领导和机关科室对基层单位、10个关键要害部位作为安委会成员的安全重点防范部位，明确责任科室和责任领导，认真落实领导干部安全承包联系点制度。

二、基层基础工作

公司结合实际，全面组织开展QHSE管理体系内部审核及认证机构的外部审核。公司取得9001质量管理体系、中国石油 HSE 管理体系、2004 环境管理体系、2800 职业健康管理体系 4 个资质证书。做好 HSE 管理体系的宣传贯彻和推进工作。采取多种形式组织 HSE 基础知识、消防安全管理、班组长安全管理知识、交通安全法律法规等培训学习；每个季度组织开展一次 HSE 管理综合考核，指导基层 HSE 管理规范运行，帮助基层解决 HSE 管理中存在的问题；加强对特种设备和特种作业人员的管理。按期完成特种作业人员的取证和复审工作，特种作业人员持证上岗率 100%。加大作业场所职业病危害因素的检测和职业健康监护力度，组织接触职业病危害因素人员 312 人接受体检，体检率达到 100%。公司统一作业现场标识规范和标准，制作各种安全警示标牌 1190 块、灭火器箱 37 个、应急照明灯 11 盏、安全胸卡 750 个、STOP 卡箱具 5 套，对所有配电盘（箱）重新喷刷警示标志。规范施工作业现场、高压工具的管理，购置安全链 500 条，所有施工作业现场高压管线连接全部使用安全链。对各区域的属地进行了明确和划分，完善各属地管理牌标识的内容，明确属地责任人的管理职责。2010 年，公司被评选为长城钻探公司 HSE 先进单位。一公司教导车班获长城钻探公司 HSE 三星级班组；二公司化验室、西北项目部苏里格班获长城钻探公司 HSE 2 星级班组；一公司水泥班、海外保障中心中哈班、后勤保障中心修保班获长城钻探公司 HSE 1 星级班组；固井一队获长城钻探公司名牌施工作业队伍；质量安全环保科获长城钻探公司 HSE 先进部门；一公司水泥车班获长城钻探公司 STOP 卡优秀基层队；欢喜岭项目部获长城钻探公司工作前安全分析优秀基层队；后勤保障中心工具班获长城钻探公司作业许可优秀基层队。

三、落实《反违章禁令》

公司结合生产特点，制订《固井公司“反违章禁令落实执行年”活动实施方案》，制定落实“禁令”保障措施和组织机构。加大反“三违”的工作执行力度，避免违章行为的发生。设立“员工违章积分台账”和“违章行为曝光台”，对违章行为进行记录并曝光。公司制定《固井公司现场 HSE 监督检查处罚管理办法 员工违章积分表》，下发到每位生产岗位员工的手中，对生产过程中出现的违章现象进行违章记分，职工违章记分达到一定分数后，要待岗组织学习，并实施相应的处罚措施。

四、交通安全管理

公司加强“3ABC”管理，坚持带队干部落实口井监督检查，负责关键工序、特殊路段、异常天气、长途运输等作业全过程监控，保证安全管理制度、防范措施的落实。并充分利用 GPS 全程监控系统，对司机、车辆运行和道路行驶等情况进行跟踪。加大路检路查力度，突出重点路段、重点时段的监督检查。开展道路风险识别活动，制定完善切实可行的风险消减措施，认真落实节假日车辆“三交一封”及路检夜查制度。强化设备润滑、软化水（防冻液）使用、一二级维护保养、回场（或现场）检查和资料管理五项基础工作，保证设备的完好率。2010 年，西北项目部获长城钻探公司交通安全示范队。

五、质量管理工作

公司对所有的计量器具登记造册，建立计量器具分级管理明细台账，制订《2010年计量器具检定计划》、《2010年产品质量监督检验计划》，严格按制订的计划，按月份、按数量到指定的检定部门及时检测，保证计量器具的准确性。公司建立健全标准体系表，并实行动态管理，相关单位相关岗位都配备相应的标准文本，年初制定标准的制修订和宣传贯彻实施计划，并指定专人负责实施。全年油井水泥及外加剂入库检验149批次，监督检验45个品种 ，严把产品入厂、入库、出厂质量检验关，确保采购物资的质量。2010年，公司申报的《元284块》获辽宁省质量协会固井区块优秀QC质量小组。固井一队获长城钻探公司名牌施工作业队伍；AGADEM区块固井工程获长城钻探公司施工作业精品工程；辽河油田陈古1−1井固井设计获长城钻探公司优质施工设计；质量检测中心获长城钻探公司先进质量检验（检定）机构；公司被评选为2010年辽宁省用户满意服务单位。

六、环境保护工作

公司被长城钻探公司列为清洁生产审核的重点单位，通过清洁生产审核，查找在管理及技术等方面存在的漏洞和不完善环节，持续改进。规范外部市场成品油消耗管理，从加油（本）卡的申请办理、加油（本）卡发放登记、加油卡日常使用管理、加油卡加油数量的汇总结算等全方位制定相应的程序、规定，以确保全年成品油计划的落实。对在固井作业中返出的废弃水泥浆进行处理，2010年产生量为8.2万吨，由采油厂统一进行无害化处理后填埋；全年新鲜水用量为7.14万吨；生产区域均在野外作业，设备周围均无居民，符合国家规定的机械噪声标准，对周围环境不造成影响。

七、QHSE监督管理

公司建立管理、监督、检查“三位一体”的管理机制，强化现场安全监督指导。QHSE安全监督站对重点井施工、长途施工任务和不良天气，选派安全监督随行实行全程监察；对于辽河矿区外围项目，安全监督站实行派驻监督，公司通过对监督站人员的充实和管理，实现对国内各固井项目部的施工作业现场实施监督，切实起到监督、指导的作用。

【党建工作】 2010年7月，公司党委召开中共固井公司第一次代表大会。讨论审议通过党委工作报告决议，选举产生中共固井公司第一届委员会和纪律检查委员会成员，并对在“共产党员精细工程”中涌现出的优秀基层党组织和共产党员进行表彰。根据公司机构重新设置和党员分布的实际情况，将原苏里格党支部和庆阳党支部合并成立西北项目部党总支，新增教导队党支部、南部项目部党支部、东部项目部党支部，公司设置2个党总支和8个直属党支部。按照长城钻探公司党委建设“四好班子”的要求，围绕公司的发展定位和各项工作，党委召开党员领导干部民主生活会，针对会前征集到对领导班子及其成员的建议和意见，领导班子成员在民主生活会上有针对性地提出了整改措施，将每条建议具体到责任人。公司组织各级班子成员观看长城钻探公司举行的“石油魂

——大庆精神铁人精神”宣讲报告会，并下发各种学习材料百余份，利用上半年工作会议、第一次党代会等各种会议公司主要领导对中层干部进行理念教育，并组织基层干部培训班，使各基层班子形成互相信任、充分沟通、真诚合作的良好局面，保证基层队伍的战斗力，增强基层党组织的执行力和创造力。

2010年，公司新交入党申请书11人，现有申请入党人员增加到49人，入党积极分子28人。为保证新发展人员能够达到党员所应具备的条件，公司党委于5月把4名积极分子送往辽河油田党校学习，11月把党校老师请到公司对积极分子进行培训，先后培养积极分子15人，参加培训的积极分子中发展党员11人。

公司党委成立活动领导小组，并依据长城钻探公司创先争优活动要求和公司实际制订《固井公司创先争优活动实施方案》，全面提高公司操作人员、技术人员、面向外部市场的复合型管理人才和两级机关管理人员“四支”队伍的员工素质，全面提升基层队伍的凝聚力、执行力、创造力和“自转力”。公司党委开展“学知识、答百题、找差距”活动，组织公司各科室在企业文化基础知识、党建基础知识、安全基础知识等方面共出100道题，对公司全体党员下发，要求党员认真答题，并对上交的答题结果进行打分评优，对优秀的答卷给予奖励，参与答题党员145人，80分以上42人，70分以上99人，有效提升了党员学习的积极性。结合公司生产实际，党委以展板、发放教育材料、举办各种活动等多种形式深入开展好“传承、创新、超越”的形势任务教育活动。发放25份主题教育宣传光盘到公司领导、各机关科室和基层单位，编写公司形势任务教育材料《重塑自我 强化执行 实现超越 为全面完成公司2010年各项目标任务而努力奋斗》印发到各级党组织。公司党委加大推进企业文化建设力度，在宣传贯彻长城钻探“力文化”的基础上，根据固井工作的特点，结合实际提炼“精细执行”文化内涵，初步完善“精细文化手册”的相关内容，提升公司文化建设水平，形成具有固井特色的文化品牌。2010年5月，党委制作公司第一份报纸《固井之声》，设计出版《固井之声》报纸正刊8期，人物专刊2期，党代会专刊1期，质量专刊2期，质量安全专刊1期，发放2800份，收到各科室及基层单位投稿210篇，发表186篇。

公司党委召开“党风廉政建设研讨会”，邀请长城钻探公司纪委书记为公司处、科级干部讲反腐倡廉教育课，增强广大党员干部服务基层当公仆的坚定性和自觉性。开展“组织观念、组织原则、组织纪律”学习教育活动，组织副科级以上领导干部及人事、财务、物资等重点岗位人员学习“廉政准则”和“若干规定”，并进行考试答卷79份；组织副科级以上领导干部学习《国有企业领导人员廉洁从业若干规定》等4个文件，并组织考试，参与考试64人。逐步建立“学习教育活动”长效机制。公司党委与各基层单位签订《党风廉政建设责任状》，明确党风廉政建设的责任范围、责任指标、责任考核。5月转发长城钻探公司《关于在开展“忠

诚事业 承担责任 艰苦奋斗 清廉奉献”主题教育活动中加强反腐倡廉教育的实施意见》，公司领导班子专门召开会议，研究部署主题教育活动方案。公司党委以下发文件形式，要求各基层单位登陆长城网站组织收看网络电视《算一算七笔账常思贪欲之害》和《李培英贪污受贿案警示录》，并要求每名科级以上干部撰写心得体会和观后感，公司主要领导带头，各基层单位副科级以上干部及重要岗位人员都撰写心得体会或观后感，收到心得体会 34 份，观后感 12 份，其中处级领导撰写 6 份，科级干部 33 份，重点岗位人员 7 份。

公司抓住关键环节，全程跟踪、监督、考核落实。在固井水泥车、稠化仪、压力机、电教室改造等采购和施工中，安排专人进行检测、验收，保证设备入库质量和工程改造项目的施工质量。2010 年，参与验收设备 112 台次，金额达 4800 多万元。在对消耗材料管理进行监察中，各种级别的油井水泥检验合格后方准入库，退回不合格浮箍、浮鞋 20 余个，为公司挽回经济损失 9 万多元。公司监控室搬迁，专人配合全程监督并亲自拉线测量所需电缆长度，对能够继续使用的设备，督促施工人员保证设备的完好，识破施工人员要卖新设备的伎俩，为公司节约 10 余万元的成本。监察人员 3 次陪同水电计量工作人员到存在严重浪费和无序用电现象的二公司进行专项水电检查，通过检查发现，欢喜岭项目部用电量较大的问题属于企业重组遗留问题，导致公司电能源流失。2010 年，效能监察损失电能 36955 千瓦时，挽回经济损失 28824.9 元。

公司党委开展“安心工程”，关注职工切身利益。中秋节前夕，公司领导走访慰问公司西北项目部乌审旗、子洲、定边及庆阳项目组的干部员工，送去家乡特产，给项目部送去 5 万元慰问金和节日补贴，为远离家乡、远离亲人、坚守工作的全体将士送上公司基地的兄弟姐妹对他们的关心与关怀。公司组织召开大学生座谈会，增进企业与青工之间的相互沟通，激发他们不断学习不断进步、为企业做贡献的信心。公司党委对 2 名工亡职工遗属和 10 户困难家庭及部分劳动模范进行走访慰问，发放慰问金 22200 元，慰问患病员工 10 余人，给予慰问金 21500 元。同时，公司党委坚持开展“金秋助学”活动，帮扶贫困学生。助学 4 人，发放慰问金 4500 元。公司团委组织开展“传承责任，共谱未来”主题征文活动，收集作品 128 篇，筛选出优秀作品 16 篇，给予奖励；组织开展“学先进·比贡献·树形象”的主题宣讲活动，对在工作中表现突出、爱岗敬业、刻苦钻研、开拓创新、无私奉献的 6 名优秀青年员工的事迹典型进行宣讲，鼓励广大青年员工立足岗位，奋勇争先，引导和带动青工为公司发展作贡献；组织开展“传承 创新 超越”青年红歌会，用歌声抒发公司青年员工对祖国、对石油、对长城钻探公司以及对公司的热爱之情，并举办乒乓球比赛等活动，丰富青年的业余文化生活。

公司与基层单位分别签订治安综合治理责任状。为加强流动人员管理，尤其是对外来务工人员加强管理，与每一个外来人员也签订治安综合治理责任书，并建立专项档案，除安排派出所进行专项教育外，公司还针对不同类型人员，有侧重地进行法制教育，开展治安条例、禁毒、反邪教等相关内容的专项法制课八场次。针对新入厂的员工，进行了集中法制教育，请双兴派出所干警讲课 3 场次，参加人员 120 多人次。进行法律知识答题竞赛，发放考试卷 270 份，对答题优秀的 30 名人员进行奖励。根据公司的实际情况，成立保安队，分设兴隆台和欢喜岭 2 个安保班，设立 1 个警卫室，与双兴派出所共同协商制定相应的工作制度。完善监控设施，把车场 12 个监控探头进行维护和更换，把原机关楼内的监控台移到警卫室，方便保卫工作人员的监控和应急处置。实现不发生刑事治安案件，不发生重大恶性事故；不出现群体性上访事件，不出现"黄赌毒"等"六害"的"两个不发生、两个不出现"，全面维护公司政治稳定和治安安全，促进和保障公司各项生产经营工作的顺利进行。

（孟　鑫）

钻 具 公 司

【基本情况】 钻具公司（以下简称公司）用工总量 790 人，固定资产原值 1.6 亿元，净值 9000 万元。下设直属单位 5 个，机关职能科室 10 个，基层车间 10 个。服务区域主要分布在兴隆台、欢喜岭、陕北、海拉尔、吉林以及委内瑞拉、乍得等，公司年提供钻具能力 165 万米，钻具年修复能力可达 35 万米，钻具修螺纹 54000 头，可保障国内年钻井市场约 400 万米进尺，130 部钻机的钻具供应。

2010 年，公司提供上井钻具 159 万米，供井工具 1.82 万件，对焊钻杆 3.79 万米，喷焊钻杆 3.52 万头，探伤钻具 41.48 万米，供井螺杆 3290 套，送井防喷器 775 套，采油树交井 249 口。

【生产管理】 2010 年，公司以科技进步为依托，提高钻具服务的精准化程度，建立质量回访和技术交流机制，多次到甲方单位、钻修井队进行质量回访，与用户建立良好的合作共赢关系；实行分级管理、合理配置，盘活钻具总量。推广应用新工艺新技术，在"抗高温耐腐蚀螺杆钻具"、"聚晶金刚石钻具耐磨带"等科技项目上加大攻关力度，一批科技成果相继转化为生产能力；坚持统筹兼顾，根据区块、井型和井深情况，对钻修井队所需钻具和工具进行合理组织，提高生产运行的精准度，为钻修井队提供优质服务；完善内部经营承包政策和激励机制，在职代会上通过《经营承包指标考核办法》，对各基层单位综合业绩进行考核排序，推行单元成本控制模式，划小核算单元，坚持开展经济活动分析，在做好项目、车间、班组核算的基础上，探索单机、单车、单项产品、单项工程成本费用核算方式，推行“全员、全要素、全过程、全方位”的控制措施。

【工程建设】 2010年，长城钻探公司为公司下达非安装设备投资计划16项，66台(套)设备,计划投资2119.51万元。实际完成16项，购置66台（套）设备，完成投资2091.09万元。投资的方向主要是国外市场和主要生产设备，为公司的发展奠定物质基础。

公司基本建设项目2项，计划投资61.6万元（其中包含配套设备费用27万元)。实际完成投资32.7万元。

【安全生产】 2010年，公司坚持“以人为本、预防为主、全员参与、持续改进”的HSE方针，围绕集团公司HSE体系推进12项重点工作、九项原则和长城钻探公司HSE体系建设“33335”工作思路，严格质量目标考核，完善ISO 9001质量管理体系运行，推进API会标许可认证，加大培训和宣传力度，推广HSE工作成功经验，落实《反违章禁令》、推进属地管理、落实直线责任、强化计量、标准化管理等工作。

一、落实井控工作思路

公司针对“一条主线、五个突出、五个到位”的井控管理思路，和《井控十大禁令》的具体要求，做好井控各项工作，通过落实井控工作属地管理，开展井控细则宣传贯彻和管理网络实施程序，让每一级井控人员都能够清楚自己的井控职责，保证井控指令的畅通和各项井控制度的严格落实。建立职责，健全制度，强化一级风险井周巡检制度，坚持定期上井巡查，以“三高”地区的井控装置作为重点，加大巡检频次和检查力度，至少每周上井一次，检查井控装置的使用情况和维护保养情况，对于检查中发现的问题，现场调派井控车间人员进行整改，通过周巡检制度的落实，及时发现整改问题隐患，确保井控装置灵活好用。

二、落实长城钻探公司9项重点防控工作和“33335”工作思路，

公司在HSE管理工作中贯彻落实长城钻探公司“7项工作思路”，根据《长城钻探12项安全重点风险防控方案》，制订7项公司重点风险防控方案，结合公司生产实际情况，制订气体试压和起重作业两项重点风险防控方案，形成《钻具公司9项重点风险防控方案》，各部门、各单位在工作中认真贯彻落实，保证重点风险领域安全生产。公司明确责任，夯实基础，认真学习，贯彻落实长城钻探“33335”建设思路，组织基层单位管理人员认真学习纲领线、核心线和文化线的实质内容，充分利用3种检查和五种工具规范作业现场，逐渐实现岗位工人向属地管理者的转变，养成全员落实安全的好习惯，保证每一名属地管理者都能够灵活运用STOP卡发现问题，整改隐患，全员HSE观念彻底转变，全员HSE素质真正得到了提高。

【企业管理】 2010年，根据长城钻探公司总体规划布局编制“十二五”发展规划，公司的发展目标更加明确、发展措施更加具体。公司结合发展实际，强化责任体制建设，逐步完善规章制度，理顺管理流程，出台《钻具公司2010年经营管理实施方案》、《2010年度设备管理考核办法》。

公司把加快推进海外业务发展作为转变发展方式的重中之重，将 2011 年确定为“海外项目建设年”，重点发展和推进维修服务、无损检测、加工制造、配套租赁等四项业务。公司认真做好项目的调查研究和前期论证工作，把握市场需求，争取各方支持。加强与上级领导、主管部门、海外大区、综合项目部之间的沟通协调，做好新上项目的评估和市场分析工作。强化推进措施，建立激励机制，确保有序推进。公司成立海外项目建设领导小组和海外项目管理科，建立协调推动机制，定期召开海外项目运行例会，会商解决项目推进过程中的困难和问题。为有序推进海外项目和业务发展，充分调动各方面的积极性。做好装备配套和人才储备工作，为海外业务发展提供财力和智力支持。在装备配套上，充分考虑当地条件、气候影响，依据钻修井队分布、市场前景和服务工作量需要，按 A、B 两类配备标准作出装备种类、型号、数量和资金预算。项目建设初期原则上配置 4—5 人，制订先期的培训计划，通过举办培训班、岗位轮流实践等多种方式和措施，加快培养技术精湛、一专多能的技能型人才，为海外项目发展储备人力资源。

【科技创新】 2010 年，公司规范和细化管理制度及标准，努力提高技术服务水准。公司组织相关人员梳理和细化现有的井控、钻具、工具等标准、制度，制定钻具公司《钻具管理办法汇编》，包括公司钻具工具的各项管理制度和维修标准，为各生产车间生产提供技术依据，也为公司发展提供技术保障和技术支持。

一、广泛推广应用新技术

公司与派普钻具制造公司合作开发的 4137H 钻铤降低含碳量，增强抗拉强度、屈服强度和冲击吸收能。4137H 钻铤在岭深 1 井首次使用，连续使用 750 小时，没有发生任何钻具事故。目前 4137H 钻铤分别在吉林 50106 队、70101 队使用，未发生任何钻铤断裂和刺漏问题。由于 4137H 钻铤增加了钻铤的韧性，所以减少了钻铤螺纹产生裂纹、开裂、刺漏的几率，控制了钻铤失效事故发生。

135 毫米 NC40 双台阶螺纹钻铤成功使用有效推动了钻井提速。为适应 165 毫米井眼，新开发的 135 毫米双台阶钻铤在兴古 7-16 井首次使用，防止了钻具螺纹失效，对钻井提速起到推进作用，取得良好效果。

辽河兴古潜山井深、高温（130—160 摄氏度）、长裸眼（2000—3000 米）、钻井液强腐蚀性，普通螺杆钻具无法满足钻井的正常需要，井底温度达到 120 摄氏度左右，螺杆钻具下到井底无法工作，严重影响了兴古潜山钻井速度。通过研究改进，抗高温耐腐蚀螺杆钻具的转子耐饱和盐水腐蚀性能大大提高，螺杆钻具的抗高温性能得到较大改善，整机寿命不断提高，使用时间能达到 90 小时左右，基本能够满足 2 个牙轮钻头的使用寿命。

二、开展科技创新活动

按照长城钻探公司科技部署和钻具公司领导要求积极与北京石油机械厂开展技术研讨及合作攻关，解决了现有螺杆钻具在兴古 7 区块的使用中，抗腐蚀、耐高温性能差，使用效率低、寿命短等技术难题。通过在辽河油区兴古7区块40578队兴古7-16井4千米以上井段现场试验，螺杆样机2次下井累计时间39小时，由于钻井施工工艺改变起钻回收，经检修未发现问题。通过本项目的完成取得三项关键技术成果，分别是研制出高性能的耐高温耐油定子橡胶、优选出耐腐蚀转子表面处理工艺及材料、总结出马达定转子间隙优化规律。

三、加大科技管理和科技创新的投入力度

公司科委下达自筹科技项目“深井、水平井钻完井事故预防及控制技术研究”、“苏里格地区钻具失效机理研究”、“新型密封式万向轴的研制”、“井控设备现场试压监控系统的开发和应用”、“钻杆接头耐磨带喷焊预热及保温工艺的技术研究”等项目，投入200多万元。

【精神文明建设】 2010年，公司坚持以“三个代表”重要思想和党的十七届四中、五中全会精神为指导，深入贯彻落实科学发展观，按照长城钻探公司“做好三篇文章、抓好六项工作”的工作部署，把“强化八项支撑，打造八项优势、构建和谐企业”作为工作目标，动员组织和团结带领全体党员、干部、职工群众，融入中心，服务发展、创先争优、强化保障，为公司完成全年工作目标提供思想保证。

一、坚持以人为本

公司坚持把发展惠民作为构建和谐的根本，年初确立的各项惠民措施逐项启动、逐步推进。先后对基层办公室、食堂等生产生活设施进行更新，对各基地厂区进行维修改造和环境美化，使生产生活条件得到充分提高。关心职工身体健康，安排组织587名职工接受健康体检，提高职工生活质量和健康水平。采取多元帮扶措施，为11户遗属办理了生活补贴，为4名困难家庭子女提供助学帮扶，使困难职工、困难家庭得到了充分救助。持续开展“节约挖潜、控本增效”活动，有效控制物资消耗成本，实现修旧利废53项，节约成本320万元。坚持把维护稳定作为构建和谐的基础，认真开展矛盾纠纷排查和化解群体访，保持职工队伍和矿区的稳定。社会治安综合治理、共青团、工会、计划生育、社会保险、信息档案、信息报送等各方面工作都取得良好成绩。公司被长城钻探公司评为“物资管理先进集体”、“市场开发和管理先进集体”、“财务工作先进单位”、“节能节水企业”、“维稳先进集体”，并获得“辽宁省先进女职工组织”等荣誉称号。

二、开展形势任务教育

公司坚持把“创先争优”活动与队伍作风建设相结合，通过强化理论武装、促进队伍和谐，使党员队伍的思想观念、思维方式、精神状态与形势任务相适应，成为引领公司发展的核心力量。深刻理解、准确把握“力文化”体系建设主题和基本内涵，实现内容上细化、形式上活化。立足于调动职工积极性，切实加强思想政治工作，突出“学、讲、议、定、创”五个环节，深入开展“传承、创新、超越”主题教育活动，引导广大职工认清形势，坚定信心，凝聚力量。工会通过开展“公司发展我有责，我为发展献一计”为主题开展群众大讨论活动，充分发挥了企业员工的聪明才智，为公司发展献计献策，通过开展节约挖潜、降本增效等活动，充分激发员工的节约意识。

三、加强党建思想政治工作

公司党委召开“创新争优推进大会”，并围绕公司实际制订活动方案和措施，提出“四强四优五带头五表率”的创建要求，坚持强化理论武装，认真落实中心组学习制度，全年组织集中学习 24 次。落实“三会一课”制度，强化了党员教育管理，细化“三个最佳”创建方案，开展共产党员工程、党员先锋岗、党员身边无事故等建功立业活动，充分发挥党员先锋模范作用。

四、开展党风廉政建设

公司坚持党风廉政建设与生产经营工作相结合，明确班子成员的党风廉政建设责任区和联系点，与基层党支部和机关科室签订《党风廉政建设责任书》和《廉洁从业承诺书》。推进惩防体系建设，细化体系建设制度内容，增强体系建设的时效性。

五、加强维护稳定工作

公司坚持以政治稳定、队伍稳定和治安稳定为目标，坚持统筹兼顾，齐抓共管，落实责任，标本兼治，增强和提高综治维稳干部的责任意识，夯实治安综合治理“打、防、教、管、建”长效机制建设。强化“三防”体系建设，年初与基层车间签订了责任状，制定全年综治工作目标和措施，推进“平安单位和平安厂区”创建活动作为工作重点。开展“无邪教单位”、“无毒矿区”专项整治活动为契机，把提升厂区整体防控能力、杜绝“法轮功”等邪教案件发生作为工作目标，紧紧依靠基层党支部力量，深入开展新反邪教斗争，为公司治安稳定提供坚实保障。2010 年，开展普法教育 10 课时，印发法制宣传材料 150 余册，举办各类板报 6 期。

（王艳玲　李　铮）

钻井技术服务公司

【基本情况】 截至 2010 年底，钻井技术服务公司（以下简称公司）在册员工 345 人，现场服务人员 167 人；拥有初级以上职称的有 291 人，其中，教授级高级工程师 1 人，高级工程师 17 人，拥有中级职称 63 人，初级职称 210 人；技师 2 人，拥有中专以上学历 316 人，其中，大专学历 86 人，本科学历 182 人，研究生学历 10 人。公司机关设置 8 个科室，下设水平井技术服务、欠平衡钻井、仪器研发与检修、PDC 钻头等业务项目部，主要从事辽河油区及国内外水平井、定向井钻井技术服务；欠平衡钻井技术服务；随钻仪器研发与检修；PDC 钻头研发与制造。

公司固定资产原值 32901.48 万元，净值 22406.12 万元，主要设备新度系数 0.68。其中，MWD 随钻测试设备 70 台（套），LWD 随钻测井仪设备 6.5 台（套），空气钻井设备 2 套，欠平衡钻井设备 9 套；房屋 1 栋（原钻井一公司技术服务公司办公楼），使用面积 3849 平方米，原值 243.65 万元，净值 132.93 万元。

2010 年，公司完成水平井技术服务 230 口，欠平衡钻井 21 口，空气钻井 2 口，大位移井 2 口，定向、侧钻、纠斜井 66 口，销售钻头 159 只。辽河地区市场克服工作任务重、人员少、装备差的困难，周密组织生产运行，实现收入稳步增长，完成水平井技术服务 161 口，完成定向井 15 口，完成欠平衡钻井 17 口，同比增长 198%、15% 和 30%。国内市场超前做好吉林欠平衡钻井、海拉尔水平井施工前的各项准备工作，确保工作量不流失，重视长庆水平井项目作为增收增效，发挥公司的特色技术优势，加大服务保障力度，巩固扩大市场份额，完成水平井技术服务 40 口，定向井 9 口、大位移井 1 口、欠平衡钻井 4 口、空气钻井 2 口，同比平均增长 7 个百分点。国际市场得到市场管理部、海外项目部和对外合作部的帮助和支持，顺利完成苏丹 3/7 区的合同续签，新中标实施苏丹 6 区定向井、四川壳牌反承包等项目，启动了伊朗北阿、中化哥伦比亚等项目，推进国际市场的增项扩容工作，完成水平井 29 口，大位移井 1 口，定向、纠斜、侧钻井 42 口，同比分别增长 70%、100%、100%。PDC 钻头销售 159 只。

【企业管理】 2010 年，公司全面落实长城钻探公司做好“三篇文章”，抓好“六项工作”总体要求，加快转变发展方式，大力实施“12345”工程，扎实做好服务保障、市场拓展、技术进步和队伍融合等工作，取得较好的业绩。全年完成各类技术服务井 321 口。

公司建立 24 小时值班制度，明确相应会议制度；层层落实工作责任，切实转变工作作风，提出“机关围着基层转，二线围着一线转，一切围着井眼转”的总要求，并要求尽“六责”树“六心”，做好“六个一”。在实际工作中，突出抓好生产组织、现场技术、装备支持、教育培训“四个保障”。抓生产组织保障，以生产协调部门为中心，建立生产日报制度，通过电话、网络与井队建立联系，实时掌握现场施工动态，超前组织，合理安排，提早到位，践行“宁等井队 1 天，不误现场一分”的承诺。抓现场技术保障，以技术管理部门为中心，设立 24 小时技术指导专线，实时解答现场的技术问题。采取科级干部及技术骨干巡井，重点井、高危井住井等措施解决施工中的技术难题，公司总工程师亲赴古巴指挥施工，确保古巴第一口大位移井的顺利完钻。抓装备支持保障，加强仪器、控压两个装备基地的能力建设，针对仪器、装备老化难题，与厂家共同寻求解决办法，更换、购置抗高温仪器，保障辽河地区高温井的施工，修复的 Shaffer 旋转防喷器为四川壳牌反承包项目提供的有力支持。抓教育培训保障，针对公司现场队伍少、年龄小、经验缺的实际，组织技术骨干完成 13 个 SOP 标准编写工作，设立以辽河为主，相关单位为辅助的员工培训基地，举办各类培训班 35 期 712 人次，广泛开展群众性岗位练兵活动，通过评选表彰优秀师徒等途径和方法，充分调动广大职工钻研技术学习业务的积极性，缩短现场工程师的培训周期，提升现场服务人员操作技能，缓解现场技术人员短缺的矛盾。

【科技创新】 2010 年，公司以发展和经济效益为前提，以提升核心竞争力为重点，以提高技术服务能力为突破口，完善科技工作管理方法，建立完整的科技管理体系；整合集成特色技术，全力保障重点科技项目实施；建立技术管理与研发体系，组建公司技术专家队伍，为公司发展提供技术支撑；完善人才培养制度，实行技术人员分级管理，加快专业技术队伍建设。激发和调动科技人员的积极性和创造性，努力打造国际化钻井技术服务公司。

一、LWD 随钻测量仪器研究

合作开发的电磁波电阻率测量仪，完成仪器算法和软件开发，并与贝克休斯 LWD 系统成功配接，现场试验成功，实现四发双收，可提供 8 条不同探测深度的幅度和相位电阻率。取得 13 项主要成果，拥有自主知识产权，填补国内空白。

二、深层潜山水平井技术

公司在沈北、兴古 7 等区块完成潜山水平井 30 口。在深井施工过程中，通过优选钻头、优选螺杆钻具、优选施工参数等多种形式开展水平井提速研究，部分解决兴隆台地区兴古区块深水平井钻井提速、安全钻进等技术难题。

三、浅层水平井技术

杜 84、欢 127、欢 623、杜 48、锦 612 等区块水平井油层埋藏较浅，油层较薄。通过加强薄油层水平井技术研究，主要解决松散地层造斜率和水平井油层钻遇率难题。

四、国外市场水平井施工技术

公司通过对水平井专用工具、钻具组合、水力参数设计、钻柱摩阻分析、钻柱力学分析等的研究，实现仪器、地质、工程一体化，解决苏丹 3/7 区大靶前位移水平井滑动钻进困难的问题，提高苏丹水平井油层钻遇率。

五、鱼骨分支井技术

公司完成鱼骨分支井 16 口，完成分支数量 41 支，分支进尺 11961 米。细化施工工艺，扩大在此技术上的优势；规模推广多分支水平井技术，满足古潜山油藏开发需要；通过优化井眼结构、钻具结构，提高分支井裸眼侧钻效率，形成自主知识产权的分支井技术。

六、大位移井技术

公司完成大位移井 2 口，通过对大位移井的地质及工程设计、扭矩及摩阻监测和控制技术等研究，合理调配钻具组合，降低大位移井钻具摩阻，实现安全钻井。其中，古巴大位移水平井 HBE−102 井完钻井深 3356 米，水平位移 2175.72 米，水垂比 1.13，井身质量满足设计要求；古巴 HBE−102 井为公司在国外大位移水平井高端技术服务领域开创良好局面。现正在施工的大位移 GBO−103 井设计井深 4505 米，水平位移 3534 米，水垂比 1.83，对公司大位移井技术提出更高的要求。

七、PDC 钻头的推广应用

公司全年销售 PDC 钻头 147 只，其中，在苏里格地区，单只钻头进尺同比提高 33.75 个百分点；在海拉尔地区，机械钻速由 16.49 米 / 小时提高到

30.49 米/小时，提高幅度达 84.9 的百分点；吉林地区 PDC 钻头在让 18-2-8 井进尺 1335 米，机械钻速 39.76 米/小时。

八、欠平衡钻井技术规模应用

公司初步形成多种循环介质的欠平衡钻井工艺技术；配套地面装置、工程设计和分析技术软件，掌握地面回压控制和井筒压力控制工艺；将欠平衡与水平井钻井技术集成应用，有效提高开发效果。截至 2010 年底，公司推广应用欠平衡钻井技术 96 口井，在发现和保护油气层、提高钻井速度方面发挥了重要的作用。

【QHSE 管理体系认证工作】

一、系统规范领导干部行为

2010 年，公司领导制订个人行动计划并且每月有跟踪。公司科级以上干部制订个人行动计划，实行一级对一级，监督、考核和评鉴个人行动计划的落实情况。开展“安全观察与沟通”。公司副科级以上的干部每月至少填写一次观察与沟通报告。践行有感领导，为职工做出表率。领导亲自深入现场巡视检查，劳动防护用品穿戴整齐；公司领导参加体系内审，参加管理评审会议，承诺自己的安全行为并接受 HSE 培训。

二、操作者的管理权限发生质变

公司实施属地管理，属地主管的责任明晰。将“属地管理”落实到现场各区域，将区域安全责任落实到岗位，属地划分和属地责任初步明确，属地管理理念逐步深入人心。现场目视化管理更加规范。在作业现场重点推行目视化管理，直观展现制度要求，减少警示不明、提示不清的现象。收集 STOP 卡统计分析，确定下步要解决的问题。质量安全环保科收集 STOP 卡 506 张，进行分类整理，形成分析报告，在安全生产例会上通报。工作前安全分析成为良好的工作习惯。公司把不同岗位的工作前安全分析收集起来，装订成册，供职工学习。安全经验分享成为制度，编制安全经验分享手册，放在单位的 FTP 上供全体员工学习。

【安全质量环保】 2010 年，公司深入贯彻“安全为天、质量至上、环保优先”的理念，围绕体系推进“33335”建设思路，以体系推进为抓手，突出防控重点；以绩效考核和专业审核为手段，推广固化体系推进取得的成果；以全面建立并积极推进 QHSE 管理体系有效运行为主线，保障生产经营的平稳运行；以深入实施“精品工程”和“满意服务”等质量活动为载体，创优争先，固本强基，提升工程技术服务质量的总体水平。实现安全生产、交通、消防全年无事故；完成集团公司中油认证中心体系审核的复审工作；无较大以上质量事故的发生。仪器研发与检修中心的随钻现场服务 QC 小组的“提高随钻仪器入井成功率”活动成果获辽宁省一等奖和国家优秀 QC 成果奖，并获全国优秀质量管理小组荣誉称号；控压项目部 GWMPD01 队、车队二班、辽河项目部 GWDD-301 队分别获长城钻探 HSE 3 星级、HSE 2 星级、HSE 1 星级班组荣誉称号；境外项目部 GWDD101 队获名牌施工作业队伍荣誉称号；辽河项目部施工的架岭 607 大位移定向井服务工程获施工作业精品工程荣誉称号。

一、安全生产工作

（一）开展多种形式的隐患排查

公司加强现场监督检查，消除隐患，确保安全生产。坚持常规检查与综合检查相结合的形式对现场进行安全检查，增加抽查、夜查的次数，公司检查出问题和隐患 118 个，全部整改完成。认真开展“两节”、“两会”期间安全检查，保证了“两节”、“两会”期间的安全生产。根据公司的生产特点，制定有针对性的季节安全生产措施，切实提高基层“八防”工作的落实。下发并组织学习《冬季安全教育宣传资料》，保证宣传教育覆盖面 100%。开展全员风险辨识活动。对识别出的风险进行重新评估，新增危害因素 43 项，没有新增重大危害因素。

（二）注重职业健康管理

按照公司年度职业健康管理工作计划，7 月开展职业健康知识宣传活动，通过下发学习材料、利用网络宣传、办板报等方式宣传职业健康防护知识，提高员工职业健康意识。有 145 人参加普及职业健康防护知识答题活动。8 月按计划对钻头厂一个岗位、一个检测点进行工作场所检测，检测结果符合国家职业卫生标准（GBZ 2.1—2007）所规定的接触限值。为钻头厂 10 名接触粉尘环境的员工进行职业健康体检，经辽河油田职业卫生防疫检验所检验认定，均不存在职业病危害。

（三）筑牢消防安全“防火墙”

公司认真组织开展“119”消防安全宣传周活动。印发宣传材料，在网络上进行宣传，组织公司基层消防安全骨干人员 23 人到辽河油田消防支队特勤大队观摩，增强职工安全防火意识。加强“三田”防火工作，对上井的服务人员进行防火安全教育，增强员工防火安全意识；落实防火安全措施，进入苇塘车辆安装防火帽，办理进入苇塘许可证 50 个，通过宣传、检查和各种制度的完善落实，有效杜绝火灾事故的发生。

（四）特种设备与特种操作人员管理

公司加强特种设备注册登记、维修保养、安全设施检测工作。配备硫化氢气体检测仪 2 台，配备正压式呼吸器 3 套，保障在突发井喷失控事件后的有效保护。全年进行特殊工种操作资格证书取换证培训 16 人，保证特种作业人员上岗持证率 100%。

（五）实施承包商 HSE 管理

公司实施承包商 HSE 管理，坚决遏制承包商的不安全行为。建立并完善承包商 HSE 管理制度，制定《承包商 HSE 管理办法》和《承包商 HSE 合同》，从制度上加强对承包商的管理与考核。

（六）安全专项检查工作

公司运用“3ABC”方法，加强交通安全专项管理。组织驾驶员观看“5 · 23”、“6 · 29”特大交通事故案例和“平安伴你行”警示片。在活动中对车辆进行安全普查，检查出问题 64 项次，检查覆盖面达到了 100%，对查出的问题全部整改。

二、质量管理工作

（一）完成公司年初制定的质量目标

2010 年，井身轨迹质量合格率 100%；欠平衡技术服务满意率 91.2%；

产品质量合格率为100%；顾客满意度达到93.36%；重大（含重大）以上质量事故为零。

（二）全面实施基础管理建设工程

公司专门成立基础管理建设工程领导小组，指导和保障基础管理建设工程的顺利实施。第一阶段梳理了质量计量标准化管理、制度管理和工作流程，为第二阶段的实施打下基础。已经完成13个SOP流程的梳理及编制工作。质量管理体系有效运行，8月公司进行了内部审核，9月通过中油认证中心的外部监督审核，开具两项一般不符合，均整改封闭。“用户满意”工程顺利实施：1—9月发放用户满意调查问卷45份，用户满意率93.31%，达到年初制定的用户满意指标。质量管理小组活动广泛开展：注册17个活动小组，活动课题覆盖公司主要生产项目。年底形成成果10个，参加人员98人，占公司员工的33.7%。

【典型选树】 2010年，公司以“选树典型、推崇先进”为手段，营造“比贡献、比业绩”的比、学、评风气，努力体现干部员工的人生价值。公司党委创新提出“典型带动计划”，一个标兵要培养出1—2名先进典型，作为标兵工作新业绩的考核。把典型、先进看做是企业可持续发展的资源，一边开发利用，一边培养保护，通过对典型的培养、宣传、奖励、重用，弘扬和宣传典型的人生价值。2010年，公司表彰20名优秀共产党员；10名优秀模范员工；选树岗位能手5人、先进女职工5人、科技先进工作者10人，廉洁从业人员5人。通过公司内刊《钻服讯息》报、公司网站、制作标兵光荣榜展板、形式任务教育等多种形式，及时宣传他们的先进事迹。培养先进典型和技术骨干，对工作突出、业绩突出的先进个人进行物质和精神奖励。

【领导班子建设】 2010年，公司党委紧紧围绕“力文化”建设，以创建“四好”领导班子为重点，紧紧围绕国际化专业化建设的发展定位，推进班子的能力建设，提高领导班整体素质和工作水平，强化党风廉政建设和执政能力建设。按照长城钻探公司《关于推进创建“四好”班子活动的指导意见》的通知要求，实施加强领导班子建设、基层基础工作的措施，促进“四好班子”的创建。

一、增强政治意识、大局意识和责任意识

公司班子成员互相学习，沟通有无，互相补台，稳步落实上级工作规划和方案，领导班子的执行力体现在工作作为上，领导力体现在管理组织上，凝聚力体现在全员围绕一个发展目标上，战斗力体现在各项工作落实上。建立党委民主生活会制度，召开各种民主生活会和议事制度。建立“三重一大”决策制度实施细则，针对公司生产经营实际，开展监督检查活动。公司成立以来，在干部培养上，在科级干部任免上，在科技费、安措费管理上，在零配件外委加工上，在成本投入和节能降耗上，履行议事程序，增强决策的透明度；对大额度资金使用，坚持班子研究、集体讨论，执行了资金预算制度和审计、监察程序。

二、开展思想政治工作和企业文化建设

公司建立的信访稳定工作网络，建立健全相关制度。建立维稳小组，建立维稳工作信息月报制度。开展问题和矛盾排查活动，切实解决群众关心的重点和难点问题，切实处理好关系群众利益的问题，畅通信访工作渠道。组织开展“典型培养和再提高计划”活动，一个标兵培养一个先进；一个先进培养一个骨干。劳动模范钟伟就是一个标兵培养成为了先进。

三、加强学习和培训工作

公司坚持中心组学习制度。成立领导班子学习中心组，组长由党委书记担任负责组织，主持学习。制订了学习计划，认真收集资料，并做好会议和学习记录工作。坚持理论联系实际，做到“三个结合”，采取形式多样的方式，在实践和效果上得到保障。坚持领导下基层和联系点调研，坚持写调研报告，指导和推进工作质量的提升。

四、科学设置组织机构

公司调整和完善科级管理层级间职能定位，通过流程再造，提高效率效能。分工合作，明确职责。合理分工合理配置领导班子，配备科级班子和干部的正确使用，做到人尽其才、人尽其用。完善科级干部档案管理。完善科级干部的档案信息清查工作，坚持做到档案、ERP 数据库和呈报人事处的信息三方一致。

五、树立正确政绩观

公司坚持中心组学习不断提高政治素养。通过科学制定工作目标和措施，深入基层、现场和员工队伍中，并通过大量实践和探讨，调整和转变工作思路和模式，适应发展步伐和需要。召开经营分析会和生产经营例会制度，一步一个脚印。加强班子成员间的沟通与合作，确保班子的整体领导力、执行力和凝聚力。并坚持下基层和联系点了解情况，通过调查问卷、座谈会、走访等形式，决定员工的所需、所盼，一切从员工的合法权益出发。

六、健全管理制度

公司围绕长城钻探公司发展目标和党委工作部署，系统建立相应的管理制度。特别是在干部管理和党建管理方面，建立党群工作制度汇编，有党建工作、班子建设和干部队伍建设、党风廉政建设和纪检监察工作、综治维稳工作等方面的 30 余项，确保有章可循，有法可依。定期组织对党员干部开展制度的落实和学习贯彻，培养按章办事，按程序行事，看好自己的门，管好自己的人。

【员工培训】 2010 年，公司把实施人才强企战略作为首要任务来抓，加强人才队伍建设。公司本着“缺什么，补什么”的原则，通过集中学习与外出培训相结合、专题学习与广泛培训相结合、长期培训与短期速成相结合、现场传帮带与个人自学相结合，“有计划、分层次、有重点”地加强职工队伍培训，提高员工队伍的技术水平、管理和国际交流三种能力，较好地促进了队伍综合素质的提高。培训工作宗旨：让想学习的人能够最快速成长；解决企业的短板问题。公司组织质量管理概论培训，科级以上干部及各单位质量管理员 50 人参加；管理实务培训 50 余人次；组织井控、

IADC、HSE、特殊工种等取证培训百余人次；欠平衡技术及相关井控技术40余人次；APS仪器培训30余人次；仪器维修培训40余人次；定向井技术培训50余人次；HSE推进培训百余人次。

【群团工作】 2010年，公司从统一思想认识入手，强化教育引导，奠定坚实的思想基础；从提高引领能力入手，强化班子建设，打造坚强的领导集体；从筑牢堡垒根基入手，强化基层建设，塑造优秀的创业团队。坚持把发展惠民作为构建和谐的根本，在公司加快发展、提高效益的同时，确保职工利益同步提升。通过多种渠道筹措资金59万元，对野营房等生产生活设施进行了更新改造，建立乌审旗前线基地，争取上级支持为项目部安排新的办公楼。关心职工身体健康，组织345名职工接受健康体检，安排55名女职工进行专项体检，提高职工生活质量和健康素质。采取多元帮扶措施，解决职工群众最关心、最直接、最现实的问题，为患重病的职工韩宁筹资3.2万元，缓解患者的经济负担。为9名职工子女办理金秋助学补助，为11名困难职工发放了扶贫帮困资金，为3名遗属解决了最低生活保障难题。坚持把维护稳定作为构建和谐的基础，认真开展矛盾纠纷排查、调查、处理工作，杜绝集体访和进京访事件，保持了职工队伍和矿区的稳定。坚持把综合治理作为构建和谐的保障，坚决打击侵占职工利益的行为，营造风清气正的发展氛围。共青团、工会、计划生育等各方面工作都取得良好成绩，为公司改革发展稳定做出了新的贡献。

【党建工作】 2010年，公司将原机关第三支部与机关二、三支部合并，成立车队党支部，党支部数量依然是9个。公司党委紧密联系“保持稳定、加快发展”的实际，坚持“围绕中心、服务大局、发挥优势、提供保证”的方针，以学贯长城钻探公司一届一次党代会精神为契机，以创建“四好”领导班子为重点，以“内强素质外树形象”为抓手,以“六个一”党支部创建工作为重点，全面加强党建思想政治工作，确保公司发展目标的实现。

一、召开形势任务主题教育大会

2010年3月5日，公司召开形势任务主题教育大会，向职工介绍长城钻探公司与公司的形势、机遇与挑战。利用各种专业会议，介绍2010年公司各项规章制度完善补充的目的、意义和背景，特别是对员工普遍关注的人力资源政策、激励政策等进行了重点介绍。公司汇编印刷300册《“传承、创新、超越”形势任务主题教育学习手册》下发到每名干部职工手中。各基层单位又分层次的召开了会议，组织座谈讨论，员工对企业发展的信念和依赖感明显增强。

二、开展“创先争优”活动

结合公司实际，“以奉献钻探当先锋、我为党旗添光彩”为实践载体，以“两诺两评三联三个最佳”为主要方式方法，组织开展岗位奉献、岗位培创新、岗位创效活动，形成浓厚的争先创优氛围，形成齐心协力、共同推动企业发展的良好局面。

三、开展“建设学习型党组织”活动

公司认真落实长城钻探公司党委的

安排部署，领导班子率先垂范，加强和改进党委中心组学习，建立严格的中心组学习考勤制度，优化党员干部的知识结构，提高党员干部的综合素质。

四、开展好“组织观念、组织原则、组织纪律”学习教育活动

公司认真组织长城钻探公司党委下发的学习资料，组织一次集体学习讨论，解决在职工队伍建设、基层建设中反映出的基础性、习惯性矛盾和问题。

五、组织开好2010年领导班子民主生活会

公司按照长城钻探公司党委确定的会议主题，认真做好会前准备，按照会议程序要求，组织好会前学习，征求群众意见，开展好谈心活动，撰写好发言提纲。把民主生活会开成团结向上、凝聚人心的会议。

公司以创建“六个一”党支部为重点，改进和创新以党支部建设为核心的基层基础工作。公司党委根据工作的实际情况，开展先进基层党组织创建活动，开展争创“红旗党支部”、争创“模范党员责任区”、共产党员“争优”活动。开展党员安全责任区、无职务党员设岗定责等活动。在基层各支部设立党员安全责任区34个，以党员带动群众，真正做到“一个支部就是一个堡垒，一名党员就是一面旗帜”，发挥公司党委的核心作用，提高公司的服务能力和服务水平。召开党员大会对2个先进基层党组织和20名优秀共产党员进行表彰。

（姜正治）

物资公司

【基本情况】 物资供应公司（以下简称公司）是负责长城钻探公司物资采购、仓储、配送和贸易的专业化公司。至2010年底，公司有员工637人，国内人员主要分布在天津、北京、辽河、长庆、大庆、新疆、吉林、内蒙古等地。国外主要分布在哈萨克斯坦、委内瑞拉、苏丹等18个国家、26个项目部。其中，合同化员工574人，市场化用工63人，劳务用工55人；博士研究生1人，硕士研究生29人，大学本科178人，大专160人，大专以下269人；具有高级职称的42人，具有中级职称的110人，具有初级职称的140人。公司组织结构由32个单位和部门组成，其中，机关职能部门12个，机关直属机构12个，基层单位8个。

2010年，按照“集中管理、分级负责、有效管控、一体化运行”的管理思路，成立天津、辽河2个仓储站和大庆、长庆2个项目部。同时，加快委内瑞拉、哈萨克斯坦、尼日尔一级库房建设，形成以天津基地为中心，以休斯敦，迪拜为采购和销售平台，辐射国内22个二级单位和国外4个大区26个国家的全球一体化物流保障体系。

【企业管理】 2010年，公司根据“采购专业化、仓储专业化、运输区域化”的原则，对组织结构进行调整。撤并原来9个采购部，按物资类别成立以生产协调部为运转核心的7个专业采购部及运输保障部、仓储管理部、退税管理部。优化公司管理构架，规范各部门职能，顺畅工作流程，更加适应公司独立自主经营的需求。优化人员结构，干部员工更加年轻化、知识化，队伍素质得到明显提升，变被动服务为主动服务，使各项工作的运行更加完善合理。

公司按ISO 9001：2008标准建立质量管理体系，编制《质量管理手册》以及18个《程序文件》；完善《合同管理办法》、《合同档案留存及借阅制度》、《供应商管理办法》、《设备管理办法》、《仓储管理规定》、《采购物资质量监督管理规定》等规章制度，使各项工作有章可循，经营管理逐步规范和完善。

公司对暂未列入集团公司一级采购管理目录内的年度通用物资和大宗物资，分地区和类别实施年度集中采购，实现“三定”（定质、定厂、定价），形成规模市场，依此吸引供应商参与竞争，使公司在采购中占据主动地位，控制采购成本。第一、二批物资集中采购，与456个厂家进行招标谈判22大类14006种产品，中标供应商207家，节约采购资金6000万元，大幅提高采购效率，避免“一单一询、一单一谈、一单一招、一单一签”操作，培养优势供应商，通过与供货商签订长期的供货协议，建立良好的合作关系，促使供货商优化工艺、降低成本。

公司国内物资配送在大庆和长庆地区实行集中配送，运输费用由公司承担（辽河油区按原有方式保障供应）；公司国际物资配送通过和运输服务商签订框架合作协议，提升物资配送能力，每条运输线路确定3家货运物流公司作为长期服务战略伙伴，规范公司货物运输服务市场，控制物流成本，提高工作效率。

公司推进ERP系统的使用和普及工作，派出多位精通业务、懂流程的员工做好基础数据的录入，建立完善价格库，将合并同类项以后的1.5万多条价格信息导入ERP系统价格库中、梳理物资编码，完成物资编码150232条。并配合二级单位申报采购计划。及时协调解决项目中出现的各类问题，保证ERP系统的顺利上线和单轨有效运行。

【质量安全管理】 2010年，公司紧紧围绕“环保优先、安全第一、质量至上、以人为本”的理念，开展QHSE管理水平推进工作。按照ISO 9001：2008标准建立质量管理体系，编制公司《质量管理手册》以及18个《程序文件》。建立质量计量标准化三级管理网络；严格执行入库物资检查制度，并逐步完善质量标准库的建设；通过质量检测保证采购物资的质量，杜绝不合格品入库，完成年初制定的各项指标，物资质量得到有效提升。落实有感领导、直线责任、属地管理的理念和“否定、肯定、提升”管理措施，刚性执行《HSE管理原则》和《反违章禁令》。制定和完善《工作前安全分析管理办法》等35项安全管理制度，全年培训安全专职人员和直线管理人员87人次。持续强化应急、交通安全、危险物品等专项管理工作，全面控制HSE风险。制定《HSE绩效考核管理办法》，对各部门进行严肃考核，及时检验HSE体系推进成果,奖罚兑现，提升管理业绩。通过提升HSE管理水平，公司实现“七个杜绝、三个不超”的安全生产工作目标，获得长城钻探公司2010年度“HSE管理先进单位”。

【员工培训】 2010年，公司以培养适应国际化物资供应与贸易发展的综合人才为目标，以“全员素质提升工程”为载体，全面推进人才培训战略。 根据公司的业务发展需求和员工的实际情况，有针对性地开展培训项目。公司培训体系的构成包括新员工培训、仓储操作人员培训、管理人员培训和采购、运保、退税业务人员培训等。全年完成培训项目26项，与年初的计划相比，完成100%。全年参加培训人次1935人次，与年初计划的1731人次相比，完成111.8%，其中分别有1230人次的管理人员、315人次的技术人员、390人次的操作人员参加培训，分别占计划的117.9%、105.0%、100.8%。

【精神文明建设】

一、党建和思想政治工作

2010年，公司按照“传承、创新、超越”的要求，开展“站在新起点、融入新环境、做出新贡献、实现新跨越”主题教育活动，增强干部职工的责任感、危机感和大局观念。以“五比五看”和“七有”为标准，加强四好班子和干部队伍建设。开展在每名党员入党纪念日的时候寄送“入党生日卡”活动，让党员重温入党誓词，牢记党的宗旨。

二、纪检监察工作

公司加强党风廉政建设，开展“反腐倡廉警示教育展示”活动，坚持用典型案例警示人，用先进事迹激励人，用党纪国法教育人，增强各级干部廉洁自律意识。全年参与招投标谈判82场次。围绕物资采购、质量安全、财务管理等重点领域和环节开展效能监察，为采购运行质量和资金运作安全提供有力保证，并荣获长城钻探效能监察项目三等奖。

三、建设和谐公司

公司组织召开一届一次职工代表大会；新建天津基地员工文体活动中心，为基层单位配发文体活动用品及生活用品；安排12名子女就读天津开发区学校，投入15.6万元为14名遗属、8户困难家庭、7户单亲家庭开展“扶贫帮困送温暖”活动；解决在天津工作的辽河编制人员关心的待遇问题，为员工团购限价商品房，精心组织员工参加长城钻探公司企业文化建设推进文艺晚会表演大合唱节目，获长城钻探公司优秀组织奖。公司有1人获长城钻探公司劳动模范、22人获长城钻探公司先进个人、1人获10年海龄奖，2个基层班组获长城钻探公司“五型”班组。

（李　宏　杨琳琳　韩殿军）

苏里格气田项目部

【基本情况】 2010年，苏里格气田项目部（以下简称项目部）新建产能9亿立方米，实现天然气商品量22.13亿立方米。截至2010年底，项目部日产天然气水平达到700万立方米以上，平均单日外输气量占苏里格气田的近四分之一，居苏里格地区各生产单位之首；质量、安全、环保、节能全面达标，投资和成本得到有效控制，实现生产无事故、无污染；企业管理、员工素质和企业文化建设等各项工作再上新台阶，各项管理工作均取得突出的业绩。

项目部获集团公司先进基层党组织、长城钻探公司先进单位和股份公司天然气开发先进单位荣誉称号，作业一区获集团公司直属机关团委“青年文明号”荣誉称号，采气作业二区获长城钻探公司先进集体荣誉称号，项目部获长城钻探公司HSE管理先进单位、市场开发与管理先进单位荣誉称号，有18人分别获功勋员工、劳动模范、先进个人等荣誉称号。

项目部机关设有经理办公室、生产协调科、气藏地质科、工程技术科、基建管理科、质量安全环保科、财务资产科、计划经营科、物资管理科、党群工作科、组织人事科等11个科室；下设2个采气作业区。项目部在册职工161人（男职工133人，女职工28人），其中，干部38人（处级干部9人、科级干部29人）、党员74人。

【主要措施和成果】

一、工艺方面

2010年，项目部实施水平井裸眼完井与分段压裂技术21口井，完成100个层段数的压裂施工，单井最大分段压裂数8段，工艺成功率达到100%；针对水平井产气量大、严禁井下有落物等生产特点，开发应用水平井用井下节流器以及配套使用的防止井下节流器落井装置，并在已投产的水平井上全部使用，有效率达到了100%。简化生产工艺流程，降低生产运营成本，实现安全、节能、清洁生产。

二、水平井实验

项目部按照“直井评价、水平井整体开发、丛式井完善井网”的开发指导思想，开辟苏53-4井区利用水平井技术整体开发。完钻井、正钻井均见到较好显示，砂岩钻遇率、有效气层钻遇率分别达到80%、60%。水平井钻井成功率100%，投产率100%。投产的18口水平井，平均日产气10.70万立方米，苏53区块水平井整体开发实现并超过预期目的。

三、老井措施挖潜

项目部通过对未投产井、低产井单井资料进行分析，选择有潜力的井、层开展措施，全年提出措施井3口，实施后2口井见效，措施成功率67%。

四、钻井提速

项目部根据投资计划，提前开展部署研究，科学编排钻井运行，合理调配钻机，精心组织现场施工，钻井速度稳步提高。苏 11 区块平均直井钻井周期 10.88 天，平均定向井钻井周期 13.59 天，较 2009 年直井钻井周期 11.4 天、定向井钻井周期 15.86 天，缩短了钻井周期。苏 53 区块苏 53−78−35H 井钻井周期 41.96 天，创造 3 个合作区块水平井钻井周期新纪录。

【科技创新】 2010 年，项目部承担长城钻探公司重大现场试验项目 2 项，“苏里格气田苏 53 块富集区水平井整体开发先导试验”和“苏里格气田深层侧钻水平井钻完井及小井眼压裂先导试验”。

项目部针对苏里格气田“低压、低渗、低丰度”的三低气藏特点，项目部在苏 53 块富集区开展水平井整体开发先导试验，全年实施 18 口井，单井产量与同区块直井相比提高 5 倍以上。针对苏 10 区块进入开发中后期，停产井以及因工程事故造成的报废气井将逐年增多等问题，开展老井侧钻水平井现场试验，恢复气井产能，拟补区块产量递减，实现苏 10 区块稳产。2010 年，完成苏 10−34−46CH 侧钻水平井完井和压裂施工初步方案，可实现裸眼完井以及最大分 12 段的压裂施工。

项目部“苏 53 区块富集区水平井整体开发部署研究与先导试验”获长城钻探公司科技进步一等奖，“苏 53 区块富集区水平井整体开发先导试验”获长城钻探公司重大科技成果。

【工程建设】

一、产能建设

2010 年，项目部按照“先期控制、分批部署、优化实施、跟踪研究、发现变化、及时调整”的原则，对产能建设井位不断优化调整，产建效果稳步提高，截至 2010 年底，3 个区块完钻开发井 557 口，建成天然气年生产能力 24.40 亿立方米。根据 3 个区块地质特点，优化开发方式，形成苏 10 区块利用水平井弥补递减，苏 11 区块利用丛式井建产，苏 53 区块利用水平井整体开发的开发模式。

二、地面井口工艺流程和采气管线建设

项目部建设 84 套地面井口工艺流程和配套 83.10 千米采气管线，其中，苏 10 区块水平井 4 套、苏 11 区块直井和丛式井 48 套、苏 53 区块水平井 20 套，长庆老井及评价井的直井 12 套。针对苏 53 区块水平井区域性整体开发的特点，项目部对水平井地面井口工艺流程进行优化改良，经改良后的流程是一套集试气、热输、井下节流后简易流程为一体的优化组合，可以满足不同时期气井生产对地面井口工艺流程的要求。

三、集气站建设

苏 53−2 集气站，天然气日处理规模 150 万立方米，站内设压缩机组 6 台，苏 53−2 集气站是苏里格地区执行长庆油田标准设计建设的规模最大的集气站，苏 53−2 集气站设贸易计量系统，是苏 53 区块的第二座集气交接站。

四、采集气干线和外输管线建设

项目部建设 4 条采集气干线，总计

49.50 千米。进苏 11–4 站集气站采气干线，管径 323.9 毫米，全长 11.80 千米；苏 53 区块 78 排水平井采气干线，管径 323.9 毫米，全长 16.50 千米；苏 53 区块 82 排水平井采气干线，管径 323.9 毫米，全长 20.70 千米；苏 53 区块苏 53–2 集气站至长庆苏 3–3 干线 C 段外输管线，管径 323.9 毫米，全长 0.50 千米。

苏 53 区块 78 排和 82 排水平井采气干线的建设，体现苏 53–4 井区实施水平井规模性产能建设过程中地下与地面规划的统一性，在水平井成排部署区域，建设 2 条大容量采气干线，使不同年限内施工的水平井就近接入管线，减少新井地面建设工作量，缩短建设周期。

五、道路建设

项目部建设 2 条井区巡井主干道路，总计 33.68 千米。苏 53 区块 78 排水平井采气干线伴行路，天然沙砾面层，全长 13.2 千米；苏 53 区块 82 排水平井采气干线伴行路及东、西连接路，天然沙砾面层，全长 20.48 千米。2 条道路是在苏 53 区块水平井部署区，沿采气干线建设的伴行路，路两侧水平井均匀分布，管理生产方便，节约巡井工作量，节约大量管理人员，利于后期开展植被恢复工作。

六、电力线路建设

项目部建设 10 千伏安电力线路一条：苏 53–2 集气站 10 千伏安电力线，全长 6.1 千米。苏 53–2 集气站 10 千伏安电力线路的成功建设，标志着苏 53 区块的集气站全面利用了地方电力，使区块彻底摆脱对天然气发电的依赖，体现工程建设过程中对节能减排的政策要求的落实。

【安全生产】 2010 年，项目部推进 HSE 体系建设，在产建、生产运行各个环节，加大隐患治理的工作力度，落实各项安全防范措施，严格安全生产监督检查和专项整治，杜绝各类事故的发生，保证天然气生产和产能建设工作的顺利进行。

2010 年 3 月，项目部开展“全员风险大排查”活动，排查出危害因素 121 项、重大危害因素 12 项，环境因素 10 类、201 项，重要环境因素 8 项，对识别出的危害因素进行讨论明确整改方案、落实整改责任人，各类风险得到有效控制。积极开展安全经验分享活动，根据采气作业区的工作特点，组织作业区员工开展形式多样、深受年轻人喜欢的安全经验分享演讲比赛。及时对收集到的安全经验分享材料进行分类整理，印发安全经验分享手册 400 本，分别下发到岗位员工和承包商单位。组织开展“安全在我身边、安全在我岗位、安全在我心中”大讨论活动。员工参加安全大讨论和安全征文活动，收到征文 163 份。利用每周生产视频会前播放 10 分钟的 HSE 知识音频资料，提高员工的 HSE 素质，提升员工安全意识。开展 HSE 教育培训工作。项目部现有公司级培训师 2 名，项目部级培训师 6 名。编制 32 个培训课件；组织岗位员工及承包商员工参加的 HSE 体系推进工作计划和 HSE 体系推进九项程序转换培训班 9 期，培训 324 人；HSE 体系推进工作流程培训班 1 期，培训 41 人；HSE 体系推进程序基本概念解释培训班 2

期，培训 77 人；办公室安全培训 9 期，培训 288 人。

【企业管理】 2010 年，项目部在管理上坚持树立“今天的投资就是明天的成本”的理念，按照转变经济增长方式的要求，实行全要素成本控制、全员成本管理。通过集中力量，研究勘探开发问题，打破区域界限，打破常规思路，加强前期可行性论证，提高投资的回报率。

项目部坚持以“人”为管理核心，合理把握“员工“与“工作”相互适应的契合度，使“合适的人在合适的位置上”；以启动员工为手段，通过引入竞争机制，一线员工工作出色也可走上管理岗位、专业岗位或技术岗位，管理干部也可淘汰，转为专业技术岗位或一线员工；新老员工没有差别，人人能升能降，待遇能增能减，员工能进能出，克服员工沉淀现象。

【精神文明建设】

一、加强学习型领导班子建设

2010 年，项目部领导班子成员坚持以邓小平理论、“三个代表”重要思想和科学发展观为指导，认真贯彻落实党的十七大精神，自觉提高思想政治素质，增强执政本领，为项目科学发展、和谐发展提供坚实的思想政治保证和组织保证。

二、坚持定期学习制度

项目部党委按照上级的要求，确定周五下午学习日制度，重新修订中心组学习制度，完善《苏里格气田项目部党委中心组学习制度》。制度的严谨性促进学习的规范化，计划的周密性促进学习的系统化，内容的广泛性促进学习的纵深化，方式方法的灵活性促进学习的个性化，检查落实的及时性促进学习效果的升华，上下要求的一致性促进学习的同步化。

三、党风廉政建设

项目部党委制定《苏里格气田项目部党风廉政建设责任制》、《苏里格气田项目部党风廉政建设否决条件和责任追究处理办法》、《苏里格气田项目部党风廉政建设监督实施办法》等制度，项目部党委结合实际，依据长城钻探公司党委下发《实施办法》和现行规定，认真制定完善《贯彻执行“三重一大”决策制度实施办法（试行）》、《党政会议制度》等工作制度，提升各级领导干部责任意识和勤政廉政意识。建立符合项目部实际情况的责任体系和惩防体系，从源头上防止腐败的发生。增强党员领导干部和重要岗位人员廉洁自律意识，签订廉洁自律承诺书，承诺人数达 100%。

四、工会、群团组织建设

项目部坚持开展群众性技术创新活动，工会围绕项目部的工作任务和各项经营目标，按照长城钻探公司提出的“两保两全”、“双百双增”工作要求，开展“提合理化建议、节约挖潜和技术创新”主题活动。通过使用井下节流技术，改造采气工艺流程，每年可节约天然气 730 万立方米。通过合理优化压缩机投运时间，每年可节约天然气 256 万立方米、可节约资金 830 万元。“多动脑、多出力、少花钱”的挖潜思路取得良好效果。

五、“五型”班组创建工作

项目部按照集团公司《基层建设纲要》的要求，项目部工会以“五型”班组建设为载体，扎实推进基层建设，通过《长城钻探报》、《长城钻探》专刊、长城钻探公司网站等媒体对项目部基层建设情况进行宣传报道，长城钻探公司基层建设考核组到一线进行检查，对基层建设工作给予很高评价。

六、企业文化建设

深化企业文化理念建设。项目部党委加大文化理念的宣传力度，提升项目部形象，充分利用橱窗、黑板报等企业文化建设专栏，开展多种宣传手段和教育方式宣传项目部企业文化理念，使企业文化理念深入员工。

突出人文关怀。项目部党委提出力求做到"四个坚持、四个确保、力求四心"的工作方法与工作目标，即"坚持刚性倒班制度，确保员工探亲和休息时间；坚持将图书室、活动室建在作业区，确保员工业余文化生活丰富多彩；坚持将培训重心落在班站，确保员工职业发展；坚持建立党员干部与一线员工谈心制度，做好心理疏导，确保员工身心健康；力求员工住得舒心，吃得放心，生活开心，工作安心。

七、深入开展创先争优活动

项目部党委推进创先争优活动，增强党组织凝聚力，党支部的战斗堡垒作用得到发挥，提高党员思想政治素质，体现党员的先锋模范作用。

（王洪艳　赵春婷）

煤层气开发公司

【基本情况】 截至2010年底，煤层气开发公司(以下简称公司)有员工32人，具有大学以上学历23人，其中，博士研究生1人，硕士研究生7人，大学本科15人；具有中级以上技术职称26人，其中，高级技术职称8人，中级技术职称18人。公司下设生产运行科、煤田地质科、工程技术科、财务资产科、经营管理科、质量安全环保科和综合办公室7个科室。主要生产作业区域位于辽宁省阜新市郊刘家、王营、海州、五龙4个高瓦斯矿区，现场日常生产、安全等工作由阜矿合作区项目部管理。

截至2010年底，公司固定资产原值228.48万元，净值31.48万元；油气资产原值722.77万元，净值240.92万元。煤层气自营开发业务2010年未实施新的产能建设工作量。阜矿合作区块累计完钻各类井40口，其中未采区32口、采动区和采空区8口，形成日产纯气4万立方米、混合气折纯9万立方米的生产能力。公司员工收入同比增长12.9个百分点。

【主要产品】 2010年，阜矿合作区完成煤层气产量1626万立方米，其中，纯气1365万立方米，混合气261万立方米，折纯销售1530万立方米。外部市场煤层气工程技术服务，圆满完成BP公司吐哈煤层气评价总包项目第三阶段2口微先导试验井的钻完井、排采和综合测试等总包工作量，钻井进尺1500米，钻井周期只有8.93天和8.92天，比设计钻井周期分别提前了12天和17天，各项施工指标都达到了国内同类施工的先进水平，获得了BP公司的高度认可，并向公司颁发优质服务奖牌。

【主要措施和成果】 2010年，公司在没有后续产能投资建设的形势下，通过加强气井日常管理，提高单井动态监测水平，优化修井作业方案和作业工艺，采取小井眼径向水力喷射等老井挖潜措施，降低现有生产井产气量递减速度，达到稳定阜矿合作区煤层气产量的目的。外部市场煤层气工程技术服务取得持续发展，依托长城钻探公司整体优势，圆满完成吐哈盆地煤层气评价项目第三阶段试验井和监测井的工作量，获得BP公司的高度评价；公司为黑龙江省国有大型煤矿瓦斯综合治理工程提供专业技术支持，协助大庆油田公司完成2口井的井位部署和钻井施工任务；与国鼎（大连）投资有限公司签署鄂尔多斯深层煤炭地下气化技术服务框架协议，成为国内首家从事深层煤炭地下气化业务的企业。首次进入国际煤层气工程技术服务市场，与新疆三宝公司成功签署哈萨克斯坦卡拉甘达煤层气开发的技术服务框架协议。

【工程建设】 2010年，公司完成修井作业43井次，其中，检泵30井次、捞沙13井次，合格率100%。完成红山混气站安全改造工程建设，改造站内安全隐患11项；完成红山混气站水循环系统工艺改进工程，增加水质软化和过滤装置，将水循环系统由闭合式循环改为开放式循环，减少水结垢和水中杂质对设备的损害程度。

【科技创新】 2010年，公司将阜矿合作区稳产增产作为首要任务，着力解决煤层气生产技术难题，充分吸取阜新高瓦斯矿区煤层气地质特征及开采规律、钻完井工艺、煤层气排采工艺优化、采空区和采动区地面抽吸工艺流程优化、纯气与混合煤层气利用等方面的经验，注重技术集成工作，归纳总结出4项具有自主知识产权的特色技术，即深层煤层气排采技术、低煤阶煤层气开发技术、混合煤层气抽排技术以及煤层气商业化综合利用技术，为公司在国内其他国有大型煤炭生产企业所属矿区开展瓦斯综合治理利用奠定基础。

公司实施长城钻探公司级科技研究项目“页岩气勘探开发技术前期调研”，并顺利通过上级主管部门的年终验收，为公司开展页岩气勘探开发做好技术储备工作。2010年，在国家各类专业期刊、会议上发表煤层气勘探开发论文10篇，其中，1篇获全国煤层气学术研讨会论文一等奖，1篇获全国非常规气勘探开发技术研讨会论文二等奖，荣获辽宁省科技进步三等奖、长城钻探公司科技创新三等奖各1项，申报发明专利2项。

【安全生产】 2010年，公司牢固树立“环保优先、安全第一、质量至上、以人为本”的理念，按照长城钻探公司“33335”体系建设思路，扎实推进HSE管理工作。建立发布符合公司生产经营实际的HSE体系文件；两批次转换16项HSE管理制度，修订下发《红山混气站巡回检查制度》等9项管理制度；深入开展HSE理念宣传贯彻活动，对公司及承包商员工开展18期、320人次的HSE培训；将安全联系点制度与“四个一”活动相结合，公司副总师以上领导到前线安全活动84人次；全面实施HSE绩效考核，“有感领导、直线责任、属地管理”的工作机制基本形成。

公司投入隐患治理资金139万元，阜矿合作区抽油机基础沉陷、高压电力线杆倾斜、混合气外输管线下沟、混合气站视频监测和火灾自动报警系统等公司级重大安全隐患得到及时整改；开展“现场危害辨识活动”，识别各类风险127项，均已制定整改措施；对阜矿合作区进行10次专项检查，发现问题54项，已全部整改完毕。

公司完善各类应急预案，应对暴雪、大雾、冰雨等极端恶劣天气的应急处置预案得到及时补充；加强新疆等高危地区防恐御袭工作，建立定期沟通汇报制度，确保新疆地区施工的正常运行；组织生产管理人员5人参加长城钻探公司井控安全培训3期，均获得井控培训合格证；开展办公楼应急逃生和初期火灾扑救演练2次，提高公司机关人员防震减灾意识和处理突发事故的能力。出台《煤层气开发公司承包商HSE管理细则》，将承包商纳入公司安全生产管理体系，承包商HSE管理水平大幅提高；严格落实集团公司《反违章禁令》，持续完善承包商落实安全生产责任奖惩办法，调动承包商队伍加强安全环保工作的积极性。定期开展水质监测，煤层气井产出水实现了达标排放；开展“安全生产月”等活动，安全理念更加深入人心，“三违”行为大幅减少。建立公司质量管理工作组织机构，明确各部门职责，顺利通过质量管理体系复审，巩固质量管理工作的基础。全年未发生各类工业生产事故，各项指标均控制在长城钻探下达的指标之内，被评为长城钻探公司2010年度HSE先进单位。

【企业管理】 2010年，公司加强基层管理，强化一线决策支持，成立阜新作业区项目组、鄂尔多斯深层煤炭地下气化项目组，明确职责，赋予权限，促进各项工作的高效推进；加强项目管理，修订完善项目管理办法，覆盖项目论证、立项、审批、实施、验收，以及项目后评估的全过程，规范工作程序，理顺了工作流程，提高了投资效果；加强财务资产管理，刚性执行年初预算，“五项费用”支出得到有效控制；加强在用及报废固定资产管理，提高国有资产的增值、保值功能，避免国有资产流失；认真做好煤层气开发利用财政补贴的报批工作，顺利通过国家财政部专项审核，获得煤层气开发利用财政补贴311万元；全面落实ERP系统建设工作，选派专人参与ERP系统蓝图设计、流程定稿、权限分配、数据导入等基础工作，按照长城钻探公司统一规定于2010年8月9日正式上线，认真做好ERP系统物资、设备等各模块之间以及和财务FMIS7.0融合系统的对接工作，实现ERP系统单轨运行。

【精神文明建设】 2010年，公司认真贯彻长城钻探公司党委各项工作部署，各路工作扎实有效推进。切实加强领导班子建设，坚持党委中心组学习制度，党员干部的理论素养和业务能力得到有效提升；健全完善公司各项议事规则和决策程序，“三重一大”事项的决策实现科学化、民主化、规范化。加强党风和反腐倡廉建设，认真做好惩防体系建设的推进工作，精心组织开展“忠诚事业、承担责任、艰苦奋斗、清廉奉献”、“组织观念、组织原则、组织纪律”等主题教育活动，各级领导干部拒腐防变、廉洁从业意识明显提高；通过观看警示教育片、学习典型反腐案例，提高公司领导干部廉政勤政的自觉性。扎实做好党建基础工作，建立健全各项党建工作制度，抓好基层党组织建设，深入开展“党内创先争优活动”，在阜矿合作区和驻外项目开展以党员为主体的“共产党员工程”，充分发挥党员的先锋模范作用，促进生产经营工作的正常开展。全力做好维稳工作，围绕职工关心关注的热点、难点、焦点问题，切实做好政策宣讲、解疑释惑、解决现实困难等工作，职工队伍实现基本稳定。加强两会及国庆期间维稳工作，未发生一例进京访和群体访事件，获得长城钻探公司电报嘉勉。加强企业文化建设，开展大庆精神、铁人精神学习教育活动，组织观看“石油魂——大庆精神铁人精神”宣传报告会，广大党员干部和员工为国尽责、为油奉献的意识明显增强；学习贯彻长城钻探企业文化建设推进会精神，以“领导力、执行力、凝聚力、竞争力”为核心的企业文化深入人心。充分发挥工团职能，完善厂务公开制度，开展“安心工程”和“六送”活动，给困难群体送关爱，给生病住院职工送关心，给一线职工送清凉，投入279万元改善公司机关的办公环境和办公设施；适时开展职工健康疗休养、健康体检，确保企业福利惠及职工；组织公司职工参加长城钻探驻辽单位各类文体活动，丰富职工的业余文化生活。人口与计划生育、社会治安综合治理等工作扎实推进，为公司生产经营创造了和谐的外部环境。2010年，公司获得长城钻探各级先进集体和先进个人荣誉称号24项。

（陈泽升）

地质研究院

【基本情况】 截至2010年底，地质研究院（以下简称地质院）有员工151人。其中，博士5人，硕士25人；教授级高级工程师2人，高级工程师38人，中级职称43人。中高级以上职称人数占员工总数的55%，现拥有在聘长城钻探公司技术专家4人。地质院机关新增设党群工作科，现有机关单位6个，基层单位8个。

2010年，地质院完成产值6284万元。其中，国内市场完成产值1980万元，国际市场完成产值4304万元，按照长城钻探公司调整考核因素，完成全年利润考核指标。全年地质院科技投入667万元，承担长城钻探公司级以上科研项目10项。全年完成投资379万元，主要用于购买计算机、工作站、便携式计算机等硬件设备和购买计算处理软件等。新增设备和已有的软、硬件设备，使地质研究院的技术手段和综合服务能力得到加强，满足工作需要。

【市场开发】 2010年，地质院以油藏地质研究为引领，突出稠油开发特色技术，在国内外市场开发中，开展技术推介与交流，以技术方案、设计、咨询拉动工程技术服务市场，工作范围分布苏丹、乍得、加拿大、哈萨克斯坦、叙利亚、伊拉克、阿曼、古巴、哥伦比亚、苏里格、喀什、永和气田等多个国家和地区。

一、国内市场

地质院为苏里格自营区块提供技术支持。在苏53区块开展水平井整体部署研究与应用，整体部署水平井122口，其中，优化部署水平井35口，已实施19口，建成产能6亿立方米；苏10区块开展水平井加密整体部署方案研究，部署加密水平井69口井，已实施8口井。同时，部署侧钻水平井5口，等待实施；苏11块开展丛式井跟踪部署调整实施研究，计划实施45口丛式井，已全部完钻，Ⅰ+Ⅱ类井钻井成功率达到92.9%。开展喀什北区块综合地质研究、井位部署及钻井地质跟踪研究，完成了3口井的钻井地质设计和现场地质跟踪服务，编制2口井的岩心图册。地质院为永和气田提供技术支持，编制永和气田10亿立方米产能初步开发方案，部署探井5口并完成了钻井地质设计。开展四川江油二郎庙油田稠油试采总包业务，完成2口井的常规冷采试油和蒸汽吞吐试采的现场试验。

二、国际市场

地质院国外服务市场主要包括苏丹6区及3/7区、乍得H区、哈萨克斯坦斋桑油田、加拿大SEAL油田等。苏丹6区稠油热采先导试验效果显著，累计完成注汽12口井，投产11口井。其中，2009年投产3口，2010年已投产8口，单井平均油气比4.0，平均日产油51吨，是常规冷采产量的3倍，最高单井日产油仍然保持在83吨。3/7区水平井进行8口井的现场地质跟踪导向服务，平均油层钻遇率89%，拉动长城钻探公司定向井技术服务市场，为苏丹市场技术转型提供支持。通过技术推介，成功中标3/7区GASAB油田开发调整方案编制和GUMRY油田开发调整方案，主要研究内容包括油藏地质再认识研究、剩余油分布规律研究、不同开发方式优化研究、井网井距合理部署研究，为下步油田开发调整提供技术支持。为苏丹1/2/4区综合调整项目提供技术咨询和技术支持，完成了BAMBOO油田稠油热采先导试验前期研究和选井、工艺设计。

地质院继乍得H区3个区块的研究项目后，获得大BAOBAB区块开发方案研究项目，保证市场的延续性，进一步扩大了在乍得市场的影响。地质院为哈萨克斯坦斋桑油田提供工程技术服务，完成S-7区块综合地质研究；S101井的钻井地质、钻井工程、注采工艺、地面工艺的设计研究，射孔井段优化；S14井的钻井地质和工程设计；并在S101井进行首轮蒸汽吞吐现场试验，取得一定效果。通过技术支持和技术推介，为长城钻探公司实现从方案、设计、钻录测、固井、钻井液到稠油热采技术支持、配套设备材料、现场服务的总承包打下坚实的基础。完成加拿大 seal 油田稠油开发可行性研究，开展技术交流，签署可行性研究技术服务合同，项目达成后续工程技术服务的初步意向。

【企业管理】 2010 年，地质院树立“持续改进管理程序，服务科研生产大局”的理念，加强基础工作，提高管理水平。加强财务管理工作，加强内控制度建设，夯实制度基础。细化会计核算，为经济决策提供详细的信息支持，加强沟通协作，增强预算管理的科学性。加强 ERP 系统上线工作，规范物资采购流程。规范了费用、招投标、合同、财务资金、工程建设等一系列管理流程，修订了相应的管理办法和规章制度，提高工作效率，有效堵塞管理漏洞。完善各项规章制度，制定《地质研究院预算管理办法》等规章制度 7 项，规范业务流程。

【素质提升工程】 2010 年，地质院以加速人才队伍培养，提高人才队伍素质为本，坚持开展请技术专家讲课、内部技术交流、签订师徒合同等活动，加快人才成长速度。截至 2010 年底，举办各类专业技术培训班 18 期，培训 239 人次；签订师徒合同 28 份。利用长城钻探公司培养国际人才的机会加强国际人才培训。学习国际项目运作、法律法规、国际交流等内容，以适应对目标市场的支持，组织员工参加外部培训 14 项，参训 32 人次。加快培养外语人才，选送专业能力强的人员进行外语进修，重点培养。加快各类处理软件使用人员的培养，先后举办 PETREL、CMG、SAPHIR、WELLWIRED、LANDMARK、JASION 和 ECLIPS 等软件培训班 5 期，培训员工 56 人次。为青年员工成长搭建平台，适当为青年员工压担子，让青年员工承担课题研究任务，同时，通过召开青年科技论文发布会、举办精品设计工程评比活动、举办青年英语演讲比赛等措施，充分调动青年员工投身科研工作的热情。

【科技创新】 2010 年，地质院坚持“服务目标市场，解决生产难题，提供技术支撑，助力长城钻探公司发展”的科研工作原则，以解决制约目标市场发展的技术瓶颈和生产难题为核心任务，充分发挥地质院的地质技术引领作用，稳定并逐步扩大现有市场，开拓新市场，为长城公司各项业务的发展壮大提供技术支撑。制定科研管理制度，编制地质院科研项目运行情况表，达到对科研项目进行及时、有效的了解、监督，确保科研项目能够按时高质量完成。

地质院共承担科技项目 10 项，其中，国家“十二五”重大科技项目 1 项，集团公司延续科技项目 1 项，局级科技项目 8 项。“苏丹 3/7 区块 Palogue 油田大型边底水高凝油油藏经济高效开发技术示范工程”为国家“十二五”重大科技项目，项目研究工作已于 7 月 20 日正式启动，地质院主要负责 Palogue 大型高凝油油田开采适用技术研究与示范，Palogue 油田水平井完井工艺技术研究与示范两项工作，中央财政投入 1000 万元。

【获奖情况】 2010 年，地质院获得局级以上科研成果奖励 8 项，已申报国家专利 7 项，在国家各级刊物上发表论文 25

篇。其中，“苏 53 区块水平井整体部署研究与先导试验”获长城钻探公司科技进步一等奖，“卡拉赞巴斯油田浅层稠油油藏开发效果评价及开发调整部署研究”获盘锦市科技进步一等奖。在长城钻探公司举办的重大科技成果和先进科技工作者评选活动中“苏 53 区块富集区水平井整体开发先导试验”被评为重大科技成果，“苏丹 6 区稠油蒸汽吞吐先导试验”被评为新技术推广应用成果，王旭、李昌绵 2 人被评为长城钻探公司优秀科技人才，张明瑜等 5 人被评为长城钻探公司先进科技工作者。成功举办首次院科技成果评审活动，有 24 项成果参加评审，“油藏数值模拟参数归一化新方法研究”等 9 项成果获奖。开展优秀科技工作者评选活动，朱世全等 10 人获奖。

【安全环保】 2010 年，地质院围绕长城钻探公司“质量安全环保基础年”活动，重点加快推进 HSE 体系建设，发布 HSE 体系文件 26 项，完成长城钻探公司对院 HSE 体系的工作目标。宣传推广落实《反违章禁令》，开展安全检查 8 次，组织安全培训 14 次。加强境外项目安全防恐工作，重点做好出国人员的安全教育，组织现场工作人员撤离政治局势不稳定地区。加强 HSE 风险管理，提高全员风险意识。加强应急管理，建立健全应急管理组织机构，制订可操作的应急预案，加强应急预案的培训，提高员工应急处置能力。

【精神文明建设】 2010 年，地质院根据基层单位人员现状和实际工作需要，调整完善基层党支部设置，调整后设 8 个党支部，其中，7 个独立党支部，1 个联合党支部。深入开展形势任务教育活动，加深员工对企业发展形势的认知和理解，统一思想、坚定信心，为保证全年工作任务的完成奠定思想基础。切实加强党风廉政建设，贯彻落实关于“三重一大”的相关规定，领导干部带头履行职责，坚持超前教育、预防为主的原则，扎实开展领导干部和重要岗位人员的党纪政纪教育，明确地质院领导班子党风廉政建设责任区，建立副科以上干部和重要岗位人员廉政档案制度，落实领导人员重大事项报告制度，推进惩防体系建设。开展各项群体活动，丰富职工业余文化。开展全员读书活动，购买百本图书，组织职工悦读。扎实开展扶贫帮困送温暖活动，走访慰问在海外和国内外部市场进行技术服务的员工家庭 32 户，慰问患病住院员工及家属 7 人，慰问家庭困难员工 2 人。为每名员工建立了健康档案；开展各种健康有益的文体活动。建立维权工作协调机制，及时表达员工群众的合理诉求。强化社会治安、维护稳定基础，通过开展社会治安宣传月活动、通报重大社会安全事项、加强员工社会安全教育等一系列活动，确保全年社会安全形势稳定。

（田大亮　郃袁美智）

测试公司

【基本情况】 2010年，测试公司（以下简称公司）按照“国内领先，国际一流”的发展战略，坚持科学发展观，各项工作取得良好业绩。公司是集海陆油气田勘探开发生产、技术服务于一体，以地层测试、地面油气分离计量、完井作业、酸化、连续油管作业、PVT取样分析、射孔、抽吸、防沙、堵水等为主打产品的专业化、国际化技术服务公司。作业基地已经拓展到苏丹、乍得、尼日尔、阿尔及利亚、伊拉克、伊朗、巴基斯坦、哈萨克斯坦、土库曼斯坦、乌兹别克斯坦等10个国家23个国外项目。截至2010年底，公司用工总量493人，其中，中方员工140人，外籍员工353人。公司机关19人，设5个科室。测试一线小队80支，其中，有DST队28支，地面队30支，试井队22支。

公司拥有固定资产原值4.90亿元，净值2.34亿元；设备新度系数0.47。拥有各类测试设备：5英寸、$3^7/_8$英寸和$3^3/_4$英寸APR及MFE工具，防硫三相分离器和除砂器，ZONEII防爆试井装备，15K PVT取样装置等共110台（套），为油气勘探开发提供硬件保障。

【市场开发】 2010年，公司制定“重点两伊市场、成熟市场转型、力争海上突破、开辟新兴市场、做好市场维护、完善基础工作”的市场工作指导方针，取得显著成绩。全年新签合同额8799万美元，完成全年考核指标6990万美元的126%。其中，扩容、增项实现合同额2016万美元；保值、增值伊朗勘探项目实现合同额665万美元；拓展业务范围苏丹项目实现合同额364万美元；与竞争对手合作阿尔及利亚项目实现合同额128万美元；开发新客户哈萨克斯坦项目实现合同额380万美元。

【科技创新】 2010年，公司按照集团公司和长城钻探公司科技总体规划，紧密围绕长城钻探公司“努力建设国际化石油工程技术总承包商”的发展思路，从技术创新、测试作业标准化、技术支持体系三方面入手，依托高温高压高盐高危井测试、完井作业、海上测试、移动测试技术、多相流量计计量等重点工程，实施“科技创新”和“整体提升”战略，取得丰硕成果。承担长城钻探公司局级科技项目“乌兹别克斯坦费尔甘纳盆地高温高压井测试技术研究”，通过对井下测试管柱优化设计和测试工具选择研究、井下测试工艺研究和配套工艺技术研究，完成乌兹别克斯坦费尔甘纳盆地的具有“高温、高压、超深”特性的吉达4井两个测试层的测试作业，获得甲方书面高度赞誉。同时，完成集团公司企业标准《高温高压井测试安全规范》的编写；完成24篇高温高压井测试论文，在长城钻探2011年论文发布会上发布；起草长城钻探企业标准《测试地面管线固定规范》；通过与西安石油学院、川庆钻探钻采院、石油大学（北京）的技术交流，建立井筒分析评价和测试管柱力学分析的初步思路。完成海上测试设备配套、移动地面测试系统配置方案、15 个测试作业 SOP 编制及发布，5 个项目配置远程控制系统，为现场技术问题的解决提供新的渠道。

公司局级科技项目“伊朗高含硫化氢井安全测试技术研究与应用”获长城钻探公司科技进步二等奖。

【质量安全环保】 2010 年，公司在长城钻探公司总部的领导下积极落实“有感领导、属地管理、直线责任”，实现全年无责任安全事故、无环境污染事故、无质量事故、无重大客户投诉的目标。

一、完善组织结构

公司年初完善组织结构，成立测试公司 QHSE 委员会。对 5 个科室明确 QHSE 职能，细化和分工 QHSE 管理工作。

二、完善和更新 QHSE 体系

通过 QHSE 委员会讨论，按照总部的要求，最后确定手册、程序文件、作业文件的体系框架。并完成 HSE 手册、26 个程序文件初稿的编写和三级文件转换初稿。

三、加强隐患统计分析工作

公司在 STOP 卡的推广应用的基础上，加强隐患的统计分析，每月通过 STOP 卡、险肇事件上报、各种专项检查，对发现的隐患进行统计和分析，进而制定管理层面的改进措施，通过这些措施的落实既完善 QHSE 管理体系，又提高全员参与的意识。

四、加大安全投入

公司加大隐患整改力度，根据排查出的隐患先后为伊拉克、伊朗、土库曼斯坦等高含硫作业地区购置补充正压呼吸器、硫化氢报警仪等硫化氢防护设施，为其他项目补充试井井口控制设备、消防设施、劳保用品、应急物资等，投入 500 万元加大硬件设施建设。

【企业改革】 2010 年，公司本着“领导放心、群众满意”的原则，树立大局观念，提高整体作战能力。以市场为龙头建立顾客至上，沟通互动的全员立体市场营销体系，针对发育程度不同的市场，采取有针对性的“增项扩容”和“保值增值”市场策略，使得成熟市场苏丹、伊朗，新市场伊拉克和哈萨克斯坦等都取得重大突破。以体系推进为契机，夯实基础、规范管理，提升质量、安全、健康、环保业绩，提升项目管理水平，确保年初制定的重点项目伊拉克绿洲、哈法亚、鲁麦拉、乌兹别克斯坦吉达 4 等顺利开展。其中，绿洲和吉达 4 项目获得甲方书面高度赞誉。

公司获得“用户满意企业”、HSE 管理先进单位、质量管理先进单位、市场开发与管理先进单位、市场开发与管理先进集体等多项荣誉。

【精神文明建设】 2010 年，公司党委深入学习、贯彻、落实上级党委的工作部署，加强领导班子建设和基层党组织建设，认真执行“三重一大”制度，加强职工队伍职业化建设，维护队伍稳定，构建和谐企业。建立以公司党委为核心，以行政领导、工会组织为主线，以党员、工会干部、行政干部为骨干（简称“一个核心、两条主线、三个骨干”）的、全方位、多层次思想政治工作网络体系。打造重视内控管理，团结有力、勤政廉洁的干部队伍。成立 5 个基层党支部。实现党建工作重心在基层，基础在基层，创新在基层，活动在基层的战略。深入开展“双培养”工作，实现技术骨干入党、党员成为技术骨干的战略。加强当地员工思想教育，构建和谐项目，形成共谋发展合力。培养当地工程师 57 人，占当地员工人数的 16%。

（曹永祥）

测井技术研究院

【基本情况】 测井技术研究院（以下简称测井院）前身是测井技术开发中心，主要从事世界高端测井技术装备研发工作。2009 年 5 月更名为测井技术研究院。根据公司业务发展要求，测井院明确自身发展定位，即总体实施以方法研究、系统设计、总装调试、产品制造、产业化推广为主要内容的一体化发展模式；从事油田技术服务的测井专业新技术、新方法的创新研究；推进公司测井技术装备产业化发展，打造公司国际技术品牌；开展油田服务测井、录井和测试专业国内外前沿科技信息的跟踪和研究工作，为公司建设国际化石油工程技术总承包商提供有力技术保障。

截至 2010 年底，测井院有在册员工 133 人。其中，博士研究生 12 人、硕士研究生 41 人、本科学历 48 人，占总人数的 75.9%；高级工程师 14 人、工程师 36 人，占总人数的 37.6%；长城钻探公司技术专家 2 人。测井院下设 9 个研究所（部），4 个职能科室。

【科技创新】 2010 年，测井院承担集团公司 LEAP800 测井系统研制与现场试验项目。承担北京科委项目 1 项——高精度成像测井地面平台、井下仪器研发及应用项目。承担长城钻探公司科技项目 3 项，包括 LEAP800 测井系统优化集成及现场规模应用、THCR−2 型过套管电阻率测井技术研究、油基钻井液电阻率成像测井仪器研发。其中，LEAP800 测井系统优化集成及现场规模应用包括 6 个子课题，分别为 LEAP800 测井平台优化和现场试验、成像仪器及特殊仪器集成、阵列感应测井仪器试验与优化、相控阵列声波仪器优化和现场试验、可控中子源补偿中子测井仪器研究和三维阵列感应测井仪器研发。

测井院的主要工作是以围绕 LEAP800 系统通过集团公司科技成果鉴定展开的。经过五年的持续攻关与反复试验，LEAP800 测井系统形成网络化、模块化和平台化等技术特点和优势，具有完全自主知识产权。基于离散多音频技术的高速电缆传输技术，使 7000 米七芯电缆传输速率达到每秒 1 兆字节，突破测井装备技术的通信瓶颈，为大数据量测井仪器的开发应用提供数据传输保障；基于以太网技术的井下仪器总线，实现计算机与井下仪器的直接互联、仪器动态挂接、远程操控、远程诊断和在线升级等功能；基于“.Net”的采集软件，采用分层结构设计，支持多语言、多单位制以及国际标准的数据和图文格式；网络化、模块化增强了测井仪器的组合能力和兼容性，实现仪器任意组合、软件自动识别、故障网络诊断、软件远程升级等功能。LEAP800系统能够迅速简单集成各类下井仪器的功能，能够提供常规、成像以及地层测试等多种测井技术服务，体现现代测井系统发展理念。

测井院自主研发的阵列感应测井仪，采用高保真电路、实时温度补偿、自适应井眼校正等技术，实现了高精度、高分辨率，动态范围达到0.2—2000欧姆米，技术指标优于国外同类仪器；相控阵列声波测井仪在长源距声波仪器的基础上，自主研发非对称隔声体和相控发射技术，提高有效声波发射功率，缩短仪器长度，提高稳定性，增加测量套后地层声波的功能，适应海外市场的需求。自主研发过套管电阻率仪，突破纳伏级弱信号采集处理技术难题，在100欧姆米到200欧姆米的高阻段，地层真电阻率的测量相对误差不超过0.1%，温度压力指标优于俄罗斯同类产品。

2010年11月18日，LEAP800-A测井系统顺利通过集团公司科技成果鉴定，技术鉴定委员会一致认为，LEAP800-A测井系统整体达到国际先进水平，其中，电缆传输技术、阵列感应仪器性能达到国际领先水平，具备进入国际市场作业的能力。2010年12月24日，集团公司召开物探测井新产品发布会，LEAP800-A测井系统受到与会领导和专家的高度评价。LEAP800-A测井系统完成106井次的工业化现场试验和10口商业井的测井作业，测量地层涵盖砂泥岩、碳酸盐岩、变质岩、火成岩等岩性剖面，涉及不同的井眼尺寸和钻井液密度，所取得的测井资料符合石油行业标准。测井院对国内多家测井仪器厂商进行调研，选定国内比较成熟的仪器并制订相应的集成技术方案，已经集成开发的仪器有交叉偶极子声波、微电阻率扫描等6种仪器。

三维阵列感应测井仪器研发项目被列为集团公司现场试验项目和国家重大专项课题。三维阵列感应技术属于世界最前沿的测井技术，贝克休斯、斯伦贝谢和哈里伯顿三大国际公司在该领域竞争激烈。完成三维阵列感应测井仪器的机械电子概念设计、0维和1维仪器响应信号的正演模拟计算，并完成仪器部分电子和机械图样的设计。

2010年，测井院“网络化高速井下仪器总线系统”获长城钻探公司科技进步一等奖。“基于网络化的LEAP800测井软件系统”获长城钻探公司科技进步二等奖。“LEAP800-A测井系统”、“过套管电阻率测井及解释技术”被长城钻探公司评为十大科技成果。申请并被受理4项发明专利、2项实用新型专利和1个软件著作权，正在申请专利40余项。

【产业化生产】 2010年，测井院针对产业化生产工作，在生产设施、技术规范、人力资源等方面做了很多准备工作。完成产业化车间建设，购买配置生产和调试用工具和部分自设备。招聘专门从事生产制造的工艺、电动机装配专业的技术人员，并开展相关技术培训，完成遥传伽马仪器的工艺指导书编写。同时，以原研发项目团队为基础，建立起产业化技术支持团队，实现研发和制造的有序衔接。测井院收集并申报 ERP 物料编码 1338 条，并进入采购流程。

【QHSE 体系建设】 2010 年，测井院强化 HSE 教育培训工作，全院科级以上人员都制订个人 HSE 行动计划，填写 STOP 卡 105 张。测井院领导组织并参与防御性驾驶、HSE 体系宣传贯彻、STOP 观察与沟通险肇事件、放射性源安全与防护、自救初级救护、5S for OFFICE、电气安全及消防安全教育培训 8 次。认真落实领导和属地管理责任，按照杜邦公司“直线领导”、“属地管理”的管理理念，确定每位测井院领导的安全责任区和定期巡查制度，落实每个工作区域的属地管理者和管理责任，每位员工针对安全问题制定个人岗位描述，明确自身岗位安全责任和职责范围，初步实现“各尽其职”的管理要求。“目视化”管理初见成效，以生产制造车间为代表的 HSE 标识，规范实用，体现以人为本的安全理念，为来访者和检查者留下深刻的印象，为以后产业化生产的安全管理奠定良好基础。

【精神文明建设】 测井院党委围绕长城钻探公司 2010 年工作要点，以邓小平理论和“三个代表”重要思想为指导，深入贯彻落实科学发展观，围绕建设国际化石油工程技术总承包商发展定位，以发挥好“四个作用”为目标，以“四好”班子、“六个一”党支部建设为重点，推进“力文化”建设，开展“四强、四优”创先争优活动，全面加强党的思想建设、组织建设、作风建设、制度建设、反腐倡廉建设，在传承中创新，在改进中加强，努力把党的政治优势转化为企业的发展优势，为公司科学发展、和谐发展提供坚强的政治保证。

一、开展创先争优活动

测井院制定以“两诺、两评、三联、三个最佳”为主要内容的实施办法。“两诺”活动指测井院党委、各党支部以服务中心工作为总体要求，做出公开承诺；广大党员签署承诺书，公开党员在创先争优活动中的责任与义务，充分发挥党员的模范先锋作用。“三联”活动指党委委员联系党支部、党支部联系各研究所和科室、党员联系所在项目和生产经营岗位，构建起服务基层、服务群众、服务技术创新的工作模式。“三最佳”活动指通过党员责任区、党员示范岗等相关活动，丰富活动内容，创新活动方式，提高活动效果，充分发挥党支部的战斗壁垒和党员们的先锋模范作用。通过争创阶段活动开展，基层党支部工作更具活力，增强广大党员干部的服务意识、创新意识。

二、开展建设学习型党组织活动

测井院按照长城钻探公司党委建设学习型党组织活动精神和要求，以树立优秀学习理念、优化知识结构、构建学习机制、推动公司发展为目标，开展各项学习活动。内容包括党的基本理论知识，廉洁文化教育，专业技能培训和技术交流，强化研究院内部跨专业、跨项目的学习交流机制，广大党员干部充分发挥自身专业优势，以自己实际行动影响带动周围群众，形成良好的学习风气。

三、加强干部队伍建设

测井院加强班子业务培训，认真落实党委的学习制度和要求；健全和完善班子议事和决策程序、班子内部情况通报、班子成员谈心等制度；定期召开民主生活会，做好党风廉政教育工作；党政领导严格按照“三重一大”集体决策制度，工作中互补互助，加强沟通和交流。积极创建优秀科研文化，在研发团队建设中，深刻领会“力文化”的理念，通过建立研发工程技术晋级体系来引导和激励员工，将自身发展与科研创新紧密结合在一起，提升团队创造力和凝聚力，推进项目研发进程。同时，在不同专业、不同项目之间形成了一种业务骨干带头、团队互帮互助、坦诚沟通、共克技术难关的良好风气。注重培养技术典型，发挥榜样作用。积极发挥工会、共青团（团总支）的等群团组织作用，因地制宜地开展形式多样的文体活动，增强团队凝聚力。参加长城钻探公司组织的各类群众活动，在长城钻探公司举办的英语演讲比赛、体育比赛中都获得良好成绩，增强全员集体责任感。

（胡静瑶）

解释研究中心

【基本情况】 2010年，解释研究中心（以下简称中心）按照长城钻探公司组织管理制度模式，中心北京总部负责管理和协调海外解释站人员和设备，提供生产技术支持。根据生产需要下设中亚、非洲、中东三个大区15个解释站。中心有员工93名，其中，中方员工为76名，当地员工17名。

2010年4月，成立中心HSE委员会，并于每季度召开一次HSE委员会。从8月开始学习公司HSE体系管理手册。9月完成内审不符合项整改情况汇报，并开始编写中心HSE管理手册。11月初基本完成管理手册的编写，开始在中心试运行。其中，主要完成和完善部门应急预案、中心办公区域安全管理细则、对解释站HSE考核细则的制定等工作。坚持安全大检查和多重职能的周例会制度等多种多样的安全活动形式，把HSE工作贯彻到中心的日常工作中。中心接受公司级HSE培训25人次。在中心举办HSE培训7次，内容主要是办公室安全和应急预案的宣传。总培训课时达4个多小时，培训210人次。

中心出台《解释研究中心北京总部日常管理规定》，《境外项目外派人员日常管理规定》，《解释研究中心论文发表管理规定》，《解释研究中心科研项目管理办法》等管理制度。完成国家科技重大专项子课题“非洲和中亚地区重点探区低电阻率油气层和碳酸盐岩储层录井技术研究”。“PDOC 沉积相及岩性圈闭研究”是中心在国际市场上获得的第一个地震构造研究课题。

【党群工作】 2010 年 9 月，中心组建综合、苏丹、中东和哈萨克斯坦4个党支部。党委班子成员带头交流沟通，了解员工的思想动态和情绪，特别是长期在海外工作的员工回国后，党委委员都要亲自谈话沟通，了解他们的工作、业务学习、身体状态、家庭困难和思想情绪，并有针对性地进行解释和疏导。关注他们的健康情况，并与上级工会联系，安排员工尤其海外工程师及时查体。针对中心的工作性质，在北京总部和海外各个解释站开展体育活动，以提高大家的工作效率。首次在中心开展“安心工程”活动,建立由在京人员与海外工作人员“一对一”的跟踪服务体系；办公室为回家休假人员预定车票；中心领导重大节日慰问坚持在海外工作岗位人员及家属；建立情感沟通平台，党政领导对海外回来员工进行交流沟通。通过构建多层次、立体化的组织架构和工作格局，使“安心工程”活动从组织、资源和制度上得到保障。

中心党委和工会将长城钻探公司的企业文化向员工宣传，并针对有众多解释站设立在海外，条件相对艰苦、人员分散，与国内沟通和交流比较局限的情况，特为每个海外解释站送去企业文化宣传材料，包括《企业文化》光盘、《员工行为规范》光盘、《企业文化建设推进会汇报演出》光盘、《石油魂——大庆精神铁人精神宣讲报告会》光盘、《企业文化手册》、《员工手册》和《长城榜样》等。

【市场营销】 2010 年，中心参与市场开发和投标工作，参加招投标 37 次，签订合同或者顺延合同 15 份。中心在在苏丹作业区持续做出大量的技术支持工作，井地电位成像监测技术在苏丹客户 GNPOC 获得应用许可。哈萨克斯坦产值相比 2009 年有一定幅度的增加，伊拉克市场工作量增幅比较大。中心在市场培育和技术支持方面做大量技术支持工作，主要包括套管井电阻率技术推广，基底储层地震预测和评价项目推介等。

【技术发展】 2010 年，中心完善储层评价综合研究技术。尼日尔测井储层评价综合研究技术是利用皮克特交汇图技术对该区地层水变化规律的研究，解决由于天然水淹且 SP 原始资料不理想的情况下油气水识别困难的问题。录井技术通过对常规气测录井资料的认识和解析分析评价油藏流体性质；基于常规荧光录井资料设计海外常规荧光录井资料定量处理方法，生成综合指数 GEOFI；基于气测录井全烃数据，定义全烃变化率 DTGG 和 DTGA 用于显示变化幅度；将录井指数和测井参数电阻率一起进行交会图分析，能够识别低阻油气层的存在，提高油气层解释符合率。测试技术，在油藏概念的基础上，完成了绿洲项目测试资料综合评价工作。关于单项技术，中心在阵列声波应用中，要求对适合这项测井技术应用的地区充分挖掘其解决地质问题的能力，在为客户解决地质问题的同时，获得更多的作业量。

中心推广具有自主知识产权的数据库软件和综合测井解释软件，扩大数据服务的范围，加强竞争的实力，增强中心在国际市场上的竞争能力。2010年底的技术交流会，中心征稿38篇，大会交流19篇，其中，有关测井解释技术13篇，测试解释技术3篇，录井解释技术2篇，有关地震资料综合评价1篇。

【原始资料质量监控】 2010年，中心评价各类原始资料1932井次，其中，常规测井资料606井次，测试资料178层，录井资料163井次，VSP资料17口，固井资料530井次。

（杜旭东）

工程服务公司

【基本情况】 2010年7月15日，工程服务公司（以下简称公司）完成独立注册。公司前身是原中油测井技术服务有限责任公司（CNLC）下属的东部服务中心（简称东部），始建于2004年10月，是CNLC适应海外测录试业务整合后快速发展需要，为提升对海外业务后勤支持保障和专业化服务能力，同时配合机构调整和解决历史遗留问题成立的实体性管理部门。2008年1月21日，随中油测井北京公司整建制并入长城钻探公司。2010年5月8日，长城钻探公司宣布内部重组方案，东部服务中心作为长城钻探所属二级单位，由费用型单位转向生产经营单位，作为长城钻探完善产业链的重要补充，赋予开展基建与井筒技术服务、装备制造、油田化工助剂、金属预制、贸易及综合服务等业务。为加快发展井筒工程技术服务业务，2010年7月22日长城钻探成立长庆工程技术项目部，隶属于工程服务公司。

截至2010年12月底，公司在册员工105人，其中，合同化员工80人，市场化员工3人，劳务用工22人。在册员工具有大专以上学历的82人，其中，研究生12人，博士和在读博士生3人，具有高级职称的15人，中级职称38人。党政领导班子成员6人。公司下设14个机关科室（含长庆工程技术项目部5个科室），7个生产部门。

公司主营业务产值3.21亿元，实现考核利润1021万元，全面超额完成长城钻探公司考核指标。其中，基建及油气井工程技术服务累计产值2.64亿元，完成苏53−2号集气站、苏11−2号集气阀组等建站工作。完成107.3千米的采气管线焊接任务，架设10千伏电力线6.2千米、修筑道路38千米以及15口水平井、40口单井的井口工艺安装等实物工作量；装备制造项目完成测井、测试生产作业设备及物资配备累计200项，完成1台LEAP800测井仪器大车内饰工程、1台试井车、2台试井橇等；组织生产营房420栋，完成70DB型钻井液固控系统2套、XJ650型修井机5套，各类油、水罐计101套，产值3477万元；化工助剂项目完成1615万元的化工助剂生产销售；综合服务业务完成 604 万元。

【企业管理】

一、制度建设

2010 年，作为工程服务公司发展基础年，根据企业转轨变型独立运营的实际，加强内部基础管理，以建章立制、落实责任、强化绩效考核为主线，强力推行“运营规范化、行为制度化、标准模板化”，梳理 111 份公司级管理办法及规章制度，整理 34 份相关国家行业标准，基本奠定公司规章制度体系框架，“制度管人、流程管事”的理念逐步确立。

二、市场布局

公司准确把握定位，牢记肩负的使命和责任，充分依托长城钻探搭建的基建业务输出平台、化工助剂平台、装备制造平台，初步形成以油田基建、化工助剂、装备制造业务为主，以油气井工程技术服务、综合服务业务为重要支撑的多元化发展格局。

三、财务管理

全面开展会计核算、资金管理、预算管理、档案管理等规范化管理工作，初步建立适应公司经营特点和管理需要的财务核算管理体系；加强内控体系建设，提高资金安全风险防范水平；完成 ERP 财务信息初始化准备工作，深入调研，积极做好税收筹划和结算工作。

四、企业文化建设

注重企业文化建设，在业务发展实践中凝练具有特色的企业文化。坚持“高效优质服务，创新多元发展”的发展理念，秉承“资源共享，互利双赢，合作发展”的价值取向，赢得用户与业务合作单位的认同；公司内部坚持以人为本，创建和谐，维护稳定，注重调动和发挥每一位员工的积极性，让每一位员工都能在各自岗位实现自身价值；领导干部廉政建设、廉洁从业规定有效落实；忠诚、无畏、奋斗的团队精神得到很好的诠释和发扬，成为促进公司各项业务发展的强大精神动力。

【主要措施和成果】

一、完成企业注册

2010 年 7 月 15 日，完成企业注册、工商登记、税务登记、银行开户等全部法定程序，具备独立生产经营活动的合法条件。

二、获得基建业务资质

2010 年 7 月 21 日，获得 5 项基建业务资质，其中，化工石油工程施工总承包二级，房屋建筑工程施工总承包三级，防腐保温工程专业承包三级，送变电工程专业承包三级和化工石油设备管道安装工程专业承包三级，为整体业务发展打下坚实基础。

三、启动重点产品 API 认证

公司加快实现装备制造产品进入国际市场，组织启动五大类产品（API Spec 5CT 隔热管、API Spec 6A 井口装置和采油树、API Spec 6D 管线阀门、API Spec 11AX 抽油泵、API Spec 11E 抽油机）的 API 认证工作，得到美国石油协会的回复，正式递交认证申请，预计 2011 年 8 月份通过认证。取得 API 认证将为上述产品走向国际市场创造有利条件。

【质量安全环保】 2010 年，公司严格执行 HSE 管理体系标准，全年生产过程中无安全责任事故发生，无环境污染事故发生，无职业健康事故事件发生，圆满完成年初制定的目标和指标。

一、HSE 管理

（一）落实安全生产责任。

公司全面贯彻落实 2010 年的安全生产工作计划，2010 年 HSE 考核与奖惩办法及安全、环保风险抵押金实施办法。执行风险抵押金制度，建立健全安全目标指标控制主体责任保障体系，以签订责任状的方式，对基层单位、机关科室下达安全生产环境保护控制指标，从严落实安全生产责任。

（二）践行有感领导，消除井控隐患。

公司各级领导干部自觉践行有感领导，带头开展“四个一”活动。长庆市场基建施工和作业施工的安全管理，从井控、交通、消防、用电等安全环保方面进行重点防范，开展井控演练 31 次，查找井控隐患问题 15 项，及时消除作业施工中井控隐患。

（三）加强监督检查，保证安全生产。

2010 年，严格现场作业“两书一表”制度，加大监督检查和隐患排查力度。全年组织综合性检查 4 次，专业性检查 3 次，尤其是进入冬季以来，对苏里格前方基地进行节前专项检查，检查存在用电消防安全隐患问题 5 项，截至 12 月 26 日，隐患问题全部进行整改，加装使用天然气危险场所报警切断装置。

（四）加强安全宣传教育和培训工作。

公司每周召开生产会，例会前进行 HSE 经验分享，对安全环保和质量工作进行形势分析，解决生产领域存在的实际问题，属地管理、直线责任得到落实；加强节日期间防火防盗、燃放烟花爆竹以及车辆交通安全三项重点工作，对值班人员进行教育，并做出要求，提高公司员工安全意识和 HSE 职责，确保节日期间公司安全形势稳定。根据公司业务特点，分岗位、分级别进行不同需求的 HSE 体系培训、相关知识培训和特殊工种岗前培训，全年完成培训取证 4 种共 90 个，其中，修井机操作证 8 个，柴油机操作证 8 个，井控培训证 39 个，HSE 培训证 35 个，基建项目所有电焊工均持证上岗。

二、质量管理

（一）制定标准。

公司全面贯彻落实 2010 年质量工作计划，制定相关技术标准，修订并建立各个基层单位管理制度 19 个，收集并梳理各行业相关的国标、企标、行标 201 个。通过 ISO 9001:2008 质量体系认证。

（二）强化计量器具监管。

2010 年，公司完善计量器具的分级分类管理，科学合理确定非强检器具的检定 / 校准周期，下发《计量器具周期检定计划》。搞好监视和测量装置的管理，严格计量器具选型、检定和监控，为产品符合规定的要求提供证据。加强检验室的管理，对文印制作与广告项目、固井外加剂项目等指定检验地点进行现场严格管理。

（三）加强采购物资质量监督。

公司对供应商的管理，按照“控制总量、提高质量、优胜劣汰”的动态管理原则，及时清理不符合要求的供应商，建立供应商市场准入、考核管理档案。苏里格地区实行领料现场监督，不定期派项目部的质量检验人员到中转站进行抽检，防止不合格品进入施工现场。材料进入施工现场后，由施工机组材料员、质检员负责对材料进行验收。公司物管部门对购进的15种20批次进货物资进行抽检，合格率100%，确保采购物资产品质量。

三、基础管理建设

2010年，公司贯彻落实长城钻探公司基础管理〔2010〕1号文件精神，成立基础管理建设工程领导小组，将工程服务公司基础管理建设工作，按照分工负责、突出重点、过程控制、长效运行的原则，制订出年度重点工作计划。实施过程中本着追求“工程质量零事故，服务质量零投诉，产品质量零缺陷”的目标，完成计划中的各项指标。苏里格基建工程项目施工过程中，严格按照公司要求进行过程控制，按照操作规程进行施工，创优质工程。各类管件仪表、取源部件组装对号准确率98%，管线现场焊接一次合格率98%以上，管道补口补伤一次合格率99%，设备、阀门安装就位正确率100%，站外管线投产、试压一次成功，站外建筑物、构筑物施工验收一次合格，管道埋深一次合格率100%。对甲方监理的意见和建议，项目部及时进行收集整理，安排有关部门和人员认真进行整改和落实，将信息反馈给监理区段，建立良好的信息反馈渠道，与业主进行信息交流，持续改进，做到事事有落实，一事一反馈。

【精神文明建设】

一、党建工作

2010年，公司党委认真贯彻长城钻探公司党委指示精神和党委工作计划，以党的十七大精神为指导，根据长城钻探公司赋予公司新的发展定位，以“传承、创新、超越”形势任务教育作为重点，深入开展学习实践科学发展观活动，紧紧围绕公司转轨变型，以新增业务发展为重点，扩大传统项目，加强党的自身建设。

公司围绕中心服务大局，切实发挥党委政治核心作用。按照长城钻探公司党委的工作部署，制定党委工作要点，坚持党委中心组学习制度，加强党委自身建设和领导班子建设，引领企业发展和驾驭复杂局面的能力不断提高。建立健全基层党组织，夯实“三基”工作。以创建“四好班子”为目标，着力提升基层基础工作水平。根据业务发展实际，建立健全基层党支部，各基层支部紧紧围绕本单位、本部门业务发展和实际工作，开展争创“先进党支部”活动，基层党组织战斗堡垒作用和党员先锋模范作用得到充分发挥。以“传承、创新、超越”等主题教育活动为载体，针对开拓市场、降本增效、安全生产等重点难点工作，组织开展形势任务教育活动，深化主题教育活动内容，增强广大干部员工的责任感和使命感。加强干部队伍建设，用大庆精神铁人精神育人筑魂。紧密围绕公司业务发展要求，结合干部队伍实际，通过开展大庆精神铁人精神再学习、再教育等活动。落实企业“三重一大”决策准则，企业重要经营活动规范运行。

二、创先争优活动

公司“创先争优”活动宣传工作深入扎实。公司党委要求各支部拓宽宣传思路，创新学习方式，结合长城钻探公司开展的“组织观念、组织原则、组织纪律”学习教育活动的通知精神，组织副科级以上领导干部召开学习座谈会，就“组织观念、组织原则、组织纪律”展开学习座谈。以“传承、创新、超越”主题教育活动为主线，公司党委在全公司范围内开展一次“大庆精神、铁人精神”再学习、再教育活动。

公司创先争优活动取得明显成效。全年生产运行有序推进，企业生产组织运营管理体系基本确立，全年实现安全生产无事故。新增业务布局全面铺开，并取得良好成绩。其中，基建业务在苏里格区块全年完成产值近亿元，创基建施工质量全优，完成焊接管线焊接10万米，创12000个焊点仅出现5个焊点有问题的历史纪录，合格率达到99.95%。集气站工程质量在苏里格项目部、生产协调处、规划计划处组织验收中赢得好评。

三、工团活动

公司推进工团组织建设，组织职工参加公司棋牌比赛、游泳比赛和拔河比赛，在拔河比赛中取得长城钻探公司第一名。2010年1月，长城钻探公司组织开展扶贫帮困活动，公司67人参加了活动，捐款17550万元。

四、维稳工作

2010年，公司在新增业务布局、岗位调整过程中充分考虑员工个人实际和特长，适当调整安排岗位工作；主要领导通过经常性与员工谈心等缓解职工心理压力，促进员工队伍积极向上。针对工程服务公司女工比例较高的特点，成立“女工周末学校”，并组织开展英语培训、礼仪讲座、有效沟通等活动，深受广大女工欢迎。组织“安心工程”，成立“安心工程”领导小组，建立起信息平台并落实相关责任，搭建了扶贫帮困平台，完善帮扶工作长效机制，推进帮扶工作日常化、制度化、规范化。公司职工王子亮因车祸受重伤住院，自费巨额的医疗费，公司工会第一时间给予慰问，帮助其渡过难关。建立情感沟通平台，针对女职工丈夫多在海外工作的特点，利用网络等现代通信方式组织女职工给在海外工作的丈夫写平安家信。围绕做好“5件暖心事”主题，公司做好一线职工倒班休假的亲情关怀；做好外出作业期间的日常感情沟通，确保前线员工情绪稳定；做好重大节假日外出施工员工家庭走访慰问工作；认真按照上级规定做好职工疗养和健康体检工作；按照长城钻探公司统一规划和部署，改善工程服务公司一线员工生活环境，增强员工凝聚力和向心力。

（杨凤玉　丛华滋）

对外合作项目部

【基本情况】 长城钻探公司为加强和规范国内反承包业务管理，巩固和发展长期以来反承包市场取得的成果，统一资源配置，打造统一品牌，于2009年9月组建对外合作项目部。截至2010年12月，对外合作项目部（以下简称项目部）有员工41人，其中，合同化员工40人，市场化用工1人。具有高级专业技术职称4人，中级专业技术职称15人，初级技术职称7人。托管队伍5个，用工总量290人。项目部组织机构包括机关、3个一线项目部，其中，机关设2个职能部门（即市场经营部和QHSE部），一线有3个项目部，辖管5支钻井队。其中，陕西榆林地区1个项目部下辖2支钻井队（70136队、70166队），新疆乌恰地区1个项目部下辖2支钻井队（70039队、70131队），四川隆昌地区1个项目部下辖1支钻井队。

2010年，项目部开井3口，交井5口，钻井进尺34161米，其中，双分支水平井4口，水平进尺13335米。

【主要措施和成果】 项目部围绕长城钻探公司做好市场开发的主线，巩固现有工作量，集中优势资源向高端市场进军，将成熟的技术和业务"复制"到其他项目，逐步扩大业务领域，实现市场增容扩项。

2010年10月份，壳牌与中国石油合同签订后，项目部通过高层会务与沟通，加深双方的了解。由于精心准备，最终以技术标第一及超出竞争对手30%的报价成功中标钻井、录井、取心、欠平衡等多个专业的服务合同，实现签约合同额3.75亿元，合同期为3+3年。项目进入开发期（18个月）后，预计动用25部钻机。

项目部执行精准HSE管理模式，坚持属地管理，落实直线责任，把健康、安全、环保作为项目运作的首要原则；深入贯彻落实公司安全环保责任制，规范操作规程，使安全理念深入人心；加大安全教育培训力度，提高员工素质，真正实现"我要安全"的自觉意识；以人为本，亲情服务，让安全生产成为员工的自觉行为。2010年10月，长北项目部所属的2支钻井队都实现了LTI（安全生产无伤害）4周年，创下了壳牌亚太安全生产新纪录。10月8日，壳牌大中华区主席林浩光先生亲自为公司颁发"安全生产特殊贡献奖"奖牌。项目部依靠技术优势，引领高端市场，用"增效、提速"为业主服务，用先进的技术和超前的理念实现甲乙双方真正的共赢。壳牌长北项目持续实施精品工程战略，在技术上，经过多方反复论证最终达成共识，钻穿在水平段易造成垮塌、卡钻等复杂情况的碳子泥岩层，减少水平段调层、侧钻频次，提高工作效率30%以上。CB8-1井创造区块钻井周期最短，钻井速度最快、水平段最长 3 项新纪录，创下长北口井日产气最高纪录。针对长北日费偏低、钻具事故及新疆合同等具体问题，项目部多次不厌其烦地与甲方进行沟通交流，绝大部分取得较好的效果，个别项目还获得补偿。

新疆喀什北项目是项目部实施总包战略以来的一次成功尝试，在钻井提速、安全优质服务上均有所突破。阿克 101 井、阿克 5 井（井深 3421、3670 米、四开、盐膏层）建井周期分别比计划缩短 29 天、79 天，创区块钻完井周期最短、单只 PDC 钻头进尺最长、机械钻速最快 3 项新纪录。比区块最快的邻井 AK4 井（川庆施工 3550 米、四开、盐膏层）快 59 天，得到甲方的高度评价。

项目部强化机关部门、前线项目部的作用，加强托管队伍管理，促进团队和谐发展。机构设置充分体现长城钻探公司组织机构扁平化的指导思路，突出市场和项目管理职能，各级领导靠前指挥，充分发挥机关与各地区项目部联动效应，最大限度地利用资源，彰显团队的凝聚力和战斗力。项目部把重点工作放在项目部规章、制度的修订与完善，尤其着重发挥业绩考核经济杠杆的作用均取得较好的效果。彰显“小机关大服务”的工作效率。

【科技创新】 2010 年，加强技术管理工作，完善技术管理制度。制定技术管理规定和制度，如喀什北区块施工指南，加强三大质量管理，树立质量是反承包市场宗旨，全年井身质量、固井质量合格、取心质量达到甲方要求；抓好事故预防、认清事故是效益拦路虎，强化事故预防管理和重点井施工预案落实；强化科技项目再生产的应用，如垂直钻井技术、承压堵漏技术、个性化 PDC 的应用技术、岩膏层钻井技术等，从喀什北所有完成井比较，项目部施工的 2 口井速度最快质量最好，比最快的井快 59 天和 26 天。长北项目的 CB8-1 井，总进尺 8230 米，双分支水平段均超过 2000 米，其中，第一分支水平段长 2129 米，钻井周期 121 天，创区块钻井周期最短，钻井速度最快、水平段最长 3 项新纪录。

【工程建设】 2010 年，项目部钻井队伍数量比成立之初增加 1 支，成功开辟壳牌四川市场，并在年内实现 5 部钻机的施工规模。全年开井 3 口，交井 5 口，钻井进尺 34161 米，其中，双分支水平井 4 口，水平进尺 13335 米。

【安全生产】 2010 年，项目部的安全工作以深入贯彻落实科学发展观为指导，坚持“环保优先、安全第一、质量至上、以人为本”的方针，以“HSE 管理九项原则”为统领，以 HSE 为抓手、防控重点、加强基层、落实有效管理制度、基层减负的安全工作思路和“33335”HSE 建设思路，按照属地—直线—协管部门安全责任划分、“3ABC”法管理交通安全等安全生产观点，抓好安全生产工作。杜绝工业生产亡人事故、井喷失控事故、环境污染事故和交通亡人事故，实现了安全环保形势的稳定。

2010 年 10 月 3 日，项目部 70136 队和 70166 队连续 4 年获得“安全生产无事故”管理奖牌。6 月，喀什北项目在接受塔里木体系推进审核中，受到塔里木安全环保部门的高度评价："长城钻探的队伍要比其他勘探公司 HSE 管理要提前 2 年以上的水平"。

一、有感领导处处体现

项目部各级领导以身作则，以多种形式按计划开展 HSE 宣讲，主动参加 HSE 培训，制订并落实个人行动计划，带头开展"四个一"活动。组织科技级干部以上个人安全行动计划的辅导和 HSE 知识的培训。机关干部开展"四个一"活动 21 次，形成上下联动、整体推进的良好氛围。

二、规范直线职能责任

项目部将 HSE 管理目标和责任层层分解，坚持线性管理结构，逐级安排，每个人只对一个上级负责；分清行政和 HSE 管理人员的职责，逐级分解目标和指标；逐级修订岗位职责；建立逐级验收、审核机制；建立违章责任逐级追究制度；将承包商纳入 HSE 管理结构；逐级开展绩效考核。

三、加强安全环保监管

项目部实施《HSE 风险抵押金评价激励办法》，充分调动各级领导做好 HSE 工作的积极性，履行直线责任。各项目组定期召开 HSE 委员会会议和 HSE 形势分析会，研究解决系统 HSE 问题，制订方案和措施。在优先保障 HSE 的条件下，从事各个项目招标启动和生产经营活动，各级领导自觉执行"HSE 管理九项原则"意识逐步显现，HSE 行为得到规范。

四、强化《反违章禁令》的执行

项目部实施属地管理，明晰属地划分"两个 100%"和危险点源，重点要害部位实现"多次覆盖"，并强化属地管理的检查、审核。把属地管理与 STOP 卡等管理方法有机结合，员工在属地管理中识别违反禁令行为，填写 STOP 卡 1200 余张，提高全员风险意识。加大现场监督检查和夜查力度，狠查反违章行为，并通过"违章积分台账"和"曝光台"如实对违章行为进行记录并曝光。在日常监督检查中，发现各类问题 66 个。

五、严格绩效考核

项目部每月对所属单位进行评估审核，摸清 HSE 管理的现状，将评估的现状纳入本月的绩效考核中，并对各单位的评估情况以通报形势下发各单位。各地区项目部规范本单位的日常考核、月度考核、季度考核程序，把日常考核指标占 70%，月考和季考占 30% 的比例，与每月兑现相挂钩，以实现绩效驱动。井队每周都要对班组属地管理责任制落实情况进行检查考核，实行周考核月兑现，奖优罚劣。按照长城钻探公司《基层单位 HSE 管理否定、肯定、提升实施办法》每半年选出本单位的"HSE 星级班组"，并向公司推荐。

六、开展常规的安全生产教育培训

项目部利用远程网络、HSE 培训班等途径，使班组长和优秀基层员工培养专职 HSE 培训员，逐渐独立担负起 HSE 体系培训任务。加强井控培训、应急培训，做好现场培训，广泛开展岗位练兵活动。各项目部、基层队建立了学习考勤、考试、奖惩制度，并为每名员工建立培训档案，并由项目部和基层队的 HSE 主管负责考评。在开展"八个学"的基础上，每月组织一次 HSE、井控、现场操作规程等知识的考试，项目部还通过随机抽考井队干部的方式，了解对相关知识的掌握情况，对成绩优异的员工进行奖励。

【企业管理】 2010年，项目部下发《对外合作项目部2010年安全生产工作计划》、《对外合作项目部井控管理实施细则》、《对外合作项目部物资管理办法》、《对外合作项目部设备管理办法》、《对外合作项目部特种设备管理办法》、《对外合作项目部车辆修理管理规定》。项目部对3个一线项目部实行利润承包。对机关实行科室费用总承包，复合考核差旅费、办公费、材料费、运费、水电费和电话费单项指标。根据长城钻探公司的发展定位和工作目标，结合项目部组织结构和市场情境变化，基本工资部分依据员工出勤按月发放，不参与经营考核，效益奖金部分实行综合绩效与单位所承担的工作目标、业绩挂钩考核。效益奖金分为基础奖、激励奖、超额利润三部分。

【精神文明建设】 项目部加强基础建设，坚持以人为本，提升队伍凝聚力。改良硬件环境，提升职工生活标准。对家在外地的大中专毕业生和机关人员，就近在单位周围租用公寓，解决无房职工的居住问题，并为机关人员统一购买健身卡、电影票，满足了职工精神文化的需求。按照甲方的要求，配置了高标准的野营房，更新钻井队的炊灶具和生活用品。实施人性化工程，保障职工身心健康。开展“送温暖工程”，实行外部市场职工定期轮流休假和探亲制度，坚持定期体检、送健康到一线，保证职工的职业健康。班子成员坚持定期深入一线施工现场慰问和调研，坚持节日慰问一线职工，培育职工的团队意识和企业归属感，调动职工投身企业、奉献企业的积极性。

（王　雷　张彦广）

苏丹项目部

【基本情况】 截至2010年底，苏丹项目部（以下简称项目部）拥有34支作业队伍，用工总数725人，其中，苏丹当地雇员548人，中方员工177人。项目部业务范围从传统的钻修井和钻井液业务拓展到包括油藏研究、水平井、定向井、稠油热采、侧钻、气举、机修、取心、找堵水、防砂、综合技术支持、人员培训等从油藏研究到开采几乎全产业链业务。市场转型后，新签续签合同额持续增长。2010年新签续签合同额9500万美元，超预算指标的16%，同比增长12个百分点。

【安全生产】 2010年，项目部HSE体系建设得到全面推进，属地责任，直线责任和有感领导得到落实；井控、交通管理等重点工作得到全面加强；完善安全防恐体系。百万工时事故率（LTIF）控制在2.0以内，未发生重大伤害事故、井喷事故、交通事故和着火事故等，完成与长城钻探公司签订的 HSE 目标责任书中所规定的指标和目标。荣获 2009—2010 年度公司 HSE 管理先进单位荣誉称号。

【市场转型】

一、推进观念和形象的转变

2010 年，项目部继续与三大联合公司以及苏丹国家石油公司、石油局等进行广泛技术交流，采取“走出去，请进来”等务实策略，推介和展示我们综合技术服务能力和国际化工程技术总承包商的“新长城”概念。项目部配合工程技术研究院、地质研究院、国际钻修公司等专家先后在苏丹各个甲方和政府部门，进行各种技术推介和专题介绍 30 多次，业务涵盖水平井、侧钻井、稠油热采、防砂堵水等范畴；促成甲方高级管理及技术人员到中国进行考察访问，邀请和接待多个甲方业务部门主管参观总部和辽河油区，推介国内成熟的油田开发技术和成套的工艺技术，推介稠油开发技术。

二、推进市场开发实质性转型

（一）发挥特色技术优势，向提高单井产量服务转型。

项目部在 6 区顺利完成 11 口井，生产原油 55 万桶，增产 40 万桶。合同扩展增加泵、阀、抽油机采购安装等服务，形成稠油系列化服务技术。2010 年上半年，1/2/4 区甲方主动提出 Bamboo 热采先导试验的要求，结合 Bamboo 稠油区块的特殊性，项目部配合甲方对地质情况进行研究，借鉴 6 区 FNE 稠油热采的成功经验，为 Bamboo 地区选出 2 口先导试验井并提供可行性方案。MC 会议已经通过在 Bamboo 地区进行稠油热采项目，已有 12 口井工作量。经过谈判，TC 已经从中国动迁 1 套设备的技术及价格方案。

（二）发挥公司核心技术优势，向提供高技术含量服务转型。

2010 年，项目部顺利完成 37 区 1+1 年合同延期，保证水平井项目的后续合同。成功获得与斯伦贝谢分标 6 区定向井和水平井的合同。项目部拿到 6 区钻井液服务延期 1 年合同和 3/7 区钻井液服务 2 年期延期合同，合同额 3000 万美元。

（三）发挥公司综合技术优势，向提供开发生产技术服务转型。

2010 年 10 月，项目部将找堵水、防砂项目引入苏丹市场，在 3/7 区成功议标 3 口井防砂、2 口找堵水小型服务项目，利用大港在完井、砾石防砂、找堵水等方面的优势，推动 6 区、1/2/4 区砾石防砂项目；并将技术支持项目引入苏丹市场，签订 3/7 区 GASSAB 稠油油田开发调整方案设计合同，完成 1/2/4 区技术服务支持项技术标评标工作；推进侧钻项目，结合老油田的需求，把套管开窗、测钻等技术适时推向苏丹市场，为老井复产发挥潜在的技术优势，苏丹 6 区中标 2 口小井眼侧钻井；开拓气举技术服务市场，利用土哈气举技术优势，与吐哈联合参与 6 区 Jack South 及 Keyi 2 个区块气举人员服务和气举工具 2 个项目投标。

三、巩固和拓展市场空间

（一）与苏丹当地石油公司开展合作。

2010 年，项目部与苏丹国家石油公司签订合作备忘录，双方初步达成在稠油田开发等 7 个领域进行全方位合作的意向。项目部按照长城钻探公司的安排，由项目部内部组织的谈判小组与 Sudapet 进行五轮谈判，在 EOR 合资公司的业务范围、注册地点、资金回收、6 区现有设备处理等方面达成初步共识。项目部与苏丹国家石油公司签订叙利亚项目合作协议。

（二）建立广泛的技术合作平台。

2010 年，项目部与安东、大港、吐哈等建立合作伙伴关系，向 PDOC 和 Petro−Energy 推介砾石填充防砂项目，在 6 区中标一口井。项目部吸取吐哈工程院气举技术和经验，完善总承包产业链，与吐哈签订合作投标协议，双方共同参与 6 区 Jack South 和 Keyi 2 个区块进行气举人员服务和气举材料采购标投标并已中标。

【生产支持和保障】

一、后勤保障

2010 年，项目部物资、设备采购计划申报和招投标管理实行程序化、模板化管理，不仅审批程序更加规范，更加严格，报批更加快捷，更加简单；逐步完成库房标准化建设，项目部在喀土穆建立中心库，并实行标准化库房管理；物资统管统购实行“三级管理”、“两级核算”、“以耗代消”；项目部规范月报，实行“双填双认”，编制实用新型的《苏丹项目部后勤保障月度汇总报表》，每月底分别由后勤保障部和作业队填写，双方互相确认，最后交财务部核算各队成本；推进 ERP 物资系统上线工作，安排专业人员在国内参加统一培训，8 月完成 9 修、2 钻 3698 万元的材料库存 ERP 网上信息系统的基础数据录入工作，对中心库物资重新清理，补全中心库 600 余项无物资编码的 ERP 基础数据，并作为海外项目第一家通过 ERP 系统成功地完成第一单电子请购业务。

二、设备管理

（一）培养高素质机械师、电气师。

项目部培养高素质机械师、电气师，提高作业队现场设备维修保养能力。项目部加强机械师、电气师设备管理培训工作，培训形式以自培、互培为主，外培为辅。自学掌握本队各种设备随机技术资料、结构图样，以及自学本岗位的应知应会。利用外来专业厂设备修理人员到现场修理设备的机会，以监修、配修为契机，主动学习掌握设备的内部结构和修理工艺。协调和鼓励员工到设备制造和修理专业厂家参加技术培训。

（二）培养设备修理队伍。

项目部培养设备修理队伍，提高钻、修井机修理能力。抽调有一定技能和特长的机械师、电气师组建兼职设备管理特勤组，负责 VOLVO、橇装泵、压缩机等设备的大修和项修工作，负责电路、电器的专项整改和维修工作，利用内部资源，加大设备修理和保养力度，最大程度地节约修理成本。2010 年上半年，针对 GW55 队电路改造国内正规厂家报价太高、改造时间不保证，项目部组织维修队伍对 GW55 队进行电路、电探设备改造设计，仅用 15 天时间完成电路改造。7 月上旬，项目部完成 GW55 柴油机的大修工作。

（三）培养专业修理厂点。

项目部培养专业修理厂点，提高柴油机大修能力。针对作业队 CAT 柴油机早已超过大修期，经常发生故障，当地修理厂商不能满足作业队修理需要的问题，项目部从国内 CAT 代理厂协调来专业柴油机修理人员，到各队巡回检查、修理柴油机。

三、监督检查

2010 年，项目部和修井队组成联合督导组，加强现场检查、培训和整改力度，督导活动成为一个长效监督检查机制，督导组每季度对各修井队现场工作进行严格细致的检查并落实整改措施，提高现场标准化作业水平，逐步打造作业实力强、规范化程度高的品牌修井队伍，查出并解决问题 861 个。

【经营管理】

一、建立外账管理机制

项目部围绕苏丹企业所得税、个人所得税和增值税税收风险防范，2010 年开始建立外账，已经实现内外账同步录入。

二、强化预算管理

项目部将长城钻探公司下达的年度经营考核指标层层分解到各基层作业队；对基层队实行单队目标成本控制，实现成本精细化管理；严格落实预算执行情况分析报告制度，每月开展预算执行情况分析，提高预算分析深度，分析实际业务与预算指标之间的差异及原因，采取考核等应对措施，为全面完成预算指标奠定基础。

三、及时回收工程

项目部建立适合管理需要的应收账款管理的台账；研究合同，尤其是工况的认定，促使问题尽早解决；主动出击、勤跑、勤问，与甲方人员形成良性互动；保持对汇率的敏感性，减少外汇资金的持有量。

四、强化内控管理

项目部完善采购环节内控体系，规范物资采购和运输环节，实行物资采购、搬家及运输市场化招标，使大宗材料采购抵消物价上涨因素，大宗货物运输费用降低 5%，货比三家使当地采购综合成本也下降 3%—5%。有效节约成本。项目部以建立物资管理信息系统为契机，逐步规范一线材料管理，2010 年上半年，修井队材料消耗同比平均下降 8%。项目部根据生产实际需求，持续优化库房管理，库存比例同比下降 5.16 个百分点。

五、强化经营考核

项目部根据经营考核体系，对作业队 QHSE、全日费率、大包搬家效率等进行考核，并按期进行兑现，通过奖罚措施提高作业队的作业效率和经营效益。根据长城钻探公司对生产经营单位考核有关规定，项目部建立基层队经营考核细则，并融入到项目部部经营考核体系中，对作业队收入、利润及管理工作等进行全面考核，并与长城钻探公司半年奖、年度奖金挂钩。

【企业文化建设】

一、党建工作

2010 年，按照“三个同步”要求，完成项目部党支部建设工作，党内分工明确，党建工作有序开展；项目部加强宣传和交流，培养吸收 2 名新党员；加强党员管理，统一思想，强化党性，发挥每个党员作用，保持和巩固团队团结向上的和谐局面。

二、队伍建设

采取“管理人员走下去，基层人

员走上来”的工作方针，项目部班子成员，分片包干，带头定期下基层调研，针对队伍托管初期存在的不稳定情绪和问题，及时沟通并协调解决。项目部随时了解基层队伍思想动态，并及时将长城钻探公司有关政策和安排、发展动态以及公司领导讲话精神等转达给基层队员工。

三、宣传典型

项目部进行典型事迹宣传，激发员工比先争优工作热情。项目部向长城钻探公司党办提交先进事迹材料 11 份，向中国石油报社、公司新闻中心提交先进事迹材料 6 份。

四、企业文化建设

项目部以视觉形象、行为规范等学习为抓手，强化宣传教育，组织学习长城钻探公司党办提供的企业文化音像材料；以建立图书角、活动室为载体，创造健康向上的企业文化环境，建立篮球场，配备休闲健身器材，订购一定数量健康书籍；以制度建设为保障，全面推进企业文化建设，出台《海外企业文化建设实施细则》、《员工着装管理规范》、《员工生活区、办公区管理规范》、《新闻稿件奖励办法》、《创建金银铜牌队和星级班组实施方案》等多项规范制度，以制度化管理推进企业文化建设，强化和激励员工执行力。

五、廉政建设

项目部建立健全物资采购和招投标管理制度体系、资金控制和成本核算体系，严格审批程序和权限，从制度上杜绝违反内控管理现象；加强项目部领导人员以及重要岗位管理人员反腐倡廉教育，弘扬清新、清廉的工作作风。2010 年，项目部按照长城钻探公司纪检监察部门要求，开展“忠诚事业 承担责任艰苦奋斗 清廉奉献”主题教育活动，取得阶段性成果；根据“五个一”要求，召开一次党员大会，强化党风教育；组织一次关于“廉政准则”、“若干规定”的学习答题活动，有 12 人参加，处级领导人员 6 人；以视频、报纸等形式宣传廉洁从业模范干部事迹材料；采取以会代训形式，适时对人财物内控管理进行要求，强调“三重一大”事项必须按长城钻探公司和项目部有关规定，严格审批程序，集体决策；通过网络形式，将《中共中央关于加强和改进新形势下党的建设若干重大问题的决定》、《国有企业领导人员廉洁从业若干规定》等党纪条规发到部门及个人邮箱，要求员工长期自主学习，增强拒腐防变意识。

六、班子建设

2010 年，项目部加强领导作风和领导力建设，创建四好班子，通过加大沟通和民主管理力度，打造和保持团结和积极向上的领导集体。项目部为充实其他单位领导力量，及时变动项目部领导班子成员，实现新老班子成员无缝衔接。

【队伍建设】

一、人员培训

针对中方员工，项目部结合队伍实际，采用专项培训、个性化培训和常态化培训 3 种培训模式，专项培训是组织人员参加长城钻探公司和上级部门组织的 HSE、井控等专项培训；个性化培训是鼓励员工针对个人的情况，自行去培训，提高某项技能；常态化培训是与各二级单位合作，为在国内倒班休假的员工设立长期培训班，主要针对英语、专业知识等进行培训，各类培训人数 1241 人次。

二、学历教育

项目部组织员工进行学历教育，提高自身专业文化水平。有 3 人提交学历教育意向申请。

三、实战演练

项目部给每位员工压担子，给每位员工足够的施展空间，发挥个人的潜能。项目部重组后按照长城钻探公司人事部门部署和安排，向其他单位输送处级干部 6 人，充实领导力量，提拔科级干部 24 人，向其他项目部输送 2 人。培养 2 名晋高级、1 名晋正高级技术职称人员报名参加职称评审。

【雇员当地化】 2010 年，项目部采取 2 次较大的裁减行动，通过岗位编制管理减少在苏丹的中方人员数量，修订《苏丹项目部部门定岗定编方案》、《水平井、定向井、热注队定岗定编方案》等，减少人员 40%。2010 年下半年，应对苏丹南方独立公投带来的不确定局面，项目部按照集团公司规定和长城钻探公司具体要求，制订减员方案，加快了雇员当地化进程，此项工作得到集团公司高度赞赏，集团公司专门派出新闻采访组到苏丹项目部采访经验和成绩。

项目部推进培训工作，提升当地雇员的工作技能，编写英文、阿文井控技能知识培训教材、作业队岗位应知应会培训教材，下发基层队，进行现场帮扶培训，定期对雇员进行 HSE 和井控知识的培训，提高安全意识、井控意识和井控技能，举办 8 期当地雇员脱产培训；对外籍雇员进行职业生涯规划；尝试实施一岗双配用工机制，采取强化培训和中方人员带外籍徒弟的方式，实行“一对一”定向培养；加强文化交流融合，促进本土化进程；建立较合理的外籍雇员薪酬制度，激励员工工作热情；针对苏丹南方公投，排出 2010 年底减人计划实施方案，加大减员力度。

2010 年，项目部“力文化”建设初见成效，员工综合素质和队伍综合实力得到很大提高。项目部荣获“2009 年度集团公司先进集体”，“2010 年集团公司工程技术服务国际市场开发先进单位”，“2010 年先进单位”等诸多荣誉称号；并涌现出大批功勋员工、劳动模范、不同系统和专业的先进个人等典范。中方员工 2 年来减少了 21%，员工总体当地化率由转型初期的 61.6% 发展到目前的 76%，修井队当地化率 90%，钻井液工程师当地化率 50%，其中有 4 个钻井液队伍实现了 100% 当地化。

（田庆旺）

突尼斯项目部

【基本情况】 2010年,突尼斯项目部(以下简称项目部）组织机构包括综合办公室、作业部、财务部和SFAX前线基地，负责作业队的全面管理和后勤支持。项目部有员工106人，其中，中方员工29人，当地员工77人；作业队中外方员工95人，项目部机关中外员工11人。项目部全年3开2完，进尺8031米。

【主要措施和成果】

一、市场开发成果

2010年，项目部与PIONEER美国公司签订1+3钻机合同；全年确定新签合同额514万美元，即已确定PIONEER的2口井工作量。完成9个项目的投标，其中，包括1个海上测井项目的标书。完成2个油公司的资格预审。

二、多渠道开拓市场

项目部与当地强大服务公司合作，通过他们与工业部和国家石油公司搞好关系，获得PIONEER的合同。与工业部及国家石油公司ETAP保持良好关系，及时了解各种信息，突尼斯准备建设1条从南部沙漠到突尼斯北部约300多千米的输气管线，项目部及时与长城钻探公司总部东部技术服务公司联系，决定进行提供输气管线服务，2011年将公开招标建设。充分了解当地各油公司的动态，Voyageur和WINSTAR要出售勘探区块寻找风险投资商，项目部又及时把信息提供给CNODC及其他中国公司，拓展项目部未来市场。

【安全生产】 2010年，项目部全体员工认真贯彻长城钻探公司HSE工作精神，全面推进HSE管理体系，深入落实各级HSE责任制，使HSE工作成为全队职工一种内在的自觉行动，确保全年安全高效生产，实现安全生产无事故。

一、应急管理

项目部本着“居安思危、预防为主”的工作方针，在项目部及作业队分层次建立应急组织，明确各岗人员在应急事件中的岗位职责，制订和完善各种情况下的应急预案，要求井队制订一井一案，定期进行应急演练。组织消防活动周、有害气体培训强化周等有针对性的应急演练及培训活动，提升雇员操作及实战应变能力。

二、属地管理

项目部针对现场实际情况，利用班前安全会和班后会，向当地雇员讲解属地管理程序，按照长城钻探公司属地管理“不挂空挡，不重复管理”的原则，将井场上作业区划分给固定岗位的员工，加强员工的责任心，并将属地管理与STOP卡制度相结合，做到事事有人管，管理不缺位、不错位，通过属地管理程序，增加员工主人翁精神，自行对自己属地进行清理、清洁、整理。增加雇员的工作积极性，为井队安全施工起到良好的推进作用。

三、目视化管理

项目部按照长城钻探公司 HSE 体系推进精神，在现场推行目视化管理。对不同设备按“在用”、“在修”、“备用”、“停用”、“待修”进行标识，对检查设备的操作进行警示；在钻台等危险区域，用红色标识出设备的危险位置，并在操作位置上以绿色标识，使操作者能够直观地识别风险；通过以上各种措施，增加井场的安全氛围，使员工能够清晰地辨别出风险及危害，降低操作设备时的风险及隐患。

四、安全经验分享

项目部与作业队全范围内抓好“安全经验分享与安全观察与沟通”，在所有会议前，利用 5 分钟时间，员工把自己实际的安全经验、防范措施及教训和心得，与大家共同分享。2010 年，项目部进行安全经验分享 155 次，安全观察与沟通 130 次。

五、交通安全管理

项目部认真贯彻执行交通安全制度和文件，针对现场沙漠行车制定专门的交通管理办法，严格执行准驾制度和派车单制度，定期检查和补充各项交通安全设施，前线基地到项目部尽量采用当地的公共交通，避免长途行车的风险，确保全年交通安全。

（王明星　蒋开锋）

阿尔及利亚综合项目部

【基本情况】 2010 年，阿尔及利亚综合项目部(以下简称项目部)下设6个部门，2 个前线基地，17 支作业队伍（钻修队 4 支，顶驱 2 支，钻井液队 1 支，固井 2 支，测井 1 支，录井 4 支，测试 2 支，解释站 1 个)，有中外员工 347 名，其中，中方 122 人，当地员工 225 人。

项目部开钻 6 口，完井 8 口，进尺 12696 米，修井 18 口，钻井液服务 5 井次，测井作业 33 井次，录井 8 井次，测试 12 井次，射孔作业 7 井次。

【经营管理】 2010 年，项目部开展结算及应收款的清欠工作，清回以前年度欠款 2782 万元，收回本年度挂账款 1.18 亿元。加强前线基地财务管理、资金支付的监管力度。加强内控管理，保障资金安全。完善预算管理、制度建设，实现降本增效、提升管理水平。认真组织实施财务资产管理重点业务及自查自改工作。配合各项审计、会计事务所工作，提升长城钻探公司财务管理水平。与甲方搞好合作关系，加大回款力度。加强外账管理，提高会计信息质量。强化会计资料保管，做到有据可查。

【科技创新】 项目部在与 CNODC 合作的 352A 区块 LT−18Z 井的施工中，按照设计表层采用 24 英寸钢齿钻头，开钻 72 小时，钻进 0.85 米，延误钻井周期。GW124 队现场平台经理、工程技术人员及时与监督沟通，分析钻头磨损状况与地表岩石岩性。通过讨论分析，建议监督采用江钻产 24 英寸 HA517 钻头。在新钻头上井后，仅用 18 小时，钻穿 16 米的极硬表层岩层，填补 352A 区块 LT–18Z 井段的技术空白。

【工程建设】 2010 年，项目部提高全员井控管理意识，加强井控设备的管理。严格按照集团公司及长城钻探公司的井控管理规定，定期组织封井器主体设施的检验。强化对井控隐患的排查力度，加强口井地质风险评估和预案制订工作。完善作业部岗位责任体系，岗位的内容要清晰化，岗位职责做到立体化，全面提升作业部的整体水平。加强作业过程管理，对口井设计在开钻前认真进行分析，对高风险井段进行作业安全提示，并与监督及时沟通，讨论作业方案，确保口井的安全施工与顺利交口。

【安全生产】 2010 年，项目部持续推进深化 HSE 体系，参与长城钻探公司的 HSE 制度的转换。通过加强对当地员工的培训，推行 STOP 卡制度，深化环境保护工作，落实 HSE 检查制度，继续持行异体监督制度，狠抓违章，强调作业安全，推广工作安全分析和工作许可制度，项目部 2010 年全年无安全事故、事件发生，实现安全生产。

【企业管理】 2010 年 1 月，项目部正式组建和启用“后勤保障部”（简称后保部）。后保部围绕“节约成本、挖潜增效、保障生产”的工作目标，合理定位，全心全意为安全、市场、生产服务，对内完善管理运行，建章立制，坚持以基层队生产为中心，做好后勤服务的工作，努力创造良好的后保环境。与外方和甲方、当地政府部门及国内部门保持良好的关系。坚持后保工作中的总结和改进，提升后勤保障管理水平。

【精神文明建设】 2010 年，项目部党支部认真贯彻落实长城钻探公司惩防体系建设实施计划，健全完善反腐倡廉建设长效机制。以落实“三重一大”制度为主线，强化党内外监督，促进领导干部廉洁自律。项目部加强作业队伍建设和人员培训，重点是当地员工的培训，将“岗位练兵、技能培训”与“传、帮、带”相结合，加快当地员工的培训和使用力度，满足项目部持续发展的需要，逐步减少现场中方人员数量，稳步实施“当地化”发展。

（杨　英）

肯尼亚项目部

【基本情况】 2010 年，肯尼亚项目部（以下简称项目部）拥有基层作业队伍 10 支，其中钻井队 3 支（GW116、GW188 和 GW120）、空气钻井队 3 支、固井队和定向井服务队各 2 支。项目部有员工 314 人，其中，中方员工 141 人，外籍雇员 173 人。员工本土化率达到 55%。项目部设备配置包括 1 部 ZJ40L 钻机、

2 部 ZJ70D 钻机、12 台空压机、9 台增压机、2 套固井水泥车及其他辅助设备，设备原值 2.13 亿元，净值 6857 万元，设备新度系数 0.32。项目部共开钻 15 口，交井 13 口，钻井总进尺 42442 米，井身质量、固井质量合格率为 100%。2010 年，项目部顺利完成长城钻探公司下达的经营考核指标，实现安全生产无事故。

【市场开发】 2010 年 4 月 13 日，中国进出口银行与肯尼亚能源部正式签署《26 口地热钻井优惠贷款协议》。5 月 19 日，OW−38 井开钻，标志着钻井优惠贷款项目部的正式实施。

【安全生产】 2010 年，项目部采取正向激励机制，营造全员要安全的工作氛围。根据长城钻探公司的有关规定和精神，5 月项目部出台《HSE 绩效考核规定》，做到将安全工作与个人收入挂钩，确保项目部作业、人员、设备安全。项目部额外拿出部分考核资金，采取“年度累积考核、逐步提高兑现标准、出现事故立即归零、不搞平均主义、追究属地责任”的考核办法，额外提供考核资金，提高员工积极性；累积考核，逐步提升标准，出现事故立即归零，确保安全时刻不放松；追究属地责任，使得个人和团队得到有效的统一。

【技术应用】 2010 年，项目部施工区块地层裂缝较发育，二开钻至 130—150 米开始漏失，不能有效建立循环，井眼内大量岩屑沉积造成沉砂卡钻事故经常发生。项目部采用空气、泡沫水钻井液进行二开作业，有效解决钻井液携岩能力，避免卡钻事故的发生，同时减少岩屑的重复破碎，机械钻速明显提高。改进固井工艺，提高固井质量，通过增加领浆量，减少水泥附加量，大幅降低回填次数，避免套管内水泥塞事故。

【员工管理】 2010 年，项目部以深入开展师带徒活动为载体，全面提升人员技术水平。项目部组织开展师带徒活动，抽选各岗位的优秀人员与新上人员签订师徒合同，结对子，一帮一，明确双方责任和传授内容。通过开展师带徒活动，项目部新上队伍由第一口井 75 天的钻井周期缩减到 45 天，井下作业事故、作业安全隐患大幅降低。依托当地人力资源公司，外籍雇员管理水平大幅提高，完成当地雇员招聘 62 人。项目部组织参加长城钻探公司级培训 5 项，121 人次。项目部及井队自行组织培训项目 14 个，17 期，243 人次参加。

（汪智能）

尼日尔综合项目部

【基本情况】 2010 年，尼日尔综合项目部（以下简称项目部）新签和续签合同额达 11153 万美元，完成年度指标 7300 万美元的 152%，其中，钻修专业合同额 1 亿美元，测录试专业合同额 1120 万美元。

项目部有员工797人，其中，中方员工270人，国际雇员21人，当地雇员506人，人员本地化率达66%。项目部队伍规模总数为42支，其中，钻机6部、修井机3部、测井队伍5支、录井队伍6支、测试队伍3支、固井队伍4支、顶驱队伍6支，定向井队伍1支，钻井液队伍6支、管修队伍1支，测井解释服务人员1名。

2010年3月27日，GW228队起动钻机1部；3月29日，GW48队起动修井机1部。项目部开钻34口井，完钻35口，完成进尺85826米；修井作业完成测试36口井，试油129层。2010年，项目部上半年AGADEM区块采用日费制作业，下半年开始甲方推行开发井大包井作业。

【HSE管理】

一、1个核心HSE体系推进工作

2010年，项目部建立组织机构，落实责任制；完成个人安全行动计划。项目部的各级领导和作业队的平台经理、带班队长、HSE监督都制订2010年个人安全行动计划，收集个人安全行动计划69份，达到100%；进行安全观察与沟通活动，收集STOP卡10483张，每个月通过对STOP卡归类分析，针对发现的趋势性不安全行为，及时发出通报，督促作业队及时采取预防措施；全员参与，开展安全经验分享。286人次进行安全经验分享，真实的案例、教训为员工安全敲响警钟，员工在潜移默化中提高安全意识；开展学习“33335”文件活动，制作中法文的六条禁令承诺书，并签字承诺330份；制订领导联系点方案。

二、2个方面抓好培训和文化建设

项目部制定尼日尔项目师徒合同，作业队中方人员与雇员结对子，采用师傅带徒弟的模式对雇员进行培训，签订师徒合同101份；制订员工培训计划，管理层体系推进培训74人次，完成率为100%，1163培训43人次，完成率100%；配合国内开展的送教上门活动，制订相应的培训方案，落实培训人员、场地、费用，针对现场的作业情况和雇员倒班作出合适的安排，选拔70名优秀雇员，以保证当地雇员能够切实地从送教上门活动中受益；制定项目通讯员管理制度，收集59篇稿件，在长城钻探公司发表8篇；开展主题摄影大赛，收集摄影作品101幅，选送24幅作品参加公司的摄影大赛；选派优秀雇员赴中国参加培训，有9名雇员到国内参加培训，并成长为生产作业的中坚力量。

三、3个目标“零事故、零伤害、零污染”

项目部开展安全大检查活动，按照长城钻探公司安全委员会23号文件精神通知要求，在工作现场开展安全大检查，检出问题及安全隐患225项，已全部关闭；成立项目部事故调查领导小组，明确作业队在发生事故2个小时内必须汇报，在8个小时内提交书面报告；收集汇总HSE险肇事件28起，对险肇事件进行归类、分析，按照冰山理论进行事故预测，对可能出现的事故进行预警；购买20支蛇毒血清，做好防毒蛇咬伤工作；加强现场医生培训，在医生例会时由甲方医生对作业队医生进行除颤仪、心电图仪等设施的培训；修订环保方案，制订现场环保验收表，并翻译成英文下发到各作业队；完善放射源库、火工品库双人双锁制度。

四、4个重点“作业安全、交通安全、井控安全、防恐安全”

项目部以安全工作分析为中心，抓好风险识别活动。完成2轮26项安全危害分析工作；制订口井计划书、搬家前制订搬家计划、重点井制订地质风险分析及预案；完成大风沙天气下搬家、吊装、安装、接钻具等工序的安全提示工作；制订项目部驾驶员培训计划，对项目部所有的驾驶员进行一对一培训，已经培训58人次；实行准驾证制度，已给项目部驾驶员发放内部准驾证并编号62人；统一车辆检查表、派车单、行车必备品检查表；制定项目部GPS和THURAYA使用管理规定，规范应急物资的使用；开展学习落实井控十大禁令活动；做好井控演习，演习48次；对井控设备进行标准安装、标准操作、标准维护，定期进行井控检查并做好记录；开展井控专项检查，发现隐患61项，整改61项；对重点井实施科级干部驻井制度；梳理合同，明确安保责任，合同中明确表明项目部安保由甲方统一管理；加强沟通，做好突发事件预警预报工作，经过信息收集分析形成报告在每天的安保日报中汇报给国内、项目部和现场；落实三级防护配备标准要求；组织学习中法对照的32句防恐用语；发放应急卡、当地手机、应急保障金，确保在紧急情况下的通信；建立中方人员离开井场、离开尼亚美的许可证制度，不经过批准，严禁离开井场和尼亚美；购买300个应急包、60套防弹背心；新订购4套电子监控系统，加上项目部原有1套电子监控系统，有5套电子监控系统；完善空中走廊，建立应急包机协议，与法航建立应急联系，确保中方人员在紧急情况下，可搭乘法航飞机，紧急情况下法航每天可派3架波音747到尼亚美，每架可以搭乘367人。

【人力资源】

一、内部细分责任组成高效团队

项目部将部门工作按照地域化分为尼亚美、迪法基地和前线基地三部分，并以三部分的不同职能为基础，建立部门内部的网状机构。在将各种具体工作落实到个人后，根据职责的管辖关系，建立起完善的职能管理体系。项目部每个部门成员都可以根据制定的岗位责任，明确负责工作内容，确定人员工作职能和权限，各司其职，形成高效的工作团队。

二、优化管理机构编制

原钻修专业和原测录试作业区合并为尼日尔综合项目部。2个境外的实体分公司的合并工程中面临着很多难题。项目部将所有部门的部门职责、每个岗位的岗位职责和岗位叙述、每个岗位的岗位要求，梳理部门具体工作的流程，建立起从上到下层层授权，从下到上层层负责，相邻岗位交叉经办的网状管理结构。原钻修专业和原测录试作业区的机构和人员取长补短，相互融合，在最短的时间内达到最好的优化结果，使整个综合项目部的管理工作令行禁止，有机地结合到一起，成为海外项目整合的典范。

三、规范中方人员人事管理

项目部根据2009年签订的队伍托管协议，根据总部的管理政策，制定

《尼日尔综合项目部中方员工人事管理办法》，对于中方人员的岗位调整、人事关系和工资关系的转移等方面提出硬性要求。结合项目部财务部接手过来的中方人员工资制作审核工作，以及一直在进行的中方人员倒休管理工作、从未放松过的人事关系和工资关系管理工作，人力资源部为中方人员人事管理工作夯实基础。确立以项目部管理为核心的强矩阵管理，并完成和国内二级单位人事管理的无缝链接。

四、制定管理制度和管理体系

项目部出台《尼日尔综合项目部本地员工劳动合同管理办法》、《尼日尔综合项目部本地员工考勤、薪酬和工资等级管理制度》、《尼日尔综合项目部劳动纪律管理制度》等，并设立劳动合同台账、年假台账、CNSS卡办理和发放台账等信息管理系统。项目部组织落实月度本地员工见面会等措施，并组织专人到现场为员工讲解长城钻探公司管理制度，增强员工对于晋升、薪酬、劳动纪律等的了解。2010年，员工纠纷事件比2009年有所减少，无劳资诉讼案件，员工队伍比较稳定。

五、推动人员本地化工作

项目部制订精确到月份的人员本地化计划，并出台如员工定岗定编、本地员工晋岗晋级计划等措施以保障人员本地化的顺利实施。项目部精确控制时间节点，时刻跟踪人员本地化进程。在2010年底，项目部的人员本地化率达到66%，顺利达到总部要求。

六、拓宽招聘渠道、增强员工培训

项目部和尼亚美大学、矿业学校等高等学府联系，希望能够到学校招聘应届毕业生，提高项目部的整体员工素质。通过与尼日尔能矿部、劳动局联系，得到了政府部门的协助，获取部分推荐人选，也获得当地政府机关的肯定。2010年，项目部对于培训工作进行梳理，制定《尼日尔综合项目部培训管理办法》，将项目部的培训工作落实到实处，提高员工队伍素质。

七、建立绩效考核体系

项目部制定《尼日尔综合项目部基层建设和绩效考核管理制度》，并每季度为基层作业队进行考核评分，评分结果直接影响其季度奖金的计发。科学设计考核指标，考核覆盖面大，奖惩力度大，激励约束机制健全完善。考核的范围涵括基层队伍建设、安全管理、环境保护、质量管理、节能节水管理、财务管理、材料管理、设备管理、现场管理、标准化和规范化管理、工程技术管理、人力资源管理、后勤生活条件及福利待遇、企业文化和民主管理等各方面。对于不同的队伍，设定不同的考核评分项，或设置不同的考核分项权值。根据不同的考核评分分值，设定了不同的绩效考核等级；并根据不同的考核等级，直接对基层队的季度奖金实施激励约束措施，提高人员的工作积极性，完善工作结果。

八、建立完善员工档案

项目部为每名员工建立独立的数字化档案和纸质档案。指定专人进行管理，维护资料库的完整和随时更新，并定期进行检查。

九、阳光厨师的管理整顿

项目部对于阳光厨师的管理处于弱矩阵管理模式，主要工作是协调和统计。2010 年下半年，下发《尼日尔综合项目部阳光厨师管理办法》。

【后勤保障】

一、全面保障正常作业

项目部克服沙漠运输的恶劣道路条件和当地运输车辆车况极差等问题，以“必须及时保障”的精神境界，克服各种困难，实现了运输生命线的畅通，确保生产物资、生活物资的供给。2010 年，钻、修井机的动员、火工品从乍得陆路运来尼日尔、测井仪器再出口转运乍得，清关运输业务得到安全平稳实施，没有因供应困难、物资匮乏、备件短缺而影响正常作业。

二、强化物资需求计划和库存管理

项目部上报 22 次物资统购计划，鉴于计划混乱且上报次数多的情况，项目部采取措施，要求基层队物资计划先经过作业部审批汇总，后上报后保部，从管理上减少计划的次数及无序性；克服基层队物管人员短缺等困难，对物资出入库及台账管理及月库存报表管理进行严格要求；各基层队按照《库存盘点实施细则》及时完成库存盘点，为 ERP 信息系统提供期初数据，物资管理实现线上操作；邀请专家对项目部各级物管人员进行 ERP 培训。项目部实现网上操作 26 单，其中，包括 4 口大包井钻井液、固井统购材料申报 12 单，当地采购申报 5 单，当地采购订 1 单，出入库各 4 单。

三、统筹策划、精心组织设备动员

项目部制订周密的动员计划，加强对承运人培训和管理，严格港口装车捆绑，提高中转效率，大幅缩短了动员周期。2010 年，零事故、零货损顺利完成 GW228 钻机、GW48 修井机动员任务，创造内陆运输 51 天的新纪录。项目部正确选择科托努港，与洛美港相比缩短 400 千米路程并减少一国的过境费用，由于公开竞争招标，以 122 万美元清关运输大包价签合同，相比第五船（GW23、GW227）钻修井机设备清关运输 220 万美元节省 98 万美元。

四、加强供货服务商管理

项目部对供应商、服务商进行石油物资及服务的行业知识普及，推行我方 HSE 管理规定；对供货商、服务商实行季度考核，使其提高服务质量，全力保障前线生产需求。2010 年，运输价格回归到合理的价格水平，彻底扭转由服务商主导运输市场的被动局面，物资运费从 320 美元 / 吨下降到 230 美元 / 吨，全年物流量约 18000 吨，节约运输成本 162 万美元。

【企业文化】

一、发扬铁人精神

项目部全体员工克服极度恶劣的自然环境带来的各种困难，发扬长城钻探人“特别能吃苦、特别能战斗”的优良传统，以大庆精神、铁人精神，保证 CNPC 勘探任务的顺利实施。

二、抓好党建工作

2010 年，项目部成立党支部，各基层单位成立基层党小组，弘扬“忠诚、奋斗、合作、创新”的核心理念，以“四好”标准打造高素质团队，顾全大局，切实提高党员干部的精细化管理能力、防控风险能力、应对复杂局面和处理各种矛盾的能力，充分发扬党员先锋模范带头作用，发挥党组织的战斗堡垒作用。

三、推进“五型”班组建设

项目部整合以来，着眼一线班组、发展一线班组，坚持全员培训带动职工提高素质、坚持以人为本激发班组员工热情，形成工作合力，增强长城钻探公司基层凝聚力、战斗力和执行力，筑牢项目部发展基石。

四、增强员工主人翁意识

项目部尊重当地文化和习俗，利用为当地雇员过节、参加雇员婚礼和举行生日聚会等活动，融洽与当地雇员关系，增强雇员主人翁意识。针对政局动荡，防恐形势严峻；疟疾、伤寒、霍乱等传染性疾病肆虐的情况，在国内举行职工家属座谈会，让家属了解项目部实际情况和采取的应对措施，减轻家属的顾虑和担忧，保证员工全身心投入工作。出版《尼日尔钻探》专刊，让广大职工“干自己的工作、写自己的事迹、读自己的文章”，增强综合项目部的凝聚力。

利比亚综合项目部

【基本情况】 利比亚综合项目部（以下简称项目部）有23个小队，包括7个钻井队，1个修井队、2个顶驱队、1个下套管队，1个取心队，2个ECLIPSE 5700测井队和9个SDL 9000录井队。钻修井机中有6部钻机和下套管队属于国际钻井公司，修井机属于国际钻修公司，1台钻机属于钻井二公司，2部顶驱属于顶驱公司，1个取心队属于工程技术研究院；2套测井车属于测井公司；9台录井仪器中，7台属于录井公司，2台属于大庆钻探集团公司。

项目部有员工667人，其中，中方员工203人，外籍员工464人。中方员工中，合同化员工50人，市场化员工95人，外部借聘7人，内部借聘6人，劳务派遣45人。项目部总体当地化率为69.6%，前线钻井队当地化率达到75%。项目部机关中方管理人员24人，其中Tripoli办公室有20人（合同化9人，市场化7人，劳务用工2人，借聘2人）；前线基地4人（合同化1人，市场化2人，劳务用工1人）。项目部管理人员占全部员工总数的3.6%.

【生产与经营情况】

一、提高井队作业效率

项目部集中精力通过保证后勤供应、强化技术支持和井队之间的互相协调配合，确保各项设备运转正常，保证井队生产运行，减少维修和停等时间，提高全日费率，从而提高井队整体效益。

二、提高搬家效率

项目部优选有实力的搬家公司，确保搬家车辆的质量和数量等措施，再通过转变井队观念，辅助搬家考核奖励等办法，搬家整体进度和井队整体效益都有提高，大钻机平均搬家时间大约缩短

2 天。

三、用优质高效的服务来赢得市场

项目部 GW181 队是 Akakus 公司 6 部钻机中唯一进行水平井作业的钻机，全年开钻 8 口，完井 8 口，作业时间 295.16 天，单井钻井平均用时 34.74 天，低于甲方历史平均水平；同时 GW181 队是 HSE 示范队，GW181 队在 Akakus 公司削减预算的情况下在 2010 年 5 月合同得到顺利延期，而且还将综合日费提高 10.5 个百分点，搬家费用提高 15 个百分点。

四、做好基础管理

2010 年的 1 月，项目部依靠平时扎实的基础管理，在市场人员和甲方保持良好沟通的情况下，在 2 天内录井项目完成小队人员的集结、部分材料的配备、办公室完成沙漠证的办理和运输车辆的安排，并由前线 Gialo 基地负责仪器的运输，然后由项目部经理董飞带队赶赴现场，在甲方要求的 4 天时间内设备和人员安全到达井场，在随后用连续 36 个小时的时间完成设备的安装，调试，并顺利开始作业。

【市场开发】

一、钻修井市场

项目部采取多种市场开发手段，通过及时回访所服务的油公司，听取客户意见和建议，及时反馈客户意见，维护客户关系，全面搜索市场信息，深入挖掘市场潜能，取得一定成效。项目部重点加大市场开发力度，调整和充实市场开发力量，接触各甲方高层人员，了解相关信息，宣传介绍长城钻探公司实力，组织拜访多个油公司的高层和主要部门。在做好市场开发工作的同时，积极跟踪已投标项目，拜访其他油公司，继续开拓新的市场。重点跟踪利比亚工作量相对比较饱满的大型国家石油公司。当地的 2 大国有公司 AGOCO 和 WAHA 年产量占全国年产量 43%，是项目部后续市场重点目标。跟踪调查当地固井、钻井液、下套管、定向井等技术服务公司情况和油公司的招标信息，主动全面推介长城钻探公司的技术服务能力，拓宽服务范围，实现项目“增项、扩容”。2010 年，钻修项目新签、续签合同额为 3500 万美元。

二、测井项目

项目部数次拜访 AGOCO 公司，跟踪录井国际报价审批过程。2010 年 4 月，项目部和合同委员会谈妥 Sirte 公司测井和录井国际报价和条款，受预算削减的影响，MC 一直没有批复。2010 年，项目部申请 Zueitina 公司测井国际报价的审批，第二次提交报价，等待 MC 的审批。俄罗斯石油技术服务公司专门为 Tetneft 公司提供部分项目服务，有合作意向的项目是 FMT，VSP 及 STAR 等。Tahara 公司 2010 年下半年刚开始为 Tetneft 提供测井服务。项目部参与 OXY 公司录井服务资格预审并获得通过，4 月提交录井标书。项目部参与 POGC 公司录井服务的资格预审并获得通过，6 月提交录井标书，10 月开标，未中标（Geoservices 中标）。2010 年 10 月，项目部完成并提交 Mellitah Oil & Gas BV 公司海上录井服务资格预审材料，等待甲方的评审。完成并提交 Sonatrach 公司录井服务资格预审材料，等待甲方的评审。

【QHSE 管理】

一、统一安排和部署

项目部结合长城钻探公司 HSE 体系推进的总体要求，编制项目部 HSE 体系推进实施计划，从开展教育与培训开始，逐步指导现场做好各项推进工作。参加长城钻探公司组织的各类体系推进培训。项目部有培训师 3 名，根据工作安排，不定期对项目部人员进行培训；合理安排人员倒班，组织带班队长以上人员参加公司的 HSE 体系推进培训班，培训 22 人次；组织相关人员参加公司组织的体系推进培训班、组织 HSE 监督参加公司的 1163 和 HSE 专题培训班。开展现场目视化管理和属地管理。按照长城钻探公司要求，并根据项目部现场实际情况，首先开展目视化管理和属地管理的培训工作，使现场主要岗位人员均能熟知自己的属地区域和属地职责。开展安全联系点活动，项目部各主管领导进行分工，将项目部作业队划分为 6 个安全联系点，规定领导不定期（至少每季度一次）到各自的安全联系点进行检查工作，解决现场的实际问题，帮助现场提高 HSE 管理水平。在现场进行深入开展“四个一”活动，即“进行一次安全观察与沟通”，“观摩一次教育培训”，“进行一次作业前安全分析”，“签发一次作业许可证”，并亲自填写反馈单。以“七个带头”为指标，践行有感领导：带头宣传贯彻 HSE 管理理念、遵守 HSE 管理制度、制订和实施个人安全行动计划、进行行为安全审核、进行 HSE 管理培训和授课、进行风险识别、进行安全经验分享。

二、实现 HSE 监督异体化

项目部根据长城钻探公司 HSE 监督异体化目标，制订项目部 HSE 监督异体化实施计划。对新上岗的监督人员，按照培训、试用、评估、分级、考核、每半年重新确认或重新分级的程序，对监督人员进行动态管理。转换 HSE 监督职能，逐步过渡到监督异体化。通过培训学习，积累和强化专业素质和现场经验，逐步转换其职能，由原来与钻井队“一个战壕里的战友”，逐步过渡到项目部 HSE 部派出的专职“督战队”的角色，最终全部实现异体化 HSE 监督管理。项目部建立 HSE 监督交流平台。项目部把 HSE 监督的业绩考核从井队编制里剥离出来纳入项目部 HSE 监督专项考核。各 HSE 监督严格按照长城钻探公司规定的异体监督工作的 54 条管理规定，以长城钻探公司 22 张检查表为基础，继续推行特殊作业前的安全会议制度，工作许可制度，JSA 分析制度和 STOP 卡的推广实施制度等。按照长城钻探公司对 HSE 监督人员当地化要求，推进监督人员当地化工作进程，主要负责对当地雇员进行安全培训。项目部要求专职监督人员要当好“六员”，即当好咨询员、培训员、宣传员、指导员、监督员、协调员，充分发挥专职 HSE 工作人员的作用。

三、加大交通整治工作

项目部制定《沙漠戈壁地区行车安全管理规定》。2010 年 1 月，项目部组织 2 个井队进行联合沙漠搜救演习，并为作业队和基地配备 8 个 GPS 定位仪，要求落实好车辆日常保养、出车前的安全检查和派车单等制度，做到行车安全有保障；按照长城钻探公司要求，对项目部驾驶人员实行准驾制度，所有驾驶人员都要凭证上岗，并经过防御性安全驾驶培训；前线和现场禁止非专业司机驾车。2010年，对准驾证进行梳理，辞退2名年龄超标驾驶员。针对司机野蛮驾车，在沙漠里玩车，导致行车风险和车辆损坏频繁，规定租车必须带司机，并采取措施，逐步辞退原雇车辆，逐步使用车主自己的司机，以让司机自己更能对车辆进行爱护和安全驾驶。

四、强化现场井控管理

项目部强化井控管理的领导制和责任制，细化井控工作管理细则，完善各级井控工作管理小组。项目部领导和井队平台经理都签署井控安全责任书，承诺加强项目部和现场的井控管理，并对井控工作承担负责。对井控装备从安装、调试到检查都进行严格的规定，督促现场每月对井控装备进行自查自改，消除井控隐患。围绕长城钻探公司下发的各项井控管理文件，结合项目部实际情况，制定下发各种井控管理规定和活动要求。结合长城钻探公司井控管理规定和现场甲方管理要求，强化现场井控等的演习制度。项目部开展BOP、消防、硫化氢、急救等演习244次，通过开展演习提高了现场人员对紧急事件的处理能力。通过长城钻探公司整体安排，结合项目部人员倒班情况，合理安排人员进行井控换证取证培训，确保项目部井控持证在年底达到100%。加强对井控设备的检修力度，按照长城钻探公司规定的井控设备3年一检修的要求，组织专业人员对项目部所有的BOP设施进行检修。完成项目部所有7套井控设备的检修，并按照专业人员的建议，订购一批标准备配件，为项目部今后井控装备的安全使用打下良好的基础。

五、落实《反违章禁令》

项目部开展《反违章禁令》活动，增强员工反违章的意识，项目部实施《反违章禁令》巡回签名活动，项目部所属员工积极响应，所有在项目部的人员包括部分倒班人员96人完成签名。在现场开展反违章奖惩措施，建立健全反违章积分台账。对现场发现的违章行为当即制止，纠正其违章行为和危害，并对违章人进行安全教育，做好记录，对于情节严重的，给予罚款警告处分，绝不姑息其违章行为。结合长城钻探公司开展的各种专项安全检查活动，项目部开展以井队自查自改为主要形式的安全检查活动，同时，项目部领导组成安全检查小组，深入到前线进行安全检查，指导现场的安全管理工作。项目部制定并实施《作业队HSE管理考核办法》。实施奖罚机制，奖优罚劣，对HSE管理工作表现不足的作业现场进行重点指导，提高现场HSE监督和井队领导班子的工作责任心。

【设备管理】 2010年，项目部采取各种办法，弥补远离国内支撑而带来的保障能力的不足，维持作业的连续平稳运行，获得当地油公司和第三方服务公司的赞赏。9月，装备部组织现场检查指导，对项目部设备管理工作现状进行分析，提出具体要求，与长城钻探公司装备部和相关二级单位紧密配合，制订科学实用的操作计划，特别是在设备封存期间，安排具体的工作。按封存要求做好设备的封存工作，逐步解决存在的问题，使设备整体状况得到改观，为项目生产和市场稳定与开发提供保障。

【基础管理工作】

一、建立并完善四个管理体系

项目部根据长城钻探公司HSE体系推进和异体监督的要求，更新、完善HSE管理制度，促使HSE体系推进工作和异体监督工作的落实；以基层作业队为重点，重新建立一套以作业生产管理、设备管理及材料管理为基础的成本核算体系；建立以作业队QHSE、全日费率、作业搬家、设备及材料管理、生活物资等考核办法为核心内容的经营考核体系；建立分承包商管理体系，完善后勤保障和作业管理体系，对物资采购、服务分包、费用结算进行审核、审批等程序化管理。

二、开展开源节流活动

项目部从设备的租赁、维修，钻具的检测、维修，设备物资运输，车辆租赁等方面，全方位与多家地方服务公司建立业务关系，打破独家或少数几家服务公司垄断经营导致成本高居不下的局面。通过对物资、服务采购活动的规范化管理，降低服务价格，减少服务的数量和次数，避免浪费。针对一些冗余的车辆或服务及时进行清理，也节约一部分成本。

三、完善措施、规范管理

（一）规范当地材料的采购。

项目部所属各井队及前线基地必须在月底上报下个月材料申请，井队的材料申请必须基地报价后才能上报项目部，项目部优选当地的分承包商（必须登记注册、持有有效资质、并经项目部部审查认可，列入合格分承包商名录），重新对汇总的材料分类报价，报价要求使用英文，报价中的内容必须详细、具体和真实，报价原则应遵循多家报价，报价如高于合理价格可要求厂家重新报价，直至取得合理价格。项目部根据分承包商的报价，经谈判后选择信誉好、质量高、服务优、价格合理的供货及服务厂商，确定报价并综合比较基地报价后，整体组织实施。

需国内组织的材料，各队通用的材料，尽量调剂使用，避免报急料造成采购运输成本的增加；必须由国内组织的急料，集中上报，尽量减少采购和运输成本。

（二）重新修订管理规定

项目部重新修订资金支出和费用报销管理规定，对于各种费用单据的合理性、合法性进行预先审核，对于不合理、不合法的单据坚决不予核销，从源头上进行成本控制。

（三）实施奖罚措施

项目部对井队的QHSE、材料管理、作业生产、设备管理、搬家效率、雇员管理等制定考核体系，通过奖罚措施实施，提高作业队各环节的管理效率和效果。

（四）加强外账管理

项目部加强外账管理，细化外账会计核算。项目部严格进行内部控制，梳理出英文版的外账核算程序，规范外账核算细节，与会计事务所沟通，建立一套行之有效的外账核算模式，从源头上最大限度地控制风险，尤其是潜在的税务风险。

（五）建立月度经营分析制度

项目部建立月度经营分析制度，根据实际情况，建立一套内部使用报表，对每月经营情况进行分析，发掘潜亏因素，同时增加各基层队的成本意识，努力使基层作业队从生产型管理向经营型管理转变；通过经营分析，及时发现项目经营管理中的不足，及时有效地采取应对措施，减少经营风险。

【钻修井和测录试项目整合工作】 2010年，钻修井和测井项目组织机构合并和整合资源，建立同一国家或地区由一个综合项目部管理全部业务的管理体制，是长城钻探公司加快海外业务发展，全面提升综合实力，建设国际化石油工程技术总承包商的重要举措。在2009年底前，2个项目按照长城钻探公司指示精神着手开始做相关整合的准备工作。2010年4月8日，接到长城钻探公司境外机构整合的通知，2个项目按照第三种整合方式，即现有钻修井项目部和测录试作业区，实行机构合并和资源整合，设置综合项目管理机构，统管全部业务。4月10日，测井项目与钻井项目实现一起办公和生活，对内按照一个项目部、对外按2个法律机构模式运行。

（高立利）

乍得综合项目部

【基本情况】 2010年5月，原乍得项目部和乍得测井作业区合并成乍得综合项目部（以下简称为项目部）。项目部组织机构包括综合办公室、作业部、财务部、后勤保障部、市场部、HSE部、工程技术部、钻井液管理部和前线基地，负责作业队的全面管理和后勤支持。2010年，项目部有员工744人，其中，中方员工269人，当地员工475人；作业队中外方员工241人，项目部机关中外员工40人。

【设备管理】 2010年，项目部在钻井方面有5台钻机、3台修井机（1部50DB钻机、1部40DBS钻机、3台车载30C钻机、2部XJ650修井机和1部XJ450修井机）、3套固井设备（哈里伯顿CPT−Y4）、5个钻井液服务队伍、1支车队（12台吊车和14台卡车规模）在正常作业。测井方面有5支录井队、2支测试队、2支测井队和1个解释工作站在正常作业。

【主要生产经营指标】 2010年，项目部完成钻井进尺12.58万米，同比增加6.32万米，增幅101%，开钻73口，完钻72口，同比增加28口，增幅62%。

【主要措施和成果】

一、2010年市场开发成果

2010年，项目部落实“增项扩容”政策，开创CNODC以外的市场，3月项目部成功中标台湾中华石油一口探井总包项目，项目包括所有井筒服务和材料供应，合同额1700万美元；6月项目部中标 CNODC 用于投产的 XJ450 修井机服务，中标日费价格为（不含柴油和保安）5500 美元，比玉门油田投标日费价格高出 1000 美元中标；11 月项目部中标钢丝绳作业、泵车锅炉车服务项目；项目部成功签订 GREAT BABOB 区块的开发方案编制合同；项目部将所属的 4 台钻机和 2 台修井机合同全部实现 2 年的延期，同时价格方面给予甲方 7% 的降价。

二、宏观管理、降本增效

（一）预算管理。

项目部每个月对于需要使用资金的地方采用预算管理制度，每年初编制年度资金预算，然后有针对性地将年度资金预算分解为月、季资金预算，以此指导经营，保证按时、按需投放资金，同时降低备用金使用风险，减少浪费，提高资金使用效益，在分解和编制月、季资金预算中遵守投入资金量与现场工作量一一对应；力求达到当期投入风险低、成本低，货币资金利润水平最高。另外对于现金的流向进行严格的监督，项目部财务人员定期对前线使用的备用金核销，及时确定备用金的余额，既要保证资金的安全又要保证资金最优化的使用。

（二）采购成本控制。

项目部的采购资金实行统一的支付。在采购过程中规定必须以转账方式支付采购款，不得支付现金，减少资金支付的中间环节，降低人为因素对资金造成的风险。对于大额的采购项目必须与对方签订合同，现场收到材料核对无误后填制收料单传给采购部门，采购人员报销时必须持购货发票和前线的收料单一同报销，财务人员如果发现购货发票的金额及数量与前线收料单不符不予报销。7 月分别与各个供应商重新商谈价格，平均降幅达 5%，有效降低采购成本。

（三）人工成本控制。

项目部严格执行长城钻探公司的雇员当地化政策，提高当地雇员的专业化水平，尽快让当地雇员能够单独顶岗，通过裁减中方员工人数来控制人工成本。

（四）管理费用控制。

项目部给各个队伍都安装网络，现在所有的通信都是通过网络来实现，减少卫星电话费的成本；尽量减少倒班人员在项目部逗留的时间，减少差旅费的成本；培养员工节约的习惯，节约用水、用电、生活物资等各个方面的成本，培养员工忧患意识，自觉控制管理费用。

三、管理前移、提速增效

项目部制定《基层作业队月度检查和考核管理办法》，每月月末由一名项目领导带队对所有基层作业队进行月末大检查，并根据规定的硬指标进行打分，之后每个季度根据打分情况对长城钻探公司核定的季度奖金重新分配。宣传贯彻前线基地管理人员定期巡井制度、前线基地周例会制度、基层作业队每日汇报制度。提高通信交流能力，项目部为每个作业队都安装辐射范围为 50 千米的对讲机系统以及网络系统。通过有效的作业管理，项目部整体作业队伍运行平稳，在提速工作中取得成绩，平均搬家周期降低 13.3%、平均机械钻速提高 9.5%、平均钻机月速度提高了

12.5%。

2010年，项目部签订合同的26大包井钻井已经全部完成，平均钻井提速12.5%，其中，199井队承钻的1400米深的MIMOSA 1–4井以11.08天建井周期创造大包施工以来最快的建井周期纪录，建井周期比大包合同周期提前34.5%，其中，雨季搬家仅用2.5天时间完成，完井周期8.5天。

项目部GW184队钻机连同配套的钻井液设备和录井设备快速搬迁到达井场，并调试完毕，按照计划于2010年11月25日正式开钻。项目部对台湾中华石油项目给予高度重视，专门额外派遣项目部总工程师和一名经验丰富的钻井工程师全井驻井作业，保证探井安全平稳地运行，帮助甲方尽量在现有条件下找到油气。

2010年，项目部被定为CNODC在海外重点投资区块之一，并且中标台湾中华石油项目，开拓第二市场。

【安全生产】

一、重大风险控制

（一）控制交通风险。

交通风险是海外项目也是乍得项目的最大风险，控制好交通风险最为重要。乍得项目部车辆多达80辆，是长城钻探公司海外唯一拥有车队的项目部，当地路况较差，司机有开快车的习惯，所以乍得交通风险是最大的安全风险。项目部制定《乍得项目交通管理办法》，并严格执行。项目部要求乘车必须系安全带，不系安全带，司机不开车；项目部严格执行远途行车派车单制度；坚决不允许中方人员驾驶普通车辆，除非紧急撤离时由项目部经理授权的司机可以驾车。除特种车外都已经安装行车记录仪，项目部定期对车辆数据进行下载分析，加强对车辆的监控能力，对重点车辆加装卫星定位系统，可以实现对车辆的实时监控。前线油田区域行车限速为60千米，严格控制车辆速度；项目部所有皮卡、越野车和小巴车全部安装防翻架；车队配备2名专业车辆维修工，定期保养车辆，及时排除隐患。

（二）吊装作业管理。

项目部建立吊装作业管理制度；为各队分别配备了3套安全信号服，吊装作业一律派专人穿信号服指挥。对所有吊车每年一次年检，及时排除隐患。项目部聘用2名原北京加腾多田野的吊车专业维修技师专门负责维修吊车，保证吊车硬件设施的安全；全部使用中方经验丰富的吊车司机，为车队多配备一名吊车手，以便应急使用，避免疲劳驾驶。

（三）井控风险控制。

项目部按照长城钻探公司“一条主线、五个突出、五个到位”的文件精神，通过学习文件、案例讲解分析等形式的教育活动，加强长城钻探公司的“井控达标建设年”的标准化管理，使职工牢固树立“井喷是事故，井喷是责任事故”的理念，始终坚持“立足做好一次井控，快速准确实施二次井控，杜绝发生井喷失控”的原则，在现场彻底落实“发现溢流立即关井、疑似溢流关井检查”的做法。现场对中方员工加强井控培训，项目部还加强与国内培训部门的联系，取得长城钻探公司支持，安排培训老师到现场对当地雇员进行井控知识培训，长城钻探公司为项目部配备远控房模型、模拟器等必要的培训设备，准备大量的法语培训教材。通过培训提高现场人员的井控理论知识和操作水平，提高项目部的井控管理水平。针对现场人员职责不清的现象，结合当地雇员的实际情况，修订、完善井队井控规章制度，重新分配人员岗位职责，加强现场应急反应能力。

二、全员参与进行 HSE 体系推进工作

（一）有感领导。

HSE 体系推进是长城钻探公司 2010 年的 HSE 工作重点，项目部领导高度重视，接到文件后，立即组织学习，按照长城钻探公司文件要求，凡是有 3 人以上的会议，必须要做安全经验分享，前线基地向基层作业队伍的管理层培训 HSE 体系推进文件，保证始终有一名项目部副经理在前线基地工作，每天要到各个施工队伍检查指导工作，每个月底项目部经理或副经理带领各部门经理到施工队伍检查，督促施工队伍做好安全生产工作。

（二）落实直线责任。

项目部实现从“谁主管谁负责”，“管生产必须管安全”的旧观念向“管工作必须管安全”的新观念转变。直线责任的落实是归位，各职能部门都担负起直线责任。项目部下发《关于下发项目部领导及部门领导安全联系点的通知》，明确部门的直线责任制。

（三）属地化管理的全员化。

项目部的各队基层作业队已然形成“我的地盘我做主，你到我地盘，我负责你安全”的管理模式，增强属地责任心与全员参与安全的意识。深化和丰富属地管理内容，形成“确认、告知、跟踪、提示”的“八字”管理守则。从确认来人身份，告知区域风险，跟踪在属地作业人员的工作质量，提示来访者及作业人员的安全行为。打造出特色的三把属地管理无形剑：入场提示、罐区提示和钻台提示。

（四）落实个人行动计划书。

项目部以经理带头签写的个人行动计划书规范行动标准，使领导确实深入到安全工作中，为安全工作起到先行者的作用。按照长城钻探公司的要求项目部开展“HSE 金、银、铜牌”和“HSE 星级班组”创建活动，项目部制订详尽的活动计划和切实可行的评比标准，确保活动的效果。

（五）推广和普及安全经验分享。

截至 2010 年 12 月 31 日，项目部收到安全经验分享 142 篇，参加安全经验分享大赛 9 篇，由最开始的简单文字叙述事故教育向多媒体式的看图说话转变，使得员工能从中吸取教育，给自己的错误行为、意识敲响一次次的警钟，真正起到防患于未然的效果。

（六）开展送教上门。

2010 年 6 月，项目部开展送教上门活动，普及钻井的专业基础知识，掀起员工安全学习的高潮，为当地化推进奠定基础。

三、强化社会安全工作

乍得社会安全风险相当突出，在集团公司发布的海外各国社会安全风险等级中一直是处于较高风险的国家，但乍得是集团公司 2010 年勘探开发的重点地区。项目部的安全问题产生的社会影响大，后果严重，处置困难大，并且社会关注度极高。项目部充分认识境外项目部安全生产和防恐工作的重要性，认真落实集团公司“境外防恐安全工作座谈会”会议精神和《集团公司海外防恐安全和HSE工作要点》，全面加强境外项目安全管理和防恐工作。

截至2010年12月31日，项目部总百万工时为6004680人工时，实现无重大人员伤亡、无重大设备损坏、无重大环境污染的安全工作目标。

（周克晟）

苏丹测井作业区

【基本情况】 2010年，苏丹测井作业区（以下简称为作业区）员工总数544人，其中，中方人员有97人，作业区管理人员13人，博士3人、硕士18人、大学本科77人、大专1人、高中和中专6人，包括油田合作方13人；国际雇员7人；苏丹雇员440人，雇员本土化程度82%。作业队伍有25支测井、18支录井、25支测试作业队和1个较为完善的集资料解释、油藏研究、培训和油田信息数据化管理为一体的解释研发中心。

作业区在苏丹业务主要涉及测井、射孔、录井和测试等井筒技术服务，以及筛管完井、资料解释处理和油田研究等服务项目。正在执行19个技术合同和1个培训合同，为1/2/4区、3/7区、6区、5A/8区、9/11区、17区、C区等已进行勘探开发的区块提供技术服务。2010年，测井完成裸眼井测井131口，射孔7230米，测井总量1470井次；测试完成691层测试工作量；录井完成107口井录井工作；解释完成143口井/层的解释任务。

【科技创新】 2010年，作业区制订科学的可持续发展策略，拓展技术服务链并开发新的市场，成功在6区推介高孔密射孔工艺、5区推介复合射孔工艺并带动测井作业重返5区；油田稳油控水，通过油田综合研究来重新认识，获得Heglig油田综合治理技术顾问服务和3/7区沉积相研究项目并展开相关工作；剩余油监测和研究，包括套后电阻率和剩余油测井工艺推广，3/7区推广生产测井Y-tool + ESP工艺，首井试验作业成功完成；1/2/4区成功推广井间电位服务（EPI）；124区推广Multi-Packer & Sliding Sleeve采油工艺项目，提供水平井和直井的筛管防砂服务；6区多相流量计及录井的钻具震动分析系统的推广、3/7区成功推广录井数据远传系统的探井应用，实现现有测试、录井服务合同的增值；Sudapet研究项目（6区Fula盆地G&G研究）的合作和议标；进行数据管理服务的推介；6区综合管理和技术培训，圆满执行完毕，甲方同意延期一年。

【工程建设】 2010年，作业区认识到基地管理关系全局，完善的基地设施对质量、安全、技术、库房、机械、雇员、SOP管理都会起到有力的支撑作用，是本土化的硬件保证，经过系统思考和全面规划，作业区在苏丹建有4个功能相对完善的基地，分别为首都喀土穆基地、油区1/2/4区Heglig基地、3/7区Adar基地、6区Baleela基地。

【安全生产】 2010年，作业区始终把"以人为本、预防为主、直线责任、全员参与、持续改进"作为HSE工作的方针，坚信"任何事故都可避免"的理念，认真贯彻执行作业区QHSSE管理分册的规定。重点培训雇员和新人，举办各类HSE培训320人次，培训的内容包括HSE通用知识培训、各工种HSE知识和技能培训、防御性驾驶培训、安保知识和技能培训及其他相关HSE培训；全年上报险肇事件520个，进行安全经验分享480次。

作业区严格落实管理职责，编制《HSSE年度管理方案》、《年度基地HSSE管理方案》和《年度项目HSSE管理方案》，完成作业区《作业许可管理规定》和《属地HSE职责管理办法》2项公司体系推进的制度转换，制定作业区《应急物资管理办法》，并开始实施；实现有感领导，作业区管理层做了"七个带头"作用，包括带头宣传贯彻HSE理念、带头学习和遵守HSE规章制度、带头制订和实施个人安全行动计划（重点落实现场访问计划、联系点）、带头开展STOP审核、带头授课开展HSE培训、带头开展风险识别、带头开展HSE经验分享；作业区坚持每月召开一次HSSE月度会，建立有效的信息沟通网络，与各甲乙方随时交流HSSE信息，为作业区的各项决策提供信息基础。统筹配置HSE软硬件资源，加大员工培训力度，在每个基地配备专职的苏丹籍HSE管理员；作业区从迪拜和国内采购了工作护腰，要求员工佩戴。

作业区坚持月度质量分析会并将所发现的问题及时反馈作业区工程师；坚持工程师技术的全面化和有形化，完善各项技术的SOP；坚持《QHSE单井计划书》制度，保障作业的安全和质量。安全优质的施工质量及作业时效获得1/2/4甲方HSE部颁发CNLC安全施工感谢证书、1/2/4顾问标项目获甲方生产部感谢信、3/7区ESP+YTOOL联合作业获甲方PE部感谢信、Welleap在3/7区的首次良好作业获得甲方喀土穆的表扬信、6区测试分离器的高效安全作业获甲方生产部的表扬信等。

【企业管理】 2010年，作业区倡导"以人为本"的企业文化，根据人员实际结构提出短期做项目，长期培养人和积累经验教训的管理思想。为员工提供平等的竞争平台，以技术有型化为基础，以学带干，授人以渔，创建学习型组织，充分发挥员工的主动性和创造性。纵向以"员工岗位指导书"进行业务管理和培养，横向加强沟通和理解，培养良好的爱岗、敬业职业道德、规划员工职业发展道路。开展形势教育，使员工明白长城钻探公司重组整合给员工提供一个更大的舞台，并站在更高的层次上发展；整合后的公司抵御风险能力增强，发展潜力更加巨大；向员工提出懂地质，晓油藏，透工程，会管理，精英语和计算机的复合型人才的要求；长期坚持交接报告制度，交接报告包括日志、心得体会、单井计划书等，保证工作的连续性和良好的组织氛围。作业区贯彻长城钻探公司雇员国际化、本土化发展的经营理念，加大本土化雇员的招聘、培训、现场作业的力度，提高作业区的本土化率，2010 年底整个作业区的本土化率达到 82%，前线作业基地的本土化率达到 85%，有 15 个套管井测井队、16 个测试队和 18 个录井队已完全实现作业队伍当地化。

作业区推进以标准流程为主线的基础管理工作，推进基地标准化建设。作业区根据多年的实践，总结教训，因地制宜制定有效可控的各项基础工作的标准流程，包括从库房管理到财务 / 税务管理、资产管理到设备清关运输、市场日常管理以及各种其他日程管理。项目部以质量安全、技术、库房、机械、雇员、SOP 以及执行力管理为重点，基地经理及项目经理每月提交管理评估报告，作业区领导审核和指导，有效地提升基地和项目管理人员的水平，加速各个基地标准化建设的进程。

【精神文明建设】 2010 年，作业区创建高素质队伍，坚持每周六业务学习、集中学习公司文件、学习党内文件，弘扬“忠诚、奋斗、合作、创新”的核心理念；以“四好”标准打造高素质团队，注重党员干部的思想政治素质和道德修养建设，顾全大局，切实提高领导班子战略决策能力、市场开拓能力、精细化管理能力、防控风险能力、应对复杂局面和处理各种矛盾的能力；加强组织和作风建设，加强后备干部的培养，努力创建“四好”班子；开展丰富的职工业余文化生活，每周组织一次足球或篮球比赛；设立小型图书室，有中方员工的管理类、技术类、哲学类等书籍，每月还为当地雇员订购阿语的杂志、报刊和英语书籍，逐渐提高他们的知识面和英语能力，丰富职工业余文化生活，增强企业凝聚力和队伍的战斗力；加强中方员工和苏丹员工的沟通和融合，各级经理主动走访困难员工家庭，送资助、送温暖，拜访做客；邀请雇员家属一起参加各种活动；筛选出需要资助的 28 名家庭特别困难的雇员，设立专项基金，访贫问苦、维护稳定，并使这项工作制度化、常态化；任命 28 位优秀苏丹雇员进入到各级管理层，增强苏丹雇员的归宿感、责任感和主人翁意识。

（王国强）

阿曼综合项目部

【基本情况】 2010 年 5 月，原阿曼项目部与阿曼测井作业区重组，成立阿曼综合项目部（以下简称项目部），重组工作基本完成，项目部工作运行平稳。2010 年，项目部注重 HSE 管理，坚持安全生产，顺利完成 PDO 总包项目的全部作业。PDO项目从2006年5月15日第一部钻机开钻，到2010年6月25日合同结束，PDO项目作业历时4年，钻井139口，完成PDO总包合同的全部工作任务。

2010年，项目部在册员工157人，其中，中方员工70人，阿曼员工85人，其他国籍员工2人，员工本地化率为54%。

2010年，PDO项目GW19、GW20两台钻机合同结束，GW38转移到哈萨克斯坦，GW110队部钻机及1部Varco顶驱正常作业，执行Daleel日费合同。项目开钻10口，交井11口，进尺27981米。

【PDO大包合同】 PDO项目合同实际执行到2010年6月25日结束。根据阿曼海关的通知，全部设备需要在上半年全部出境，临时进口设备需要缴纳5%的进口关税转为永久进口，总关税额189万美元。项目部与甲方上层沟通，敦促PDO联系阿曼油气部、财政部和海关总署，协助解决PDO总包项目全部设备的海关延期问题。阿曼海关同意PDO总包合同下的临时进口设备可以继续延期，最终全部设备延期成功，顺利执行完PDO合同。

【装备更新】 2010年7月18日，项目部GW110钻机完成井架整拖改造并试车成功，口井搬家时间减少1.5天，按1年10口井计算，每年可节约搬家时间15天。由于搬家时间是大包，相当于钻机日费多收入28万美元，与进行井架改造的费用相当。同时，更新和大修钻井液罐、天车、游车、水龙头、营房、电气线缆等 。

【安全工作】 2010年，项目部完善和修订20个HSE体系文件和HSE管理制度。包括HSE计划书、授权不安全停止作业政策、项目部HSE管理手册、项目部应急预案 、项目部年度HSE计划书、项目部工作许可证制度、项目部前线单位HSE月度考核制度、事故汇报程序规定、事故调查和事故报告程序、HSE培训规定、阿曼项目HSE业绩月度评审制度、项目部12条HSE内部规定、项目部与甲方HSE桥接文件 、项目部交通安全管理规定、项目部井控安全责任管理规定、项目部前线单位应急车辆管理规定、吸烟限制与工作场所禁酒政策、项目部HSE异体监督暂行办法、来访人员安全须知等。对HSE体系文件和管理规定及时进行修订，较好地让项目管理层从HSE管理的源头上理顺项目HSE工作的指导思路。

（唐　波）

伊朗项目部

【基本情况】 2010年，伊朗项目部（以下简称项目部）有施工队伍22支，其中，钻井队4支、钻井液服务队4支、固井服务队2支、取心服务队1支、下套管队2 支、井口服务队1支、定向井队6支、硫化氢防护队 1 支、固控及废物处理队 1 支。项目部用工总量为411 人，其中，中方人员 145 人，当地员工 266 人，当地化率为 64.7%。中方人员中，管理人员 22 人，一线员工 123 人。按照用工形式分，合同化用工 85 人，市场化用工 29 人，借聘人员 9 人，劳务派遣用工 22 人。2010 年，项目部 4 台钻机完井 6 口，进尺共 10456 米。

【市场开发】 2010 年，项目部有钻机 4 台，其中，70D 电动钻机 3 台，30C 车载钻机 1 台，钻机总数占伊朗钻机市场的 4.2%；70D 钻机中 2 台在为 NIOC 下属油公司勘探部服务，1 台在为 CNODC 北阿项目提供服务。1 台车载 30C 钻机完成 M.I.S 项目合同规定的工作量，2010 年 6 月 30 日起进入合同质保期，设备封存看井。

【生产组织运行】 2010 年，按照长城钻探公司的部署,项目部加快建设钻井（建井）平台，以井筒总承包的模式服务海外油气市场。集团公司“两伊”开发战略为项目部带来机遇。项目“两翼齐飞”的市场格局已经形成，内线以 GW107 队承钻的北阿第一口井 NAZ-1 井的综合工程技术一体化服务和 MIS 项目综合工程技术一体化服务为标志，外线以伊朗勘探部的 12 口井 +2 台钻机 3 年及固井、钻井液、取心、井口服务、废物处理、下套管和尾管挂服务综合一体化服务为标志。加速一线强势项目部建设，扁平化管理，组建前线基地，落实靠前指挥，保障项目安全有效运行。

项目部以“转变观念、抓住机遇、加快节奏、快速发展”为理念，完善项目部管理机构，根据项目部发展需要，增设市场部、HSE 部、人力资源部、装备部、钻井液管理部和前线基地。突出业务管理，提高了服务和保障效力。项目部梳理完善工作流程，实现可控管理。项目部实行早晚例会制度，促进组织协调效率。重点井实施一井一策，制订具体方案、HSE 和技术措施落实到位。风险井科级干部住井，确保“三高井”井控、硫化氢防护万无一失。

【科学技术】 2010 年 5 月 8—24 日，项目部由于三开中完固井发生井漏，导致固井质量不好，进行补救措施，分别进行三次上部挤水泥做作业，期间由于水泥不足，停等水泥。处理复杂 207 小时，组织停工 244.5 小时，共计损失时间 451.5 小时。

2010 年 6 月 7—16 日，当四开 $8^1/_2$ 英寸井眼钻进至井深 2715 米，发生了严重的井涌和井漏复杂。由于四开 1816.5—2715 米井段存在至少两个不同压力等级的地层，在经过多次处理过程中，发现钻井液密度窗口极窄，甚至没有，钻井液密度在 1.25—1.31 克 / 厘米 ^{3} 之间，同时存在井涌和井漏现象，为此我们先进行了堵漏，在初步提高了地层承压能力之后，才恢复进行下部取心作业。处理复杂 210.5 小时，损失时间 210.5 小时。

四开取心及下部井段钻进过程中，由于钻井液密度过高造成井漏的恶化，在钻进过程中采用 1.28—1.29 克 / 厘米 ^{3} 的钻井液密度，而在起钻前，向井内泵入密度为 1.32—1.36 克 / 厘米 ^{3} 的重钻井液，重新下钻至井底后，循环排气。在取心过程中，这些井涌、排水排气现象在起下钻过程中反复出现，处理复杂337.50小时，损失时间337.50小时。

由于四开井段钻进过程中存在的复杂情况，甲方考虑到井漏对固井的危害，采取了低密度水泥浆，小排量固井。2010年8月26日5：30对7英寸尾管（下深3699.50米，悬挂点1638米）固井，水泥浆密度1.30克/厘米^3，固井排量300L/min。固井过程未出现异常。29日探塞发现悬挂器顶部未见水泥，后试压和测声幅结果显示环空水泥环胶结质量差。分别在8月31日、9月3日、9月6日、9月8日向悬挂器位置进行了四次挤水泥作业，前三次挤水泥均不理想。9月10日第四次挤水泥后，钻塞过程中，钻头起出后，牙轮钻头有崩齿现象，判断井下有异物。至9月15日分别下入反循环打捞篮、强磁、铅印、4只磨鞋对处理井下异物。期间，并未打捞出任何落物，磨鞋磨进过程中捞取铁屑约8千克。电测井径发现在1451—1454米处套管出现破损。随后甲方决定回接7英寸尾管至井口。至9月25日下入7英寸套管，回接尾管至井口，固井。至9月29日停等甲方油管头。9月30日安装11英寸、压力为70兆帕的油管头，安装封井器，并按照设计试压合格。下入6英寸钻头、钻塞，复杂解除。处理复杂时间791.5小时，损失时间791.50小时。

【会计审计】 伊朗当地对会计记录方法的要求为“复式记账法”，有严格和完整的会计管理程序，由会计公司提供规范的会计软件程序服务。会计档案管理要求分月、年用同种规格的文件夹装订保管，会计档案保存年限在3—5年，如果有特殊要求的可延长保存时间。偏重税务审计，每年主管税务部门都要到公司审查收入、费用、应缴税及损益情况，审查完后，税务部门要出具审计报告，写明审计意见，是否应补缴税款，或是已多缴税款，留待以后抵冲应缴税，可以向其他需要了解情况的有关部门出示，具有法律效益。会计年度是执行当地会计年度，折旧方法实行平均年限折旧方法。

【安全生产】 2010年，项目部认真贯彻落实长城钻探公司2010年安全生产会议精神，以落实“三分之一工作法”为契机，完善伊朗项目部HSE考核标准，加大对HSE过程性指标的考核，完善对HSE工作的全程监控，充分调动员工抓好QHSE管理工作的积极性。在井队现场严格执行长城钻探公司有关HSE规定、HSE管理体系以及程序文件，以及当地政府和甲方有关HSE管理方面的政策、条例、规定和要求，在继续坚持现场22张HSE检查记录表使用制度、班前班后会制度、巡回检查制度、作业旁站监督制度、每周安全和设备隐患检查制度、每月HSE检查制度、STOP卡制度、动火许可制度、维修挂牌和上锁制度、准驾证制度等同时，开展“强三基、反三违、严达标、除隐患”活动。根据长城钻探公司的部署，项目部宣传和开展《反违章禁令》、“五一期间安全大检查”；“2010年全国质量月”、“公司2010年安全生产月活动”、“百日交通安全专项整治”、“井控安全专项检查”、“国庆节前HSE专项检查”等活动；开展元旦、春节期间安全大检查工作。项目部通过狠抓各项制度的落实，有效保证人员、设备和作业的安全；通过各项活动的开展，提高安全管理工作的水平，巩固安全管理工作的成效，夯实安全管理工作的基础，促进员工执行安全规程的主动性和自觉性。

2010 年度，项目部没有发生任何交通事故和人员伤亡事故。百万人工时为 1796640 小时，Ltif 为 0，Trcf 为 3.46，井架工以上关键岗位人员持证上岗率为 100%，特殊工种持证上岗率为 100%，与基层队签订 HSE 责任书为 100%；且没有发生井喷、井喷失控事故和任何人员伤亡事故。工业垃圾、生活垃圾的排放和处理，严格执行当地政府和甲方的规定和要求，没有出现任何违规违纪现象，没有发生任何工业污染事件或事故。项目部有 135 人参加长城钻探公司举办的 HSE 和井控培训，作业现场利用班前班后会、演习后讲评会以及其他工作会等机会，开展对员工的安全、技能教育培训活动，参加这种短、频、快教育培训活动的员工达 3180 余人次。由于与当地雇员语言不通、沟通困难，故项目部聘任 4 名曾参加过长城钻探公司总部 HSE 培训的当地雇员为现场 HSE 监督，采用当地人培训当地人的办法，充分利用他们既懂当地语言又知晓 HSE 的优势，发挥他们的作用，使当地雇员得到有效的教育培训，起到了很好的作用。项目部车辆行车 611762 千米。行车记录仪数据分析及交通安全通报 12 期。项目部每晚例会安全经验分享 256 次；现场各井队、前线基地安全经验分享 1280 次。

【物资管理】 2010 年，项目部深入贯彻长城钻探公司加快物资保障能力建设的方针，配合公司的建设物资贸易平台的构思，以出口装备、总包拉动和物资贸易为手段，追寻新的利润增长点。立足项目部队伍分散的实际情况，建立灵活高效的后勤保障机制，做到科学规划，统筹协调，全力保证一线生产的需要。项目部完善物资管理办法，更新后勤保障部门的工作职责，更换补充新人员，加强机构建设，推进和实施 ERP 上线工作，筹划前线基地建设，为迎接项目部大发展奠定了基础。

一、完善物资管理规章制度

2010 年，后勤保障部根据伊朗有关法律法规和集团公司有关规定及《长城钻探工程公司物资管理办法》、《长城钻探工程公司境外项目队伍托管协议实施细则》，结合项目部实际情况，制定《长城钻探伊朗项目部物资管理办法》。根据后勤保障部的实际工作内容，梳理出《后勤保障部部门工作流程》，包含国内统购，当地采购，井间搬家及零星运输服务，货物清关及运输程序，物资结算管理，物资仓储管理入库、出库六大程序，规范部门人员工作程序，短时间内提高新进职员工作水平。

二、仓储设施建设

由于项目部钻机少且分散的问题，无法实现各队材料等仓储物资的统一管理，只是在前线基地临时租用一个库房用于钻井液材料的储存。项目部于 2010 年 11 月将北阿前线基地的规划设计汇报给长城钻探公司总部规划计划处，并得到批复。根据项目部的发展实际情况，北阿前线临时基地已经开始建设，拟于 2011 年完成，并联合测录试项目在前线主要城市Ahwaz建立集管理、仓储于一体的大型基地。

三、出入关工作

项目部对于境外采购的货物，及时跟踪船运文件的审核，根据发货方的箱单发票及时制作并提交RTI给相应的甲方。因为不同的甲方对于文件的要求有差异，需要根据不同的甲方分别对待，尽量做到满足甲方审核RTI的要求。当船运文件收到后，及时提交给清关代理，督促代理和甲方及船运公司联系，提前办理相关的审批手续，减少货物到港后的清关时间。

2010年，项目部完成执行勘探部合同的GW16队、GW18队补充的所有临时设备8批，货值885万美元设备的清关，并安全送井；完成10批累计货值212万美元永久消耗材料的清关；完成北阿项目临时进口设备3批，货值754435美元设备清关；完成钻井配件、钻井液材料、固井添加剂等23批，货值5911000美元材料的清关；保证NAV-1井的顺利施工；为16队一套旧北石顶驱办理出口事宜，发运回中国；向三个甲方共提交RTI 37个，36批已经完成清关。

四、延期工作

2010年，项目部顺利解决GW16队和GW18队临时进口设备延期问题，获得2台钻机在执行新合同的3年内给予延期的许可。GW16队和GW18队分别于2010年10月19日和9月25日一开钻进。

五、物资采购工作

项目部严格遵循物管中心《长城钻探境外机构物资管理实施细则》及临时下发的物管函。项目部在井队递交采购申请时，能够根据具体的采购计划及需求周期，合理安排供货渠道；把统购的计划提交给物管中心，由物管中心安排物资公司采购，随时为各采购员进行物资澄清，并及时跟踪货物进展。零星采购和当地采购的部分，项目部扩大当地采购能力，寻找有信誉的供货商，做到及时询价，随时跟踪发货情况，及时反馈产品质量，力争做到成本低，供货期短，质量无问题；接收、审批各类物资采购申请表115份，根据长城钻探公司物资采购管理办法的要求，上报国内审批55份，当地签订的采购订单60份，签订各类采购订单，服务协议49份。

（李　会）

叙利亚项目部

【基本情况】 截至2010年底，叙利亚项目部（以下简称项目部）拥有3部钻机为中叙合资公司和法叙合资公司服务，并为SSKOC提供测录试及酸化压裂服务。项目部开钻21口，完井21口，提供酸化压裂服务4口。项目部设立在叙利亚首都大马士革，前线基地设立在德尔祖市，钻井队现场分别位于萨达地

(Shdaddi) 镇和德尔祖市。有 3 个钻井队、1 个酸化队、1 个测井队、2 个录井队。员工总数 199 人，其中，中方员工 71 人，当地雇员 128 人。

【安全管理】 2010 年，项目部落实长城钻探公司的各项 HSE 工作，完善项目的质量监督管理体系，健全质量监督管理组织机构和管理网络，明确质量监督管理工作职责和岗位人员质量责任制。强化施工现场质量监督管理，增强过程质量控制能力。加强对物资采购过程中的质量监督，确保采购物资质量过关。积极开展各项质量监督管理活动，通过多种渠道提升项目的质量监督管理水平。项目部运作 6 年多未发生重大人员伤亡事故，以及设备财产损失事故，没有发生一起环保污染事故，全年无一起有责交通事故发生，损工时事件（LTI）为 0。在连续的施工作业中，先后收到中叙合资公司甲方给予 GW170 的安全作业的感谢信；酸化项目施工作业的 2 口井的感谢信；2010 年 9 月 26 日，GW185 收到甲方法叙合资公司安全生产无事故 1 年的书面感谢信，甲方高层领导并亲自到井队颁发安全生产 1 年纪念牌；测井队和录井队也分别多次收到中叙合资公司的表扬信，测井队还获得甲方特别颁发的“作业特别优秀奖”。

【市场管理】 2010 年，叙利亚当地市场份额有限，市场竞争激烈，项目部根据长城钻探公司加大技术服务市场开发的指导精神，分析叙利亚市场现状，采取灵活多变的方式加大市场的开拓力度。坚持执行“三保持两加强”的原则，保持良好的作业业绩是取得新市场工作量的基石，保持良好的甲乙方关系是确保市场工作量的前提，保持双方的尊重为确保市场的工作量的延续；加强项目部管理水平和服务质量才能得到油公司的认可，加强建立比较完善的项目部管理制度以及人员当地化进程的推进才能为项目部市场的拓展创造积极的条件。克服重重阻力，顺利地完成了全年的合同工作量。

【员工管理】 项目部以提高中方人员素质，加强当地雇员管理为本年度工作重点，组织中方人员参加长城钻探公司组织的各项培训 71 人次，提高现场员工在安全、操作、语言等各个方面的能力水平。项目部制定详细的当地雇员管理办法，明确雇员管理机构、领导小组及其职责、雇员的责任和义务。通过严格的面试筛选、试用到正式录用一系列程序，严格控制录用当地员工的素质。拟定办公室雇员及现场雇员合同，根据实际情况明确工资标准及相关条款，关键岗位当地自雇员工已达到 20 人，加强各基层作业队当地员工的统一管理，提高队伍的整体素质，

项目部根据实际情况制定 2010—2012 年的海外用工当地化率推进目标和措施，取消中方营地经理、副司钻、设备师、厨师的岗位，转由当地雇员担任（厨师由阳光国际接管）。钻修井板块作业队的当地化率已经达到 62%，测录试板块当地化率已达到 75%。

【财务管理】 2010 年，项目部统筹安排，精心实施，保障综合项目部重组工作的顺利进行。结合钻井和测录井业务财务管理实际情况，特制订叙利亚综合项目部钻井和测录井业务合并财务管理实施方案，协调解决合并过程中出现的问题，

于5月初会计工作顺利交接。财务部门通过自身努力，熟悉和掌握测井业务核算流程，规范两套账的核算，顺利完成2010年财务决算工作。项目部加强财务管理，提高预算控制力，切实控制成本支出。完善确定科学合理的预算考核政策。打破以往只考核收入和利润的预算考核政策，将“经营业绩考核、搬家时效考核、HSE管理和设备管理考核”纳入考核体系之内，从全方位对项目部经营管理实行控制。项目部加强财务制度建设，提高会计基础工作，完善结算业务流程，加快资金结算速度，提供资金回收率认真做好税收筹划工作，规避税收风险。

（李　珂）

伊朗测井作业区

【基本情况】 2010年，伊朗测井作业区（以下简称作业区），员工总数357人，外籍雇员288人，当地化率81%，完成长城钻探公司要求的80%的当地化推进指标。作业区建有32支作业队伍，其中，12支测井队，测试队伍16支，综合录井队伍3支，综合解释队伍1支；建有8支当地化作业队伍，4支当地化管理队伍。作业区有14套测井设备（配齐井下仪器、放射源的只有10套设备），16套测试设备，包括地面测试、井下DST、钢丝及连续油管等，3台录井仪器。占用的资产原值为6561万美元，资产净值2500万美元，资产成新率为38%。

【经营管理】 2010年，作业区传承和落实已有的、好的管理做法，充分利用现有的管理工具，抓好现场QHSE管理工作；坚持走“市场、作业、物流和财务”一体化的管理模式，确保甲乙方之间的沟通顺畅；倡导全员市场营销、争创一流品牌的理念；重视当地化工作，完善和执行雇员技能培训和考核晋级激励制度，逐步提升作业队伍的整体素质；稳步推进TnPM设备管理，提高设备的完好率，降低作业质量事故；加强和完善内部交流和沟通机制，牢固树立依法经营理念。

【HSE管理】 2010年，作业区始终在QHSE管理方面进行探索，向国际先进的QHSE管理模式学习，根据长城钻探公司总部的QHSE管理体系，结合作业区自身的特点初步形成适合伊朗地区特点的QHSE管理运作模式。作业区在健康、安全、环保以及安保方面成绩显著，创造连续5年无重大安全伤亡事故发生，作业区实现HSE各项考核指标的达标，LTI=0，TRCF=3.94 ≤ 4.0。

【市场营销】 2010年，作业区贯彻“分层次、全员市场营销”理念，将市场维护工作融入到专业日常生产中去。一线工程师主要负责客户现场监督的市场营销工作；各专业、项目经理主要负责客户合同主管、项目经理、作业经理的市场营销工作；作业区领导和市场经理主要负责客户高层和商务重点人员的客户营销工作。

作业区参与 19 个项目投标，投标金额约 9730 万美元。测井专业新开项目 6 个，完工项目 2 个，后续可执行合同额约为 5700 万美元。测试专业新开项目 6 个，完工项目 2 个，后续可执行合同额约为 3140 万美元。录井专业新开项目 3 个，完工项目 2 个，后续可执行合同额约为 85 万美元。作业区实现新签、续签合同 12 个，合同额 5075 万美元；非 CNPC 项目达 88% 以上；新增服务客户 3 个；另有待签项目 2 个，预计合同额 2500 多万美元。

【队伍建设】 作业区多渠道、全方位招聘当地雇员，做好雇员招聘和入职教育；依法管理雇员，特别重视劳工法、SSO 税法、雇佣合同等；系统性加强培训，提升当地雇员的作业技能和安全意识等；完善和落实当地工程师的培训考核晋级及薪酬激励机制；各专业要实现定人、定岗、定设备，执行员工单井考核制度；开展“员工行为准则”教育和月度、年度评优活动，注重企业文化建设，增强外籍员工的忠诚度和凝聚力；转变当地化理念，从追求员工数量逐步向追求高质量和高素质上转变。

（欧阳昌）

伊拉克测井作业区

【基本情况】 伊拉克测井作业区（以下简称作业区）有基层作业队伍 15 支，其中，测井专业队伍 8 支，录井专业队伍 3 支，测试专业队伍 2 支，解释队伍 2 支，分布在伊拉克南北部 4 个作业基地，分别为 10 余家油公司提供工程技术服务。作业区有员工 169 人，其中，中方人员 55 人,伊拉克当地雇员 106 人，国际雇员 8 人。

2010 年，作业区被评为长城钻探公司先进集体、统计工作先进单位、市场开发和管理工作先进集体等荣誉称号。

【生产情况】 2010 年，作业区测井专业完成 343 井次测井作业、927 米射孔作业；测试专业完成 9 口井 26 层作业；录井 657 天；解释 8 口井 12 井次生产作业。作业区共有 15 套各类生产技术服务设备，设备利用率为 100%。

【设备管理】 2010 年，作业区有 8 套常规测井设备，为国内环鼎公司的 LEAP600 测井系统。裸眼井特殊项目部测井仪器，如电成像以及阵列声波、核磁等仪器均为美国哈里伯顿公司的产品。套管井水泥胶结测井仪器 RBT 以及生产测井 PLT 仪器均是英国 SONDEX 公司产品。测试专业有 2 套测试设备，分布于绿洲和哈法亚项目，其中绿洲项目装备全面，配套完整。哈法亚项目处于启动初期，正进行设备、配件的配套工作和开工前验收。录井有 3

套 Welleap 综合录井仪，分布于绿洲和北部库尔德项目。解释 2 套设备分布于迪拜和北部库尔德。

【HSE 管理】 2010 年，作业区认真贯彻落实长城钻探公司安全生产会议精神，严格执行长城钻探公司有关 HSE 规定、HSE 管理体系以及程序文件，以及当地政府和甲方有关 HSE 管理方面的政策、条例、规定和要求开展各项安全生产活动，针对极不稳定的伊拉克政局及安全形势，作业区在油公司的统一大安保下制订每个项目的安保方案，确保任何一个安全风险都在可控的范围之内。特别是鲁迈拉及哈法亚项目的成功启动，是落实直线管理和属地管理的典范。作业区各项目、各专业重点在交通安全管理、放射源和火工品等危险品管理、井控管理和硫化氢井环境下的作业管理等方面下功夫，落实 STOP 卡，Near-miss，Tool Box Meeting 等 HSE 工具的执行，在全体员工的不辞辛劳和艰苦奋斗下，在社会安全管理、生产安全管理、环境保护等各个方面都得到较大提高，全年未发生社会安全事故和生产作业事故。

2010 年，作业区没有发生任何交通事故和人员伤亡事故。工作总工时为 265322 工时，LTIF 为 0，TRCF 为 0。工业垃圾、生活垃圾的排放和处理，严格执行当地政府和甲方的规定和要求，没有出现任何违规违纪现象，没有发生任何工业污染事件或事故。

巴基斯坦测井作业区

【基本情况】 2010 年，巴基斯坦测井作业区（以下简称作业区）各项业务进展正常，但由于社会，政治局势的剧变，导致各项工作无法正常进行，直接影响各项工作的计划。8 月之前，巴基斯坦在作业钻机只有原来的一半，保持在 18—20 部，8 月的洪灾导致巴基斯坦的石油勘探开发作业基本停止，随着洪灾的影响减退，各项作业在恢复中。作业区有 60 名员工，其中，中方人员 1 名，当地雇员 59 名，人员当地化比例为 98%。

【HSE 管理】 2010 年，作业区根据实际情况，明确各个岗位的安全责任制，要求项目员工坚守自己的岗位，时刻警惕、保护自己、预防为主。作业区按照要求，逐步完善应急计划，并进行若干次的演练。按照年初制订的计划，进行急救，防御性驾驶，硫化氢作业环境的培训，收到良好的效果。2010 年，作业区未发生任何作业事故、人员伤亡等事件。

【人力资源管理】 作业区遵循长城钻探公司人员本地化的原则，在合理范围内控制中方员工的数量，增加当地员工的数量，培训当地合格的管理和技术人员，2010 年已经做到全部技术人员和绝大多数管理人员的当地化。

【后勤保障】 作业区根据巴基斯坦当地的特点，寻求当地的后勤支持，多数不常用料在当地都找到供应商，降低库存与当地清关。运输公司签订长期合同，通过引入多家服务商，在保障作业的同时，也降低成本。

（李文军）

中哈长城钻井公司

【基本情况】 截至2010年底，中哈长城钻井公司（以下简称公司）在册员工2047人，其中，当地员工1910人，中方员工137人，分别占员工总数的93.3%和6.7%。公司拥有钻机22部，其中6部为俄产4Э−76钻机（合资公司资产），3部70L机械钻机（租赁设备），2部50DB钻机（租赁设备），9部70D电动钻机（7部为租赁设备，2部为托管设备），2部3000米钻机（托管设备）；双机双泵固井车4套，单机泵固井车2套，定向设备5套，取心工具常规和密闭各2套（皆为托管设备）。

2010年，公司开钻38口，交井35口，年累计进尺129426米。

【主要措施和成果】

一、强化生产组织

2010年，全体员工继续转变思想观念，统一思想认识，增强全体员工的服务意识、市场意识和危机意识，促进各岗位工作水平的提升。公司加强生产管理，提高生产时效。加大搬安等重点工序的组织协调，抓住工序衔接等施工环节，强化组织计划和施工过程的跟踪，提高搬迁速度。公司加强车辆管理，降低运输成本。采办部、材料部、财务部认真履行相关工作程序，加强降低车辆维修、运输等成本费用的监管。每月分类固定成本费用，实行车辆成本与奖金挂钩制度。

二、转变发展方式

长城钻探公司在CNPC阿克纠宾油气公司传统市场工作量逐年减少，合同价格没有提高，生产成本反而增加。公司及时调整市场策略，转变发展方式，在巩固CNPC阿克纠宾油气公司传统市场，保持现有规模的基础上，从2009年就开始着手非CNPC外部市场的开发，2010年通过中哈方员工共同努力，外部市场开发得到了全面的升级，先后成功中标韩国投资MGK 1口深探井和1口修井项目，香港保利达KDO项目2部ZJ30钻机建井总包合同，乌里赫套作业公司1口井总包项目，TME里海公司1口3800米开发井项目，全年外部市场中标及签约合同额达3640万美元，所占份额达到25%。

三、加大钻井提速系统化

公司加强定向技术研究，确保双分支水平井的顺利施工。加大成本投入，推行三甲基钻井液体系，确保井身质量，提高固井质量。

四、强化设备管理

公司加强设备检查和考核机制，细化落实设备的日常管理工作。关注设备年检、大修等设备重点工作，重点跟踪5部钻机的改造，做好现场配套安装工作，确保钻机按时安装运行。

五、强化 HSE 管理

公司推行“三分之一工作法”，坚持“主要领导负总责，分管领导负主责，系统主管领导负系统管理责任”的安全管理责任制，杜绝出现安全责任空白区，全面提升 HSE 管理水平，为效益中心以及市场的维护提供有力保障。

六、加强员工队伍建设

公司按照以内部培训为主，外部培训为辅的原则，对中哈方员工开展针对性专业技能培训。中方员工重点提高俄语水平，哈方员工重点提高英语水平，推动全员复合型人才发展进程。2010年，公司组织2期钻井液技术培训班，2期钻井工程技术培训班，2期 HSE 培训班，培训均由公司内部技术专家授课。

公司完善员工激励机制和干部聘用机制，发现人才，培养人才，用好人才，为长城钻探公司培养更多的后备干部。接收阿拉木图大学毕业生到中哈公司现场实习，对能力较强表现突出的实习生留在公司充实岗位；开展全员各岗位工种的技能竞赛，提升全员技能水平。对后备干部，每个季度根据工作表现进行考核和重新定位，定期淘汰表现差的，定期提拔优秀人员到高级别岗位。建立钻井队红黄绿考核机制，开展涵盖各个岗位的全员绩效考核，根据员工考核情况和能力大小，在薪酬上予以兑现。通过学习泰国项目 GW80 队的先进事迹，在员工中树立先进典型，在钻井队中树立标杆队，营造比、学、赶、超氛围。通过广泛渠道引入人才，在组织当地人才招聘会的同时，与哈国当地几所石油院校建立了长期沟通机制，定期从学校毕业生中选拔新鲜血液，并提供井队实习机会，储备技术型和管理型多样化人才。

【科技创新】 2010年，公司使用复合钻井技术，肯基亚克油田和扎纳诺尔油田二开井段平均机械钻速分别同比提高37%和21%。公司通过对钻头使用情况以及井段地层岩石力学特性的分析，有针对性地开发出适合3000米以下地层和适合三开井段使用的 PDC 钻头，使钻井速度得到提高。选定设备状况较好的 SKGW30 队和 SKGW28 队进行高泵压试验，更换钻具，把5英寸钻杆换成$5^1/_2$英寸钻杆，降低钻具内压耗。在设备安全承压范围内尽量使用高的泵压，使钻头获得尽可能高的水马力，机械钻速明显得到提高。

公司根据邻井资料分析可能发生的事故和井下复杂情况，将分析结果制订防止事故和井下复杂情况预案并向井队人员交底，监督各项技术措施的执行；对过去发生事故复杂案例进行分析并整理成文下发到各井队进行学习，以提高井队预防复杂事故的能力。扎纳诺尔油田是三开井段泥岩易水化膨胀造成井壁坍塌，形成“大肚子”或“糖葫芦”井眼，给油层套管固井工作带来极大困难。多次出现固井灌肠、声幅质量不合格。2010年，公司加大资金投入，选用合适的固井液材料，并针对技术难点，加大技术攻关力度，扎纳诺尔交井的11 口井固井质量合格，甲方满意。在扎纳诺尔油田三开井段使用 KCl– 两性离子聚合物钻井液体系，增强钻井液的抑制性，控制井径扩大率，为油层套管固井创造良好井眼条件。开展固井技术攻关，努力提高固井质量，尽力避免扎纳诺尔油田完井固井施工中的高泵压问题。三开井段使用 KCl– 两性离子聚合物钻井液体系，抑制泥岩吸水膨胀。对缩径井段认真通井并采用合适排量洗井，通井到底起钻前分段用高粘切钻井液洗井一周，套管下完后充分循环洗井，有针对性地优选水钻井液配方，合理使用环空节流控制技术，以克服注替水钻井液过程中的 U 型效应，保证施工安全，对不具备使用环空节流控制技术的井，固井期间则采用上下活动套管，以改善环空水钻井液流动条件。

【安全生产】 2010 年，公司强化安全生产和基础工作，推进 HSE 管理体系，健全 HSE 监督管理结构，提高专业化 HSE 监督队伍素质，实现公司内部 HSE 监督执行两条线管理方式，同时，重点加强钻井安全管理、以井控安全管理为核心，开展安全隐患排查工作，杜绝井喷事故的发生，实现连续安全生产。实现连续安全生产 1527 天。

公司推行目视化管理和属地化管理，安排哈方 4 名中高级 HSE 管理人员到中国参加体系推进的培训，使当地员工的 HSE 管理理念得到有效的转变，已经在三个哈方井队进行了试点和推广。加强安全生产监督，落实《反违章禁令》，推行 STOP 卡和锁定程序在现场的应用，规范操作规程只有规定动作，没有自选动作；在作业中严格执行许可证制度，18 种作业必须由专业小组开具施工许可；坚持定期安全检查，及时排查隐患，巡井 300 多井次，消项整改 1653 项。加强井控安全管理，加强井控设备的规范化管理，做好井控设备的冬防保温工作；监督井控演习，演习具有实战性，进行 630 多次；开展井控安全工作检查，监督各项井控措施的落实。加强社会安全，做好防恐工作，加强中方人员的管理，改善工作和居住场所的安全条件；定期召开防恐安全会议，编写哈国工作安全手册；完善公司应急预案，制定员工应急联系卡；完善安保措施，在办公驻地及部分井队安装电子监控系统、增设持枪保安。加强对承包商的安全管理和监督，把承包商纳入日常的安全管理工作中，定期检查和监督各项安全措施的落实。

【企业管理】 公司是一个多民族的国际化公司，公司内部有哈萨克族、俄罗斯族、乌克兰族、芬兰族、阿塞拜疆族、鞑靼族、乌兹别克族等 17 个民族，每个民族有不同的生活理念和习惯，在培养和新提干部时，尽量考虑民族多元化问题。2010 年，公司强化内部管理，细化并完善管理规定，使各项管理工作做到有据可依。完善公司预算和考核执行体系，细化经营管理考核机制，健全后勤保障等部门的指标考核兑现机制。加强材料管理，细化物资使用程序，完善消耗单项考核细则，坚持“谁使用、谁计划、谁负责”。建立材料入库及核销责任制，加大材料控制力度。 完善物资采购程序，成立招标委员会和投标委员会，对采购物资进行招标和投标，确保物资采购质量。加强库存物资管理，利用好ERP物资信息管理平台。对专用物资专项管理，对通用物资进行统一管理，避免各类型号钻机配件混乱。

【企业文化】 公司建立以“团结、求实、奋进、创新”为主题的适合公司发展的企业文化。公司领导班子和工会组织积极协作，倡导健康向上的文体活动以此来推动和营造和谐友好、团结向上的工作氛围。在公司内部，中哈双方员工相互尊重、相互理解、平等待人，遇到敏感及重大问题，集体讨论决定。遇到外部问题，中哈双方总是能够群策群力。营造和谐的外部工作环境，努力与当地政府、工会组织建立良好关系，组织和开展当地传统的各类公益活动。切实关心当地广大员工的利益，与工会组织协商补充增设大量其他福利项目。尊重当地文化风俗，融入当地社会。充分信任哈方人，发挥当地人的管理优势。建立人才培养梯队制度，人才的培养与干部的年终考核挂钩，对于没有完成指标的单位及部门负责人进行适当的处罚。坚持干部培养跟踪制。对后备干部，每个季度根据工作表现进行考核和重新定位，定期淘汰表现差的，定期提拔优秀人员到高级别岗位。坚持人才培养和干部提拔多元化。公司是多元化民族构成的单位，公司在培养和新提干部时，尽量考虑民族多元化问题，这样可有效遏制小团体意识，避免激化民族情绪。

【党建工作】 2010年，公司加强“三个代表”和“科学发展观”重要思想的学习，采取灵活机动的方式开展党组织工作，根据当地政治环境特点，以及公司生产经营工作的需要，公司采取多种方式，组织党员学习上级党委的重要文件和会议精神，并通过各种方法传达到基层党小组，传达到每个党员，使每个身居海外的党员都能得到良好的时政教育。加强党员领导班子建设、党风廉政建设，公司领导班子成员遇事互相商量，工作中相互帮助，相互支持，相互理解。

（郑传伟）

阿塞拜疆综合项目部

【基本情况】 阿塞拜疆综合项目部（以下简称项目部）的前身是于2003年成立的中石油长城钻井阿塞拜疆办事处。2010年5月1日，长城钻探阿塞拜疆钻井办事处和阿塞拜疆CNLC子公司合并成立为具有专业化对外钻井技术服务公司的长城钻探阿塞拜疆综合项目部，项目部位于阿塞拜疆的首都巴库。

2010年，项目部有作业队12支，其中，钻修队伍2支，技术服务队10支，中方人员60人，当地雇员131人，人员当地化率69%。2010年全年开钻14口，完井14口。

【市场增项】 2010年，项目部根据长城钻探公司发挥综合实力、扩容增项、做强做大市场的要求，以钻井为龙头，充分利用甲方技术力量缺乏的有利条件，转变发展方式，承揽服务总承包项目，带动技术服务的发展，开拓非 CNODC 市场，合理利用分包资源，完善服务链。

项目部承揽 3 个总包项目 15 口井的工作量，总包合同额占全年市场开发额的 50%，其中，14 口井为非 CNODC 项目，充分带动钻井液、定向、固井和测录服务项目的发展，市场份额得以扩大，实现扩容的目的。项目部有效利用当地资源，采取外包服务的方式，承揽定向井和固井服务，完善项目部的技术服务链，达到增项的效果。

【经营管理】 2010 年，项目部年初与各个作业队负责人签订生产经营责任书，把生产、安全、经营责任落实到各个单位负责人。安排各作业队对 2009 年成本构成进行分析，找出可以压缩的成本项目，拿出成本控制措施，降低作业成本。每月向各队通报生产经营情况，让各个作业队负责人了解收入和成本发生情况，切实感受到经营压力，让各队负责人不仅要承担起生产责任，还要承担起经营责任。针对测井专业 2010 年的亏损情况，项目部组织作业队负责人进行成本分析，采取多项措施，如撤销一个基地、裁减雇员数量、进行内部设备盘活租赁、严格控制耗材成本等，减少测井项目的亏损。

【作业管理】 项目部立足于已有市场，通过加强现场作业管理、HSE 管理，加强和甲方之间的沟通，及时协助甲方解决作业中遇到的困难，提升作业水平，树立长城钻探公司品牌形象，让甲方可以放心地把工作量交给项目部完成，实现作业扩市场，市场保作业的局面。

2010 年全球能源公司新井位有 20 口，其中，14 口全部以总承包的模式交给项目部完成，主要原因是项目部在执行 Karasu 12 口井的总承包项目中安全、高效的作业表现，大大提高了甲方的作业进度，节省甲方的投资。

【安全生产】 项目部明确 QHSE 管理机构职责，全面开展 HSE 体系推进工作，定期开展隐患的检查治理，加强项目部井控、交通、消防的专项管理工作和员工培训工作，全员安全意识大幅提高，安全责任层层落实，提升安全管理水平。2010 年，项目部死亡事故、重伤事故、交通事故、火灾事故、井喷失控事故和环境污染事故均为零，各项安全控制指标、管理指标均达标。

2010 年，项目部总工时 474232 小时，安全行车 455098 千米。医疗处理事件 2 起，未遂事件 1 起，可记录事件共 3 起，损工时事件 0 起，百万工时损工时事件率为 0，百万工时可记录事件率为 6.33。

（郑传伟）

印度尼西亚项目部

【基本情况】 2010年，长城钻探公司对海外项目实行大区管理，将印度尼西亚项目部（以下简称项目部）划归中亚大区管理，项目部的主要业务是钻井服务、钻井液技术服务。中亚大区书记兼项目部经理1人，项目部副经理2人。项目部下设生产协调部、财务资产部、市场开发部、后勤保障部、综合办公室5个部门，另有苏岛作业区、东部作业区和实验室。项目部中方管理人员8人全部为本科以上学历，其中，博士及博士在读3人，硕士5人。项目部有员工176人，其中，中方员工38人，印度尼西亚当地雇员138人，人员当地化率79%，现场作业人员当地化率100%。项目部拥有17支技术服务队伍，其中，1支钻井队伍、4支顶驱服务队伍和12支钻井液技术服务队伍。业务涉及钻井、设备租赁、钻井液和材料贸易等方面。

【质量管理】 项目部加强管理程序化和国际化，完善项目部质量管理程序文件和体系。通过学习和借鉴CNPC印度尼西亚公司成功的国际化运作管理经验，结合项目部自身特点和规模，根据ISO 9001质量管理体系的理念，按照简单、实用、严谨和可操作性强的原则，建立并完善《印度尼西亚项目部质量管理程序文件和体系》。管理体系覆盖项目部运作和管理所有关键过程 ，是项目部行政管理、决策管理、后勤保障管理、经营管理、市场管理、作业管理、安全管理和风险控制的主要依据和基础。通过建立项目部内部审核机制，对项目部管理体系进行阶段性系统审核，对项目部运作各关键环节进行阶段性检查，从制度的根本上保证实现持续性改进，确保项目部管理的长期有效性以及持续提高竞争力。2010年，项目部经营管理论文《浅析海外项目风险管理和控制》获长城钻探公司优秀论文一等奖。

【市场开发】 项目部坚持市场决定发展，调整市场重点和策略，集中优势资源，培育和发展新型市场。根据印度尼西亚市场特点，项目部建立贯穿整个市场开发过程的评估、监控机制和程序，对整个市场开发过程实施重点监控，为实时把握市场机会、规避市场风险奠定基础。通过自营、联合作业、合作、代理、合资等灵活市场开放模式，合理利用当地和国际资源，谋求共同发展。2010年，项目部实现新签市场合同额3400万美元，业务范围涉及工程技术服务管理、钻井液服务、设备租赁及材料贸易。

【生产作业管理】 2010年，项目部实行精细作业，程序管理，过程控制，建设安全和效益并举的生产作业管理模式。顺利组织完成1部70D钻机服务、2台旋转防喷头服务和3台顶驱服务的新启动工作，在一个月以内完成1部70D钻机的钻机清关、卸船、倒驳、内陆运输、井场安装、设备整改及甲方检验，于7月1号达到甲方要求的开钻标准。从7月初开钻至年底，中信钻机服务项目在新人员和新设备基础上整体实现满日费作业。项目部修订中信钻机服务作业管理SOP，为项目的顺利启动及安全作业提供管理基础；对旋转防喷头项目分包运作新模式，制定与国际知名公司Weatherford公司的月度生产交流制度，明确各自工作责任，建立分包模式下的作业管理SOP，实现作业管理平稳有序；建立顶驱服务作业管理SOP，确立新项目顺利启动、作业安全平稳及人员当地化的基础。

【培训管理】 项目部秉持以人为本的理念，加强项目部人才队伍培养，推进员工本地化。2007—2010年，项目部派92人次参加集团公司、长城钻探公司组织防恐、HSE等相关技能培训；派出6人次到第三国参加培训，培训内容涉及设备管理、风险管理、PMP项目部管理等；培训印度尼西亚当地雇员963人次，培训内容包括长城钻探公司HSE培训、项目管理程序和企业文化、项目各业务岗前培训、印度尼西亚政府MIGAS要求上岗资格培训、IADC井控培训、UBD钻井井控培训等。

【HSE管理】 2010年，项目部坚持“环保优先、安全第一”原则，加大HSE工作力度，持续改进HSE管理体系，着力追求“零伤害、零污染、零事故”。2006—2010年，项目部百万工时约320万小时，安全行车约270万千米，做到死亡事故、重伤致残事故、交通事故、环境污染事故、火灾事故和井喷事故为零。

【物资采购】 项目部科学调配资源，完善现行项目生产保障体系。针对物资采购竞标环节，结合生产作业需求，制定新的物资采购竞标程序（需求计划制订及审批—供应商筛选—技术及价格竞标—采购订单及审批—监督订单履行情况—付款—质保金释放）。项目部通过内审机制，适时调整采购制度和方法；利用LOI和分包履约保函，集中采购和长期协议灵活交货付款等方式，采取加强对分包商的约束和管理，提倡供应商寄售模式等手段，严格控制各项成本的支出；通过采用陆运改为海运灵活的运输方式，将清关、仓储、运输、包装等业务打包外包出去的方式，降低项目成本。

【科技发展】 2010年，项目部加强技术交流与合作，依靠科技进步提高服务保障能力和可持续发展能力。项目部完成科研项目强抑制性钻井液体系研究与应用以及抗高温、高矿化度和高密度钻井液体系研究；联合印度尼西亚能源部国家实验室完成油基钻井液体系实验优选和评价；加大对多页现场的技术支持，紧密结合现场实际问题，努力与甲方沟通，根据现有的SOP标准作业程序，优化钻井液体系和配方，复配高附加值添加剂。通过引入替换2种钻井液添加剂创效30万美元。2010年，项目部在国外核心期刊上发表论文3篇，其中，被EI收录2篇。

（董立坚）

泰国项目部

【基本情况】 泰国项目部（以下简称项目部）办公地点设在泰国首都曼谷。作业区域分布于泰国中北部的LANKABUE境内。项目部有3支队伍，GW80队为50DBS钻机、GW229队为50DBS-L钻机、GW97队为XJ650修井机；GW80队及GW229队分别为PTTEP（泰国国家石油公司）及CNPC-HK提供钻井服务，GW97队为PTTEP（泰国国家石油公司）提供修井服务。GW229队同时包括测井、录井、固井、钻井液、定向技术服务，为CNPC-HK提供钻井及相关工程技术服务。2010年，项目部有163名员工，其中，中方人员67名，当地雇员96名。

2010年，项目部动用2部钻机1部修井机和5支服务队，开钻井55口、完钻井54口、钻井进尺14.2万米、试油修井80井次、固井31井次；测井14井次；射孔12井次；录井、定向井、钻井液服务各14井次。

【安全管理】 2010年，项目部全年实现零污染、零事故的目标。项目部实际工时682008小时，暴露工时1364016小时，实现LTI和LTA均为零的目标。各服务队服务井身质量合格率均为100%，上交甲方资料合格率100%。设备综合完好率为100%，综合利用率为100%。

项目部重新梳理HSE体系推进工作组织机构，成立以项目部经理为组长的HSE体系建设推进领导小组，明确每个成员的职责，借鉴其他单位取得的成功经验，结合泰国项目部的实际情况和甲方要求制订了本年度体系推进计划。项目部各级领导认真做好“七个带头”，逐级签订HSE管理目标责任书，层层分解指标，落实责任。完善HSE管理体系和HSE管理制度，通过项目部各部门的协作，顺利完成项目部HSE体系文件的清理和补充。贯彻落实长城钻探公司的各种HSE文件、活动和政策。按照长城钻探公司的统一要求，项目部通过各种形式组织所有员工（包括当地员工）继续学习、理解、掌握集团公司的《反违章禁令》和长城钻探公司《井控十大禁令》的内涵，并要求把禁令内容落实到工作中。推动员工使用HSE管理工具。项目部继续强化STOP card（STOP卡片）、JSA（工作风险分析）、HAZ-ID（危险识别）、PTW（工作许可证）等HSE管理工具的使用

【经营管理】 2010年，项目部加强经营管理，抓好成本的全过程控制，坚持以提高经济效益为中心，强化成本管理的全过程控制，深挖内部潜力，成本控制在计划之内。认真落实成本目标管理，完善项目部成本制度，抓好指标细化，严格成本立项、结算，强化责任落实。强化措施运行。实行系统指标考核，加

大措施考核力度，建立奖励机制，增强基层成本控制意识及积极性。 开展技术创新和管理创新，坚持以创新促发展，在发展中创新，形成各项工作梯次推进。

【队伍建设】 2010 年，项目部加强素质建设，队伍素质得到较大提高。在提高素质上，制订培训计划和具体的政治、业务素质标准，先后举办 12 期各种培训班，培训 84 人次。实行“按需培训”，从基层培训、末位培训、技术尖子培养和待岗人员培训入手，有针对性地制订培训工作计划，完善培训激励机制，增强培训效果。职工队伍实现了“一个提高、一个转变（业务素质提高、思想观念转变）”。 项目部组织井控理论培训，培训 24 人次，安全观察和沟通培训 9 人次，防御性驾驶 DDC 培训（包括叉车操作技能）培训 8 人次，井控设备培训 45 人次，安全常识培训（泰国项目 HSE 手册）16 人次，完井知识培训（修井）18 人次，目视化培训（安全标识和安全色）65 人次。

【企业文化建设】 项目部领导班子深入基层检查和监督生产任务的落实和完成，每月 24 日由项目部经理亲自到各井队主持月度安全会。加强企业的物质文化建设，增强了企业的吸引力、向心力，并使其不断转化为强大的凝聚力。通过采用加强思想政治教育和全面培训与专业培训、内部培训与外部培训相结合，理论培训和技术培训相结合的立体培训方式，营造积极向上、和谐健康的文化氛围，培育一支外美内实、素质过硬的职工队伍，增强企业发展的动力。项目部以制度文化建设为重点，发挥治理的约束功能，规范职工行为。

（周小刚）

斋桑项目部

【基本情况】 斋桑项目部（以下简称项目部）是集钻井、固井、钻井液、测井、录井、和注汽服务的总承包项目部，作业者是新疆广汇集团和哈萨克斯坦 TBM 公司的合资公司。项目部有专业队伍包括 1 支钻井队（ZJ30 钻机），编号 GW45；1 支固井服务队；1 支钻井液服务队；1 支注汽队及 1 支测井队，2 支录井队，1 支测试队。项目部总部设在东哈州乌卡市，前线机关和专业队伍位于斋桑县，项目部共设 6 个科室，分别为生产运行科、工程技术科、计划财务科、物资后勤保障科、HSE 管理科、综合办公室。

【安全生产】 2010 年，项目部围绕“以人为本、安全第一”的主题，制订年度安全生产工作方案，根据哈萨克斯坦国家具体实际，借鉴哈萨克斯坦的管理经验，建立 HSE 体系文件和各项规章制度，并在各作业队中贯彻实施，以保障长城钻探公司安全生产目标的实现。抓好重点领域、要害部位、特殊时段的安全环保检查、HSE 培训、井控管理以及冬季安全生产、交通安全和防恐安全管理，保证各项措施的落实。前线基地配备持枪保安，24 小时巡逻倒班，并安装视频监控系统。

【开拓市场】 2010 年，项目部认真落实长城钻探公司国际市场“增项、扩容”市场战略。录井、测井、测试已开始为甲方提供技术服务；测、录、试提前完成了设备动员，建成危品库，保证了生产需要，完成人员配置和业务培训取证，执行总包合同和补充合同工作量。拿到甲方钻机的固井工作量，为甲方 2 口气井提供固井技术服务。

项目部开钻 3 口，完钻 3 口，实现进尺 4800 米。配合地质研究院，与甲方相结合，签订 S7 区块开发方案编制工作订单。完成蒸汽吞吐井 1 口，注汽量 1381 立方米。配合甲方完成了装机、地面流程等安装调试工作。配合甲方做好 3 口探井的前期研究及实施准备工作，为甲方实现深层稠油的商业发现奠定了基础。提供完井、注汽、采油及地面计量存储装置等配套设备材料，均已交付甲方使用。通过这些工作，项目部将拓开服务空间，实现技术服务规模化。

【项目部人员当地化】 2010 年，项目部加强对中方员工动态管理，提高中方人员的素质，加强海外项目工作人员的业务知识和语言能力的培训，满足海外工作的需要，建立“能上能下”的淘汰机制。加强当地雇员的培训工作，逐步减少中方人员。加强对当地员工的培训，提高员工的能力和技能，使之能胜任所安排的岗位，逐步有序地减少中方人员。

【员工培训】 2010 年，项目部贯彻落实长城钻探公司建设学习型项目部，培育复合型员工的精神，参加各种培训，在员工培训中坚持以人为本，针对生产、管理等不同的岗位需求，培训中坚持生产实践、岗位培训与自学成才相结合的原则，利用有利时机，为员工创造培训学习条件。

【思想政治工作】 2010 年，项目部坚持以人为本的思想理念，把尊重人、理解人、关心人落在实处，并根据长城钻探公司 23 号文件关于“忠诚事业、承担责任、艰苦奋斗、清廉奉献”主题教育活动要求，通过多种方式传递材料联合学习，使党员领导干部牢固树立马克思主义的世界观、人生观、价值观，树立正确的权力观、地位观、利益观，构筑起拒腐防变的思想道德防线。项目部认真落实长城钻探公司的发展思路和发展目标，积极转变观念，加快节奏，抓住机遇，迅速发展，提升总承包的能力，为实现斋桑项目部规模化而努力。

（郑传伟）

哈萨克斯坦测井作业区

【基本情况】 2010年，哈萨克斯坦测井作业区（以下简称作业区）在哈萨克斯坦设立的CLIK公司由6个地区、7个作业基地构成。6个地区包括阿拉木图总部办公室、克孜勒奥尔达分公司、阿克纠宾分公司、阿克套分公司、阿特劳分公司、乌斯卡曼分公司；7个作业基地包括库姆科尔基地、斋桑基地、北布扎奇基地、中信基地、萨基斯基地、扎纳诺尔基地、阿特劳基地。作业区现有员工648人，其中，中方员工101人，当地员工547人，当地化率为84%。

2010年，作业区新增测井地面设备6套，其中，新增Eclips5700设备4套，新增Leap600B设备2套。作业区作业井次1540井次，作业量同比基本持平，以深井作业为主，作业项目部复杂且单井作业周期长。

【主要措施和成果】 2010年，作业区根据作业实际情况制定详细的市场开拓策略，启动对员工市场开发的激励机制。作业区市场维护和开发部门全体员工主动加强与传统客户油公司的沟通，帮助其解决各种技术和商务运营上的困难。

阿克纠宾股份公司项目由于作业区优质的服务，良好的市场运作体制，实际签约额同比上升1685.7万美元。ADM项目在稳定其他传统服务项目的同时，作业区建议甲方增加测井解释研究项目，签约额40万美元，开辟作业区1个新服务项目，创造新的增长点；测试服务依托总包优势先后在斋桑、KDO、乌利赫套等项目上实现突破，测试服务累计签约额401.4万美元，并依托优质服务已经进入2011年阿克纠宾股份公司市场。

项目部加强新市场开拓力度，充分贯彻长城钻探公司总部“建设国际化石油工程技术总承包商”的方针，联合中哈长城钻井项目充分发挥长城钻探钻井、测录试解释大包一体化服务产业链优势，先后进入斋桑、KDO、TME、乌利赫套等新市场。作业区实现非CNPC市场签约额（含中标待签）1870.8万美元，占全年签约总额的26%。其中，新增客户市场签约额672.9万美元，占全年签约总额的10%。联合中哈长城钻井准备KOA公司19口井的测录试大包服务项目，规避风险，谨慎评估油公司信用度，利用整体大包竞争优势争取进入利润较高、市场前景较为广阔的新市场。

作业区形成成熟的物流和商务运作体系，为市场工作的开展提供保障。作业区优化物流运作程序，提高清关效率，真正做到小配件当天清关，大宗物品最快清关。项目以各种形式加强与油公司的沟通和了解，推广长城钻探公司新技术新工艺，通过各种途径打造长城钻探测井品牌。2010年，作业区向各个甲方公司举行不同类型服务的宣讲会8余场次。借助上海世博会契机作业区先后邀请和组织各个油公司领导14人前往参观。精心组织安排油公司领导在京期间专门对长城钻探公司总部及相关部门进行参观了解。增强各个油公司领导对长城钻探公司整体服务实力的了解，为以后服务市场在哈萨克斯坦做大做强作了良好的铺垫。

作业区合同签约额7070万美元（已签6744.5万美元，待签325.5万美元）；新增6套测井设备、2套测试井下仪器、1套测试地面仪器、1套录井地质导向仪，使作业区作业规模得到扩展，新增了可执行合同额。

【安全生产】 2010年，作业区除HSE总监外，各分公司和作业基地都设立相关的安全监督岗位。统一由阿拉木图总部办公室HSE部领导和管理，执行国内总部和当地政府等相关部门的安全要求和规定。

作业区根据分公司和专业项目点多面广的特点，理清汇报路径，明确汇报人员姓名和电话，制作集团公司《HSE管理原则》、《反违章禁令》以及长城钻探公司的《井控十大禁令》等材料在作业区各个项目、分公司张贴，时刻提醒作业区所有人员严格遵守集团公司，地区公司，油公司以及长城钻探公司各项安全要求，遇到突发事故能第一时间按照汇报路径及时给所在项目、分公司的上级单位进行汇报。

作业区领导多次到现场进行调研，针对存在的问题，汇总集团公司、地区公司、油公司、当地政府以及长城钻探公司的规定和要求，制定现场作业的最高要求标准，提高作业区测录试解释作业水平。借鉴其他西方工程技术服务公司的先进经验，结合“4·13”事故作业过程中暴露的问题以及2010年井控安全检查结果，重新编写标准作业流程（SOP）。根据SOP规定，工程师在进行作业时，应该严格遵守作业区新的标准作业流程。只有满足汇总后的最高标准要求后才能开始作业。

【企业管理】 2010年，作业区依据原CNLC内部控制体系结合哈萨克斯坦当地的商务环境，编写《CNLC哈萨克斯坦作业区内部控制体系》，包含作业区组织结构、作业区岗位职责、作业区授权及印鉴管理规定、作业区依法经营相关法律问题指引以及业务流程及风险控制标准等六项内部控制体系，对作业区的各项商务运作用流程图的形式进行表示，并附有文字的流程说明，对流程中的风险点和风险控制点进行编号说明。

作业区测录试解释等专业的当地工程师达到90多人，工程师当地化率达40%，其中，完全顶岗的工程师有40名左右。随着当地工程师数量的增多以及在作业中暴露的问题，作业区专门召开各专业经理的专题会议，要求加大对当地工程师的再培训和增加中方工程师数量。其中，测井专业根据工程师晋级体系对现有所有工程师分成2个培训班（初级班，提高班）。初级班由现场中方资深工程师在基地进行培训；提高班由从国内培训中心支援的专门教材和培训师，从各种规章制度、安全意识、作业流程、地质资料分析等各个方面进行培训，并设置严格的考试制度，考试不合格降为初级班。初级班只能进行套管井固井，校深等简单作业，只有考试合格的高级班工程师才能从事裸眼井测井、射孔、桥塞等工艺复杂并对安全要求较高的作业。

作业区要求各个分公司对所属项目的作业、安全、市场和后勤支持加强管理，各个分公司经理每个月至少去前线一次，定期拜访甲方等。作业管理人员定期到各个分公司检查工作，拜访甲方领导。作业区管理人员的商务水平和综合管理水平有所提高。

【精神文明建设】 2010 年，作业区关注内部中方员工的精神状态变化，每周定期或不定期组织乒乓球、篮球、游泳等各种体育项目部比赛，帮助员工缓解来自工作和思想上的压力。通过分发国内长城钻探公司总部印制的海外员工心理手册等宣传材料，让各个海外员工能够克服远离家乡、亲人等带来的心理问题，从而能够专心于安全和工作。作业区按照长城钻探公司总部要求参与哈萨克斯坦当地公益事业。各分公司都抽出专项资金捐献于当地公益事业。阿克套分公司为当地小学建设 2 个篮球场，资助当地贫困患者赴中国治病等受到当地政府和居民的好评。

（洪　旭）

土库曼和乌兹别克项目部

【基本情况】 2010 年 4 月 12 日，经长城钻探公司批准土库曼和乌兹别克项目部正式成立，简称土乌项目部，隶属于长城钻探中亚大区。土库曼和乌兹别克项目部（以下简称项目部）在土库曼斯坦和乌兹别克斯坦 2 个国家提供测井、测试、射孔、钻井液、修井等服务。项目部有队伍 10 支，3 套测井设备、3 套地面测试设备、3 套井下测试设备、1 套解释工作站。项目部拥有员工 93 人，其中，中方人员为 24 人，当地雇员为 69 人。中方员工中管理人员 9 名，工程技术人员 15 名。

【市场开发】 2010 年，项目部转变思路，开展各项市场工作，与 5 个不同的客户签订服务合同，新签的合同额 2497 万美元，待确认的合同额 1580 万美元，将在 2011 年和 2012 年执行。

2010 年 11 月，土库曼阿姆河右岸测井项目原 B-08-2B 合同顺利延期到 2011 年 6 月 30 日，测试项目原 D-08-7A 合同顺利延期到 2011 年 8 月 20 日，D-09-01 射孔合同 2010 年 8 月 8 日合同生效，有效期至 2011 年 8 月 8 日。土库曼阿姆河右岸测井新合同投标，9 月 7 日提交标书，技术标成功压倒斯伦贝谢公司获得第一名，商务标还在进一步商谈中。土库曼阿姆河右岸测试新合同投标，12 月 6 日提交标书，正在标书评审中。2010 年，在乌兹别克获得 SRG 三口井修井大包合同，包括修井、酸化、射孔和测试业务，除射孔作业外，其他项目都是组织服务商来协同完成。在 XISHA101 井测试中，主要气层由最初的 20 万米^3/ 日，经项目酸化后达到 75 万米^3/ 日，作业质量得到甲方的高度评价。SRG 公司 3 口修井大包合同的顺利执行，使得乌兹别克斯坦境内业务范围获得扩展，为项目部的长足发展提供新的思路。

【项目基础管理】 2010 年，项目部进行机构和人员调整，通过有效整合，分清岗位责任，使得原有的 2 个测井作业区在短时间内完成向一个正常、有序运转的综合项目转变；同时，项目部通过市场和物流信息共享，加强作业和人员交流，优势互补，项目部已逐步体现出 1+1 大于 2 的整体优势。

项目部配合长城钻探公司开展以质量计量和标准化管理、流程管理、制度管理等为主要内容的基础管理建设工程；根据物资管理工作的要求，开展物资管理 ERP 上线工作；根据长城钻探公司 HSE 部的要求，开展 HSE 体系推进工作，建立适合于本项目部的 HSE 管理体系。

【生产基地建设】 2010 年 4 月，土库曼斯坦前线被迫放弃法拉普城郊的基地，转移到阿姆河右岸项目所属的沙漠营区。沙漠营区夏季炎热、冬季寒冷，通过项目部周密计划、认真组织协调，订购营房、修建工房、水电规划、围墙修葺等，经过 6 个月的时间，在荒凉的沙漠上建立起员工工作和休息的基地，基地功能日趋完善。

乌兹别克斯坦境内的前线基地，由于工作量逐渐转移到西部的布哈拉地区，经公司批准将原来设置在费尔干纳的基地搬迁到布哈拉，设置布哈拉基地。布哈拉基地正在完善各种功能以满足生产需要。

【HSE 管理】 2010 年，项目部推进 HSE 体系建设工作，项目部落实直线管理和属地管理责任，建立和完善相关机制和措施；加强培训和现场演练，开展“《反违章禁令》执行年”活动，开展安全经验分享活动，鼓励推行 STOP 卡的使用；针对潜在问题和隐患，进行各项整改工作；加强井控管理，做好交通安全教育、强化车辆管理、加大生产作业的协调与监督，确保生产安全和人身安全。4 月 19 日，长城钻探公司土库曼公司获得“阿姆河天然气项目 5000 万人工时安全生产先进单位”；10 月 9 日，长城钻探公司土库曼测试项目获得“阿姆河天然气项目部 6000 万人工时安全生产先进单位”。

【基层党建】 2010 年 8 月 8 日，经中亚大区党委批准，项目部党支部成立，设党支部书记 1 名，另设组织委员和宣传委员。项目部有正式党员 13 人，入党积极分子 7 人，其中，2010 年考察准备发展为预备党员的有 2 人。根据长城钻探公司党委的要求，项目部抓好员工的思想政治工作，重视党的基层队伍建设，保持和发扬党员的先进性，发挥党员在生产经营中的模范作用。围绕建设国际化石油工程技术总承包商发展定位，以发挥好“四个作用”为目标，以“四好”班子、“六个一”党支部建设为重点，推进“力文化”建设，开展“四强、四优”创先争优活动，全面加强党的思想建设、组织建设、作风建设、制度建设、反腐倡廉建设。强化大庆精神、铁人精神学习教育，教育引导党员干部和员工群众增强为国尽责、为油奉献的自觉性。

（丁启光　黄　威）

委内瑞拉综合项目部

【基本情况】 2010年4月，原中油测井公司委内瑞拉作业区纳入委内瑞拉项目部管理，更名为委内瑞拉综合项目部（以下简称项目部）。项目部拥有23支作业队伍。其中，钻井队伍9支，修井队伍4支，油水基钻井液及固控技术服务队伍10支。作业地区分布在委内瑞拉东部地区的PUNTA DE MATA、ANACO、MORICHAL、SAN TOME、URACOA以及中南部的GUARICO、BARINAS等7个作业区块。项目部主要设备有13台钻修井机，其中，ZJ70D钻机4台、ZJ50DB钻机2台、HH300液压钻机1台、E-1700钻机1台、ZJ30C钻机3台（2台修井，1台钻井）、XJ650修井机2台，钻井液固控服务设备10套。新度系数0.59。

项目部有中外方员工1087人，其中，中方员工131人（机关人员28人，基层作业队103人；其中，合同化64人，市场化51人，借聘14人，劳务工2人）；外籍员工总数956名，其中，办公室82名（未包括实习生7名），现场作业队月薪工233名，现场作业队日薪工472名，雇佣临时工169名（其中属于PDVSA要求用工77名）。

项目部全年钻井46口，完成进尺128123米，修井35口，钻井液技术服务完井38口井。完成总人工时4003228小时，无控制指标内事故发生。百万工时有损失工时的事故率（LTIF）为0.75；每百万工时可记录事件率（TRCF）为1.25。完成新签合同额22666万美元，其中，钻井液固控服务新签合同额4426万美元。完成签订合同额152647万美元（包括完成为渤海钻探队伍新签合同额72335万美元）。

【测录试业务合并工作】 2010年，根据长城钻探公司《长城钻探工程公司海外业务机构组织机构调整实施方案》和《长城钻探工程公司海外业务组织机构调整实施细则》文件精神，原中油测井委内瑞拉作业区与长城委内瑞拉项目部实施机构整合。项目部严格按照文件要求，成立机构整合领导小组，本着“市场不丢，人心不散，工作不断，效益不减”的工作方针，制订整合方案，明确责任，确保资产、财产安全转移，生产、生活基地顺利合并，最大程度地规避法律风险，截至2010年5月底，以最小的成本顺利完成机构整合工作，项目部更名为委内瑞拉综合项目部。

【市场开发】

一、解决合同执行过程中的问题

2010年，项目部参加全部三次中委石油高委会，向PDVSA高层反映合同运行过程中存在的问题，引起 PDVSA 高层的重视和理解，部分问题取得进展，PDVSA 停止用石油债券的形式支付工程款的做法，工程款支付情况有所好转，删除部分合同中的奖惩条款等。

二、巩固钻修机市场

项目部新签 GW74/189 两部钻机 2+3 年期合同，变更 GW31 队、GW32 队、GW36 队三部修井机 5 年期合同为 2 年期合同，停等的三部修井机于 5 月份全部恢复作业。钻修机合同得到优化，合同谈判工作取得阶段性进展，完成 7 部钻机（含渤海钻探的 3 部钻机）的合同再议工作，合同中乙方职责有所减少，不公平的条款得以更改和剔除。

三、扩大水基钻井液服务市场规模

项目部提高服务和管理水平，确保执行 PETRODELTA 水基钻井液技术服务得到甲方认可和合同延续。认真开展“市场细分”工作，参与工程技术服务项目招标，全年购买和研读技术服务标书 16 份，参与公开招标项目 5 个，中标 4 个，中标率 80%，议标项目 5 个，达成协议 4 个。

四、开发高端技术服务市场

油基钻井液服务成功中标 PDVSA 南部 BARINAS 地区油基钻井液服务项目，2010 年底，达到 3 支队伍的规模。固控服务取得重大进展，中标并启动中南部地区 2 年期固控技术服务项目部，服务质量得到 PDVSA 认可。

五、启动胡宁 -4 合资技术服务公司谈判工作

项目部通过不同的方式，取得集团公司授权，代表 CNPC 与 PDVSA 进行胡宁 -4 区块技术服务合资公司的谈判工作。

【项目部管理】

一、提速提效、减少停工

2010 年 5 月，项目部启动等停近一年的 GW31 队 /GW32 队 /GW36 队修井机，恢复 GW68 队、GW74 队、GW186 队、GW194 队钻机作业。项目部提出“千方百计减少停工，提高作业时效，降低作业成本”的新的工作思路，准确掌握基层作业队动态，增加每日的生产晨报和晨作业例会，及时掌握和处理现场影响作业和安全的问题，做到“无缝化”管理；加强井控制度的落实，将井控检查和考核挂钩，确保井控安全；规范设备管理，及时更新设备检测办法，提高生产时效；科学配置基层作业队人员，确保井队生产高效运营；项目部陆续组织 13 支钻修井队伍进行减员和人员调整工作，减员 16 人，降低人工成本和现场的安全风险，人员当地化率达到 90%；与甲方沟通，解决与甲方的时效分歧问题；制定奖惩激励办法，提高井队搬家时效；通过技术革新，提高钻机运行效率，降低作业成本。项目部对 GW182 队模块式平移钻机进行技术革新，推广地锚墩替代挖地锚坑和内置式安全锁等，减少搬家时间，保证作业安全高效运行。

二、控制和降低成本

项目部推进采购的合同化管理工作，将成本上涨的压力降到最低；采取稳定老服务商，培育新服务商的做法；加强材料需求计划性，加大国内物资采购比例，压缩当地采购比例；加强材料管理，逐步实现统一管理，集中调配，打破谁做的材料计划归谁用的限制；严把雇员招聘关，依法管理员工，减少劳工案件；严抓井队考核，减少临时工，将临时工使用与井队平台经理、考勤员和劳工监督的绩效考核结合起来；加强医疗管理，降低服务成本，落实直接管理和医疗保险双轨并行的医疗管理方式；做好交接后与渤海项目部的沟通和交流工作，帮助渤海项目完成内部人力资源管理制度的建立和完善，与渤海钻探项目部协商月薪工工资福利待遇问题，统一立场，确保稳定，实现双赢；完善长城钻探公司工资和激励体制，形成项目部特有的企业文化，消除中委员工间的文化隔阂，努力形成融洽、和谐和团结向上的氛围。

三、加强经营管理

项目部经营指标层层分解，压力逐级传递；继续完善月度预算执行分析制度；完善内部经营考核办法，提高奖惩力度，促进管理水平提高；加强资金管理，突出风险控制，实施资金使用周计划和月度计划的措施，合理安排资金，量入为出；应对汇率调整；合理处置所得税和增值税。

四、QHSE 管理

项目部针对严峻的安全形势，重点加强和落实社会安全应急预案。项目部制订相应的预案和安全工作重点通知下发作业队执行，根据不同时间的安保要求，对项目部机关、基地和井队聘请警察和国民卫队协助安保；与政府相关部门沟通和联系，聘请专业人员加强对中外方雇员的防恐、灾难避险培训和演习指导，加强井控、交通和职业卫生预防工作；努力抓好应急演练制度的落实工作。全年保证所有中方员工的人身安全，没有发生一起人身伤害和重大财产损失事件。

五、加大工程款催收力度

项目部成立以项目部经理为组长、项目部领导和中外方各部门负责人参加的清欠工程款工作小组，从多方面、多层次加大催收工程款的工作力度。2010 年收回工程款折合 7.1 亿元人民币，全部收回年初欠款，100% 完成 2009 年欠款余额为零的清欠指标，工程款回收率达 89%，超额完成长城钻探公司年初制定的年度工程款回收率指标。截至 11 月底，向长城钻探公司总部回款 2200 万美元，回款额约占全年收入的 20%。

【安全管理】 2010 年，项目部全年无重大人身伤害、财产损失和质量事故事件的发生，QHSE 管理工作运行平稳，管理水平不断得到提高。针对严峻的安全形势，项目部重点加强和落实社会安全应急预案。项目部制订相应的预案和安全工作重点通知下发作业队执行，根据不同时间的安保要求，对项目部机关、基地和井队聘请警察和国民卫队协助安保；与政府相关部门沟通和联系，聘请专业人员加强对中外方雇员的防恐、灾难避险培训和演习指导，加强井控、交通和职业卫生预防工作；努力抓好应急演练制度的落实工作。全年保证所有中方员工的人身安全，没有发生一起人身伤害和重大财产损失事件。

项目部有 5 个钻修井队获得了甲方 PDVSA 的书面表彰，占项目部钻修井队伍的 38%。其中，GW32 队获得委内瑞拉能矿部和 PDVSA 颁发的“绿色钻（修）井队”证书、GW36、GW180 和 GW194 等 3 个井队获得 PDVSA 颁发的

“最佳钻（修）井队”证书，GW182 井队获得“最高效钻井队”证书。另外，油基钻井液技术服务获得甲方的来信表扬，服务质量被评估为“优秀”。

【稳定工作】 2010 年，项目部依法管理当地员工，严格依据当地劳工法、石油集体协议等相关法律规定管理当地员工，并根据法律变更及时对相关政策进行调整。项目部调整工资水平；依法处理参与非法罢工的雇员；依据当地法律积极应对甲方的不合理要求。

【钻井技术及装备】

一、快移钻机技术

2010 年，项目部拥有 1 台快移钻机 GW-182，可以实现井间平移搬家，当天平移，当天开钻。最快的平移搬家安装时间仅为 8 小时，最高钻井速度 4516 米 /（台月），平均机械钻速超过 20 米 / 小时。

二、高压喷射钻进技术

项目部在 PUNTA DE MATA 作业区施工的井队，在井深 1500—4000 米之间钻进通常平均机械钻速可达 12 米 / 小时，最高平均机械钻速可达 20.3 米 / 小时，高压喷射钻井技术是一个集固相控制、钻井液运用、钻头选型、设备硬件配套等各方面的综合运用的技术，在高压喷射后期阶段随着井深的增加，立管压力通常在 29—30 兆帕，泵输出端压力在 30—31 兆帕，对设备的配套要求标准非常高。

三、全自动液压钻机技术

项目部 GW180 队的 HH300 钻机是意大利制造的全自动液压钻机，钻机平均月速度 3343.4 米 /（台月），完井井深平均 1972.4 米左右，搬家时间平均 5 天，近距离搬家最快时间 3.3 天，均为三开水平井。液压钻机无论从安全性和现场作业的实用性方面都有其他钻机无可比拟的优越性，GW180 队的钻机为长城钻探公司在委内瑞拉市场创造良好的经济效益和品牌形象。

四、油基钻井液技术

油基钻井液技术取得历史性突破，成功中标 PDVSA 南部 BARINAS 地区油基钻井液服务项目，2010 年，达到 3 支队伍的规模，服务质量、水平得到 PDVSA 认可，打破西方公司市场垄断局面。

【精神文明建设】 2010 年，根据集团公司党组和长城钻探公司党委的统一安排，项目部深入地开展学习实践科学发展观的活动，中方员工认真学习和领会科学发展观的实质和内涵，并结合本职工作，运用科学发展观理论武装自己，找差距，促发展。通过学习实践活动，项目部全体党员经受一次深刻的党性锻炼，增强学习实践科学发展观的自觉性和坚定性；增强机关和基层队伍的创造力、凝聚力、战斗力；党员干部的服务意识有了新的提高，工作作风有了新的改进，各项经营管理工作有较大的提高。在对人员的管理工作中，项目部牢固地把“以人为本”的思想贯穿于各个环节，采取多种行之有效的措施，建立长效的人才管理激励体制。项目部利用各种资源组织中方员工学习西班牙语，改扩建健身、娱乐设施，组织员工开展有益身心健康的文体活动，丰富员工的业余生活，为员工创造舒适、安全的工作生活环境。

（车天勇）

古巴项目部

【基本情况】 2010年，古巴项目部（以下简称项目部）有基层作业队伍11支，包括5支钻井队、6支技术服务队。项目部有中方员工172人，其中，项目部19人，作业现场153人。项目部当地雇员2人，井队当地雇员284人，人员当地化率61%。

2010年，项目部所属各井队获得甲方和当地政府颁发的各种荣誉9项，其　中，GW122、GW139、GW119和GW193等4个队均获得古巴政府颁发的“与菲德尔（卡斯特罗）一起战斗，解决困难”的特殊荣誉。在生产中积极加强生产组织，提高作业时效，平均生产时效达到98.9%。项目部所打井垂深在1800米左右，斜深在4000—6000米之间，井斜80多度，水平位移3500—5500米。项目部精心组织施工，结合设备实际制定处理卡钻作业注意事项，及时做好每口井的技术总结，请专家给现场人员进行技术讲座，规范、提高员工的操作规程和技术能力。

【生产作业】 2010年，项目部开钻井数11口，完井井数9口，总进尺37946米。定向服务、钻井液服务、录井服务各2井次，取心服务1次，固井服务22井次，测井服务1次。项目部组织大规模的安全生产检查8次，查出各类问题1852项，已督促关闭。除各种检查外，不定期到井队抽查48次，组织各队按照长城钻探公司规定做好防喷演习，全年进行防喷演习39次。项目部与甲方组织协调例会和各种会议58次。组织井队和项目部对职工进行操作规程、安全分析、井控、英语和西语等各种形式的培训。通过培训提高员工素质，保证队伍管理、HSE管理、作业管理水平稳步提高。加强与甲方沟通，保持和谐的合作关系，同时增强服务意识，积极提出合理化建议，达到互利双赢的效果。在与第三方的合作中互相配合，做好职责范围内的工作，划清事故责任。

项目部严格执行长城钻探公司油气层钻井井控技术措施，实行坐岗观察，创新“双坐岗”方法，钻开油气层之前，在执行场地工常规坐岗外，规定司钻时刻观察井口钻井液流量数据变化。

项目部高质量完成第一口综合技术服务井HBE-102井，试油100多立方米/天。通过综合技术服务井的施工，顺利完成5个技术验证，包括KCl-聚合物钻井体系对高敏泥岩抑制效果的验证；井眼清洁技术参数优选及工艺技术措施的验证；摩阻扭矩校核技术验证；$8^1/_2$英寸PDC钻头适应性得到验证；大位移水平井轨迹控制技术得到验证。项目部向甲方展示了综合技术服务的能力。项目部顺利完成南美地区最大水平位移井VDW-1001井、VDW-1002井为重点一类风险井，设计井深6674

米，设计位移 5684.92 米，在施工中极易发生井漏井喷，且工艺复杂，工程技术难度大。2010 年 2 月 1 日开钻，8 月 16 日顺利完井，实际完钻井深 6450 米，水平位移 5444.88 米，最大井斜 88.6 度，水垂比达到 3.21，平均机械钻速 5.5 米 / 小时，固井质量合格和井身质量合格，完井试油产量 360 米³/ 日。VDW−1002 井创造古巴石油钻探历史上的井深最深、水平位移最长、施工周期最短等多项施工纪录，受到甲方的一致好评。项目部在古巴“钻井禁区”Gunanbo 油区成功完井。GW193 队钻探第三口 GBO103 综合技术服务井，位于被西方钻井公司称为“钻井禁区”的 Guanabo 区块，区块地层复杂，事故不断，项目部根据地质特性，仔细分析，提前预防，采取“提高钻井液密度、增强钻井液抑制性、合理钻具组合、优化钻井参数加快机械钻速”等的技术方案，确保成功钻探，创造钻井周期最短，井深最深，位移最大，穿过油层最长等多项施工纪录，受到甲方表扬。

【设备管理】 2010 年，项目部所属井队常年在海边作业，钻井设备在国内制造时采用的是一般陆地钻机技术标准，陆地钻机在海洋环境作业，造成设备腐蚀严重。项目部加强日常设备维护工作，坚持每日用淡水冲洗设备；配备喷砂机、海洋漆等表面防腐专用设备和材料对钻机设备进行防腐处理；安装“盐雾过滤器”，解决发电机组和直流电动机线圈遭盐蚀的问题，最大限度地保障电动机运转正常；协调国内专家到现场对 BOP 进行年检、CAT 设备维修及车辆等的检查和维修；存放设备远离海边，避免高浓度盐雾对设备的危害五项措施保障设备正常运行。

【HSE 管理】 2010 年，项目部坚持“安全发展、清洁发展、节约发展”的思想，落实好直线责任，实施属地管理，加强绩效考核和专业检查，确保了项目部全年工作安全平稳运行。2010 年，项目部全年百万工时为 2268251 小时，百万工时损工伤亡率（Litf）为 0.44。

项目部同基层队签订 QHSE 管理目标责任书、井控保证书，将 QHSE 年度目标进行层层分解，落实到基层；各基层队和每个员工签订 HSE 职责，明确每个人的 HSE 职责和权利义务，将 HSE 工作层层分解，落实到人；制订、修订和完善各项 HSE 规章制度，根据项目部年度 HSE 工作计划，结合现场作业实际，及时制订、修订和完善《安全观察与沟通管理与激励办法》等各项 HSE 规章制度 14 项；按异体监督工作标准实施，在项目上实现作业执行和 HSE 监督两条线制度；加强对 HSE 监督的技能和知识的培训工作，参加国家专职 HSE 监督培训，每月项目部对专职 HSE 监督进行 HSE 知识和技能的专项培训；强化对 HSE 监督的考核工作，每个月根据 HSE 监督的工作汇报、现场管理和资料完成情况进行量化打分，每个季度对每位 HSE 监督的工作进行综合评定；制订和下发项目 HSE 体系推进计划和方案；开展“属地安全提示活动”、“各岗位换位思考属地安全提示活动”、“安全观察沟通技巧比赛”、“属地管理互换角色模拟及考核活动”等多种方式的活动，促进和提高员工对体系推进工作的认识；形成班组属地巡回检查制度，根据属地主管的不同形成不同内容的属地检查表；车辆全部安装行车记录仪，每半月下载数据一次并进行数据分析，针对分析出来的问题，及时在项目上进行通报，并组织相关责任人进行交通安全知识和防御性驾驶强化培训；加强项目部车辆的出行管理，严格执行出车前检查、派车单和跟车人制度，长途出行实行请销假制度。2010年，项目部车辆行驶115429千米，开派车单189张，没有发生一起有责交通事故，项目部全年交通安全运行。

项目部杜绝环境污染、生态破坏和放射性污染事故，废弃钻井液、含油污泥无害化处置率100%，钻井作业无污染作业率100%，环保设施完好率、运行率100%。未发生甲方投诉的环境保护事件，体现项目部践行“安全发展、清洁发展”的思想和“环保优先”的理念，实现年初制订的《古巴项目部2010年HSE工作计划》，完成《长城钻探工程有限公司古巴项目部2010年度HSE目标责任书》中“零起环保投诉”的目标。项目部认真贯彻长城钻探公司质量方针，落实质量主体责任，顺利完成长城钻探公司年度质量工作目标。项目部执行两级质量管理体系（项目部按标准要求建立和推行质量管理体系和健康、安全和环境（HSE）管理体系），制定项目质量方针和目标，并分解到基层队，项目部HSE部执行监督和检查工作，保证质量管理体系中的各项内容在基层队得到实际落实。项目部出台《古巴项目部关于征文、科技成果及宣传报道的奖励办法》，对获得集团公司、长城钻探公司奖励的论文和网站刊登的报道进行奖励，将论文中先进的安全理念和做法在项目中进行推广和宣传。项目部《法律视角下杜绝违章行为的可行性分析》获集团公司HSE征文二等奖、《浅谈HSE目视化管理在境外项目井队现场的应用》获长城钻探公司HSE论文二等奖；“套管扶正台电控系统改造”和“职工信息和培训管理系统”获长城钻探公司2009年度HSE科技成果三等奖。

【后勤保障】 古巴当地工业不发达，同时受美国等国家的贸易制裁，物资匮乏，能够从当地采购的材料非常有限，主要的物资保障依靠国内，项目部及时组织编制好作业队伍的材料计划，做好规划统计，及时准确地上报国内物资部门进行采购，加大和国内联系的力度，及时反馈国内采购进展情况，通报井队信息，根据库存来调整报料计划，避免重复报料。2010年，项目部组织上报国内采购物资年度计划和各月度计划、补充采购计划39批次，采购物资6890多项，总金额7278.7万元。

国内采购周期长，空运费用高，成本大，不能满足现场的一些急需料，而当地物资匮乏，实行的是计划经济，许多工业产品只供给当地企业，不外卖。项目部因地制宜，进行对比和当地16家企业、修理厂签订合作协议，拓宽采购渠道。项目部开拓第三国采购，充分利用物资公司迪拜采购点的支持，解决进口设备配件的需求。全年当地和第三国采购42批次，金额360万元，保证现场生产正常作业。

【工作亮点】 项目部根据长城钻探整

体工作思路，转变发展方式，认真执行“1+X”发展战略。2010年5月，针对古巴大位移水平井签署8项技术服务备忘录（提供取心服务；个性化PDC钻头服务；4英寸高抗扭钻杆服务；漂浮下套管技术服务（$9^5/_8$英寸）；划眼工具服务；油基钻井液技术服务；防腐水钻井液技术服务；录井数据远程实时传输技术服务）。2010年6月，项目部获得综合技术服务第二口井工作量（提供定向、钻井液和录井服务）新增4项技术服务。2010年，新增加服务项目议标7个，签约5个，分别是PDC钻头，取心服务，漂浮下套管服务、双向划眼工具服务和4英寸高抗扭钻杆服务。GW119队深井工具贸易主要包含井口工具、BOP闸板、接头等，项目部为4台钻机新增设备和工具，并商定补充协议增加相应的日费和租赁费用。人民币升值造成的超期工程款部分的汇兑损失及利息补偿问题，经与古巴石油部门艰苦谈判，对方同意进行补偿。

（张晓琳）

秘鲁项目部

【基本情况】 2010年，秘鲁项目部（以下简称项目部）主要业务是提供钻井液技术服务。项目部有员工7人，其中，中方人员3名，当地人员4名，能提供3—4部钻机的钻井液技术服务。

2010年，秘鲁各个甲方油公司的工作量有所恢复，但由于SAPET公司（CODC秘鲁分公司）在2010年4月突遭当地环保纠纷，使SAPET公司的钻井施工全部停止，在11月才重新开始，因此减少了相当的钻井液工作量。

项目部主要是提供钻井液技术服务，能够提供国产抑制性聚合物水基钻井液的产品（15种国产钻井液用材料）、技术支持以及现场服务。

【安全生产】

一、明确安全责任制

项目部经理是安全生产和环境保护的第一责任人，其他项目成员，每个人都是HSE监督，都必须牢记自己的岗位安全职责，不安全、不工作，时刻警惕、保护自己、预防为主，把不安全隐患消灭在萌芽状态。

二、社会防范

针对秘鲁这个地处南美洲的国家的社会治安现状，明确规定限制中方人员的外出活动，除非工作原因外，不得随意外出；晚上不许外出；现场必须24小时在井上；平时除与工作的公司、使馆联系外，减少当地事务的参与和接触，确保中方人员始终处于安全的状态中。

三、HSE体系建设和使用

按照秘鲁国家石油公司（PETROPERU）要求，结合长城钻探公司HSE政策，建立运行项目部HSE管理体系；在现场服务中，现场钻井液工程师严格遵守长城钻探公司的各种安全操作制度和生产规范，与甲方以及钻机服务公司随时协商，接受甲方的监督和检查。

四、环保工作

项目部对于环保工作，则是协调配合，技术支持，如库房存放、材料使用、钻井液排放等涉及 HSE 环保要求的，更多的是遵从甲方的指令，提供切实可行的多种技术方案避免事故的发生，与现场、甲方、当地的环保部门保持畅通联系、随时沟通、协助解决。2010 年，项目部没有发生任何安全环保方面的事故。

【企业管理】 2010 年，项目部严格控制成本。用当地的土粉替代国产土粉来降低材料成本；为甲方采购重晶石和碳酸钙来争取利润；利用与甲方的良好关系，免费借用甲方的库房存放材料从而降低库房费用；寻找当地员工替代国内工程师来减少安全隐患和降低人工成本，因此，取得良好的控制成本的效果。

（曲明生）

爱国　创业　求实　奉献

长城钻探公司测井公司

GWDC Wireline Logging Company

测井公司领导班子在公司一届二次职工代表大会上（左起：李天诗、李汉忠、庄洪贵、王绿水、赫志兵、汪浩、童士斌、宋大德）。

测井公司厂区内彩旗飞舞，26辆身披红花的“金戈铁马”整装待发，测井公司领导及数百名干部职工为出征长庆市场执行测井施工任务的150名小队员工送行。

测井公司国际业务主要集中在四个大区（即非洲大区、中东大区、中亚大区和美洲大区），分布20多个国家和地区。图为王绿水经理与苏丹项目部基地全体员工合影。

历时两个多月的测井公司第十届技术比赛落下帷幕。经过20场基层技术比赛的层层选拔，进入测井公司技术比赛的287名选手参加了国际HSE、托福英语及英语900句、测井基础知识和实际操作四方面内容的比赛。图为技术比赛开幕式现场。

伊朗国家石油公司考察团一行3人到测井公司参观考察。测井公司领导与伊朗国家石油公司一行就进一步开展合作进行了广泛的沟通与交流。

测井公司“把理想写在千尺井下”企业文化建设推进晚会，海内外员工共享融和的盛会、团结的盛会、奋进的盛会、文化的盛会。

长城钻探公司录井公司

GWDC Mud Logging Company

上级领导关心录井公司的发展。图为集团公司副总经理汪东进一行在长城钻探公司总经理张凤山、党委书记王忠仁陪同下到录井公司调研指导工作。

承办首届中国石油工业录井技术交流会，多篇技术论文受关注和赞誉。

由录井公司研发的GW－MLE综合录井仪在集团公司新产品发布会上被隆重推出。

录井公司荣获辽宁省省长质量奖。图为录井公司经理王悦田接受副省长刘国强颁奖。

广大录井员工坚持以客户为中心，大力持续推进“精细化录井”，积极打造“精品工程”，为国内外用户提供一流的技术服务。图为录井公司的外籍员工。

坚持以人为本，关注员工身心健康，丰富多彩的文体活动提升了队伍的凝聚力。图为录井公司举办长跑活动。

长城钻探公司哈萨克斯坦项目部

GWDC Project in Kazakstan

2010年10月，长城钻探公司副总经理冯艳成（左一）来哈萨克斯坦项目部检查指导工作。图为冯艳成副总经理与哈萨克斯坦石油公司MGK公司领导在一起。

中哈公司领导在哈萨克斯坦项目部合影。

项目管理当地化成绩显著。哈萨克斯坦项目部中有8个部门经理为当地人。全员当地化率达到93%。图为哈萨克斯坦项目部部门经理会议。

项目部克服困难，坚持生产。图为前线井队人员在井场清理积雪，做开钻准备工作。

在哈萨克斯坦的石油工人节上，哈萨克斯坦项目部组织活动，丰富员工生活。图为篮球比赛现场。

哈萨克斯坦是个美丽的国家。图为首都阿斯塔纳一景。

自立为本　利油利他则久
员工至上　永葆创业激情

第十一篇

政策制度

2010年度长城钻探公司政策制度索引

长城钻探工程公司落实“三重一大”决策制度实施细则
长钻公司党〔2010〕5号

长城钻探工程公司电子公文系统运行管理办法（暂行）
长钻公司〔2010〕50号

长城钻探工程公司境外档案管理办法
办发〔2010〕17号

长城钻探公司保密管理规定
长城钻探党〔2010〕50号

长城钻探工程公司新闻发布工作制度
长城钻探〔2010〕176号

长城钻探公司重大（突发）事件信息报告制度
长城钻探〔2010〕196号

长城钻探工程公司员工体检管理办法补充规定
长钻公司〔2010〕12号

长城钻探工程公司先进典型管理办法
长钻公司党〔2010〕36号

长城钻探工程公司总部外事接待实施细则（试行）
长钻公司〔2010〕11号

长城钻探工程公司生产单位经营业绩考核办法（暂行）
长钻公司〔2010〕22号

长城钻探工程公司国内生产单位分类办法（暂行）
长钻公司〔2010〕38号

长城钻探工程公司HSE、质量、节能节水专项考核细则
质安环〔2010〕18号

长城钻探工程公司市场管理指标考核实施细则
市场〔2010〕1号

长城钻探工程公司顾客满意度测评工作考核实施细则
质安环〔2010〕18号

长城钻探工程公司科研单位业绩考核（暂行）办法
长钻公司〔2010〕21号

长城钻探工程公司科研单位科技工作考核管理办法
企管〔2010〕2号

长城钻探工程公司技术支持考核办法
工程〔2010〕5号

长城钻探工程公司研发团队建设考核实施细则（试行）
人事〔2010〕15号

长城钻探工程公司机关部门工作业绩考核办法（暂行）
长钻公司〔2010〕23号

长城钻探工程公司机关部门年度重点工作考核细则（暂行）
计划〔2010〕28号

长城钻探工程公司基层建设工作境内外一体化考核暂行办法
长钻公司〔2010〕78号

长城钻探工程公司工商事务管理办法
长钻公司〔2010〕35号

长城钻探工程公司合同管理暂行办法
长钻公司〔2010〕40号
长城钻探工程公司合同管理权限实施细则
企管〔2010〕4号
长城钻探工程公司示范合同文本管理实施细则
企管〔2010〕12号
长城钻探工程公司合同印章管理实施细则
企管〔2010〕12号
长城钻探工程公司法律主体资格审查实施细则
企管〔2010〕12号
长城钻探工程公司业务流程管理办法
长钻公司〔2010〕33号
长城钻探工程公司ERP系统运行维护管理办法
长钻公司〔2010〕193号
长城钻探工程公司生产运行管理系统运行管理办法
长钻公司〔2010〕72号
长城钻探工程公司选拔进入机关总部和在京单位工作人员暂行办法
长钻公司〔2010〕194号
长城钻探工程公司专业技术人员学历教育管理暂行办法
人事〔2010〕2号
长城钻探工程公司技能操作人员管理暂行办法
长钻公司〔2010〕10号
长城钻探工程公司技术专家管理暂行办法
长钻公司〔2010〕17号
长城钻探工程公司误餐费标准
财资〔2010〕6号

长城钻探工程公司关于新提拔处级干部实行岗位管理的暂行规定
长钻公司党〔2010〕18号
长城钻探工程公司境外处级干部回国请销假和工作汇报管理暂行办法
长钻公司〔2010〕32号
长城钻探工程公司科级干部管理暂行办法补充规定
长钻公司党〔2010〕37号
长城钻探工程公司机关科级及以下人员考核办法
机工〔2010〕3号
长城钻探工程公司选派干部赴海外项目挂职锻炼暂行办法
长钻公司党〔2010〕20号
长城钻探公司人力资源管理系统管理暂行办法
人事〔2010〕14号
长城钻探工程公司培训项目运行管理实施细则
长钻公司〔2010〕59号
长城钻探工程公司投资计划管理问责制暂行办法
计划〔2010〕16号
长城钻探工程公司投资项目后评价管理办法
长钻公司〔2010〕215号
长城钻探工程公司综合统计工作管理办法
长钻公司〔2010〕137号
长城钻探工程公司差旅费报销暂行办法
长钻公司〔2010〕159号
总部机关员工独生子女医药费报销暂行办法
长钻公司〔2010〕198号
长城钻探工程公司资金授权管理暂行

办法

长钻公司〔2010〕153号

长城钻探工程公司资金结算管理暂行办法

长钻公司〔2010〕118号

长城钻探工程公司境外业务税收管理办法

长钻公司〔2010〕178号

长城钻探工程公司境外业务税收管理办法实施细则

财资〔2010〕26号

长城钻探工程公司出口退税管理暂行办法

长钻公司〔2010〕135号

长城钻探工程公司内部结算管理暂行办法

长钻公司〔2010〕169号

长城钻探工程公司托管费用划转实施细则

长钻公司〔2010〕169号

长城钻探工程公司市场准入管理办法

长钻公司〔2010〕154号

长城钻探工程公司招标管理办法

长钻公司〔2010〕155号

长城钻探工程公司国际项目投标管理办法

长钻公司〔2010〕91号

长城钻探工程公司年度集中采购物资管理暂行规定

物管〔2010〕23号

长城钻探工程公司代储代销物资管理暂行规定

物管〔2010〕24号

长城钻探工程公司境外区域物流支持点物资及装备采购管理规定

物管〔2010〕26号

货物进出口单证管理办法

生产〔2010〕7号

长城钻探工程公司设备管理办法

长钻公司〔2010〕114号

长城钻探工程公司境外设备年度检测实施细则

装备〔2010〕18号

长城钻探工程公司技术装备招标采购管理实施细则

长钻公司〔2010〕142号

长城钻探工程公司应急物资管理办法

长钻公司〔2010〕121号

长城钻探工程公司井控十大禁令

长钻公司〔2010〕56号

长城钻探工程公司测井井控管理规定

工程〔2010〕9号

长城钻探工程公司测试井控管理规定

工程〔2010〕9号

长城钻探工程公司录井井控管理规定

工程〔2010〕9号

长城钻探公司关于加强浅井和浅气层井控管理的有关规定

工程〔2010〕10号

长城钻探工程公司裸眼分段压裂完井作业井控管理规定

长钻公司〔2010〕202号

长城钻探工程公司工程技术管理规定

长钻公司〔2010〕116号

长城钻探工程公司放射性物品管理暂行办法

测井处〔2010〕3号

长城钻探工程公司科技计划项目岗位津贴管理办法

长钻公司〔2010〕55号

长城钻探工程公司重大技术突破奖管理办法

长钻公司〔2010〕55 号

长城钻探工程公司属地 HSE 责任管理办法

长钻公司〔2010〕4 号

长城钻探工程公司 HSE 目视化管理办法

长钻公司〔2010〕4 号

长城钻探工程公司 HSE 科技管理办法

长钻公司〔2010〕5 号

长城钻探工程公司 HSE 会议管理办法

长钻公司〔2010〕5 号

长城钻探工程公司作业许可管理办法

长钻公司〔2010〕5 号

长城钻探工程公司现场 HSE 监督检查处罚管理办法

长钻公司〔2010〕5 号

长城钻探工程公司安全特种产品采购管理办法

长钻公司〔2010〕5 号

长城钻探工程公司 HSE 审核管理办法

长钻公司〔2010〕53 号

长城钻探工程公司 HSE 培训实施细则

长钻公司〔2010〕53 号

长城钻探工程公司 HSE 事件管理办法

长钻公司〔2010〕53 号

长城钻探工程公司 HSE 风险抵押金评价激励办法（暂行）

长钻公司〔2010〕65 号

长城钻探工程公司 HSE 专项费用使用管理办法

长钻公司〔2010〕66 号

长城钻探工程公司承包商 HSE 管理办法

长钻公司〔2010〕88 号

长城钻探工程公司 HSE 关键岗位人员变更管理办法

长钻公司〔2010〕88 号

长城钻探工程公司工艺和设备变更管理办法

长钻公司〔2010〕88 号

长城钻探工程公司个人防护用品管理办法

长钻公司〔2010〕88 号

长城钻探工程公司民用爆炸物品管理暂行办法

长钻公司〔2010〕127 号

长城钻探工程公司危险化学品 HSE 管理办法

长钻公司〔2010〕175 号

长城钻探工程公司节能节水项目奖励办法

长钻公司〔2010〕139 号

长城钻探工程公司采购物资质量监督管理办法

长钻公司〔2010〕119 号

长城钻探工程公司产品质量监督抽查管理办法

长钻公司〔2010〕119 号

长城钻探工程公司产品质量认可管理办法

长钻公司〔2010〕119 号

长城钻探工程公司质量事故和重特大质量事故隐患举报奖励规定

长钻公司〔2010〕200 号

长城钻探工程公司产品驻厂监造管理规定

长钻公司〔2010〕200 号

长城钻探工程公司计量管理办法

长钻公司〔2010〕119 号

长城钻探工程公司标准化管理办法

长钻公司〔2010〕119 号

长城钻探工程公司 HSE 绩效考核管理办法

长钻公司〔2010〕53 号

第十二篇

报刊文摘

2010年长城钻探公司报刊文摘选录

“长城双雄”树立国际钻探新标杆

——长城钻探32806队和GW80队年钻井进尺双超10万米

2009年，长城钻探32806钻井队在国内突破10万米进尺，GW80队在国外突破10万米进尺，在国际钻探行业创立标杆，为“中国石油”的国际形象添上一道靓丽光彩。

2009年，长城钻探钻井一公司32806钻井队采用PDC钻头和单弯螺杆MWD导向钻井技术，累计开钻45口，交井45口，实现钻井总进尺101850米，平均完钻井深2263．33米，平均钻井周期3．86天，平均建井周期4．93天，平均机械钻速44．64米/小时，月进尺最快达到13890米，并创造连续9口定向井钻井周期在3天以内的提速纪录。泰国项目部GW80钻井队2009年在泰国开钻36口井，完井36口，进尺100879米，平均完钻井深2802．19米，最深井深4268米，平均机械钻速42．8米/小时，所钻井均是定向井。曾创井间搬安0．98天的新纪录，在国外实现了当天完井、当天搬迁、当天开钻。

2009年，长城钻探公司认真落实集团公司“三提两井”工作部署，全过程、全要素推进钻井提速，公司平均机械钻速提高14.6%。被誉为“长城双雄”的32806钻井队和GW80队，是长城钻探实施全面提速工作中的杰出典范，赢得了国际同行的赞叹和集团公司领导的充分肯定。近日，长城钻探公司颁布嘉奖令，对钻井一公司32806钻井队和泰国项目部GW80钻井队为长城钻探公司“安全、效益、品牌、可持续发展”所作出的贡献进行通令嘉奖，并号召全公司工程技术队伍向他们学习，为科学提速、全面提速再做贡献。

摘自2010年1月6日《中国石油报》

长城钻探砥砺奋进逆势扬

——长城钻探应对国际金融危机实现跨越发展纪实

2009年，与百年一遇的国际金融危机同行。长城钻探以科学发展观为指导，认真贯彻落实集团公司各项工作部署，实现逆势增长：钻井进尺完成470万米，同比增长12%；海外市场新签合同额14.3亿美元，创历史新高；全年实现收入151.7亿元，同比增长11%，利润实现同步增长。

逆势中能够昂首挺立，长城钻探的成功显得更加珍贵。

信心筑起“钢铁长城”

2009年，长城钻探经受持续重组和国际金融危机的双重“大考”。国内唯一的关联交易市场大幅调减产量，导致300多支队伍1万余人处于等停状态，国际业务汇率损失严重，经营压力骤增。

是顺流而下还是逆水行舟?

长城钻探第一时间做出选择。2009年3月3日，长城钻探召开紧急会议，提出“两保两全”、“双百双增”的工作措施和工作目标。“保增长全员开发市场，保效益全要素降低成本”，迅速将辽河油区40%的生产能力转移出去，国内外市场各新增100支工程技术服务队伍，实现经济效益和钻井工作量双增长。

措施雷厉风行，但并非草率之举。在2008年，刚一发现苗头不对，长城钻探公司就未雨绸缪，提前部署。这个公司领导分赴国内外市场展开调研，了解市场需求，推介公司优势特色技术，走访当地政府和甲方，慰问员工队伍。短短两个月，他们兵分四路对中东、中亚、非洲、美洲地区市场进行了调研，为进一步拓展海外市场空间奠定了基础。

谋早一步，看远一程，更坚定了长城钻探逆势而上的信心，“两保两全”、“双百双增”活动迅速在国内外市场开展起来。

这一年，长城钻探通过“请进来、走出去”进行技术交流、洽谈合作，仅公司层面接待、出访的代表团就有50多个。录井公司以油气层综合解释评价系统等技术引领市场开发，全年“走出去”队伍70支。委内瑞拉项目部克服作业队伍工作量萎缩、甲方拖欠工程款等困难，坚持“低价渗透—树立品牌—提高价格”的策略，积极开拓高端市场，全年新签合同额5.7646亿美元，同比增长18%；测试公司通过优质服务增加工作量，同时在老市场开发新项目，2009年前9个月新签合同额4416万美元，同比增长110%……

2009年，长城钻探国内以钻井为主走出辽河油区121支队伍，国外以技术服务为主走出国门103支队伍。

统筹发展国内外市场

2009年，有两个数据着实让长城钻探的干部员工兴奋不已——公司85%的收入来自辽河油区以外的非关联交易市场，45%来自国际市场。看似简单的两个数字，却意义非凡，表明长城钻探提前3年实现了市场化、国际化目标。

重组后的长城钻探确定了“建设国际化石油工程技术总承包商”的发展定位，“走出去”制胜市场是发展的必然要求，严峻的市场形势加速了长城钻探“走出去”的步伐。

在国内市场，长城钻探按照集团公司提出的“抓住稳定并提高单井产量的‘牛鼻子’”要求，牢固树立“为油气打井、为效益施工”的理念，提高工程技术服务能力。

在辽河油区，长城钻探队伍推广多分支水平井、鱼骨水平井等特色技术，单井产量明显提升。在海拉尔地区，长城钻探队伍加强与甲方沟通，实施新的钻具组合，有效解放了钻压，平均机械钻速提高61.69%，已投产的3口水平井日产量是同区域直井的5至7倍。在西部地区，在甲方的帮助和支持下，长城钻探队伍全年完成钻井进尺295万米，平均机械钻速提高35.8%。在合作开发市场，长城钻探投产的4口水平井持续稳产，日产气从6万到12万立方米不等，是同区域直井的3至5倍。

在国际市场，长城钻探紧跟集团公司海外发展布局，在提高保障能力的同时，发挥品牌优势，向风险可控的高端市场迈进。全年国际市场新增合同额14.3亿美元，创历史纪录；实现收入70.1亿美元，同比增长8%。

在非洲地区，苏丹项目成功转型，尼日尔、乍得新增21支队伍，肯尼亚高温地热钻井市场取得新突破。中亚及亚太地区，哈萨克斯坦10口盐下深井成功中标，斋桑项目稳步推进。中东地区，伊拉克鲁迈拉项目前期准备进展顺利，阿曼PDO测井合同顺利续签。美洲地区，古巴大位移井完成合同谈判并顺利进行设备动员。国内对外合作市场，成功中标BP吐哈煤层气等总包项目。

在危机中把握机遇，长城钻探国内外“4+5”的市场布局已经形成。

调整产业结构打造新引擎

应急与谋远两手抓。国际金融危机的影响并未打乱长城钻探长远发展的战略部署，在有效应对危机的同时，长城钻探产业结构调整也在同步推进——大专业做稳，小专业做特做大做强，加快发展能源开发业务。

具体地讲，钻井业务严格控制钻机数量，提高单机、单队作业能力，发挥水平井、复杂工艺井等技术优势，逐步由低端市场向高端市场转移，取得良好的经济效益；公司在人力、物力、财力等方面全力支持，将测录试、固井、钻井液、顶驱、定向井等小专业迅速做强，成为公司未来经济效益的重要来源；加快发展油气和煤层气合作开发业务，进军能源开发领域，形成综合性工程技术服务加能源开发的一体化服务模式，打造公司新的优势。

围绕调整产业结构，长城钻探持续进行内部专业化重组。2009年，对原中油测井北京公司的测、录井业务与长城驻辽的测井公司、录井公司进行整合；组建集定向井、水平井、控压钻井、空气钻井、钻头设计制造等于一体的钻井技术服务公司；原稠油中心、能源信息中心和工程技术研究院开发所等单位组成地质院。

如今，长城钻探产业结构趋于合理，钻井、测录试、能源开发三个产业相互支撑、共同发展；工程技术研究院、测井技术研究院、地质研究院一对一技术支持；承担建井总包、油田开发建设、增产增值服务“三种服务”的“3+3”产业格局。同时，形成人力资源、重点装备、工程技术、生产管理、现代物流的全球支持体系，综合一体化工程技术服务和总承包能力显著增强。

产业结构调整初见成效。2009 年，长城钻探钻井板块完成进尺 470 万米，同比增长 12%；测井板块国际业务效益增长 20% 以上；能源板块收入、效益实现双增长。

正如张凤山所言：“虽然当前可能要付出一定的代价，承担一定的风险，但是当经济走出衰退之后，我们就能把竞争对手远远地甩在后面。”

疾风知劲草，务实破难关。追求更高的目标、迈向更高的水平，长城钻探正奋力前行。

摘自 2010 年 1 月 13 日《中国石油报》

长城钻探海外新签合同额突破 14 亿美元

1 月 14 日，长城钻探公司传来捷报，2009 年海外市场新签合同额 14.3 亿美元，创历史最高水平。

长城钻探作为集团公司工程技术服务板块主要企业之一，市场开发紧跟集团公司海外发展布局。通过“请进来、走出去”推广公司优势特色技术，突出发展测录试、定向井、钻井液等小专业，这个公司迅速在非洲、美洲、中东和中亚等集团公司重点战略区站稳脚跟。2009 年，在国际金融危机造成业主投资锐减、大幅降价等严峻形势下，长城钻探 45% 的收入来自海外市场，提前 3 年实现市场化、国际化目标。

在苏丹市场，长城钻探项目部围绕为甲方增储上产提供增值服务，推介稠油热采技术、钻井液、找堵水、防砂和套管开窗等技术服务，累计签订合同额 8588 万美元。钻井液公司全年海外市场新签合同额突破 1 亿美元，新增钻井液服务项目 23 个。2009 年，长城钻探以小专业为主走出国门 103 支队伍，为公司海外市场各项生产经营业绩指标的完成奠定了基础。

在发挥自身品牌优势，站稳传统市场的同时，长城钻探积极拓宽新的市场领域。在委内瑞拉市场，长城钻探以优异的 HSE、现场作业管理业绩获得业主认可并赢得市场工作量。截至 2009 年 10 月底，这个公司钻、修井机新签合同额达到 4.75 亿美元，固控、钻井液等技术服务进入委内瑞拉市场。测试公司在巩固苏丹、伊朗、乍得、尼日尔四大主要市场同时，在伊拉克绿洲项目、哈萨克斯坦 SAGIZ 项目、阿尔及利亚地面测试项目均取得突破。

摘自 2010 年 1 月 20 日《中国石油报》

GW80 队进尺何以连续 4 年突破 10 万米

拆卸 5000 米的电动钻机，装到 110 辆平板拖车上，再运到 5 公里外的新井场竖起来，要用多长时间?

23 小时 30 分钟。这是长城钻探公司泰国项目 GW80 队给出的答案。

2009 年，GW80 队钻井进尺 10.0879 万米，是中国石油为数不多进尺突破 10 万米的钻井队伍。2006 年至今，GW80 队连续 4 年突破 10 万米钻井进尺。2007 年，创同类钻机 12.3 万米的世界纪录。在国际市场“降”声一片中，甲方曾 2 次主动提高日费超过 30%，市场合同期延续到 2 年后。

2004 年 8 月，刚组建不到半年的 GW80 队在泰国第一口井顺利开钻。工作初始，困难重重：第一次接触陆上先进全频数控钻机，玩不转自动化程度较高的新玩意儿，外语不过关……

那时候，井场很忙乱，员工使出九牛二虎之力，还是不能达到甲方要求。1 口 2500 米深的井得打 10 多天，10 千米的搬家 6 天还干不利落。

如何改变现状，提高作业效率? GW80 队向安全快速搬家与安装等要高效作业。

钻井搬迁是一个复杂、系统的工序，涉及多个单位协同作战。为达到默契协作，GW80 队首先把员工送到当地军营军训，培养其顽强的作风和团队协作的精神。同时，提高员工的技能和外语水平。司钻、大班司钻和平台经理在泰国接受英语培训，泰国雇员来北京学习技术。工作态度的转变和能力的提高，使 GW80 队开始发生变化。过去搬家需要一级一级安排，现在只需一个眼神、一个手势，刚才还是一片设备摆着，片刻就变成了一块儿空地。

“没有最好只有更好。”这是经常挂在 GW80 队员工嘴边的一句话。说到不如做到，做就做到最好。这个队没有停留在纪录上，而是逐步摸索规律，不断缩短搬家时间。

GW80 队经理韩民久尝试通过合理分配作业人员、科学安排作业程序来引导井队，让各个岗位更协调有序。作业时，井场当天要完成三项工作。原来的做法是派 10 个人为一组去一项项完成，15 小时才能全部干完。同样的人数同样的工作，如今通过把设备和人员分成三组，分别承担三项工作，工作全部完成仅需要 7 小时，效率一下提高了 50%。

“搬迁季”是井队最忙碌的时候，但 GW80 队忙而不乱、有条不紊，老井有车在装，路上有车在跑，新井有车在卸。带班队长、安全员、场地工等各司其职，1 天多时间就可完成 110 车几百吨设备的大搬移。

安全是一切工作的前提，有危险的效益，GW80 队一分也不要。

安全工作从点滴小事抓起。每天的

班前会，带班队长和 HSE 总监都针对将要进行的工作进行风险分析，讲解注意事项和应急措施。班后会带班队长根据本班的作业情况进行总结，对表现好的人员和现象进行表扬，并指出错误和危险现象，提高员工的安全意识。

井队搬家过程中，安全工作更是马虎不得。搬家前，GW80 队会派人仔细查看路况，及时把勘察的情况与甲方相关部门沟通协调，保证在搬家时一切就绪。搬家安装频繁，车辆的使用率较高，GW80 队就在吊车的操作室里贴上自制的泰语提示牌“只服从穿交通背心的人指挥，但任何人喊停都要立刻停止作业”。

进入泰国项目以来，GW80 队未发生一起安全生产责任事故。2009 年，这个队完成 116 次 2840 公里的钻机搬迁，1 万多车次运输总量，没出现任何人员和设备安全事故，百万工时事故损失率始终保持为零。

摘自 2010 年 3 月 3 日《中国石油报》

“少”20 部钻机咋多钻进 20 万米

——长城钻探钻井提速工作纪实

3 月 3 日，长城钻探 32806 队顺利完成新年长庆第一口井——地 44−91 井。该井井深 2400 米，钻井周期 3 天 22 小时，井身和固井质量优质，为全年长庆市场开展“三提两井”工作开了个好头。

2009 年，长城钻探公司国内钻井提速工作交出了满意答卷：国内动用钻机 953.1 台 / 月，完成进尺 324.63 万米，平均钻机月速度 3406.04 米 / 台，比 2008 年少动用 199.06 台 / 月，相当于少用 20 部钻机多打进尺 22.36 万米。

在全球金融危机造成钻探行业不景气的背景下，这样的成绩是如何取得的?

管得巧：总承包模式增强动力。

华庆低渗区块 35 万吨产能建设项目，是长城钻探以油田区块总承包形式进行的工程技术服务，这种合作在中国石油历史上尚属首次。正是这种模式给钻井提速注入了强劲动力。

华庆总承包项目按照市场化运作，严格执行市场准入标准，通过对技术、资质、安全等指标清理区块内不符合条件的民营钻井、录井和测井队伍，一些具有中国石油资质、专业素质较高的自营队伍进入项目施工，钻井速度、安全、质量等在源头上得到保证。

发挥总承包模式润滑剂般的协调作用。首先，在各专业之间的运行上，形成以钻井为龙头、其他专业及时跟进的态势，提高钻井时效。其次，项目部代表各施工单位统一协调与地方政府的关系，搞好后勤保障，确保各专业集中精力提高钻速。

发挥总承包模式催化剂般的促进作用。项目部建立“现场观摩、经验共享”的推进机制，采用现场经验交流会、座谈会等形式，分享典型队伍的经验，起到示范和引领作用。项目部通过开展“奋战 50 天，夺取全年生产主动权”和“三提一创，奋战 70 天”劳动竞赛活动，在班与班之间、队与队之间、项目组与项目组之间营造了“争一流”的氛围。

全年华庆低渗区块自营钻机平均机械钻速提高 43.35%，平均钻井周期 9.52 天，缩短 32.67%。

技术新：提速快成本省。

苏里格气田属低渗、低压、低丰度气藏，单井产量低。2006 年，在合作开发初期，长城钻探开展水平井技术攻关和现场实验。去年 7 月 6 日，苏 10−31−48H 实验水平井投产一个月，日产天然气稳定在 10 万立方米以上，是同区域其他直井的 5 倍。

成绩显而易见，但问题也迎面而来。10−31−48H 实验水平井钻井周期为 166 天，大大增加了钻井成本。

怎么办？项目部开始探索水平井钻井提速技术。首先，根据改变完井方式，优化水平井井身结构，将原二开 311 毫米井眼到 A 点、下 244.5 毫米技术套管，改为二开 241 毫米井眼到 A 点、下 177.8 毫米技术套管。其次，在整个储层钻进过程中，采用 MWD+r 曲线跟踪，准确判断岩性变化。三是采用高聚硅稳定剂和复合硅降黏剂稳定钻井液性能，利用低固相聚合物有机硅高效防塌钻井液体系，通过加入高聚物胶液清洗井底，加入沥青等降低摩阻、预防坍塌。

2009 年下半年部署的 3 口水平井，钻井周期最长的只有 60 天，其中苏 10−34−61H 井钻井周期仅 46 天，为实现水平井经济有效开发奠定了基础。

钻得快：提速空间还有多大？

3 月 4 日，长城钻探召开“三提两井”工作会议，提出了今年的钻井提速目标：辽河、长庆、海塔地区提速 10%，境外大包项目和 CNODC 项目提速 15%，平均建井周期缩短 15%。

面对 10% 的提速目标，突破口在哪里？

加强生产组织，实现无缝对接。各单位树立钻井生产是生产核心的思想。钻井公司推广生产运行“十不等”的成功经验，减少无效等停时间；坚持钻井公司与各专业化公司生产协调联席会议制度，狠抓专业配合，围绕钻井生产需要，统一协调各区域生产技术服务资源。各专业服务单位做到各工序、各专业间的紧凑衔接、高效运转，从钻井提速向工程技术服务行业整体提速发展，实现综合提速。

加大攻关力度，解决辽河油区提速瓶颈。2009 年国内提速达 33.9%，一个主要因素就是辽河低钻井速度的进尺大幅度减少。今年能否实现全公司的持续提速，辽河油区是关键。加强技术攻关，消除深井提速瓶颈。重点解决井身结构问题、事故预防的问题。同时移植外部提速经验，推动辽河整体提速。

加强境外项目的技术支持，推动境外提速。各大区和境外项目部要加大市场开发，提高钻机动用率；要加强生产组织和事故预防，降低井下事故率。国内各研究院和相关部门、有关单位要加强对境外项目技术支持力度，重点做好中哈公司提速综合配套技术研究、古巴大位移钻井、伊朗北阿项目等钻井提速工作。

强化安全生产管理，保障钻井提速。正确处理速度、效益和安全的关系，加强现场安全监管，对钻、修井现场实行 24 小时监督，严格执行操作规程，坚决落实反违章禁令。加强检查和管理，对三高、两浅井、欠平衡井、城区井和关键施工环节严格履行审批和许可制度。

摘自 2010 年 3 月 30 日《中国石油报》

“做同行业的领跑者”

——长城钻探录井公司培育战略性新产业透视

近几年来，录井公司积极探索和实践，以思维创新引领技术创新，以技术创新培育和发展新兴产业，寻求产业多元化发展，走出了一条成功的发展之路。产值由 2003 年的 1 亿元上升到 2009 年的 5.05 亿元，产值整整扩大了 5 倍。产值和发展规模，始终位居国内同行业之首。

2004 年，录井公司提出积极培育新产业，进一步壮大经济规模的发展思路。时过 6 年，新产业经历了怎样的变化？

创新思维
催生发展新思路

2004 年，录井公司新一届领导班子上任。摆在他们面前的是，公司队伍规模小，年产值仅有 1 亿元。辽河油田以外的市场份额比重少、专业技能人才稀缺，包袱重，公司综合竞争力与大庆、胜利、华北录井公司差距甚远，在同行业中仅处于中下游水平。

出路在哪里？怎样发展？录井公司决策层一直在思索着这样的问题。

“企业发展规模不可能靠单一产业发展。”录井公司党委书记张开金介绍说，传统产业发展规模到一定程度后，会出现限制性，抵御市场风险能力差，而且无法满足员工利益和迫切发展的需求，如果没有新兴产业上马，很快就会在激烈的市场竞争中出局。

发展需谋远。经过深入思考，这一年，录井公司确定以技术创新培育新产业的发展思路。在毫不松懈地搞好原有市场开发和成熟技术推广的同时，大力发展新产业，培育新的经济增长点，增强发展后劲，形成企业持续成长的新优势。

2009 年，录井公司确立“打造科技型企业，做国内录井行业领跑者的发展定位”。在总结和剖析近年来公司发展历程的基础上，把培育新产业纳入公司发展战略，实现产业规范化发展。

2010 年，又推出加快培育战略性新产业，进一步转变经济增长方式的举措。发展指向国际化，战略目标定位为“打造科技型企业，做国内同行业领跑者，创国际一流录井企业”。

近几年来，录井公司决策层始终以战略眼光，紧跟长城钻探公司发展步伐，瞄准市场需求，发挥自身优势，以培育发展新产业为主线，加快增长方式转变。

明确方向：培育科技创新产业

“培育发展新产业是转变经济增长的要义所在，而技术创新是培育发展新产业的重要依托。”录井公司经理王悦田说。

录井公司以市场为导向，以效益为中心，秉承“创新为本、敢为人先”的科研理念，从国际化战略高度，牢牢把握科技创新方向，按照“研发一批、推广一批、储备一批”的原则，立足于自主创新和自主知识产权，大力推进技术创新，培育和发展新兴产业。

——录井工程技术。近几年来，公司主要在油气层解释评价技术、铀矿录井技术上投入了大量的科研工作。油气层解释评价技术是以地质、气测、定量荧光、地化、核磁共振等录井资料为基础，对现有油气层解释评价技术进行集成，为选择测试层位提供重要依据。经多年研究和应用形成了解释评价工作自动化、智能化和网络化。

铀矿录井技术是采用先进的HD-2004型编录仪对野外钻探的岩心进行相关数据的扫描和检测，再绘制出相应曲线，准确、直观地反应钻探井的矿化显示情况，为进一步解释、评价所钻区域铀含量及分布提供了可靠依据。2009年，公司在铀矿井市场累计录入82口井，今年预计录入300口井，技术市场开发形成规模。

——地质工程技术。近几年来，随着水平井、多分支水平井、复杂工艺井的不断增多录井综合导向技术应运而生。此技术是通过对水平井井区局部的微构造、储层的分布及变化情况进行研究，对水平井的轨迹进行控制，结合LWD、MWD测量数据及远程实时传输，实现了录井导向及远程监控，提高了油层钻遇率，降低钻探风险。目前，此技术在辽河应用广泛，已完成水平井录井导向服务145口井，平均油层钻遇率89.8%，获得较好的经济效益。

——信息工程技术。2005年，录井公司走出传统产业的“小胡同”，在现有传统产业的基础上，瞄准未来的发展趋势，先后发展录井信息和油井信息服务技术，新的产业格局已基本形成。录井信息服务技术可第一时间将最直接、最真实的各类勘探开发井场数据、油气层解释评价结论和钻井工程异常报告提供给用户阅览、研究、分析、决策，为优质、高效、安全、科学钻井提供全方位的第一手原始资料。此技术填补多项国内同行业技术空白。

油井生产管理系统是由油井远程测控系统、动液面自动监测系统以及配套的实时诊断、分析系统等部分组成，构成一套完整的油井远程生产监控、管理体系，达到“节能降耗、增产增收、安全防盗”的目的。目前该体系已在辽河油田、苏里格气田、外围能源等多家单位成功应用。2009年，油井信息技术服务项目新增75口井，累计服务207口井，拓展采油站视频监控技术服务，全年创造产值340万元，成为危机中的一个亮点。

战略性新产业引领企业步入科学发展、高效发展的快车道。2009 年，以辽河油田为主战场的录井公司克服辽河油田限产等影响，凭借新产业优势坚定地“走出去”，成功穿越”寒流”。这也充分证明录井公司抗风险能力的增强和新产业发展方向的正确性。

优化措施：助力新产业健康成长

科技创新在培育和拓展新产业的核心地位已确立，在录井公司上下达成共识。如何更好地推动科技创新、实现科技创效成为录井公司上下的聚焦点。

“加大科研经费投入，为技术创新提供资金保障。”录井公司经理王悦田说，凡是经过充分的可行性论证，对拉动经济持续增长、未来发展产生深远影响的重大技术项目，不论公司有多大的困难，也要在资金上有所保障、不设上限，这是公司一贯坚持的原则。

2009 年，录井公司获省部局级科技成果 7 项，申报计算机软件著作权 6 项，取得公司级科技成果 11 项。仅地质分析化验一项技术应用年创产值达 1951 万元。今年，他们加大资金投入力度，在申请局级扶持资金 520 万元的基础上，又自筹经费 405 万元，总投入同比高出 300 多万元。“充足的资金保障，可以孕育出金子般的成果。”录井公司副经理、总地质师吕文起对 2010 年的科研工作充满信心。

强化国际化人才队伍建设，为技术创新提供人力保障。他们坚持“国内练兵，国外服务”，瞄准国际化需求，积极与院校合作，每年选拔工程技术、基层队长等骨干力量，赴中国石油大学(北京)、西南石油学院、北京安捷伦科技公司等院校或厂家进行学习深造，不仅有效地提高公司技术人员对新技术新工艺的应用水平，也极大地提升专业技术骨干的创新能力。近几年来，已有 100 多名各类专业技术和管理人员通过集团公司托福考试，如今他们已成长为海外项目的中流砥柱。

在“输血”的同时，注重“造血”。针对新入职员工的特点，采取“培训—上岗实习—再培训—再上岗”的渐进式培训方式，建立现场培训实习点，把导师技术指导和徒弟现场实际工作相结合，在学中干、干中学，提高导师技术指导的针对性，有效地缩短新人的成才周期，加快专业骨干人才成长，实现人才队伍建设可持续发展。同时，跨单位、跨部门整合人才资源，集中研究力量，组建技术研究攻关团队，完善人才保障体系。

坚定不移地走培育新产业之路，正成为长城录井人抵御风险、创造市场、又好又快发展的制胜法宝。

摘自 2010 年 4 月 23 日《石油商报》

长城钻探获得国家级高新技术企业认定

——助推技术创新能力提升

3月27日，笔者从长城钻探公司获悉，2009年长城钻探被正式认定为国家级高新技术企业。这标志着长城钻探在科技创新路上实现了质的飞跃，将为加快转变经济发展方式提供有力支持。

长城钻探重组以来，确定了建设国际化石油工程技术总承包商的发展定位，形成了钻井、测录试、能源开发三个业务板块。围绕科技创新，工程技术研究院、测井研究院和地质研究院一对一进行技术支持，并制定了科技奖励办法、知识产权管理办法、科研经费管理办法等管理制度，形成了较为完整的科研管理体系。在此基础上，长城钻探围绕国内外“4+5”市场格局，以打造特色技术优势为目标，加强自主创新能力建设。目前，形成了多分支钻完井、钻井取心、稠油热采井、成像测井、剩余油饱和度监测等优势特色技术。2009年，长城钻探共承担国家级项目6项，集团公司级课题12项，获得省部级科技进步奖7项，获得国家专利授权92项，其中发明专利占20%。以水平井为主的特殊工艺井技术达到国际先进水平，技术、规模、效益居国内第一。

长城钻探公司获得国家级高新技术企业认定后，可以享受国家及北京市政府在人才引进与培养、科技立项、科技成果转化和奖励等方面的扶持和优惠政策，助推技术创新能力提升。

据悉，长城钻探公司是继渤海钻探公司后集团公司第二家获此认定的钻探企业。

摘自2010年3月31日《中国石油报》

长城钻探全面提升企业竞争力透视

面对国际金融危机和后金融危机的不良影响，长城钻探工程公司2009年实现收入151.7亿元，同比增长12%。今年前5个月，长城钻探已实现营业收入67.6亿元，同比增长13%。

2008年2月26日，原辽河石油勘探局与原长城钻井公司实施重组，成立长城钻探公司。2009年1月21日，原中油测井国际公司加入长城钻探公司。

长城钻探公司在持续重组中是如何实现逆势增长的?

精确定位：发挥整合优势，把公司建设成为国际化石油工程技术总承包商

过去20年，国际大石油服务公司以兼并、购买和重组等方式相继走上综合化和一体化道路，整体实力大大增强。集团公司正是从集约化、专业化和

一体化整体协调发展的思路，推进了包括工程技术服务在内的业务重组整合。

长城钻探的重组整合，提升了企业的规模和实力，实现了真正意义的“强强联合”。“新长城”不但石油工程技术专业齐全，而且在国际市场达到 100 部钻修机规模，还实现技术、人才和装备等资源国内外一体化，可以用国内的技术力量支撑国外项目的发展，以国外先进管理经验提升国内管理水平，从而实现利益最大化。

基于对重组整合重大意义的深刻理解和对国内外市场形势的客观分析以及对自身能力和优势的正确认识，长城钻探科学确立努力把公司建设成为国际化石油工程技术总承包商的企业发展定位，并确立中长期发展目标：2009 年至 2015 年，企业收入增幅保持在 15% 以上。到 2011 年，利用 3 年时间，企业收入突破 200 亿元，初步实现总承包模式；到 2015 年，利用 4 年时间收入突破 300 亿元，经济效益同步增长，综合实力位居同类企业前列，成为国际化石油工程技术总承包商。

崭新的发展蓝图，在长城钻探上上下下起到统一思想、坚定信心的作用，为企业迅速起飞奠定了坚实基础。

高远布局：完善产业链条，构建钻井、测井和能源开发相互支撑与相互拉动三大业务板块

原本业务各有侧重的三个石油工程技术企业，怎样才能实现“1+1+1 > 3”。这是“新长城”不可回避，也是最需要解答的问题。

第一次整合后，长城钻探的品牌作用和影响力已经形成，具备了同类企业无法比拟的独特优势。中油测井国际公司的加入，更给公司带来了钻井、测井及能源开发共同发展的基础。

长城钻探以此为契机，着力构建钻井、测井和能源开发三大业务板块。目前，经过内部持续重组，长城钻探三大业务板块已经各自成型，一些独有优势专业更是脱颖而出。

测录井专业规模在国内首屈一指，钻井液专业规模和经营范围在国内外声名远扬，固井、定向井、稠油注气和顶驱等业务在国际市场更是占有一席之地。

同时，长城钻探调整业务发展思路，明确未来三大主营业务板块配套、三个科研机构的“3+3”业务发展格局，组建以工程技术研究院、测井技术研究院和地质研究院为核心的技术支撑体系，在全球范围内对公司三大业务板块提供一对一的支持。

“小专业突出特色做大做强，大专业突出优势做稳”。长城钻探下一阶段的业务发展目标，在“3+3”业务发展格局的强力支撑下，必将很快成为现实。

创新管理：优化内部结构，以“国内专业化、国外区域化，国内外一体化”建立高效组织运行模式

长城钻探并没有满足于把 3 个企业简单地组合在一起，而是打造一家管理科学的专业化工程技术服务企业。目前，以“国内专业化、国外区域化，国内外一体化”为原则的全新管理模式得到快速架构和实施。

两年来，长城钻探先后对钻井液、固井、钻具、顶驱和钻修井技术服务等业务进行专业化重组，使企业的专业化管理水平显著提高；根据集团公司海外市场划分后公司海外业务分布，组建非洲、中东、中亚和美洲 4 个海外大区，初步建立和完善统一管理、规范运作、资源共享和高效顺畅的海外业务管理体制和运行机制；以国内队伍、技术、人才和装备支持海外总承包项目的实施，以国外先进的管理理念和管理方式提升国内业务的管理水平，形成国内外技术、人才、装备和经营运作一体化的格局。

内部结构的不断优化，有效促进长城钻探组织运行效率不断提高，保证了分布全球的队伍高度凝聚力和市场竞争力。

争先市场：转变发展方式，释放专业化管理、集约化发展竞争力

稳健实施两次重组，迅速完成结构调整，长城钻探驶入了全新的发展轨道：从追求产值规模向追求服务贡献率转变，从单纯依靠关联交易向市场化发展转变，从靠集团公司政策保护向自我发展转变，从“保障与服务”向“安全与效益”转变。

“新长城”用一个个优秀业绩展现了这次优美转身——

工程技术服务水平进一步提升，产能贡献率不断提高。长城钻探在辽河油区推广多分支水平井、鱼骨水平井等全新技术手段，单井产量明显提升；在海外市场，为苏丹 6 区提供稠油热采全套技术服务，平均日产比常规冷采提高 4 倍；全过程、全要素推进钻井提速工作再上新台阶，国内市场平均机械钻速提高 33.8%，海外市场仅在中哈公司阿克纠宾油田平均机械钻速提高 26%。

自主创新能力不断增强，特色技术对企业发展的支撑作用大幅提高。水平井和多分支井、泡沫和气体欠平衡钻井等技术广泛应用于国内国际市场，为长城钻探成为国际化石油工程技术总承包商提供强有力的技术支撑。承担国家级科研项目 6 项，集团公司级课题 12 项，获得省部级科技进步奖 7 项，获得国家专利授权 92 项，并通过国家高新技术企业认证。

国内外市场两极共进，市场化、国际化目标提前实现。2009 年，长城钻探在国际金融危机面前逆势出击，以钻井为主体的 121 支队伍走出辽河，以技术服务为主体的 103 支队伍走出过国门，在非关联交易市场为公司带来 85% 的收入，在国际市场带来 45% 的收入。市场化、国际化目标，提前 3 年实现。

重组重在融合，竞争需要合力。全新的长城钻探正以其显著的综合性优势在更大范围、更高层次融入全球石油经济，为中国石油做出更大贡献、创造更多奇迹。

摘自 2010 年 7 月 5 日《中国石油报》

长城钻探测井公司结构调整提升单队作业能力

今年上半年，长城钻探测井公司加快队伍向综合队转型，通过机构调整、员工培训、精准施工的措施，提高单队作业能力。

测井公司调整机构，打破原来专业划分的组织结构，按照市场服务区域，将原第二公司的部分测井作业部分与原第四公司射孔作业部分整合，改变了原有生产组织和管理格局。小队集成测井与射孔、测井与解释专业优势后，立足市场区域提供配套工程技术服务，单队生产能力得到提升。上半年，公司做细辽河市场、国内外部市场和国际市场；服务冀东市场的开4队在承担工程类测井、小数控类测井的同时，成为公司首个能从事试井测试的队伍；辽河市场实现1880井次安全施工无事故。

这个公司以提升员工综合能力为突破口，加强培训力度，从而提高小队生产能力。从今年年初开始，围绕专业技术培训，开展了18项专业技术培训。

摘自 2010 年 7 月 19 日《中国石油报》

“三化”模板 升华提速

——长城钻探公司驻辽单位钻井提速工作纪略

钻井提速一次容易做到，长期、全面坚持提速难度就大了。长城钻探锻造管理、技术和协作“三化”模板，由点及面推广，由近到远渗透，强化了公司驻辽单位提速势头。今年前9个月，长城钻探在辽河油区平均机械钻速达每小时8.24米，同比提高22.2%。

精准工厂化　打造专业管理模板

2010年，辽河油田公司全年部署的360口产能开发井中，有218口井亟待开钻。快打井、快见产的要求愈发迫切，这给长城钻探工程公司钻井工作增加了压力。

压力面前，这个公司驻辽单位明确业务分工，高效组织生产——大力推进“精准工厂化管理”，助力钻井提速。这一管理模式强调，钻井提速需要各专业作为一个整体来作战，钻井、测录、钻井液、固井等各专业协作配合，压缩无效等停时间，最终实现各工序衔接“零对接”。

为此，长城钻探专门制定《各专业公司技术经济责任关系界定》、《井筒技术服务内部责任认定暂行管理办法》等制度，细化各专业责任范围，为提速工作提供了管理模板。

兴古潜山开发井是长城钻探辽河地区市场提速工作的重点攻关目标。由于井身结构和地层复杂，施工中要用一套钻井液体系打穿不同压力体系的层位。而1600米至2000米处漏失严重，下部砂段又存在泥岩含气及垮塌问题，给施工带来一定困难。两个钻井公司与钻井液公司携手制订了兴古区块施工技术方案，从处理井漏，到钻井中井壁的修理，再到确保井眼畅通，都作了明确的要求，使井队提速工作得到有效的技术指导。

提速工作中，钻井公司和各专业公司之间的协作配合渐趋密切。各相关专业公司牢固树立钻井是生产核心的思想，坚持做到保一线不误分秒。

技术模板化 提速模式走向成熟

“技术模板”固化、应用是长城钻探钻井提速工作的又一主要手段。

“技术模板”就是针对同一地区成熟、提速效果明显的工艺和参数等成套经验进行总结提炼，按区块制定成“技术模板”，装订成册下发到各井队进行大力推广，要求按照“技术模板”原样“复制”，缩短了各钻井施工摸索时间，大大提高施工速度。

近年来，这个公司在辽河油区集成了一系列成熟技术，优选应用个性化PDC钻头、复合钻井、高压喷射钻井等。这些为实现油区及油区外围钻井提速提供保障。在辽河油区，“三低二高三优化”技术模板已被普遍应用，并呈现出依据区块特点逐步固化模板的趋势。其中，钻井一公司50021队施工的兴古7-H327井，完钻井深5153.10米，钻井周期84天17小时，创兴古7区块5000米以上水平井最快纪录。

一系列成熟技术集成的模板，在油区探井、开发井提速中发挥作用。今年，长城钻探在辽河地区已经交出多口复杂重点井。

协作同步化 多方同造共赢模板

今年，兴隆台潜山开发主体兴古区块有17部钻机，承担了46口探井、评价井和开发井的施工任务，各环节组织得有条不紊。这得益于长城钻探驻辽单位与辽河油田公司的团结协作更加紧密。

针对辽河油区生产实际，长城钻探驻辽单位积极与辽河油田公司相关部门沟通，积极推广PDC和螺杆复合钻井新工艺，平均机械钻速由每小时6.9米提高到13.6米。创新完井方式，钻井队的收尾工作延伸到投产作业，目前32口井投产周期平均缩短12天。

“少井高产”是实打实的效益。钻井提速的最终落脚点是单井效益提升，这已成为双方共识。因此，多年来，长城钻探一直朝着这个目标努力。今年年初，公司交出的水平井哈3-H4井，自喷投产，初期日产油25吨，日产气1.1万立方米；在同一区块的哈3-H3井也同样自喷投产，日产是当时同区块相邻水平井的10倍。

“三化”模板拓展了长城钻探的提速空间。这个公司还将围绕“三提两井”工作，总结水平井、欠平衡井成功经验，重点抓好超深井完井、素质提升、模板固化等关键环节，推进技术升级，持续提升工程技术服务水平。

摘自2010年10月25日《中国石油报》

走出去，走向高端

——长城钻探测井公司开拓海外市场侧记

7月中旬，长城钻探又一批经过系统技能培训的员工“走出去”。

至此，LEAP600B快速测井平台（以下简称LEAP600B系统）这一国产设备的服务范围扩展到15个国家30个客户。

依靠国产设备与国际知名石油公司同台竞技，在海外树立一个响当当的品牌，长城钻探测井公司（CNLC）走出了一条从低端迈向高端的成功之路。

自主研发　志存高远

作为技术密集型行业，国际测井市场招投标时对仪器装备和施工经验有一套严格标准，这些装备和市场则集中在一些国际知名公司手中。为了保持对这个领域技术和市场的垄断优势，这些国际知名公司无一不对自主研发的“专业”设备实行“封锁”和技术“屏蔽”。

为填补国内这一领域的空白，继承自力更生、艰苦奋斗优良传统的长城钻探测井人，下定决心，开始艰苦的自主创新路程。

2003年，CNLC拥有自主知识产权的LEAP600B快速测井平台研制成功，与之配套的数据采集软件WELLSCOPE测井系统也相继研发成功。尽管这套国产设备投产初期定位于中低端市场，仅能满足常规测井业务，但是它的诞生是该技术“零”的突破，着实让长城钻探测井人欣喜不已。

2004年，LEAP600B系统首次进入哈萨克斯坦NB常规测井项目。

2005年，LEAP600B系统中标挪威石油公司伊拉克北部DNO测井项目——首次服务高端市场。

目前，在国际三大测井公司占有绝大多数份额的市场格局中，LEAP600B顽强地撕开一条裂缝，并不断开拓新的空间。

特别值得一提的是，今年5月10日，在水深70米的波斯湾南帕斯海域，LEAP600B系统成功完成伊朗海上项目第一口评价井测井作业，将长城钻探的海外业务成功拓展到海域。

专业重组　如虎添翼

2009年，长城钻探公司对国内外测井业务实施专业重组后，LEAP600B系统在国际市场增加了诸多竞争优势：CNLC在扩展国际高端测井市场中，积累了相当的国际运作经验，还经过多年打拼培养造就了一批专业技术骨干和高素质的专业施工队伍。

至今，许多当年参与海外创业的测井人仍对这段创业经历充满感慨。2005年，LEAP600B系统初闯伊拉克市场，除了项目经理和一名作为技术支持的工程师外，其他5名员工都是门外汉。当年推广这一国产设备时，技术人才不足等问题经常让业务面临困境。

国内外一体化重组整合让这些问题迎刃而解。2009年下半年正是LEAP600B在阿曼项目推广的关键期。长城钻探决策层统一安排，组织测井技术研究院、解释研究中心等单位先后召开5次大型协调会议，进一步做细这套系统的验收、设备配套、软件改进，以及国内验证等方面工作，集中解决RFT配接、图版环境校正和图件规范三个关键难题。LEAP600B系统软硬件进一步得到提升。

2009年10月，这套系统在阿曼现场L−682H1井进行第一次作业时，长城钻探组建了现场和国内两支专家队伍。作业中，当这套系统软件不能处理采集压力数据的压力温度分析图时，专家就将数据发回国内，同时马上协调和改进软件，在第二口井之前就圆满解决问题。

危中求机　逆势上扬

2009年的金融危机造成了全球经济衰退，长城钻探测井公司的海外项目自然未能幸免。

在哈萨克斯坦市场，各油田甲方普遍要求降价，专业合同总体降价8%，各油田大量减少投资计划，导致全年测井作业量锐减500多井次。

重重危机中，长城钻探冷静应对，寻找契机和突破。

2009年4月，SAGIZ项目赢得了当年第一口井测井作业。由于后续工作量接踵而来，SAGIZ项目现有设备无法保证甲方需求。长城钻探从其他项目紧急抽调设备、人员给予支援。关键时刻，LEAP600B系统不负众望。设备从最初的一套最终增加到4套。在上井路途遥远、路况奇差的情况下，长城钻探圆满完成了位于阿特劳南部7口井的施工任务。在这一项目中，长城钻探全部采用LEAP600B系统施工，年产值突破1000万美元。

危机面前，一次次到位的测井作业，LEAP600B系统不辱使命。

2009年下半年，甲方找到长城钻探PK测井项目，要求提供小井眼完井测井。两个月中，7103和8021两口井作业全部达到甲方要求，打破了此类井一直由国外知名测井公司一统天下的格局。

2009年8月，甲方一口定向井在作业中卡钻，两家当地公司进行解卡作业，均无功而返。长城钻探扎奇项目急甲方之所急，使用国产设备，给出令人信服的结论，为甲方对此井的处理决策提供了可靠依据。

同时，LEAP600B系统不辱使命在PK的射孔服务、扎那若尔常规项目、中信生产井项目等项目中，实现合同内增值。

据统计，2009年以来，这一LEAP600B系统已在伊拉克、乍得和阿塞拜疆等国际测井市场赢得主要份额。长城钻探公司在海外测井项目1.5亿多美元的产值中，依靠LEAP600B系统创产值5500多万美元。

目前，在长城钻探海外项目拥有的82套测井设备中，这一国产设备占有42套，在“走出去”的自主品牌中成为高端竞技的“王牌”！

摘自2010年7月27日《中国石油报》

长城钻探钻井液技术在苏丹获认可

11 月 7 日，长城钻探工程公司为苏丹 3/7 区提供首口水平井钻井液服务的 PL–24H 井进入试油阶段。

该井是长城钻探首次在海外应用泥饼清除技术进行完井作业，井垂直深度 1325.64 米，水平位移 979.7 米，最大井斜 92 度，建井周期 27 天，其中水平段施工周期仅为 5 天。

此前，长城钻探钻井液专业在苏丹 3/7 区块服务多年，一直没能进入该区块水平井市场。今年初，长城钻探加大了技术推介力度，在成功进行了 5 口大斜度定向井施工后，最终说服甲方，将 PL–24H 井的钻井液技术服务授予长城钻探。

为保证顺利施工，长城钻探工程公司制订了“四二二一”工作计划，“执行钻井液公司、项目部、前线基地和井队四位一体的技术支持体系，派驻具有 20 多年钻井液服务经验的两名优秀工程师，开发水平井油气层保护钻井液和泥饼清除两种技术，实现三七区首口水平井钻井液技术服务顺利完成的目标”。

PL–24H 全井事故率为零，目前该井正在进行完井程序中的泥饼清除工作，各项技术指标和钻井液性能均符合甲方的要求，得到了甲方前线监督、总监和作业部的高度评价。这也是长城钻探向技术服务市场转型以来取得的又一成绩。

摘自 2010 年 11 月 9 日《中国石油报》

长城钻探利比亚项目获得赞誉

7 月 27 日，记者从长城钻探相关部门获悉，土耳其石油公司 TPOC 发来表扬信，高度评价长城钻探公司今年的工作，赞扬井队设备优良，HSE 表现出色，钻井时效提高，中方员工具有吃苦耐劳和团结协作的精神。

与此同时，第三方钻井液公司 AVA 也致信长城钻探公司，感谢井队无私帮助回收废弃药品，对他们重视现场环境保护的做法大加赞赏。

长城钻探服务的利比亚市场竞争激烈。受金融危机影响，一度出现多台钻机停产的情况。然而，长城钻探依旧凭借优秀的业绩和良好的声誉，于 2009 年 5 月一举中标土耳其 TPOC 项目。

在利比亚项目中，长城钻探精心准备横跨利比亚沙漠的 1500 公里长途搬迁，从搬家到安装完毕共用时 31.5 天，创造了利比亚项目有史以来长途搬迁的最快纪录。另外，长城钻探承钻的第一口探井 A1–147/3，在中途测试中发现良好油气流显示，突破了土耳其石油公司在利比亚连续开发 6 年没有发现石油的纪录。

日常作业中，长城钻探认真执行甲方监督指令，主动为甲方钻井提速出谋划策，加强现场HSE管理，积极配合第三方服务公司优质、高效完成各项工序，赢得了甲方和第三方的表扬。

摘自2010年8月26日《中国石油报》

转变发展方式中的跨越

——长城钻探钻井液公司发展海外业务纪实

在面临全球性的金融危机情况下，2009年实现业务收入近10亿元；海外业务新签订合同额和实现产值双破1亿美元；新增钻井液服务队伍22个，产值能力上亿元的市场由2008年的2个增加到5个；中国石油投资项目以外的国际市场份额首次超过50%；海外业务保持了35%以上的增速；2010年预计实现业务收入13亿元以上……

一个个骄人的成绩彰显了长城钻探钻井液公司在转变经济发展方式进程中的跨越。

创新市场开发思路：实现市场创效

截至今年3月，长城钻探钻井液公司海外业务新签、中标待签合同额4346万美元，新增队伍10个，在非洲和中东等市场实现突破。

除此之外，长城钻探钻井液公司现有国外业务覆盖美洲、非洲、中东和中亚等四个地区，为15个国家24个油公司的85部钻机提供钻井液、完井液、固控和废物处理等技术服务。国内业务分布在辽河、大庆、吉林、长庆、冀东、新疆、江苏等油区，为170部钻机提供钻井液技术服务。

为什么会有如此红火的市场局面？根据公司负责人介绍，面对全球经济好转带来的市场机遇，2010年，长城钻探钻井液公司确立了“巩固和深耕传统市场，大力开发新兴市场，着力培育潜在市场，重点开辟外线战场，优化国内外一体化市场格局”的总体工作思路。

在稳固现有服务规模的同时，着力加大市场的外延和内涵，挖掘市场潜力，做好“增项、扩容”工作；密切收集跟踪已有的市场信息，把握市场机遇，做好市场宣传和新项目的投标，确保投标质量和效果；重视对于全球经济形势和石油勘探开发、工程技术服务需求趋势的研究和分析，及时预测市场的潜在需求，通过新理念、新思路创造市场，依靠技术引领培育市场。

增强自主创新能力：实现科技创效

2010年3月，长城钻探钻井液公司在委内瑞拉成功应用全油基钻井液体系，赢得了委内瑞拉国家石油公司的信任，签订了首批700万美元的合同，突破了中国钻井液行业在海外持续发展的瓶颈。

全油基钻井液体系是这个公司的拳头产品，也是开拓市场的利器。重组后的钻井液公司拥有强大的技术实力，每年可承担局级及局级以上科研项目 6—10 项，承担厂处级科研项目 10—15 项。在海内外已形成了一整套先进适用的钻井液系列技术，可提供海上和陆上的水基、油基、气基和合成基钻井液完井液技术服务。

2008 年以来，在长城钻探公司的带领下，与中国石油钻井院、长江大学等专业院所开展技术合作，利用国内外优势资源，筛选高性能、高性价比、具有市场竞争力的处理剂，自主研发了高效有机土，逐步形成自己的油基钻井液技术体系。

持续优化管理模式：实现管理创效

近日，新疆煤层气项目应用新型防漏钻井液体系，完成 5 口井，没有出现任何井下复杂情况，电测成功率达 100%，得到 BP 监督和井下公司高度赞扬。

同时，长城钻探钻井液公司在国外项目中各种钻井液体系也都成功应用，深得甲方好评。

俗话说：基础不牢，地动山摇。据了解，2010 年，长城钻探钻井液公司进一步确定为“根基建设年”，并提出“围绕一条主线，提高三个水平，抓好七项重点”的工作思路。

从优化管理流程、提升作业保障质量、完善激励考核机制、加大人才引进和培养力度、实施精细化管理等方面，进一步加强基层基础工作，全方位提升整体管理水平，为公司实现安全、效益、可持续发展打牢根基。

这个公司从最开始的 16 个钻井液小队逐步调整为项目部管理模式，最近又将 5 个项目部合并为 3 个项目部，促进管理更方便到位。

在 2009 年面临金融危机带来的压力和挑战的情况下，公司节省管理成本约 335 万元，综合利润率由 2008 年的 21% 提升到 23.5%，发展速度和盈利能力均大幅度提高。

深化 HSE 体系建设：实现安全创效

作为长城钻探第二批 HSE 体系推进试点单位之一，这个公司紧密围绕“环保优先、安全第一、质量至上、以人为本”的安全工作方针，扎实做好质量安全环保工作。

公司引导员工树立“安全是最大的效益”这一理念，将目视化管理纳入到属地管理范畴，做到“我的区域我负责，我在属地您放心”，实现“自我管理、自我参与、我要安全”的新局面。在日常工作中，公司还狠抓交通安全、环境污染、消防安全、冬季作业、特种作业以及 HSE 专项检查工作。

重组以来，公司先后荣获长城钻探工程有限公司先进单位和安全生产先进单位、环境保护先进单位、先进工会、“五四”红旗团委等荣誉称号，并被评为 2009 年中国石油集团先进集体。

如今，这个公司正以饱满的热情、专业化的优势和团结向上的精神向着具有国际竞争力的综合性钻井液服务公司目标坚定迈进！

摘自 2010 年 6 月 1 日《中国石油报》

长城钻探工程公司伊朗北阿项目首井完钻

11月25日，长城钻探工程公司伊朗项目承钻的中国石油北阿项目首井——NAZ-1井进入试油作业。该井井深4101米，钻井周期215天，建井周期245天，质量优质，赢得甲方好评。

今年1月18日，伊朗项目在北阿项目启动之初就投入到紧张的设备整改中。2月18日，长城钻探伊朗项目开始长达1200千米的第一次动迁。搬迁动用车辆160台次，用时10天，从伊朗北部动迁到AHVAZ基地。根据当地政策，在伊朗新年前的10天和新年后10天不允许重型车辆在主干道上行驶。为了保证顺利开钻，伊朗项目开始第二次动迁。

3月17日，甲方正式交付井场。这时，离甲方要求的开钻时间只有两天，而当地正是沙尘暴肆虐的季节，每天黄沙蔽日，能见度只有5到10米。伊朗项目员工为抢工期，嘴唇起泡干裂了，嗓子喊哑了，脸和脖子晒爆皮，风沙眯了眼……经过55个小时的连续奋战，当地时间3月19日14时，伊朗北阿项目首井顺利开钻。

据了解，NAZ-1井的钻井和钻井液、下套管、固井、测录试、硫化氢防护、固控及废物处理等技术服务均由长城钻探工程公司伊朗项目提供完成。NAZ-1井的成功完井，为北阿项目甲方规模化开发奠定了坚实基础。

摘自2010年11月30日《中国石油报》

长城钻探万事俱备迎复产

8月29日，长城钻探30582队员工每人一本《钻井队岗位“百问不倒”简明指导手册》进行学习，利用停产时间完成新一轮素质达标培训。这是长城钻探基层单位防汛期见缝插针安排的培训。

7月以来，长城钻探辽河部分施工井场受洪水侵袭，钻井、测录试停产队伍最多时达16支。这个公司利用等停时机做好岗位员工培训，强化设备维修保养和后勤保障等工作，迎接复产工作。

强化培训，做好技能储备。采取公司、项目部、井队三级集中学习和分队讲授方式，对停产队人员进行HSE相关内容、安全操作规程等“复习式”讲解80余次，保证员工在恢复生产后尽快进入工作状态。

设备封存，做好维护保养。对停产设备及时进行除锈、喷漆等必要保养工作。设备封存时，所有井队严格按照《设备封存管理办法》，加强集中摆放和看管工作，检查50多井次。70077队8月7日复产，设备一次启动成功，生产运行平稳有序。

保障到位，保证随时复产。及时对所有停产井队驻地生活设施进行检修，保证所有队生活空调房、洗澡间、食堂操作间和食品库房完好。根据季节特点，保证饮水机、消毒柜、滤水器等设施完好，防止传播疾病。

此外，长城钻探及时与甲方联系，做到信息灵通，确保及时获取信息，超前生产运行。

摘自 2010 年 9 月 2 日《中国石油报》

在大融合中集智聚力

——长城钻探测井公司加强队伍建设纪实

今年前 9 个月，长城钻探测井公司在苏丹连续成功作业 7 口水平井，在市场上赢得了主动，也让竞争对手为之惊叹。面对佳绩，参加施工的海外员工道出肺腑之言："让 CNLC 品牌绽放光彩，为长城钻探发展作出贡献，我们义不容辞！"重组不及一年，队伍的凝聚力如此之强，得益于这个公司在加强队伍凝聚力方面所做的艰辛努力。

凝聚情感——强化融和关爱之功

"月到中秋分外明，每逢佳节倍思亲"，2009 年 9 月 29 日，测井公司领导班子发出《致公司海内外员工的慰问信》。此时，原长城钻探测井公司和原国际业务项目部重组整合不到 20 天。慰问、感谢、称赞、鼓舞之辞，令海内外员工倍感温暖、倍感振奋。

为实现真正意义上的强强联合，海内外员工的情感共融、文化共融至关重要。2009 年 9 月底，在着手对两个单位企业文化资源、理念进行整合、升华的同时，这个公司及时组织开展"新公司、新形势、新任务"主题教育活动。为实现思想相融，这个公司分别面向原来的两个单位员工编写了两套形势任务教育宣讲材料，宣传重组整合的重要意义，介绍国际业务项目部和测井公司的情况。配发图片，制作展板，在测井机关、基层单位和海内外项目部展出。

为了让国内员工充分了解海外员工为打造 CNLC 品牌付出的艰辛努力，实现精神相融，测井公司重点对海外典型进行深度宣传。今年 1 月 26 日，在测井公司一届二次职代会上，苏丹项目、2009 年度全国"安康杯"优胜班组综八队、苏丹测井作业区测井作业部等海内外典型同台交流，共同演绎奉献长城测井的赤子情怀。

融和与关爱是凝聚情感的两条并行线，缺一不可。深谙此道的测井公司管理者大力实施"安心工程"，千方百计为海内外一线员工办好事、解难事，免除他们的后顾之忧；加强海内外项目的生活设施和文体设施建设，营造家的氛围。去年 9 月份以来，测井公司完善扶贫帮困工作机制，走百家、解百情、帮百事，受到员工好评。

凝聚责任——打造人企命运共同体

"'长城测井'不仅要作为一组文字符号为员工所认识，而且要成为与员工休戚与共的命运共同体，让员工以她为荣、为她尽责”。为了达到这个目的，测井公司的管理者做了大量深入细致的工作。

测井公司从上到下倡导“测井公司是每位测井人的公司，测井事业是全体测井人的事业”的主人翁责任感，要求领导干部践行“相对分工、绝对责任”的理念，“把责任进行到底”。与此同时，以凝聚责任为中心，形成环环相扣的载体链。

2009年10月，举办科级干部培训班，注重突出对新公司基本现状、发展前景，各单位部门职能、经验等的介绍与交流，强化了责任。

2010年5月，举办“情系测井担重任、创业兴企我尽责”征文和演讲比赛。引导员工用真挚的情感，优美的语言，抒情怀、话责任。

凝聚忠诚——测井有我、有我必胜

为了最大限度地提升队伍忠诚度，2010年7月，测井公司开展了“全员创新、创优、创效，共赢企业快速发展”主题教育活动，在海内外市场叫响“强素质树形象抢担责任，转观念求跨越力促发展”的口号。与此同时，大力实施“典型推优工程”，让忠诚事业、报效企业典型成为员工学习的榜样。

国际业务项目部苏丹测井作业区测井作业部副经理甄程，连续在海外工作10年，先后转战苏丹、伊朗等9个国家，每年在海外工作时间都在8个月以上。在异国他乡，他独自承受巨大的压力，多次圆满完成各种急难险重工作任务。数解中心综合评价室的女解释员们凭着对企业的责任感，巾帼不让须眉，南下冀东、北上大庆吉林，西征陕北，出色完成繁重的解释任务，顶起了外闯市场的“半边天”，受到甲方嘉奖。

而今，集结在长城钻探的大旗下，广大海内外员工正步调一致，向着“建设中国最强的测井公司”的宏伟目标进发。

摘自2010年11月4日《中国石油报》

长城钻探工程公司研发自主测井系统赶超国际水平

——网络化、模块化、平台化集成兼容，规模发展树LEAP800-A品牌

11月18日，由长城钻探工程公司测井技术研究院自主研发、具有自主知识产权的LEAP800-A测井系统，通过中国石油集团在京组织的科技成果鉴定。

鉴定委员会听取了长城钻探公司测井技术研究院首席科学家、项目组负责人肖加奇博士的报告，审查了研究报告及应用证明，并审阅了相关技术资料，一致认为，LEAP800-A系统作为自主研发的新一代测井系统，整体达到国际先进水平，具有进入国际市场作业能力，其中电缆传输技术、阵列感应技术达到国际领先水平。

这套测井系统以网络化、模块化和平台化为特点，增强了测井仪器的组合能力和兼容性，完善和丰富了测井校正图版，并具有迅速简单集成各种下井仪器的功能，能够提供常规成像、地震测试等多种技术服务，体现了现代测井技术发展理念。

系统具备迅速、准确、全面采集和传输信息的功能，通过因特网实现了远程操控、诊断和在线升级。目前，该系统已成功进行了105口井的现场工业化实验和10口商业井实验。

长城钻探公司总经理张凤山指出，LEAP800－A测井系统的立项是应对国际同行技术封锁，打破和突破垄断，定位为国际市场，实现自主知识产权。在人才引进和研发模式上大力创新，确定了分阶段目标，寻求多点突破，这种集中在一个平台上的工作思路，为今天系统的诞生打下了坚实的基础。

张凤山强调，中国石油的发展为长城钻探的成长提供了一个难得的机遇，测井专业是长城钻探重点发展的专业，是长城钻探品牌的主元素。下一步，长城钻探要完善配套技术，培训人员，开发市场，随着长城测井的发展，LEAP800－A系统一定会走上规模发展道路，系统品牌会越来越响。

石油学会测井专业委员会主任陆大卫，中国石油科技评估中心主任傅成德，中国石油集团工程技术公司党委书记李越强，长城钻探公司总经理张凤山和副总经理、总工程师刘乃震，中国海油海外勘探部总监崔旱云等领导参加鉴定。

中国石油大学和美国休斯敦大学，以及中国石油所属的勘探开发研究院测井与遥感所、勘探与生产公司、工程技术公司、科技管理部、科技评估中心、长城钻探工程有限公司、中油测井有限公司、大庆钻探测井公司和长城钻探地质研究院的专家参加了鉴定会。

摘自2010年12月8日《石油商报》

长城钻探录井公司推进技术创新培育战略性新兴产业

近几年来，长城钻探录井公司以思维创新引领技术创新，走出一条成功的发展之路，产值由2003年的1亿元上升到2009年的5.05亿元。2010年，长城钻探录井公司推出加快培育战略性新兴产业、进一步转变经济发展方式新举措。

长城钻探录井公司牢牢把握科技创新方向，按照“研发一批、推广一批、储备一批”的原则，大力推进技术创新，培育和发展新兴产业。

在录井工程技术方面，公司主要在油气层解释评价技术、铀矿录井技术上投入大量科研力量。油气层解释评价技术是以地质、气测、定量荧光、地化、核磁共振等录井资料为基础，对现有油气层解释评价技术进行集成，为选择测试层位提供重要依据。

经多年研究和应用，录井公司形成了解释评价工作自动化、智能化和网络化。铀矿录井技术采用先进的HD－2004型编录仪对野外钻探的岩心进行相关数据的扫描和检测，再绘制出相应曲线，准确反应钻探井的矿化显示情况，为进一步解释、评价所钻区域铀含量及分布提供依据。2009 年，公司在铀矿井市场累计录井 82 口，今年预计录井 300 口，技术市场开发形成规模。

在地质工程技术方面，随着水平、多分支水平、复杂工艺等井的不断增多，录井综合导向技术应运而生。此技术是通过对水平井井区局部的微构造、储层的分布及变化情况进行研究，对水平井的轨迹进行控制，结合 LWD、MWD 测量数据及远程实时传输，实现了录井导向及远程监控，提高了油层钻遇率，降低钻探风险。目前，此项技术在辽河油田应用广泛，已完成水平井录井导向服务 145 口井，平均油层钻遇率 89.8%，获得较好的经济效益。

油井生产管理系统是由油井远程测控系统、动液面自动监测系统以及配套的实时诊断和分析系统等部分组成，构成一套完整的油井远程生产监控、管理体系，达到“节能降耗、增产增收、安全防盗”目的。目前该体系已在辽河油田、苏里格气田等多个油田成功应用。

如今，坚定不移走培育新产业之路，成为长城录井公司抵御风险，实现又好又快发展的制胜法宝。

摘自 2010 年 5 月 10 日《中国石油报》

第十三篇

先进集体

2010年度长城钻探公司荣获省部级以上荣誉名单

【全国安康杯竞赛优胜单位】

长城钻探公司

【全国模范职工之家】

长城钻探公司工会

【中央企业红旗班组（科室）】

长庆分部生产运行中心

【集团公司标杆集体】

泰国项目部GW80钻井队

【集团公司先进集体】

录井公司

钻井液公司

钻井一公司陕北项目部

钻井二公司陕北项目部

苏丹测井作业区

古巴项目部

哈萨克斯坦项目部

苏丹项目部

苏里格气田项目部采气作业一区巡井队

【辽宁省安康杯优胜单位】

钻井一公司

【辽宁省安康杯优胜班组】

钻井二公司40639队

【辽宁省先进女职工组织】

测井公司女工委员会

【集团公司先进工会】

测井公司工会

钻井二公司工会

【集团公司“直属机关青年文明号”】

钻井一公司长庆项目一部40503钻井队

钻井二公司兴隆台项目部50564队

钻井液公司兴隆台项目部50640钻井液小队

录井公司L10273综合录井队

测井公司伊拉克鲁迈拉测井项目组

国际钻井公司乍得项目车队

【集团公司“直属机关五四红旗团委”】

长城钻探公司团委

钻井二公司团委

测井公司团委

井下作业公司团委

钻井液公司团委

【集团公司“直属机关五四红旗团支部”】

钻井一公司辽河项目三部40611队团支部

工程技术研究院钻井液研究所团支部

测井技术研究院团总支

苏里格气田项目部采气作业二区团总支

固井公司教导队团支部

2010年度长城钻探公司荣获先进单位荣誉名单

【长城钻探公司先进单位】

钻井一公司
钻井二公司
测井公司
录井公司
工程技术研究院
井下作业公司
钻井液公司
苏里格气田项目部
工程服务公司
非洲大区乍得综合项目部
非洲大区尼日尔综合项目部
非洲大区苏丹测井作业区
非洲大区苏丹项目部
中东大区伊拉克测井作业区
中亚大区印度尼西亚项目部
中亚大区哈萨克斯坦项目部

【长城钻探公司标杆基层队】

钻井一公司32806钻井队
钻井一公司40503钻井队
钻井二公司40639钻井队
国际钻井公司GW80钻井队
国际钻井公司GW116钻井队
测井公司成像六队
录井公司长庆项目部乌审旗综合录井队
井下作业公司30701钻井队
井下作业公司C10288队
国际钻修公司印度项目部
钻井液公司欢喜岭项目部40002队
固井公司苏里格固井队
钻具公司苏里格项目井控车间
苏里格气田项目部采气作业二区采气站
测试公司伊拉克绿洲测试队
解释研究中心中亚解释站
中亚大区土库曼测井作业队

【长城钻探公司先进集体】

钻井一公司长庆项目一部
钻井一公司长庆项目一部40001钻井队
钻井一公司尼日尔项目GW216钻井队
钻井一公司新疆项目部40609钻井队
钻井一公司壳牌项目70166钻井队
钻井二公司国际市场保障部GW188钻井队
钻井二公司陕北项目部陕北十六队
钻井二公司运输公司五车队
钻井二公司吉林项目部50106钻井队
国际钻井公司GW107钻井队
国际钻井公司GW125钻井队
国际钻井公司GW121钻井队
测井公司伊拉克测井项目部

测井公司辽河项目部

录井公司长庆项目部

录井公司国际业务项目部

工程技术研究院钻井工程技术研究所

井下作业公司尼日尔 GW23 队

井下作业公司冀东项目部 10298 队

国际钻修公司采油项目部

顶驱技术公司委内瑞拉项目部

钻井液公司欢喜岭项目部

固井公司西北项目部

钻具公司西部项目部

钻井技术服务公司仪器研发与维修中心

物资供应公司辽河仓储站

能源事业部开发管理科

苏里格气田项目部采气作业二区

煤层气开发公司质量安全环保科

地质研究院天然气研究所

测试公司苏丹测试项目部

测试公司测井技术研究院

测试公司电子研究所

解释研究中心中亚解释项目部

工程服务公司长庆工程技术项目部基建科

对外合作项目部长北项目部

机关车队北京车队

美洲大区古巴项目部财务部

美洲大区委内瑞拉综合项目部作业部

非洲大区阿尔及利亚项目 HSE 部

非洲大区乍得公司前线基地

中亚大区哈萨克斯坦测井作业区斋桑测录试项目部

中东大区伊朗项目部

中东大区伊朗测井作业区

辽河生产指挥中心大庆海拉尔指挥中心生产技术科

辽河生产指挥中心质量安全环保处辽河分部安全管理办公室

长庆生产指挥中心调度室

总经理办公室秘书科

生产协调处生产协调科

工程技术部井控管理科

测井 QHSE 部 HSE 危品管理科

信息管理中心应用技术推广科

【长城钻探公司“五型”班组】

钻井一公司

安装工程公司安装一队作业二班

国际保障部 70166 钻井队一班

尼日尔综合项目部 GW216 钻井队三班

吉林项目部 40567 钻井队一班

辽河项目一部 40568 钻井队二班

辽河项目一部 32471 钻井队二班

辽河项目二部 40611 钻井队一班

辽河项目二部 50640 钻井队二班

辽河项目三部 50014 钻井队一班

辽河项目三部 40640 钻井队一班

长庆项目一部 32823 钻井队一班

长庆项目一部 40001 钻井队三班

长庆项目一部 40502 钻井队一班

长庆项目一部 40503 钻井队二班

长庆项目二部 32471A 钻井队一班

长庆项目二部 30678 钻井队二班

长庆项目二部 32994 钻井队一班

新疆项目部 40609 钻井队三班

长北项目部 70136 钻井队一班

装备服务公司陕北维修中心钻修班

运输公司六中队二班

钻井二公司

沈北项目部 40002 钻井队一班

沈北项目部 50023 钻井队一班
欢锦曙项目 40638 钻井队二班
欢锦曙项目 50013 钻井队三班
70023 钻井队一班
70030 钻井队一班
GW188 钻井队三班
GW228 钻井队三班
海塔项目部呼伦贝尔八队三班
吉林八队一班
冀东一队二班
陕北项目部陕北八队一班
陕北项目部陕北十六队二班
生产服务公司营地大学生公寓班
招待所客房班
运输一车队一班
综合车队小车一班
钻前电工队二班
国际钻井公司
GW39 钻井队一班
GW106 钻井队一班
GW122 钻井队二班
乍得车队班组

测井公司

苏丹 37 测井项目 W62118 小队
扎那若尔测井项目 W64906 小队
伊朗阿瓦兹项目 W92337 小队
辽河项目部数 7 小队
长庆项目部数 29 小队
过套管项目部开 12 小队
仪修中心生产二班
数解中心外围解释室
危险品管理中心女子装炮班

录井公司

兴隆台项目部 L30208 小队
欢喜岭项目部 L30314 小队
综合录井项目部 L10225 小队
综合录井项目部 L10273 小队
气测录井项目部 L10366 小队
长庆项目部 L10271 小队
长庆项目部 L10276 小队
冀东项目部 L10241 小队
国际业务项目部 ML1043 小队
国际业务项目部 MS1094 小队
地质研究中心勘探班
油井信息技术服务中心现场维护班
铀矿编录班

工程技术研究院

海外取心项目班
钻井设计室

井下作业公司

钻井项目部 C12298 队一班
钻修项目部 C10286 队二班
冀东项目部 C12294 队三班
GW25 钻井队一班

国际钻修公司

苏丹稠油热采 GWCSS1 队注汽班
华庆试气队 S10290-1 队一班

顶驱技术公司

肯尼亚空钻二钻井队一班
泰国 GW80 顶驱班组
伊朗 GW107 顶驱班组

钻井液公司

40001 钻井液班
40611 钻井液班
50668 钻井液班
40127 钻井液班
印度尼西亚项目部 Jambi 作业班

固井公司

教导车组
尼日尔项目组
后勤管理保障中心配液站

钻具公司

东部项目部海拉尔维修班

管修一车间摩擦焊班

井控二车间井控维修班

钻井技术服务公司

国内项目部乌审旗定向井、水平井组

境外项目部苏丹定向井、水平井组

物资供应公司

辽河仓储站主材化工库二班

大庆项目部吉林项目组

苏里格气田项目部

采气作业一区巡井班

采气作业二区安全环保班

地质研究院

油田开发所开发方案研究室

测试公司

尼日尔项目部综合测试一队

苏丹测井作业区6区测试项目生产井分离器班

乍得测试项目测试一队

伊朗测试地面四队

测井技术研究院

机械研究所

解释研究中心

苏丹解释站

工程服务公司

装备事业部

机关车队

修保班

【长城钻探公司2010年度“青年文明号”】

钻井一公司长庆项目一部40001队

钻井一公司长庆项目二部32806队

钻井二公司兴隆台项目部70023钻井队

钻井二公司冀东项目部冀东四队

国际钻井公司古巴项目GW122队

测井公司数解中心东部项目区

录井公司四川（壳牌）反承包项目部

工程技术研究院钻井所分支井项目组

井下作业公司冀东项目部C10298队

国际钻修公司采油项目部

钻井液公司兴隆台项目部

固井公司教导队

钻井技术服务公司国内项目部西北项目组

苏里格气田项目部采气作业二区生产协调组

地质研究院地质开发所

【长城钻探公司2010年度“五四红旗团委”】

钻井一公司团委

钻井二公司团委

测井公司团委

录井公司团委

井下作业公司团委

国际钻修公司团委

钻井液公司团委

钻具公司团委

钻井技术服务公司团委

苏里格气田项目部团委

第十四篇

人物名录

2010年长城钻探公司荣获省部级以上荣誉人员名录

【全国劳动模范】

录井公司　王悦田

【中央企业先进职工】

长城钻探公司副总工程师　韩　敏

40639钻井队柴油司机　王　菲

【中央企业优秀共青团干部】

长城钻探公司团委书记　刘　焱

【集团公司劳动模范】

易发新　韩民久　杜立东　王玉新　惠铁盈　许建民　王绿水　张　伟　车天勇　郝玉春　聂维霞　孙连和　曾宪江

【辽宁省安康杯先进个人】

固井公司　王学斌

【集团公司先进工会工作者】

工程技术研究院工会副主席　王炳云

井下作业公司工会主席　赵耀先

录井公司工会副主席　张维民

【辽宁省总工会财务系统先进个人】

长城钻探公司财务处　赵春晶

长城钻探公司辽河分部　张　梅

钻井一公司　如宏斌

钻井二公司　姜水玉

【集团公司第六届优秀青年】

中亚大区党委书记兼印度尼西亚项目经理　彭春耀

【集团公司直属机关青年岗位能手】

钻井一公司吉林项目部　刘发明

钻井二公司国际市场保障部GW265队　赵晓旭

国际钻井公司利比亚项目GW39队　苌新平

测井公司哈萨克斯坦测井项目　王铁铮

录井公司信息服务中心　陈玉成

井下作业公司大庆项目部　段春林

工程技术研究院钻井工程设计监督中心室　夏泊泙

钻井液公司欢喜岭项目部　卜宪斌

【集团公司直属机关优秀共青团员】

国际钻修公司永和项目部　马翔宇

地质研究院　王一涵

钻具公司管修二车间　田　鹏

钻井技术服务公司　张　俊

苏里格气田项目部　耿　聪

【集团公司直属机关优秀团干部】

钻井二公司团委书记　高　坤

录井公司气测录井项目部团总支书记　张卫红

井下作业公司团委副书记　蔡沈军

钻井液公司团委组织委员　韩沙沙

2010 年荣获长城钻探公司荣誉人员名录

【长城钻探公司功勋员工】

非洲大区经理兼苏丹项目部经理　许建民

中亚大区党委书记兼印度尼西亚项目部经理　彭春耀

美洲大区经理兼委内瑞拉综合项目部经理　惠铁盈

苏里格气田项目部经理　李文权

钻井液公司经理　刘绪全

长庆生产指挥中心主任兼长庆石油工程监督中心主任　宋增礼

钻井一公司 32806 钻井队队长　张宏军

【长城钻探公司劳动模范】

钻井一公司经理　李　科

钻井一公司 40503 钻井队队长　孙连和

钻井一公司陕北项目部经理　姜胜军

钻井一公司 40611 钻井队指导员　李文杰

钻井一公司 32458 钻井队司钻　方明国

钻井二公司党委书记　庄雅山

钻井二公司运输公司经理　徐　杰

钻井二公司国际市场保障部 GW21 钻井队平台经理　曾　华

钻井二公司欢锦曙项目部 30563 钻井队带班队长　刘录杰

钻井二公司 40639 钻井队柴油司机　王　菲（女）

国际钻井公司 GW80 钻井队平台经理　韩民久

国际钻井公司 GW107 钻井队平台经理　王立军

国际钻井公司 GW121 钻井队司钻　宁志纯

测井公司党委书记　赫志兵

测井公司审核员　郭春杰

测井公司国际部苏丹测井专业技术经理　刘荣徽

测井公司开 3 队操作员　王桂宇

录井公司副总工程师兼质量安全环保部主任　曾永文

录井公司长庆项目部经理　王激扬

录井公司兴隆台项目部油矿录井小队长　高学通

工程技术研究院副总工程师兼钻井液研究所所长　李建成

井下作业公司经理　于德良

井下作业公司大庆项目部 30701 钻井队队长　邵洪文

井下作业公司调度室调度长　陆　明

井下作业公司国际钻修项目部 GW23 队司钻　李元珠

国际钻修公司华庆油气项目部国内市场科科长　杜永辉

国际钻修公司华庆油气项目部带压作业一队液操手　杨宝华

顶驱技术公司经理助理　黄建国

钻井液公司苏丹项目部副经理　赵后春

钻井液公司兴隆台项目部经理　彭云涛

固井公司安全副总监兼西北项目部经理　杨绪堂

固井公司水泥车组操作手　刘瑞国

钻具公司委内瑞拉项目组经理　杨宝奇

钻具公司管修二车间管螺纹车工　潘拥军

钻井技术服务公司境外项目部副经理　钟　伟

物资供应公司长庆项目部经理　夏忠成

能源事业部勘探科科级科员　王正国

苏里格气田项目部副总工程师兼气藏地质科科长　何　凯

苏里格气田项目部采气作业一区采气工　郑义生

煤层气开发公司副总工程师　吴辅兵

地质研究院综合工艺研究所副所长　吴宗良

测试公司伊拉克绿洲基地经理兼测试项目经理　李国明

测井技术研究院首席科学家　肖加奇

测井技术研究院高级技术专家　陈文轩

测井技术研究院电子研究所副所长　郝永杰

解释研究中心主任　程维营

解释研究中心解释工程师　牛虎林

工程服务公司长庆工程技术项目部基建管理科科长　王元田

对外合作项目部长北项目部经理　郑清国

机关车队副队长　孙　波

非洲大区党委书记兼纪委书记、工会主席　于中洋

非洲大区乍得综合项目部经理　邱兆军

非洲大区项目部合资公司经理　孟明辉

非洲大区尼日尔综合项目部经理　张　军

非洲大区苏丹测井作业区 6 区基地带班队长　Abrahim Nimir（艾布拉罕姆·尼米尔）

中东大区伊朗项目部经理　刘俊杰

中东大区伊朗测井作业区测试经理　蒲海斌

中亚大区哈萨克斯坦项目部市场部经理　张喜坤

中亚大区总经理助理　Nurgaliyeva Nurzhamal（努尔日曼）（女）

辽河生产指挥中心党群工作部主任　闫玉鹏

辽河生产指挥中心工程技术部辽河分部副主任　施兆国

辽河生产指挥中心大庆海拉尔指挥中心生产技术科科长　李铁成

长庆生产指挥中心国内市场部副主任兼国内市场部长庆分部副主任　王志红

长庆生产指挥中心对外协调科科长　邱新江

总部机关工程技术部主任　张　伦

总部机关市场管理部科长 叶 芊

总部机关质量安全环保处质量管理办公室主任 尹继伟

【长城钻探公司先进个人】

钻井一公司

赵连军 董立新 杨 贺 姚立刚
张云峰 钱学海 李吉良 张立法
吴兆光 张志权 杨国涛 邓海滨
王立军 唐小贵 马金勇 王发刚
代志儒 于泽利 雷 明 刘 江
高景生 曹怀春 王福成 刘 峰
张 彦 刘大伟 赵冬冬 曹丕禄
姜 峰 张国辉 张成军 赵忠卫
彭太军 黄 磊 任广龙 付连波
刘 伟 刘勤仓 季玉权 邵金山
于海军 王国臣 杨建设 李 辉
刘宁春 周玉宝 纪元成 陈志勇
沈 丹 魏 帝 焦 龙 白晓刚
陈正双 卢祥奎 侯天旺 周月玲
邢 博 王 红 王玉萍 刁玉和
田越铭 梁 丰 李仁兴 史晓飞
杨伟伟 余 勤 陈 刚 高 莹
徐文涛 赵文成 韩 让 石 磊
吴晓川 张 勇 姜钟利 尹文峰
苏 鹏 杨 林 刘春生 王文超
李 明 王克伟 高晓春 吴江虹
王厚金 程宏基 左瑞江 李永泉
张同发 刘伟林 李爱国 胡秀安
郭全民 李加成 兰英杰 刘振强
梁宝国 王维杰 杨孝华 宋 军
张远生 史一波 李少先 梅 波
何 锋 韩 飞 依秀军 周维彬
郑贵新 耿继东 房永杰 林培武
晏 炜 赵 刚 王均峰 韩守志
崔玉林 兰 哲 于恩福 宋昌贵
刘长发 张旭龙 鞠红岩 杜 魁
李百利 苏 明 寇士田 杨世伟
于义明 赵兴叶

钻井二公司

卞立涛 卜令波 曹法杰 曹 宇
曾庆国 陈国志 陈建勇 陈 杰
陈 龙 丛宏佳 崔 亮 崔永军
代希东 邓 辉 丁凤华 杜荣阁
范玉伟 冯 东 冯金山 伏之琳
符 斌 付庆军 高 东 高 强
耿秀娟 顾铁宝 关海军 郭 安
韩传广 韩广柱 贾春生 贾洪强
贾相健 贾 智 姜文波 李大鹏
李高阳 李海军 李 宏 李凌元
李 强 李 伟 梁 冷 梁树岭
刘成伟 刘贵政 刘洪明 刘亮亮
刘 双 刘 杨 刘长胜 刘兆勇
鲁全军 路正先 罗 磊 马 辉
马健华 马青山 马维彬 马伟生
朱宝山 彭 东 钱 峰 秦 涛
史洪仁 周鹏飞 苏 洲 孙德宇
孙海山 孙继光 孙 宁 孙玉国
藤 军 佟殿荣 汪立国 王 峰
王金彪 王 凯 王文利 王锡丰
王印峰 吴红光 夏丙宝 肖志国
谢春阳 辛树江 徐 飞 徐千万
闫区从 杨 斌 杨 波 杨 岩
于 飞 袁浩亮 张殿军 张凤海
张广良 张亮亮 张绍秋 张文敏
张 野 赵常波 赵 德 赵 龙
赵松江 赵学光 赵友贵 赵作军
郑铁军 欧阳学平

国际钻井公司

白冬平 陈立红 段双胜 李耀辉
苑 波 赵玉国 钱 雷 司崇国
孙爱国 田铁炮 王建成 王 利
许书勤 周振桓 李 涛（古巴）

李　涛（伊朗）

测井公司

王　江　王铁铮　冯小波　白廷军
宋英凡　王联国　唐永坤　姜忠朋
师俊革　甄　程　孙攀峰　刘　兴
吕红星　贺长宏　商文豪　孔建敏
蔡为宇　刘洪涞　史远新　帅立峰
王　刚　赵　伟　韩守志　曲　东
吴世光　徐　光　杨文凡　赵　勇
陈淑梅　崔治国　刘　民　汪小军
徐庆东　马　林　姜福军　马世民
曲　坡　周　平　韩志明　孙金浩
郭喜纯　万吉庆　刘　颖　范占良
曹相利　李　冰　邵德利　王艳环
赵立辉　郭凤民　辛　军　姜　皓
朱文娟　毛　彤　王久英　杨贵锋
陈　亮　吴凤秋　刘　冰　孙文友
王　军　吴秀珍　李莹莹
Yerbao（叶尔包·巴扎尔别克）
Roozbeh Koochak（罗斯贝 酷查克）
Amantai（阿曼太·巴特尔）
Yassen（亚森）

录井公司

李　军　梁治国　付玉宝　张　冬
任华忠　魏治国　任卫东　屈　娇
李国超　张　林　翟月凯　张　荔
张军民　何　强　王立永　王　磊
杨　珍　韩　冬　王秀新　李振江
赵　青　汪圣国　徐景宏　刘莹嵩
丛丰笑　何志强　王　祁　周景东
张　哲　王玉龙　关　键　王　野
王海江　宋京强　张海明　吕德红
凌凤春　陈志伟　付小军　郭　晖
林生华　陈玉成　周海鹰　刘　瑞
赵龙馗　崔学军　石友山　张　方
莫晓光　张　宁　白洪涛

Satanati（萨塔那提）
Elekberov Fuad Ejder（福阿德）

工程技术研究院

宫国治　龚建凯　靳树忠　李永革
柳　颖　沈桂莲　施连海　孙少亮
王廷瑞　张根锁　赵永凯

井下作业公司

齐跃军　王　雷　魏　勇　白明宏
李新平　刘国良　郭　侠　胡庆彬
党　涛　别艾华　葛军华　祝　军
宋秀强　马　月　郭继光　郑　海
吴　畏　商吉春　韩立军　王利杰
孔凡华　李元珠　段春林　于荣环
郭顺川　伍　峰　李　平　齐亚良
赵明军　万克明　杨金涛　韩　峰
张沃天　翁　平　张　磊

国际钻修公司

邵迎彬　康友林　郑学男　胡　刚
曹　林　许　晓　宋洪志

顶驱技术公司

杨红波　袁　莹　李　巍　马俊江
孙洪刚

钻井液公司

李忠华　韦用红　张学志　王喜民
袁志国　张建中　刘德敏　魏金好
赵洪松　侯冠群　张春清　王鲁宁
李永柱　王洪政　卜宪斌　王俭涛
张家良　钟银修　杨永胜　王秀艳
崔　明　叶　雷　董大康　高　峰
王　凯　张海严　赵同林　李忠义
王语英　毕春福　顾立洋　孟庆莲

固井公司

陈　凯　丛培振　单世杰　窦振洲
李忠伟　刘传奎　张　琪　马俊洪
谭　川　王福军　王国涛　王国勋
谢志伟　徐世跃　张志新　刘雪莲

孙宝玉　田洪光　薛树宁　张华伟
甄玉金

钻具公司

陈滨文　唐红伟　王统年　李福新
孙浙新　苏　亮　陈　洪　刘学忠
杨　波　赵晓红　修振友　杨　晓
马　龙　郑　伟　闵静秋　王忠华
罕　东　王永江　庄　锦　代明信
屈　波　孟祥臣　孙百燕　单玉阁
陆争春

钻井技术服务公司

王　峰　白　锐　南阳春　孙立伟
秦　雷　刘洪良　刘广文　张玉峰
宋长河　胡祖光　杨春雷　李新军

物资供应公司

程汉鼎　王工厂　吴　良　张剑峰
葛　斌　程　飞　郭红梅　蒋　芸
李贤杰　王乃鹏　王占伟　张新军
赵凤军　梁学勇　苗怀军　张晓艳
白历昕　王汝栋　姜　勇　林发文
王志林　吴顺兴

能源事业部

林秀义

苏里格气田项目部

尹鸿科　王永强　李利华　郭天星
李佩文　王建滨

煤层气开发公司

夏艳东　肖　迅

地质研究院

贺永利　李　爽　王爱霞　杨宏超
岳海玲

测试公司

张显文　王欣峰　王国政

测井技术研究院

陈小安　郭玉庆　孙云涛

解释研究中心

倪国辉　刘　倩　黄登峰

工程服务公司

何成江　刘冬梅　续　伟　尹庆武

对外合作项目部

丁文启　关沛丰

机关车队

曹兆田　郭立峰　杜　平　何永权
杨庆文

美洲大区

张海严　周春勇　蒋斌泉　马树文
许庆刚　Hermes Gonzalez（埃勒梅斯·冈萨雷斯）Francisco Gonzalez（佛朗西斯口克·冈萨雷斯）Angel Sotolongo Gonzalez（阿葛欧·桑迪·冈萨雷斯）Raul Felix（劳尔·费雷克丝）

非洲大区

颜宏栋　张　华　张威东　张占洪
卢　松　杨盛军　舒政清　刘新新
宋　川　Bilal bakit Mohamed（比拉尔·巴克特·穆罕默德）Khidir Mohammed Ahmed（希德尔·穆罕默德·艾哈默德）Oudjida Mounir（乌吉达·穆尼尔）Prince Yebah（普林斯·叶巴哈）

中东大区

全　欢　杨阳云　王中占　李文军
潘衡超　曾献鸿　曹俊海　Ms. Khatereh Aliakbari（阿利克巴利）

中亚大区

高　坚　黄志刚　李树蛟　李晓光
刘文龙　田久贞　王志山　Gulnur Izmaganbetova（古丽努尔）Rosella（罗塞拉）Babayev Ramil Arif（阿

里夫） Gennadi（金纳奇）

辽河生产指挥中心

周金初　赵殿福　赵加敏　姜金成　刘青贺　赵海生　刘宝权　刘绍胜　孙　昕　王华锋

长庆生产指挥中心

冯继民　付万彬　李　恒　王凯庆　赵志东

总部机关

贾淑军　凌　庆　郑佐秋　张亦刚　王敏娟　谭华林　朴勇胜　陈　宁　王永华　高　玮　蔡　敏　齐彦强　张选春　王树文　张永刚　史力卫　张朴旺　姜青松　张应金　兰璋林　张　辉　吕哲海　口永红　唐　维　张德生　孙钦平　欧阳勇林　杜·巴达

【长城钻探公司10年海龄先进员工】

国际钻井公司

孙增生　徐　斌　王向农　苑　波　张文杰　薄洪洲　张虎平　周振桓

测井公司

甄　程　张金龙　丁力君　陆殿琴　杨振元　陈　龙　刘龙高　唐永坤　刘长山　杨阳云　王俊亭　陈庆高　贾立然

录井公司

陈　辉　院国胜

物资供应公司

都立文

美洲大区

惠铁盈　牟树生　张庆宽　张增钰　洪　旭　沈运桥

非洲大区

于中洋　刘　坤　焦西朝　邱兆军　罗启奉　高立利　孟宪路　韦永臣　张　民

中东大区

张文生　李文军　刘俊杰　郭和平

中亚大区

王尚国　陈良雨　贾锦然　钱　劲　黄立新　张安利　黄　威　胡尔泰　蒋红波　杨启伟　杨新恩　仲建国　彭春耀　李宗山

公司机关

钱惠来　张立志　尤　征　张应金　郁春锋　路　峭

【长城钻探公司2010年度青年岗位能手】

钻井一公司辽河项目二部40611队指导员　李文杰

钻井二公司GW74队平台经理

曲　鑫

国际钻井公司GW119队司钻

黄占超

测井公司伊朗测井作业区作业经理

叶　飞

录井公司地质研究中心研究员

杨德强

工程技术研究院设计监督中心室主任

夏泊泙

井下作业公司国际钻修项目部副经理

别艾华

钻井液公司4005队队长　柏　林

钻具公司检测中心技术员　庄　锦

苏里格气田项目部作业一区技术组组长　郭天星

【长城钻探公司2010年度优秀共青团员】

吴　兵　李文举　赵昱开　张剑峰　王　勇　吴江虹　杨　志　沈志伟　李　超　李　鑫　王　晖　张　野　姜　婵　张　岩　裴晶涵　程国伟　邓　婷　胡兆东　刘　涛　徐　飞

张　东　周俊军　王明星　徐兴龙
张　刚　朱春光　王　岩　尹　爱
钟德辉　朱洪涛　都荣彬　李小俊
陈贯忠　陈　娇　董　磊　范卫光
贾明宾　李　旭　王红薇　王寂钊
赵婧迪　于　妍　陈　申　纪　伟
梁　月　刘伟光　潘　飞　秦凤强
杨　柳　赵立权　高　原　马　勇
王佳露　尹方雷　江　龙　黄中华
韩昌平　易文杰　董冰涛　王　雪
史萌萌　赵　娜　韩志勇　闫培校
曹程龙　李　杰　李　静　施　楠
庹丽琴　王　昕　王　跃　徐洪博
徐美佳　杨　雨　缴文龙　李　楠
李　越　袁　敏　陈祖龙　吉小平
刘展业　赵金亮　杨松松　周楠楠
杨春雷　杨哲栋　熊艳燕　陈　强
刘　阳　张明春　张云广　井元帅
李　苗　郤袁美智　马勇光　林南粤
赵　强　居　晨　王广宇　袁海浩

【长城钻探公司 2010 年度优秀共青团干部】

周芯宇　王瑞瑀　高　阳　吴　丹
安　娜　崔璐璐　黄　李　王真谛
孙　杨　冯立波　王　斌　严世帮
王婷婷　邸轶群　杨　柳　吴　燕
曲星羽　徐　磊　仲凌云　顾立洋
贲晶晶　葛苏宁　魏　英　杨琳琳
高　洁　高鹭鹭　王一涵　贾占军
陈安环　周　帅

【长城钻探公司十佳贤内助】

钻井一公司　王秀文
钻井二公司　邵江春
国际钻井公司　吴　艺
国际钻修公司　郑晓芳
井下作业公司　伍　英
顶驱技术公司　杜金花
固井公司　蒋　萍
钻井液公司　刘　岩
测井公司　安　珊
录井公司　陈秀红
工程技术研究院　谢柏芝
物资公司　夏广军
苏里格气田项目部　刘　利
中亚大区　石红兵
辽河分部　杨彦华

【长城钻探公司贤内助】

钻井一公司

贾迎华　王　薇　高锦燕　窦常焕
富　丽　王晓蓉

钻井二公司

王　波　李树平　韩桂东　唐丽萍
李晓芳　刘玉娟　王红梅

国际钻井

娄　青

井下作业公司

姜秀玲　常　梅

固井公司

王孟春

钻井液公司

龚小莉　袁　媛

钻具公司

龚慧君　黄小文　代彩虹

测井公司

任秀梅　李海燕　吴笑竹　杨　建
鄢　宁　唐晓燕

录井公司

唐自君　毕桂香　卿　华　孙宏君
闫玉梅

测试公司

张小燕

测井技术研究院

包雪梅

工程技术研究院

毕玉荣

钻井技术服务公司

李　明

地质研究院

郭雪萍

物资供应公司

闻　颖

苏里格气田项目部

邹拥民

能源事业部

吕翠霞

煤层气开发公司

李小英

工程服务公司

廖　爽

机关车队

何菊萍

对外合作项目部

张　薇

美洲大区

窦云峰

非洲大区

梁增池

长庆分部

范素侠

辽河分部

高　静

总部机关

鄢小琳

【长城钻探公司优秀女职工之友】

王　琦　车永林　薄洪洲　蔡长宇　于德良　张树佳　王学斌　张运桥　华建军　王绿水　吴邦昊　李定立　徐渝东　高远文　李永和　王修朝　宋常瑜　马喜军　肖乾华　曲　健　闫玉鹏

2010年度长城钻探公司高级职称任职资格名单

【教授级高级工程师】

张柏松　纪宏博　余　雷　翟智勇　王悦田

【教授级高级政工师】

李　军

【高级工程师】

钻井工程专业

钻井二公司　平善海　申军平　丁爱华

国际钻井公司　刘学彬

井下作业公司　党　涛

测试公司　杨洪周　徐　林

钻井液公司　冯文强

工程技术研究院　吴智中

钻具公司　华建军　谷振乾

固井公司　张洪印

钻井技术服务公司 崔冬子
苏丹测井作业区 刘海志
哈萨克斯坦项目部 杨启伟
尼日尔综合项目部 张 军 王全胜
阿塞拜疆项目部 范 江
印度尼西亚项目部 骆小虎
乍得综合项目部 邱兆军
对外合作项目部 郑孝文
概预算中心 王希岩
工程技术部辽河分部 李光伟
勘探开发专业
录井公司 陈 辉 关玉新 魏 赟 周长民 莫晓光 梁 莹 马桂云 徐进宾 赵 明 邓 辉
井下作业公司 芦东生 王继华
国际钻修公司 郈德军
工程技术研究院 郭学春
地质研究院 岳海玲
煤层气开发公司 杨素云
苏里格气田合作开发项目经理部 唐 勇 李志龙
能源事业部 李培君
尼日尔综合项目部 罗启奉
质量安全环保处 杨 勇
信息工程专业（1 人）
信息管理中心 谢 辉

【高级会计师】

测井公司 赵艳玲
国际钻井公司 许国才
钻井液公司 刘 峰
工程技术研究院 罗庆荣
辽河分部 于 惠 张 梅
财务资产处 倪何艳

【高级经济师】

测井公司 李 强
辽河分部 刘绍胜
总经理办公室 栾 清
人事处 陈 宁
市场管理部 马 歆

【高级政工师】

固井公司 解德庆
地质研究院 刘英姿
录井公司 樊宽世
钻井技术服务公司 刘秉谦

【高级专业技术职务】

测井专业
测井公司 郭永恒 沙 峰 罗红伟 朱 波 杜海全 王少军 李永发 唐晓燕 金辉祥 杨国良 刘爱芹 张玉兰 王正国 郭影文 闵志强
测井技术研究院 张瑾鹏 贾 茹 刘 宇
测试公司 朱 瑜
阿塞拜疆综合项目部 李兰奎
土库曼和乌兹别克项目部 倪 佐
伊朗测井作业区 普明闯
机械专业
钻井二公司 刘 永
哈萨克斯坦项目部 杨新恩

2010年长城钻探公司副处级以上人员名单

【2010年底长城钻探公司行政领导】

总经理　张凤山

副总经理　王忠仁

副总经理　冯艳成

副总经理兼总工程师　刘乃震

总会计师　杜春玲

副总经理　门廉魁

副总经理兼安全总监　张柏松

副总经理　胡欣峰

总经理助理　翟智勇（安全副总监）　杜　君　易发新　顾伟康　王玉新

副总会计师　李晓明

副总工程师　王　欣　杜立东　于洪斌　李　军　赵齐辉　徐成才　苏庆新　李海鸥

副总师待遇　韩　敏　惠铁盈　唐国斌　赵蕴国　曹建国　刘德军　胡尔泰　许建民　曾志清　于中洋　于占军　曹海霞

【2010年底中共长城钻探公司委员会】

党委书记　王忠仁

党委副书记　张凤山

党委副书记兼纪委书记、工会主席　张希勤

委　员　冯艳成　刘乃震　杜春玲　门廉魁　张柏松　胡欣峰

【2010年底长城钻探公司相关处室副处级以上干部名单】

总经理办公室

主　任　纪宏博

副主任　栾　清

副主任　黄　泽

党委办公室

主　任（副总师待遇）　曹海霞

副主任　王　岩

副主任　王　洋

规划计划处

副总工程师兼规划计划处处长　王　欣

副处长　马　欣

副处长　赵洪波

生产协调处

处　长（副总师待遇）　韩　敏

副处长兼生产远程控制中心主任（副处级）　高庆忠

副处长　陈恩强

副处长　张立志

副处长　黄凌江

副处长　罗继承

副处长　于占江

财务资产处

处　长（副总师待遇）　曹建国

副处长兼资金结算中心主任（正处级）　王兆国

副处长兼预算管理办公室主任（正处级） 占学良

副处长 杨桂华

副处长兼预算管理办公室副主任、中亚大区财务总监 高 望

副处长兼非洲大区财务总监 李 磊

资金结算中心

副主任兼中东大区财务总监 曾献鸿

副主任 王晓仙

人事处

处 长（副总师待遇） 唐国斌

副处长（正处级） 唐茂政

副处长（正处级） 高丽丽

副处长（正处级） 路 峭

副处长 唐玉佩

副处长 于久柱

副处长 何春生

企管法规处

处 长 查金才

副处长（正处级） 刘 敏

副处长 罗 晓

副处长 郑 宇

质量安全环保处

总经理助理兼安全副总监、质量安全环保处处长 翟智勇

副处长兼测井 HSE 部主任（正处级） 肖书奎

副处长（正处级） 杨国瑜

副处长（正处级） 乔永富

科技处

处 长 卢毓周

副处长（正处级） 毕文亮

副处长 刘德胜

副处长 刘家麟

审计处

处 长 杨绪亮

副处长 李 伟

副处长 同娅莉

纪检监察处

纪委常务副书记兼监察处处长 李 军

监察处副处长（正处级） 王运涛

监察处副处长 于 涛

群众工作处

工会常务副主席（副总师待遇） 于占军

处 长 苟响川

副处长（正处级） 程生明

副处长（正处级） 袁铁民

副处长 曾唯一

团委书记（副处级） 刘 焱

【2010 年底长城公司机关直属、附属部门副处级以上干部名单】

国际事业部

主 任 谭龙昌

副主任 刘 鹏

副主任 冯 杰

工程技术部

主 任 张 伦

副主任（正处级） 陈和金

副主任 刘百红

副主任 黄生松

副主任 吴 升

市场管理部

主 任 任 静

副主任兼美洲大区副经理（正处级） 朱春启

副主任 刘安智

副主任兼非洲大区副经理 符 鹏

副主任 黄森明

副主任　赵晓磊

副主任兼中东大区副经理　黄炳江

副主任兼中亚大区副经理　何　睿

装备部

主　任　吕德贵

副主任（正处级）　牟少敏

副处长（正处级）　李学胜

副主任　马　欣

副主任　刘　良

副主任　王学来

新闻中心

主　任　杨　明

物资管理中心

主　任　李清刚

副主任　鹿旭东

副主任　褚　飞

副主任　蔚　强

员工培训管理中心

副总工程师兼员工培训管理中心主任　苏庆新

副主任（正处级）　罗远儒

副主任　邱乃树

副主任　史英俊

副主任　蒋红焱

测井处

处　长　陈　福

副处长　杨超登

副处长　郁春锋

副处长　田文武

信息管理中心

主　任　杜晓平

副主任　刘　勇

副主任　朱云祖

生产远程控制中心

生产协调处副处长兼生产远程控制中心主任（副处级）　高庆忠

内控管理中心

主　任　赵伟红

HSE 监督中心

主　任（副总师待遇）　刘德军

副主任（正处级）　陈宝良

副主任　王卫东

测井 HSE 部

质量安全环保处副处长兼测井 HSE 部主任（正处级）　肖书奎

副主任　林金海

机关事务管理中心

主　任　陈庆中

副主任　李学庆

辽河综合管理办公室

主　任　张瑞恒

副主任兼盘锦市油田工作办公室副主任（正处级）　黄春田

副主任　唐　海

副主任　孙晓明

副主任　陈庆超

辽河党群工作部

主　任　闫玉鹏

副主任　张　伟

生产协调处辽河分部

主　任　王长龙

副主任　孟庆宏

副主任　李长山

土地公路管理中心

主　任　花茂贞

质量安全环保处辽河分部

主　任　张跃林

副主任　徐宝华

副主任　杨靖华

工程技术部辽河分部

主　任　廖学华

副主任（正处级）　张志忠

副主任　施兆国

副主任　周　武

国内市场部

主　任　魏慧明

副主任兼国内市场部长庆分部副主任　王志红

副主任　周金初

副主任兼大庆海拉尔指挥中心副主任　李智全

概预算中心

主　任　王希岩

副主任　王少贤

副主任　杭国敏

大庆海拉尔指挥中心

主　任　王明才

国内市场部副主任兼大庆海拉尔指挥中心副主任　李智全

副主任　姚立奎

长庆分部

总经理助理兼长庆分部指挥、党委书记　易发新

长庆综合管理办公室

主　任　李忠平

副主任　孙雪东

长庆生产指挥中心

主任兼长庆石油工程监督中心主任　宋增礼

副主任　刘军豹

副主任兼长庆石油工程监督中心副主任　张国海

副主任　李占军

国内市场部副主任兼国内市场部长庆分部副主任　王志红

工程技术部长庆分部

主任兼西部井控中心主任　孔令军

副主任兼西部井控中心副主任　王铁臣

副主任　王　阳

长庆石油工程监督中心

长庆生产指挥中心主任兼长庆石油工程监督中心主任　宋增礼

长庆生产指挥中心副主任兼长庆石油工程监督中心副主任　张国海

西部井控中心

主任兼工程技术部长庆分部主任　孔令军

副主任兼工程技术部长庆分部副主任　王铁臣

质量安全环保处长庆分部

主　任（副处级）　王胜义

【2010年底长城钻探公司二级单位副处级以上干部名单】

钻井一公司

经理、党委副书记　李　科

党委书记、副经理　田宝山

对外合作项目部经理兼钻井一公司副经理　刘旭礼

副经理兼安全总监　慕殿峰

副经理　刘　岩

总会计师　黄以文

副经理兼总工程师　刘兴成

副经理　姜保泉

党委副书记兼纪委书记、工会主席　路继平

钻井二公司

经理、党委副书记　王立波

党委书记、副经理　庄雅山

副经理兼安全总监　陈广斌

副经理　马迎新

总会计师　张　菊

副经理　任相礼

党委副书记兼纪委书记、工会主席

王　琦

副经理兼总工程师　朱忠伟

测井公司

经理、党委副书记　王绿水

党委书记、副经理　赫志兵

副经理兼总会计师　庄洪贵

副经理兼总地质师　汪　浩

副经理兼测井公司国际业务项目部经理　李汉忠

党委副书记兼纪委书记、工会主席　童士斌

副经理　宋大德

副经理、总工程师兼国际业务项目部副经理　李天诗

录井公司

经理、党委副书记　王悦田

党委书记、副经理　张开金

副经理兼安全总监　王东生

副经理兼录井公司国际业务项目部经理　万德辉

副经理兼总工程师、录井公司国际业务项目部副经理　王　强

副经理兼总会计师　金　红

副经理兼总地质师　吕文起

副经理　刘建新

党委副书记兼纪委书记、工会主席　吴邦昊

井下作业公司

经理、党委副书记　于德良

党委书记、副经理　江昌平

副经理兼安全总监　付春玉

党委副书记兼纪委书记、工会主席　赵耀先

总会计师　张连怀

副经理　刘贵宾

副经理兼总工程师　苏庆民

副经理　梁国军

工程技术研究院

院长、党委副书记　高远文

党委书记兼纪委书记、工会主席、副院长　李锦辉

副院长兼安全总监　喻　晨

副院长兼总工程师　余　雷

总会计师　何立耘

副院长　杨立文

担任辽宁省盘锦市兴隆台区政协副主席期间享受副处级待遇　沈桂莲

国际钻井公司

经理、党委副书记　王文勇

党委书记、副经理兼利比亚项目部经理　李亚强

副经理（正处级）　薄洪洲

副经理兼安全总监　王小权

副经理　张建良

总会计师　许国才

副经理　张　旬

国际钻修公司

经理、党委副书记兼华庆油气项目部经理　蔡长宇

党委书记兼纪委书记、工会主席、副经理　刘世臣

副经理、总工程师兼安全总监　张宝民

总会计师　刘沫言

总地质师兼华庆油气项目部副经理　祝金利

副经理　逯向阳

华庆油气项目部

副经理　庞泽男

副经理兼安全总监　曹学博

副经理　李福斌

钻井液公司

经理、党委副书记　刘绪全

党委书记兼纪委书记、工会主席、副经理　单　平

副经理兼安全总监　刘　榆

副经理兼总工程师　张振华

总会计师　夏志敏

副经理　杨金荣

副经理　张玉平

副经理　董　伟

顶驱技术公司

经理　张树佳

党委书记、副经理　陈香凯

副经理兼安全总监（正处级）　扈道明

党委副书记兼纪委书记、工会主席　杜金花

总会计师　苑久志

固井公司

经理兼党委副书记　张洪印

党委书记兼纪委书记、工会主席、副经理　解德庆

副经理兼安全总监　刘兴林

副经理　李连江

总工程师　张　波

总会计师　刘淑静

钻具公司

经理、党委副书记　华建军

党委书记兼纪委书记、工会主席、副经理　孙成君

副经理兼安全总监　颜昌茂

副经理兼总工程师　谷振乾

总会计师　孟昭祥

物资供应公司

经理、党委副书记　李茂成

党委书记兼纪委书记、工会主席、副经理　宋常瑜

休斯敦办事处主任（正处级）　李玉华

副经理兼中亚大区副经理（正处级）　杨　军

副经理　吴顺兴

总会计师　惠丽萍

副经理兼美洲大区副经理　尹栋超

副经理兼中东大区副经理　李忠喜

副经理兼非洲大区副经理　樊庆军

副处级　李忠良

美国项目部财务总监　靳达颖

钻井技术服务公司

经理、党委副书记　董彦民

党委书记兼纪委书记、工会主席、副经理　李永和

副经理兼安全总监　乔忠明

总会计师　吉克辉

副经理兼总工程师　王学俭

能源事业部

副总工程师兼能源事业部主任　杜立东

副主任兼总工程师、安全总监　刘志良

副主任兼总地质师　肖乾华

苏里格气田合作开发项目经理部

经理兼党委副书记　李文权

党委书记兼纪委书记、工会主席、副经理　马喜军

副经理兼安全总监　唐　勇

副经理　陈　曦

副经理兼总地质师　王国勇

副经理兼总工程师　陈德民

副经理兼总会计师　王　民

副经理　于开斌

副经理　刘国学

煤层气开发公司

经理兼党委书记、纪委书记、工会主席　胥向明

副经理兼安全总监　尤彦彬

副经理兼总会计师　郭达江

副经理兼总地质师　张建民

副经理　高大岭

地质研究院

院长兼党委副书记　朱世和

党委书记兼纪委书记、工会主席、副院长、国际采油作业大区筹备组组长　王修朝

常务副院长兼卡拉赞巴斯项目部经理、国际采油作业大区筹备组成员（正处级）　王　旭

副院长兼安全总监　李　伟

副院长兼总工程师　魏　斌

副院长兼国际采油作业大区筹备组成员　宋立新

副院长兼总地质师　白国斌

总会计师　徐秀芳

对外合作项目部

经理兼钻井一公司副经理　刘旭礼

副经理　刘日江

测井技术研究院

院长　白庆杰

党委书记兼纪委书记、工会主席、副院长　杨金生

副院长　赵宝成

副院长　于新海

测试公司

经理、党委副书记（副总师待遇）　曾志清

党委书记兼纪委书记、工会主席、副经理　李定立

副经理　李守民

副经理　王德有

解释研究中心

主任、党委副书记　程维营

党委书记兼纪委书记、工会主席、副主任　罗颜生

副主任　程晓东

地质专家（正处级）　杜旭东

工程服务公司

经理、党委副书记兼长庆工程技术项目部经理　王柱军

党委书记兼纪委书记、工会主席、副经理　曲　健

副经理　潘秀梅

副经理兼长庆工程技术项目部常务副经理　陈国玉

副经理兼总会计师　胡金瑛

副经理　杨凤玉

【2010年底长城钻探公司海外项目副处级以上干部名单】

非洲大区

经理、党委副书记兼苏丹项目部经理（副总师待遇）　许建民

党委书记兼纪委书记、工会主席、副经理、苏丹测井作业区经理（副总师待遇）　于中洋

市场管理部副主任兼非洲大区副经理　符　鹏

财务资产处副处长兼非洲大区财务总监　李　磊

物资供应公司副经理兼非洲大区副经理　樊庆军

HSE总监兼苏丹项目部HSE总监　杜智勇

总工程师兼乍得项目部总工程师　于洪波

苏丹项目部

非洲大区经理、党委副书记兼苏丹项目部经理（副总师待遇）　许建民

常务副经理（正处级）　高　健

副经理兼总工程师　李文东

财务总监　姜贵来

非洲大区 HSE 总监兼苏丹项目部 HSE 总监　杜智勇

副经理　李泽林

突尼斯项目部

经　理　王明星

阿尔及利亚综合项目部

经　理　刘　坤

副经理　常茂富

副经理　赵玉龙

总工程师　侯书平

肯尼亚项目部

经　理　张召峰

副经理　张　民

尼日尔综合项目部

经　理　张　军

副经理　荆三红

副经理兼总工程师　王全胜

财务总监　常诗华

HSE 总监　刘文秀

副经理　赖以万

利比亚综合项目部

经理兼国际钻井公司党委书记、副经理　李亚强

副经理　高立利

财务总监　范永钧

HSE 总监　常兴乾

副经理　曾宪宏

副经理兼总工程师　杨建兵

乍得综合项目部

经　理　邱兆军

副经理　焦西朝

副经理　张俊威

副经理兼 HSE 总监　周德成

财务总监　石健雄

非洲大区总工程师兼乍得综合项目部总工程师　于洪波

苏丹测井作业区

非洲大区党委书记兼纪委书记、工会主席、副经理、苏丹测井作业区经理（副总师待遇）　于中洋

常务副经理兼 HSE 总监（正处级）　孟宪路

副经理　于　潮

测试专业经理　刘海志

录井专业经理　王国强

中东大区

副总工程师兼中东大区经理、党委副书记　王玉新

党委书记兼纪委书记、工会主席、副经理、伊拉克综合项目部经理、伊拉克钻修项目部经理　王绍斌

QHSE 总监兼伊拉克综合项目部 QHSE 总监　陈宝华

资金结算中心副主任兼中东大区财务总监　曾献鸿

副经理兼物资供应公司副经理　李忠喜

副经理兼市场管理部副主任　黄炳江

总工程师兼伊朗项目部总工程师　肖恩来

测井专业经理兼伊朗测井作业区测井作业部经理　王相森

阿曼综合项目部

经理　郭宝民

副经理兼 QHSE 总监　唐　波

伊朗项目部

经　理　刘俊杰

副经理　王喜朝

副经理兼 HSE 总监　杜明翰

副经理　龙嗣源

总工程师兼中东大区总工程师　肖恩来

叙利亚综合项目部

经　理　高中民

副经理兼 HSE 总监　尹泽红

副经理兼总工程师　吴英明

伊拉克综合项目部

中东大区党委书记兼纪委书记、工会主席、副经理、伊拉克综合项目部经理、伊拉克钻修项目部经理　王绍斌

副经理兼伊拉克测井作业区经理（正处级）　曾宪江

中东大区 QHSE 总监兼伊拉克综合项目部 QHSE 总监　陈宝华

副经理兼伊拉克钻修项目部副经理　蒲　杰

财务总监　王　刚

总工程师　唐德钊

副经理兼伊拉克测井作业区副经理　殷世江

副经理兼伊拉克测井作业区副经理、鲁迈拉项目经理　李树晶

伊朗测井作业区

经理　欧阳昌

副经理　普明闯

副经理兼 HSE 总监　宋　伟

中东大区测井专业经理兼伊朗测井作业区测井作业部经理　王相森

伊拉克测井作业区

经理兼伊拉克综合项目部副经理（正处级）　曾宪江

副经理兼伊拉克综合项目部副经理　殷世江

副经理兼伊拉克综合项目部副经理、鲁迈拉项目经理　李树晶

巴基斯坦测井作业区

经理兼 HSE 总监（副处级）　李文军

中亚大区

经理兼哈萨克斯坦项目部经理（副总师待遇）　胡尔泰

党委书记、副经理兼印度尼西亚项目部经理　彭春耀

中亚大区副经理兼哈萨克斯坦测井作业区经理、HSE 总监　贾锦然

物资供应公司副经理兼中亚大区副经理（正处级）　杨　军

财务资产处副处长兼预算管理办公室副主任、中亚大区财务总监　高　望

市场管理部副主任兼中亚大区副经理　何　睿

总工程师兼哈萨克斯坦项目部总工程师　韩俊杰

党委副书记、纪委书记、工会主席兼哈萨克斯坦项目部常务副经理　杨启伟

HSE 总监兼哈萨克斯坦项目部 HSE 总监　秦长青

哈萨克斯坦项目部

经理兼中亚大区经理（副总师待遇）　胡尔泰

常务副经理兼中亚大区党委副书记、纪委书记、工会主席　杨启伟

副经理　张安利

副经理　仲建国

总工程师兼中亚大区总工程师　韩俊杰

财务总监　郭海涛

中亚大区 HSE 总监兼哈萨克斯坦项目部 HSE 总监　秦长青

副经理　蒋洪波

阿塞拜疆综合项目部

经　理　范　江

副经理　张巨杰

印度尼西亚项目部

经理兼中亚大区党委书记、副经理　彭春耀

副经理　陈　波

副经理　骆小虎

泰国项目部

经理（副处级）　王尚国

副经理　许洪文

副经理兼 HSE 总监　周小刚

卡拉赞巴斯项目部

地质研究院常务副院长兼卡拉赞巴斯项目部经理、国际采油作业大区筹备组成员（正处级）　王　旭

斋桑项目部

经理　黄立新

哈萨克斯坦测井作业区

经理、HSE 总监兼中亚大区副经理　贾锦然

测井专业经理　陈良雨

副经理　钱　劲

土库曼和乌兹别克项目部

经　理　黄　威

副经理　王中武

副经理　倪　佐

美洲大区

经理、党委副书记兼委内瑞拉项目部经理（副总师待遇）　惠铁盈

党委书记兼纪委书记、工会主席、副经理、古巴项目部经理　孔祥忠

市场管理部副主任兼美洲大区副经理（正处级）　朱春启

财务资产处副处长兼资金结算中心主任、美洲大区财务总监（正处级）　王兆国

物资供应公司副经理兼美洲大区副经理　尹栋超

美洲大区 HSE 总监兼委内瑞拉项目部副经理、HSE 总监　冯旭东

总工程师兼古巴项目部总工程师　李松滨

委内瑞拉综合项目部

经理兼美洲大区经理、党委副书记（副总师待遇）　惠铁盈

常务副经理　许庆刚

副经理　姚春明

副经理　张增钰

财务总监　周春勇

美洲大区 HSE 总监兼委内瑞拉综合项目部副经理、HSE 总监　冯旭东

总工程师　陈德虎

古巴项目部

经理兼美洲大区党委书记、纪委书记、工会主席、副经理　孔祥忠

常务副经理　陈聚庆

副经理兼 HSE 总监　张　磊

财务总监　刘春泓

总工程师兼美洲大区总工程师　李松斌

墨西哥项目部

经　理　沈运桥

副经理　洪　旭

秘鲁项目部

经　理（副处级）　曲明生

塔里木测井作业区

经理兼 HSE 总监（副处级）　陈九龙

借聘人员

原中油测井 HSE 部经理助理（部门副经理级），现借聘 CNODC 赵宏展

原中油测井测试事业部副经理，现借聘 CNODC 代传书

原资金结算中心副主任，现借聘 CNODC 陈海燕

原中东大区 HSE 总监兼阿曼综合项目部 HSE 总监 刘 敏

【2010 年底长城钻探公司副处级以上退休干部】

录井公司党委书记、副经理 安树勋

索　引

使用说明

一、本索引采用内容分析索引法编制。除大事记外，年鉴中有实质检索意义的内容均予以标引，以便检索使用。

二、索引基本上按汉语拼音音序排列，具体排列方法如下：以数字开头的，排在最前面；以英文字母打头的，列于其次；汉字标目则按首字的音序、音调依次排列，首字相同时，则以第二个字排序，并依此类推。

三、索引标目后的数字，表示检索内容所在的年鉴正文页码；数字后面的英文字母 a、b，表示年鉴正文中的栏别，合在一起即指该页码及左右两个版面区域。年鉴中用表格反映的内容，则在索引标目后面用括号注明（表）字，以区别于文字标目。

四、为反映索引款目间的隶属关系，对于二级标目，采取在上一级标目下缩二格的形式编排，之下再按汉语拼音音序、音调排列。

0—9

A—Z

B

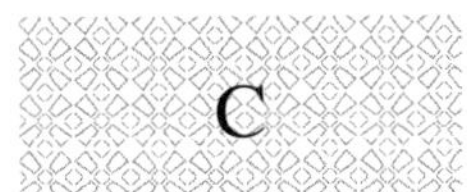

E

F

H

J

K

L

M

N

P

Q

R

S

T

W

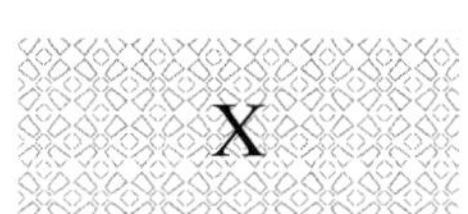
X

Y

Z

（王彦祥 毋 栋 编制）